U0634061

权 威 机 构 · 品 牌 图 书 · 每 年 新 版

盘点年度资讯 预测时代前程

中国总部经济蓝皮书

BLUE BOOK OF CHINA'S
HEADQUARTERS ECONOMY

北京市社会科学院 编

刘牧雨 总编 戚本超 副总编

2007~2008 年：
中国总部经济发展报告

THE DEVELOPMENT
REPORT OF
CHINA'S HEADQUARTERS ECONOMY
(2007~2008)

主 编／赵 弘

社会科学文献出版社
SOCIAL SCIENCES ACADEMIC PRESS (CHINA)

图书在版编目（CIP）数据

2007~2008 年：中国总部经济发展报告/赵弘主编．—北京：社会科学文献出版社，2007.9

（中国总部经济蓝皮书）

ISBN 978 - 7 - 80230 - 810 - 7

Ⅰ.2… Ⅱ.赵… Ⅲ.企业经济－经济发展－研究报告－中国－2007~2008 Ⅳ.F279.24

中国版本图书馆 CIP 数据核字（2007）第 143523 号

法 律 声 明

“皮书系列”（含蓝皮书、绿皮书、黄皮书）为社会科学文献出版社按年份出版的品牌图书。社会科学文献出版社拥有该系列图书的专有出版权和网络传播权，其 LOGO（▟）与“经济蓝皮书”、“社会蓝皮书”等皮书名称已在中华人民共和国工商行政管理总局商标局登记注册，社会科学文献出版社合法拥有其商标专用权，任何复制、模仿或以其他方式侵害（▟）和“经济蓝皮书”、“社会蓝皮书”等皮书名称商标专有权的行为均属于侵权行为，社会科学文献出版社将采取法律手段追究其法律责任，维护合法权益。

欢迎社会各界人士对侵犯社会科学文献出版社上述权利的违法行为进行举报。电话：010 - 65137751。

社会科学文献出版社

法律顾问：北京市建元律师事务所

《中国总部经济蓝皮书》编委会

主　　任　刘牧雨

副 主 任　戚本超

委　　员　袁懋栓　梅　松　周　航　殷爱平

执行主任　赵　弘

《中国总部经济发展报告》
研 究 组

组　　长　赵　弘

成　　员　赵燕霞　王林凤　张静华　何　芬　马新平
　　　　　赵　凯　谢　倩　陈智国　孙　芸　于　妃
　　　　　金坤杰　李江帆　贺灿飞　洪继元　王守强
　　　　　陈继勇　杨周彝　王　军　庄伟光　姚　莉
　　　　　王文清　郑胜利　章继刚　高洪深　王分棉
　　　　　成　军　何　健

目　录
CONTENTS

实践篇

附　录

CONTENTS

Theory Chapter

Practice Chapter

Appendix

前　言

　　现代服务业是现代经济的重要组成部分，正日益成为促进城市经济增长的主导力量。近年来，许多城市纷纷提出大力发展现代服务业，改造提升传统服务业，不断优化服务业结构和空间布局，推动服务业进入稳定增长的内涵式发展阶段。总部经济作为一种新的经济模式，与现代服务业之间有着密切的联系，众多企业总部的聚集发展能够产生强大的服务需求，为城市现代服务业提供更为广阔的发展空间和发展动力，从而带动城市现代服务业的快速发展。

　　《2007～2008 年：中国总部经济发展报告》以"总部经济助推现代服务业发展"为主题，全书立足国际视角，在探讨国内外现代服务业发展最新趋势的基础上，深入分析企业总部对现代服务业的带动作用，揭示出总部经济推动城市现代服务业发展的内在规律；并从我国大城市经济转型与持续发展的客观要求出发，展示了北京、上海、广州等中心城市发展总部经济促进现代服务业发展、推动产业结构升级的成功经验。全书分为综合篇、评价篇、理论篇及实践篇四个部分。

　　综合篇。"总部经济助推现代服务业发展"研究报告，在探讨国际现代服务业发展的最新趋势以及展望我国现代服务业发展的良好前景的基础上，通过对北京、广州、重庆、南京、武汉、青岛等城市近 300 家不同类型、不同规模的企业总部的问卷调查，掌握了企业总部较为翔实的第一手资料，全面、系统地分析了企业总部对各类现代服务业的需求，深入、客观地提出了发展总部经济推动城市现代服务业发展的战略思路。

评价篇。"中国35个主要城市总部经济发展能力评价"报告，在进一步修订和完善我们所设计的"城市总部经济发展能力评价指标体系"的基础上，运用竞争力指数评价方法，从基础条件、研发能力、商务设施等6个方面，继续对我国35个主要城市总部经济发展能力进行评价与排序，为我国城市判定其总部经济发展所处阶段以及提出今后总部经济发展的战略重点提供重要参考。

理论篇。集中展示了国内总部经济理论的最新研究成果。本篇视角多元、内容丰富，既有对总部经济与现代服务业互动发展的研究，也有对企业总部职能及区位分布规律的探索；既有对战略资源推动总部经济发展的分析，也有对总部经济为企业国际化经营带来机遇的思考。这些研究成果进一步丰富和深化了总部经济相关理论。

实践篇。集中反映了总部经济推动城市现代服务业发展的最新实践成果。从总部经济与现代服务业发展、总部经济与产业发展、总部经济与区域竞争力提升等方面，深入探讨了北京、上海、广州、重庆、深圳、武汉、南京、杭州、青岛、成都、大连等中心城市或其中心城区发展总部经济的成效，全面展示了总部经济推动城市现代服务业发展，提升产业竞争力和区域竞争力的实践经验。

综合篇
Comprehensive Chapter

总部经济助推现代服务业发展[*]

北京市社会科学院中国总部经济研究中心

北京方迪经济发展研究院

现代服务业是城市发展的新动力和竞争的制高点，日益成为城市经济增长的主导性力量。大力发展现代服务业、改造提升传统服务业、实现服务业内涵式发展成为大城市经济持续发展的重要战略选择。总部经济通过企业总部在大城市的聚集发展，形成了广泛且强大的现代服务业需求，能够带动并促进城市现代服务业快速发展，有助于提升我国现代服务业整体发展水平和综合竞争力。

一 现代服务业内涵、特征及最新发展趋势

现代服务业依托现代新的技术手段、管理理念、经营方式和组织形式发展起来，具有技术和知识密集度高、附加价值高等特征。在全球范围内，现代服务业的快速增长已经成为服务业持续发展的主要动力，我国现代服务业的发展也很迅速，但是整体实力还有待提升。

（一）现代服务业：概念、特征与分类

国际上关于现代服务业的概念还没有形成一个统一的认识，现代服务业的特

---

* 课题组组长：赵弘；课题组成员：赵燕霞、王林凤、张静华、何芬、赵凯、谢倩、金坤杰。

征、行业构成及分类、产业发展趋势等方面的理论还有待进一步深入研究。

1. 现代服务业的概念

服务业是国际通行的产业分类概念，指那些提供非实物产品为主的行业。世界贸易组织的《服务贸易总协定》认为，服务业主要包括12大类：商务服务业，通讯服务业，建筑和相关工程服务业，分销服务业，教育服务业，环境服务业，金融服务业，与健康相关的服务和社会服务业，旅游和与旅行相关的服务业，娱乐、文化和体育服务业，运输服务业及其他服务业。

在我国，服务业被称为第三产业，其范围包括除一（农、林、牧、渔业）、二（工业、建筑业）产业以外的其他所有行业。根据国家2003年印发的《三次产业划分规定》及《国民经济行业分类》（GB/T4754-2002），我国将服务业划分为15类：交通运输、仓储和邮政业，信息传输、计算机服务和软件业，批发和零售业，住宿和餐饮业，金融业，房地产业，租赁和商务服务业，科学研究、技术服务和地质勘查业，水利、环境和公共设施管理业，居民服务和其他服务业，教育，卫生、社会保障和社会福利业，文化、体育和娱乐业，公共管理和社会组织，国际组织。

现代服务业是相对于传统服务业而言的，美国学者丹尼尔·贝尔在《后工业社会来临》一书中关于后工业社会服务业的表述可以看作现代服务业的理论源头。他认为，"从产品生产经济转变为服务性经济"是后工业社会的一大特征，在后工业社会，大多数劳动力不再从事农业或制造业，而是从事服务业，如贸易、金融、运输、保健、娱乐、研究、教育和管理等。国外并没有"现代服务业"的概念，我国最早提到"现代服务业"是在1997年9月党的十五大报告中，但是直到现在关于什么是现代服务业还没有一个权威、公认、统一的认识。许多专家学者从不同角度对现代服务业的内涵进行了概括。

有的学者从现代服务业的形成条件和特征出发，提出"现代服务业是在工业化比较发达的阶段产生的，主要依托信息技术和现代化管理理念发展起来的、信息和知识相对密集的服务业"[①]。

有的学者从服务对象和功能角度定义现代服务业，认为"现代服务业是为了满足企业和其他社会组织商务活动（公务活动）的功能强化与职能外化的需

---

① 胡启恒：《诠释我国现代服务业》，《中国信息导报》2004年第8期，第11~12页。

要而发展起来的，主要为企业和其他社会组织的商务活动（公务活动）降低成本、扩展功能、提升效率而提供服务的相关产业部门"[①]；或者认为现代服务业等同于"现代生产性服务业"，指为生产、商务活动和政府管理而非直接为最终消费提供的服务。[②]

也有学者从现代服务业与传统服务业的比较入手，认为现代服务业是与传统服务业相对的一个概念，凡具有时代特征、适应现代化社会发展的服务业，都属于现代服务业。[③]

2. 现代服务业的特征

与传统服务业相比，现代服务业具有如下特征。

技术和知识密集度高。现代服务业以先进科技、专业人才为主要生产要素，技术和知识含量较高。软件业、信息传输、数字内容、科学研究等行业的服务过程和服务活动以现代高新技术，特别是信息通讯技术作为重要支撑，注重以技术创新、管理创新等提高服务的科技含量，故技术密集度较高。教育培训业、商务服务业、专业技术服务业等行业则强烈依赖于专门知识和技能，以脑力劳动和智力型服务为基础，以知识的生产、应用和传播为服务过程，知识密集度较高。

从业人员素质高。现代服务业企业对两类人才的需求比较集中，一类是既懂技术又懂管理的高层次管理人才，一类是具有较强专业能力的技术人员和创意人才。所以，现代服务业从业人员大都具有良好的教育背景、专业知识和管理能力，属于所谓"白领"阶层。

附加价值高。现代服务业，比如咨询、创意、研发、设计等，处于产业链中的利润高端，价值含量较高。另外，在信息技术和高素质人力资源的支撑下，现代服务业企业往往能不断推出新产品，极大地满足不同客户的需求，创造出巨大财富；而且能将各种产品推广到更为广泛的客户当中，创造更为广泛的经济效益。

3. 现代服务业的分类

与"现代服务业"没有一个统一的定义一样，对现代服务业的分类标准也

---

① 晁钢令：《服务产业与现代服务业》，上海财经大学出版社，2004。
② 来有为：《当前我国需要大力发展现代服务业》，《改革》2004 年第 5 期，第 39～44 页。
③ 高素香：《浅谈发展地区现代服务业》，《金融经济（理论版）》2006 年第 10 期，第 25～26 页。

不尽相同。目前主要有两类，一类是理论学术界的分类标准，另一类是地方统计部门的分类标准。

理论学术界的分类口径比较多，其中影响力较大的有以下几个方面。

根据服务的领域，将现代服务业划分为四大类：（1）基础服务业，包括通讯服务和信息服务；（2）生产和市场服务业，包括金融、物流、研发、电子商务、农业技术服务以及中介和咨询等专业服务；（3）个人现代消费服务业，包括教育、医疗保健、文化传媒等；（4）公共服务业，包括政府的公共管理服务、基础教育、公共卫生、医疗及公益性信息服务等。①

根据现代服务业产生的途径，将现代服务业划分为两类：一是传统服务业通过技术改造升级而形成的现代服务业，包括网上银行、带子商务、远程教育、数字内容、第三方物流等；二是随着社会分工深化和信息化及其他科学技术发展而产生的新兴服务业，包括计算机和软件服务、移动通信服务、信息咨询服务、中介咨询、研发设计、会议展览等。②

许多地方统计部门也在根据各地区服务业发展的实际，研究制定现代服务业的分类标准，如北京市统计局 2005 年推出的《北京市现代制造业、现代服务业统计标准（试行）》（见表1），基本是按照国民经济行业进行的划分，包括9大行业的22个大类，范围相对比较清晰，适于统计分析。

本报告参照北京市统计局发布的现代服务业分类标准，将《国民经济行业分类（GB/T4754－2002）》中的9大行业共26个大类全部纳入现代服务业统计范畴中。

（二）国际现代服务业发展的最新趋势

全球现代服务业发展迅速，占据了世界经济的主导地位。随着经济全球化进程的加快以及科学技术的发展，全球现代服务业发展呈现出一些新的特点和趋势。

1. 现代服务业成为经济发展的支柱

世界进入服务经济时代。根据《2005 年世界发展报告》，2004 年全球服务

① 胡启恒：《诠释我国现代服务业》，《中国信息导报》2004 年第8 期，第11～12 页
② 常修泽：《体制创新：释放中国现代服务业的发展潜能》，《中国经济导刊》2005 年第13 期，第8 页。

表1　北京市统计局现代服务业行业分类目录

行业门类	行业名称
信息传输、计算机服务和软件业	电信和其他信息传输服务业
	计算机服务业
	软件业
金融业	银行业
	证券业
	保险业
	其他金融活动
房地产业	房地产业
租赁和商务服务业	商务服务业
科学研究、技术服务和地质勘察业	研究与实验发展
	专业技术服务业
	科技交流和推广服务业
	地质勘察业
水利、环境和公共设施管理业	环境管理业
教　育	教　育
卫生、社会保障和社会福利业	卫　生
	社会保障业
文化、体育和娱乐业	新闻出版业
	广播、电视、电影和音像业
	文化艺术业
	体　育
	娱乐业

资料来源：北京市统计局。

业总体规模在28.08万亿美元左右，是1990年的两倍多，占全球GDP的比重达68%，比1990年高出7个百分点（见表2）。一般来说，一个国家或地区的经济发展程度越高，服务业占GDP的比重越高。2004年高收入国家、中等收入国家和低收入国家①服务业规模占GDP比重分别为71%、51%和50%（见图1）。

---

① 根据世界银行1999年对高、中、低收入国家划分标准，人均国民生产总值在755美元以下为低收入国家，756~2995美元为中下收入国家，2996~9265美元为中上收入国家，9266美元以上为高收入国家。

表 2 世界服务业规模增长情况

单位：万亿美元，%

年　份	1990	2002	2003	2004
全球服务业增加值	13.26	21.97	24.79	28.08
全球服务业比重	61	68	68	68

数据来源：世界银行 World Development Indicators。

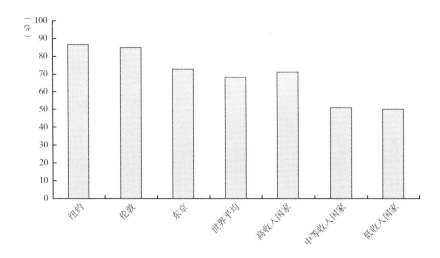

图 1　2004 年世界主要地区（城市）服务业占 GDP 比重

数据来源：《2005 年世界发展报告》。

信息、金融、商务服务等现代服务业成为产业支柱。有关数据显示（见表 3），美国的信息业、金融保险业、教育业、专业和商务服务业等现代服务业的增加值占 GDP 的比重已由 1980 年的 15.76% 增至 2006 年的 24.87%。现代服务业多数行业都保持快速增长，如 2000～2005 年期间美国信息服务业累计增长 32.15%，是美国 GDP 增速的 2 倍多，2006 年美国信息服务业产值超过 4000 亿美元，就业人数达到 320 万人；1992～2006 年的 15 年间，美国金融保险业的平均增长速度远高于总体经济发展速度（见图 2）。

根据世界银行 1999 年对高、中、低收入国家划分标准，人均国民生产总值在 755 美元以下为低收入国家，756～2995 美元为中下收入国家，2996～9265 美元为中上收入国家，9266 美元以上为高收入国家。

表3 美国现代服务业主要行业增加值占 GDP 比重的变化

单位：%

行业名称 ＼ 年份	1970	1980	1991	2001	2003	2005	2006
信息业	3.373	3.550	3.923	4.709	4.462	4.457	4.372
金融保险业	4.128	4.906	6.279	7.727	7.888	7.689	7.757
专业及商务服务业	5.411	6.677	9.662	11.511	11.395	11.711	11.811
教育业	0.703	0.626	0.736	0.840	0.913	0.930	0.391
合　计	13.615	15.759	20.6	24.787	24.658	24.787	24.871

数据来源：美国经济分析局网站（www.bea.gov）。

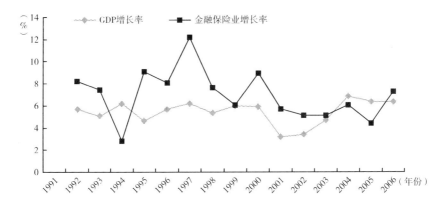

图2 美国 GDP 增长率和金融保险业增长率对比

数据来源：美国经济分析局网站（www.bea.gov）。

香港是世界服务经济最发达的地区之一，2005 年香港服务业增加值已占 GDP 的91%①，其中金融服务、贸易及物流和专业服务及其他工商业支持服务等现代服务业增加值占 GDP 的比重超过一半（见表4）。发达的专业服务是香港现代服务业的一大亮点，包括会计师、律师、建筑师、规划师、评估师等 10 大专业团体的专业人员超过 6 万人，仅会计师就有 2.6 万人。

2. 现代服务业分化与融合趋势明显

产业分化催生并推动商务服务业等现代服务行业的快速发展。随着技术进

---

① Hong Kong as a Service Economy，www.gov.hk/en/about/abouthk/factsheets/docs/service_economy.pdf.

表4 香港现代服务业主要行业增加值占 GDP 比重的变化

单位：%

年 份	1999	2000	2001	2002	2003	2004	2005
金融服务	11	11.9	11.3	11.5	12.3	12.2	12.7
贸易及物流	22.5	23.8	24.3	25	26.3	27.6	28.6
专业服务及其他工商业支持服务	10.5	10.2	10.4	10.3	10.3	10.5	10.6
合 计	44	45.9	46	46.8	48.9	50.3	51.9

数据来源：香港政府统计处网站（www.censtatd.gov.hk）。

步、生产专业化程度加深和产业组织复杂化，制造企业内部的设计、研发、测试、会计审计、物流等非制造环节逐渐分离出来，形成独立的专业化服务部门，如商务服务业、信息服务业、物流业等。"微笑曲线"是对制造业企业服务环节分化的一个形象描述，其上端是研发、设计，下端是营销、售后服务，上下两端都属于分化出来的现代服务业行业；中间一段是生产和加工（见图3）。服务环节分化出来，既提高了制造业的生产效率，也促进了现代服务业的大规模迅速发展。

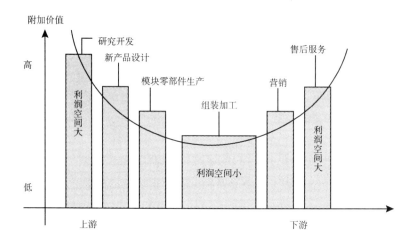

图3 微笑曲线示意图

现代服务业和制造业融合使产业边界逐渐模糊。信息技术的发展，使服务业和制造业的许多行业相互融合，产生了一批新的现代服务业行业。电子制造服务业（Electronic Manufacturing Service，缩写 EMS）即是一个典范。EMS 是指有终端销售品牌的厂商只保留和提供核心技术，将产品的其他研发、设计、采购、组装和物流委托给专业厂商完成的生产方式。自 1997 年以来，EMS 业务模式年均增长 25% 以上[①]，2005 年全球 EMS 业务收入达到 1200 亿美元，预计 2010 年将增至 2800 亿美元[②]。在企业层面，很多传统上的制造业企业已经很难简单划归制造业。如美国通用电气公司（GE）通过下属财务公司 GE Capital 进入金融业，2004 年 GE Capital 利润达到 29.1 亿美元，占 GE 全部利润的 80%；惠普公司（HP）通过兼并服务型企业，从而能够为客户提供从硬件到软件、从销售到咨询的全套服务。

服务业内部的行业融合产生了许多新型服务业态。融合不仅存在于服务业和制造业之间，也存在于服务业内部各行业之间，并由此产生了许多新型服务业业态，比如网上银行和数字内容。网上银行是融合信息技术、互联网与传统银行三个行业而发展起来的一种新兴业态，银行通过网上银行业务可大幅节约成本，调查显示，美国银行员工通过人工方式进行存贷款的每笔成本为 1.07 美元，利用银行提款机的成本为 0.27 美元，而在网上进行同样的业务成本仅为 1 美分。数字内容是将图像、文字、影像、语音等内容，运用数字化高新技术手段和信息技术进行整合的产品或服务，它横跨通讯、网络、娱乐、媒体及传统文化艺术等各个行业，是服务业行业融合重铸的产物。

3. 创新成为现代服务业发展的核心要素

现代服务业研发投入不断增大，技术创新对服务业的推动作用日渐明显。美国在应用信息技术等知识、技术和资本密集型服务行业方面的公共投资一直居于各国之首，例如，"信息高速公路"的大量投入确立了美国企业在世界信息产业发展及服务贸易竞争中的优势地位。英国国家统计局的数据显示，2002 年英国服务业的科研投资总额达到 25 亿英镑，远远超过 1996 年的 17 亿英镑；其中银行、律师事务所、咨询机构和媒体公司等现代服务业企业的科研投资总额大增了 49%，达到 3.6 亿英镑[③]。据经济合作与发展组织（OECD）统计，2005 年冰岛研发投入占 GDP 的 3.3%，列世界第三位，其中制造业占 28%，服务业占 70%。

---

① 陈宪、黄建锋：《分工、互动与融合：服务业与制造业关系演进的实证分析》，《中国软科学》 2004 年第 10 期，第 71 页

② 窦昊明：《深圳实益达：迅速成长的中国 EMS 新贵》，http：//www.p5w.net/stock/lzft/gsyj/ 200705/P020070529517831965817.pdf.

③ 《英国国家统计局：英国服务业科研投资迅速增加》，人民网，http：//www.people.com.cn/ GB/guoji/1029/2808452.html.

科研投入力度的增大推动了现代服务业的技术创新，进而推动了现代服务业的发展。在软件业，仅微软一家企业 2005～2006 年度就有 4000 件专利获准，尚有 3300 件新专利待批，微软等企业频繁的创新活动，推动了全球软件业的发展和壮大。在金融业，花旗银行一直以其技术与创新闻名全球。20 世纪 70 年代初期，花旗银行建立了全球金融网络（Marty），80 年代末又以"2000 计划"（Project）取代了"Marty"网络。目前花旗银行正积极开发用于全球融资的目标导向计划（Objecte Oriented Programming）和用于零售支付数字式媒体（Digitmedia），这两项技术将广泛运用于网络和电子银行业。花旗的科技平台遥遥领先于全球同业，这正是它创造金融神话的最大保障所在。

商业模式创新也是现代服务业企业竞争力的重要体现。现代服务业的商业模式比较复杂，且随着时代的进步，全新的现代服务业商业模式层出不穷。比如迪斯尼公司的主题公园模式、ebay 的电子商务模式、百度的搜索引擎竞价排名模式、新浪和搜狐的门户网站模式等。依靠商业模式创新获得巨大成功的现代服务业企业非常多，比如北京空中网公司，它开辟了手机的宽带时代，为手机用户提供基于 2.5G 技术的彩信、互动娱乐等无线数据内容和应用服务，依靠这种商业模式，空中网成为中国最大的彩信服务提供商，在 2005 年底德勤评选出的中国高科技、高成长企业 50 强中名列第一①。又如苹果公司，它成功构建了企业的经济生态系统，在推出硬件的同时，还联合唱片公司等内容提供商，配合易用的 iTunes 软件推出了便宜、便捷的音乐下载服务。苹果公司没有重新发明 MP3，而是依靠商业模式的创新，在美国市场取得了巨大的成功。

4. 服务外包成为现代服务业国际化转移的重要途径

现代服务贸易②增长迅速，成为推动世界服务贸易稳定增长的主要力量。1980～2005 年间，世界服务贸易出口额从 3650 亿美元扩大到 24147 亿美元，25 年间增长了 5.7 倍，占世界贸易出口的比重从 1/7 增长到近 1/5③。世界服务贸

---

① 赵慕兰等：《商业模式创新——新经济中自主创新的微观机制》，http：//kfq. people. com. cn/ GB/55140/57911/57913/4062781. html.

② 世贸组织将服务贸易分为三大类：（1）运输；（2）旅游；（3）其他，共有 8 项，即通讯、建筑、保险、金融、计算机和信息服务、专利许可和技术转让、文体娱乐（包括电视、电影等）、其他工商业服务（包括咨询、会计、法律、广告等）。运输和旅游代表劳动密集型的传统服务贸易，而其他项代表知识技术密集型的现代服务贸易。

③ International trade statistics 2006, WTO, www.wto.org.

易结构逐渐向现代服务贸易部门倾斜，现代服务贸易不断扩张，增长速度高于传统的运输和旅游服务贸易（见图4）。1990～2005年，运输服务占世界服务贸易的比重从28.6%下降到23.3%，旅游服务占比从33.9%下降到28.9%，而以通讯、计算机和信息服务、金融、保险、专有权利使用费和特许费为代表的其他服务类型占比则从37.5%逐步增长到47.8%①（见图5）。

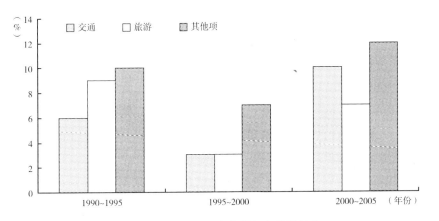

图4　2005年世界三大类服务贸易增长率

数据来源：International trade statistics 2006，WTO，www. wto. org.

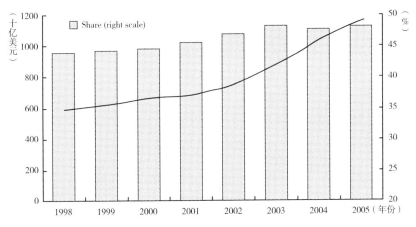

图5　1998～2005年世界服务贸易其他项（现代服务贸易）出口额和份额图

资料来源：International trade statistics 2006，WTO，www. wto. org.

① International trade statistics 2006，WTO，www. wto. org.

服务外包[①]逐渐成为现代服务贸易的重要形式。近年来，随着信息技术的迅猛发展，发达国家跨国公司的经营管理日趋专业化，纷纷把后勤办公、顾客服务、商务业务、研究开发、咨询分析等业务外包给发展中国家，服务外包正逐渐成为服务贸易的重要形式。2006 年全球服务外包市场规模达到 8600 亿美元[②]，其中发达国家和地区是主要服务外包输出地。在全球外包支出中，美国占了约 2/3，欧盟和日本占近 1/3，其他国家所占比例较小。[③] 发展中国家则是主要的服务外包业务承接地，其中亚洲承接的外包业务最多，约占全球外包业务的 45%。[④] 目前，印度是亚洲的外包中心，墨西哥是北美的外包中心，东欧和爱尔兰是欧洲的外包中心，中国、菲律宾、俄罗斯等国家也正在成为承接外包较多的国家。世界服务外包业务仍有很大的发展空间，在世界最大的 1000 家公司中，大约 70% 的企业尚未向低成本国家外包任何商务流程。据联合国贸发会议发布的《2004 年世界投资报告》预计，未来几年全球的外包市场每年将以 30%～40% 的速度增长，2007 年全球外包市场将增至 1.2 万亿美元。[⑤]

软件外包、金融外包发展态势尤其突出。软件外包已经成为发达国家软件公司降低成本的一种重要手段，2006 年全球软件外包市场规模达到 500 亿美元，预计未来几年将以超过 20% 的复合增长率继续发展；印度占有全球软件外包市场的 70%，在最大的美国市场（总额 250 亿美元），印度更是垄断了 90% 以上。金融外包方兴未艾，金融外包的范围覆盖了银行、保险、证券、投资等各类金融机构，主要发包市场在美国、欧洲、日本等国家和地区；据德勤会计师事务所估计，到 2010 年，金融离岸外包市场产值将达到 4000 亿美元，占整个金融服务业总产值的 20%。[⑥]

---

① 所谓服务外包，是指企业将信息系统构架、应用管理和业务流程优化等业务，发包给本企业以外的服务提供者，以降低成本、优化产业链、提升企业核心竞争力。按照服务内容，服务外包可分为信息技术外包（ITO）和业务流程外包（BPO），其中信息技术外包占全球服务外包市场的 60%。

② 商务部副部长高虎城在"我国承接国际服务外包政策研讨会"上的讲话，http：//www.ccer.edu.cn/cn。

③ 胡景岩：《世界服务贸易发展的趋势分析》，《中国外资》2006 年第 10 期。

④ 胡景岩：《世界服务贸易发展的趋势分析》，《中国外资》2006 年第 10 期。

⑤ 张舵：《外资将在中国服务业开放中获得更多商机》，中国信息报网络版，http：//www.zgxxb.com.cn/news.asp？id＝7562。

⑥ 陈慧颖：《金融外包追赶印度》，《金融实务》2006 年 6 月总第 18 期。

5. 品牌价值成为现代服务业的核心价值之一

品牌为企业带来的利益是内在而持久的，没有品牌，就难以形成持久的企业核心竞争力。美国可口可乐公司董事长伍德鲁福曾说："如果有一天，公司在大火中化为灰烬，只要'可口可乐'这个品牌在，那么第二天早上，全世界新闻媒体的头条消息就是各大银行争着向可口可乐公司贷款。"品牌的价值由此可见一斑。对服务业企业来说，品牌尤为重要，因为服务具有无形性、异质性、生产与消费同步性等特征，消费者为了减少购买的成本与风险，往往会更倚重质量和信誉的保证——品牌。规模相当的服务业企业提供的服务往往差别不大，品牌就成为一个企业区别于其他企业的标志，代表了一种潜在的竞争力与获利能力。

越来越多的现代服务业企业认识到品牌的重要性，纷纷加强品牌建设以提升企业的竞争力，知名度极高的现代服务业品牌如 Google、微软、Ebay、亚马逊、雅虎、花旗、汇丰等。英国《金融时报》与 Millward Brown Optimor 合作推出的"2007 年全球最具价值百强品牌排行榜"，服务品牌占据了大部分席位，Google荣登榜首，品牌价值达到 664.34 亿美元，微软列第三，中国移动列第五，前五个席位被信息传输、计算机服务和软件业占了三个。

入选全球顶级品牌的服务品牌越来越多，以金融业品牌最为突出。根据Interbrand 与美国《商业周刊》联合发布的"全球最佳品牌（Best Global Brands）"报告，2001 年"全球最佳品牌"中只有花旗等 4 家金融机构；2002年，增加到 6 家；2003 年，汇丰入选，金融品牌达到 7 个；2004 年，瑞银集团与荷兰银行入选，金融品牌自此占据了 100 个名额中的 9 个。此外，几年来入选金融企业的品牌价值也处于不断增长的态势。2001 年花旗等 4 家金融机构的品牌总价值为 588 亿美元，2006 年增长为 637 亿美元，增长了 8.3%。2004 年 9 个金融品牌的总价值为 964.4 亿美元，2006 年增长至 1075.2 亿美元。[①] 入选"全球最佳品牌"的金融服务品牌数量不断增多，价值持续提升，展示了企业品牌在金融机构经营中日益重要的作用。

（三）我国现代服务业发展特点及展望

现代服务业发达程度是衡量一个国家和地区综合竞争力和现代化水平的重要

[①] 张兴胜、胡婕：《"全球最佳品牌"的变迁》，《银行家》2006 年第 12 期。

标志。我国已经把加快现代服务业作为推动产业结构升级和经济增长方式转变的重要战略来抓，各地区现代服务业都呈现出良好的发展态势。

1. 我国现代服务业发展特点

近年来，我国服务业一直保持持续稳定的增长态势，特别是金融、软件、商务服务等现代服务业发展迅速，产业规模不断扩大，在国民经济中的作用逐步显现出来。

（1）现代服务业发展规模不断扩大，但整体发展水平有待提高。

2001～2006年，我国服务业增加值从44626.7亿元增加到82703亿元，但占GDP的比重不升反降，从2002年的41.7%下降到2006年的39.5%（见图6）。

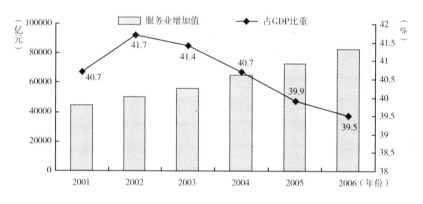

图6　2001～2006年我国服务业增加值及占GDP比重

数据来源：中国统计年鉴2006，中华人民共和国2006年国民经济和社会发展统计公报。

金融、房地产等现代服务业发展较快，2004年我国现代服务业增加值达到30515.5亿元（见表5），占第三产业增加值的47.3%，接近一半。其中，金融业实现增加值5393亿元，占现代服务业的17.7%；房地产实现增加值7174.1亿元，占现代服务业的23.5%。尤其是信息传输、计算机服务和软件业等一批新兴的现代服务业发展迅速。2006年软件产业销售收入达到4800亿元，比2000年增长了7倍多，年均增长率达到40%以上（见图7）。

但是，受服务业整体发展水平所限，2004年我国现代服务业增加值占GDP的比重仅为19.1%，与发达国家差距较大。对比表3和表5可知：目前，美国

表5   2004 年我国服务业增加值及其行业构成

单位：亿元，%

行 业	增加值	增加值构成占地
第三产业	64561.3	40.4
交通运输、仓储和邮政业	9304.4	5.8
信息传输、计算机服务和软件业	4236.3	2.6
批发和零售业	12453.8	7.8
住宿和餐饮业	3664.8	2.3
金融业	5393.0	3.4
房地产业	7174.1	4.5
租赁和商务服务业	2627.5	1.6
科学研究、技术服务和地质勘查业	1759.5	1.1
水利、环境和公共设施管理业	768.6	0.5
居民服务和其他服务业	2481.5	1.6
教 育	4892.6	3.1
卫生、社会保障和社会福利业	2620.7	1.6
文化、体育和娱乐业	1043.2	0.7
公共管理和社会组织	6141.4	3.8
其中：现代服务业	30515.5	19.1
合 计	159878.3	100.0

数据来源：中国统计年鉴 2006。

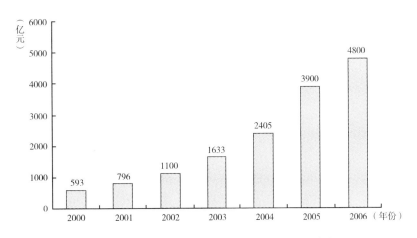

图7   2000～2006 年我国软件业销售收入增长态势

仅信息、金融保险等 4 大现代服务业行业占 GDP 的比重就已经达到近 25%。2004 年我国金融业占 GDP 的比重为 3.4%，而美国在 1970 年已经超过 4%；2004 年我国信息传输、计算机服务和软件业占 GDP 比重为 2.6%，而美国 2003 年已经达到 4.46%。因此，与发达国家相比，我国现代服务业发展水平仍然落后，占 GDP 的比重有待提高。

（2）各城市现代服务业发展不平衡，呈现明显的层次性。

我国东中西部服务业发展水平差异较大（见图 8）。2005 年我国东部地区人均服务业增加值分别是中部、西部和东北部地区的 2.5 倍、2.6 倍和 1.6 倍；服务业增加值占本地区生产总值的比重分别比中部、西部和东北部地区高 4 个、0.6 个和 3 个百分点。

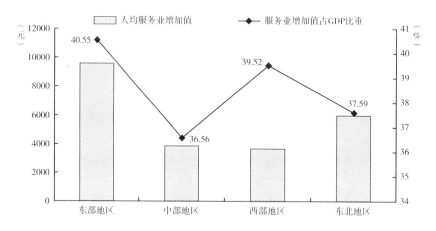

图 8　按区域分服务业增加值及占 GDP 比重

现代服务业发展的地区不平衡更加明显，即便是北京、上海、广州、天津等一线城市之间，亦呈现明显的层次性。从现代服务业规模上看，2005 年北京市现代服务业增加值达到 3206.5 亿元，是广州市的 2.5 倍，是天津市的 4.9 倍；从现代服务业增加值占 GDP 比重看，2005 年北京市现代服务业增加值占 GDP 的比重为 46.56%，上海、广州、天津现代服务业增加值占 GDP 的比重分别是 30.16%、28.3% 和 17.81%，差别非常明显（见图 9）。

（3）现代服务业利用外资规模不断增大，成为吸引外资的重点领域。

加入 WTO 以来，我国服务业对外资开放的程度不断提高。在按 WTO 规则分类的 160 多个服务贸易部门中，中国已经开放 100 多个，开放程度与发达国家

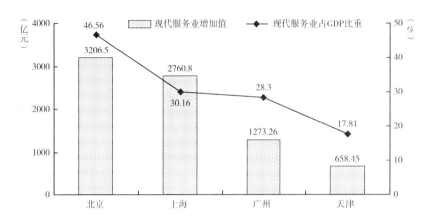

图9　2005年各城市现代服务业增加值及占GDP比重

数据来源：各城市统计年鉴2006。

的平均开放水平相差无几，有的领域甚至高于一些发达国家。①

　　现代服务业利用外资规模不断扩大。2004～2006年我国服务业实际使用的外国直接投资从140.5亿美元上升到263.57亿美元，所占比重也从23.2%上升到37.9%。金融、房地产、商务服务等现代服务业利用外资规模上升较快，所占比重不断增大，成为服务业利用外资的主体。按照北京市发布的现代服务业统计标准，2006年，我国现代服务业（见表6）实际使用外商直接投资金额从2004年110.4亿美元增加到212.5亿美元，翻了一番，占服务业实际使用外资的比重达到78.6%。

　　现代服务业利用外资程度不断加深。我国服务业对外资开放程度不断提高，许多垄断性现代服务业行业也逐渐向外资开放。金融业已成为我国利用外资的重点领域，截至2006年年底，74家境外银行在华设立了312家营业性机构，28家境外战略投资者投资参股了21家中资银行，31家境外金融机构在华设立了31家合资证券公司和基金公司，另有44家境外保险公司在华设立了115个保险营业机构。② 在电信领域，我国的基础电信业为国家控股，外资更多的是通过投资

---

① 《真诚对话　共谋发展》，吴仪在美国八团体欢迎宴会上的演讲，http：//www.china-embassy.org/chn/xw/t339322.htm。

② 《吴仪：中国服务业开放只能根据国情稳妥推进》，http：//news.xinhuanet.com/world/2007 - 05/25/content_ 6151011.htm。

表6 2004～2006 年外国直接投资服务业情况

行 业 名 称	实际使用金额（亿美元）		
	2004	2005	2006
交通运输、仓储和邮政业	12.7	18.1	19.8
信息传输、计算机服务和软件业	9.2	10.1	10.7
批发和零售业	7.4	10.4	17.9
住宿和餐饮业	8.4	5.6	8.3
金融业	2.5	2.2	67.4
房地产业	59.5	54.2	82.3
租赁和商务服务业	28.2	37.5	42.2
科学研究、技术服务和地质勘查业	2.9	3.0	5.0
水利、环境和公共设施管理业	2.3	1.4	2.0
居民服务和其他服务业	1.6	2.6	5.0
教 育	0.4	0.2	0.3
卫生、社会保障和社会福利业	0.9	0.4	0.2
文化、体育和娱乐业	4.5	3.1	2.4
公共管理和社会组织	0	0.04	0.07
服务业合计	140.5	149.24	263.57
其中:现代服务业	110.4	112.5	212.5
总　计	606.3	603.2	694.7

资料来源：根据中华人民共和国 2004、2005、2006 年国民经济和社会发展统计公报整理。

我国基础电信运营商境外上市公司股票的方式参与其中，以中国电信为例，澳洲联邦持有中国电信 8.23% 的股票，是中国电信第二大股东，投资银行摩根大通持有 7.21%，是中国电信第三大股东。[①]

（4）服务贸易蓬勃发展，但现代服务贸易竞争力不强。

我国服务贸易的规模不断扩大，增长速度在世界各国中名列前茅。根据商务部发布的最新数据，2006 年我国服务贸易进出口总额为 1928.32 亿美元，其中，服务出口 919.99 亿美元，服务进口 1008.33 亿美元。服务贸易逆差缩减到 88.34亿美元（见表7）。

---

① 《吴仪：中国服务业开放只能根据国情稳妥推进》，http：//news. xinhuanet. com/world/2007 -
05/25/content_ 6151011. htm.

表7 2006年中国服务贸易的结构

单位：亿美元，%

项　　目	出　口	比　重	进　口	比　重	进出口差额
服务贸易	919.99	100	1008.33	100	-88.34
运　输	210.15	22.84	343.69	34.09	-133.54
旅　游	339.49	36.90	243.22	24.12	96.27
通讯服务	7.38	0.80	7.64	0.76	-0.26
建筑服务	27.53	2.99	20.5	2.03	7.03
保险服务	5.48	0.60	88.31	8.76	-82.83
金融服务	1.45	0.16	8.91	0.88	-7.46
计算机和信息服务	29.58	3.22	17.39	1.72	12.19
专有权利使用费和特许费	2.05	0.22	66.34	6.58	-64.3
咨　询	78.34	8.52	83.89	8.32	-5.55
广告、宣传	14.45	1.57	9.55	0.95	4.9
电影、音像	1.37	0.15	1.21	0.12	0.16
其他商业服务	196.93	21.41	112.61	11.17	84.32
别处未提及的政府服务	5.79	0.63	5.06	0.50	0.72

数据来源：国家外汇管理局《中国国际收支平衡表——2006年》。

但是，与货物贸易相比，我国服务贸易发展相对滞后，尤其是现代服务贸易出口竞争力不强。世界贸易组织的统计数据显示，1982~2006年，中国服务贸易出口额占贸易出口总额的比重一直在10%以下，仅为全球平均水平的一半，服务贸易长期逆差。而且，我国服务贸易结构不平衡，服务贸易优势部门主要集中在海运、旅游等比较传统的领域。2006年运输和旅游业出口占服务出口的59.74%，而通讯服务、金融服务、保险服务、计算机和信息服务、专有权利使用费和特许费、咨询服务、广告宣传、电影音像等八项现代服务项目的出口占服务出口的比重只有15.23%。而且，除计算机和信息服务、广告宣传、电影音像三项外，其他五项均为逆差，比如专有权利使用费和特许费逆差为64亿美元，比2005年增长25%。这说明我国现代服务业的国际竞争力还比较低。

（5）承接国际服务外包成为发展现代服务业的重要方式。

服务外包广泛应用于IT服务、人力资源管理、金融、会计、客户服务、研发、产品设计等众多领域，是当前国际现代服务业转移的新趋势。近年来，我国承接国际服务外包取得初步成绩，根据赛迪顾问发布的一份市场研究报告，2006

年我国软件外包服务市场规模高达 14.3 亿美元，同比增长 55.4%。① 同时，我国形成了一批在某些特定领域具有较强国际竞争力的服务外包企业，比如东软，2006 年东软外包收入达 1.01 亿美元，其中有 52% 与软件开发与测试有关，15% 与产品开发有关，即东软服务外包业务的 2/3 是高端业务。②

然而，与印度等国家相比，我国在承接国际服务外包领域还处于相对落后的局面。从规模来看，2005 年我国计算机信息服务出口加上流程外包约为 20 亿美元，只有加工贸易盈余的 1%，不到印度的 1/10，也落后于爱尔兰、菲律宾等国；从承接外包内容构成看，主要集中在和制造业相联系的软件和 IT 服务外包方面，在潜力更大的商务流程外包方面只有少数成功案例；从市场结构看，主要从日本接单，在欧美等全球主流服务外包市场尚未打开局面；另外，我国服务外包企业的平均规模较小，相对竞争力较低。

但是，随着我国现代服务业发展水平的逐步提高以及国际服务业转移加快，将有越来越多的跨国公司以服务外包的形式转移到中国，这将为我国承接服务外包带来广阔市场前景。而且服务外包作为服务贸易的一种重要形式已经引起国家及各级政府的高度重视，促进服务外包的"千百十工程"③ 已于 2006 年启动并逐步推进，承接国际服务外包将成为我国发展现代服务业、提高利用外资水平的一大突破口和重要途径。

2. 我国现代服务业发展展望

随着我国工业化和城市化进程的加快、国际产业转移加速及我国参与国际产业分工加深，未来我国经济社会将步入新的发展阶段，经济增长逐步由主要依靠工业带动向第二、三产业协同带动转变，服务业发展步伐加快，尤其是现代服务业需求将获得长足发展。

（1）现代服务业将进入快速发展期。

根据国家统计局公布的统计数字，2006 我国人均 GDP 达到 2042 美元，经济

---

① 《卢锋认为中国应支持国际服务外包业》，2007 年 4 月 30 日《中国证券报》。

② 《东软以 1.01 亿美元稳居软件外包榜首》，东软集团网站，http：//www. neusoft. com/news/html/20070306/901123825. html.

③ 2006 年商务部会同信息产业部、科技部启动促进服务外包的"千百十工程"，力争在"十一五"期间在全国建设 10 个服务外包基地城市，推动 100 家世界著名跨国公司将其服务外包业务转至中国，培育 1000 家获得国际资质的大中型服务外包企业，全方位承接国际（离岸）服务外包业务。

发展进入人均 GDP 2000～3000 美元的关键时期，经济增长方式将由粗放型增长方式逐渐向集约型增长方式转变，第三产业在国民经济中所占比重将逐步提高，现代服务业也将进入快速发展阶段。

经济社会持续发展产生的强劲需求将为现代服务业发展提供广阔的发展空间。一方面我国各类型企业数量不断增多、规模不断扩大，在日常运营过程中，对金融服务、商务服务、物流服务等现代生产性服务业的需求越来越大，对服务提供者的专业水平的要求也越来越高。另一方面，居民消费结构升级、总量扩大，对教育、医疗保健、文化传媒等现代消费性服务业的需求不断增加。日益增长的市场需求将成为促使现代服务业快速发展的强大动力。

国家加快现代服务业发展战略重点的实施将成为现代服务业发展的重要动力。2007 年 3 月 27 日，国务院发布《国务院关于加快服务业发展的若干意见》，明确提出，要从加快推进服务领域改革、加大对服务业的投入力度、支持服务企业境内外上市、建立公开平等规范的服务业准入制度、建立健全服务业标准体系等方面，促进服务业又好又快发展。各地方政府也将培育现代服务业作为城市发展的重要战略，如上海先后制定了《上海加速发展现代服务业实施纲要》、《关于上海加速发展现代服务业的若干政策意见》等文件，全力推进现代服务业；广州市也公布了《关于加快服务业发展的意见》，重点加快发展金融、物流、会展和中介四大生产性服务业。国家以及各城市推进现代服务业发展政策措施的实施将极大地推动我国现代服务业快速发展。

国际服务业转移加快以及我国服务业领域的进一步开放也将成为推动现代服务业发展的重要动力。随着入世过渡期的结束，我国将进入服务业市场更加开放、全面融合的新阶段，现代服务业引资领域逐步拓宽。外资特别是国外大型服务业跨国公司，在技术、资金、人才、管理经验、服务创新等方面具有明显的优势。外资的引入，会对我国现代服务业的发展产生示范效应、竞争效应、规范效应和增加供给效应，有利于促进我国现代服务业的快速、健康发展。

（2）现代服务业日益成为中心城市发展的主导力量。

中心城市具有发展现代服务业的资源优势。中心城市往往是区域资本中心、教育中心和科研中心，能为现代服务业的发展提供充足的资金、人力和技术支撑；许多跨国公司和国内大型企业集团聚集在中心城市，也对金融、商务服务业、物流等生产性服务业需求强劲；中心城市人口密集、经济发达，居民对房地产、医疗保健、交通通讯、教育文化娱乐等消费性服务业的需求旺盛。突出的资源优势和广阔的市场需求空间能够有力地拉动中心城市现代服务业的发展。

现代服务业成为经济转型期中心城市产业发展的重要方向。我国许多中心城市在经历了快速发展之后，土地价格、劳动力价格、房地产价格持续上升，能源紧张和污染问题日益突出，加快产业结构升级和城市经济转型势在必行。目前，北京、上海、广州等中心城市已经把发展现代服务业作为城市经济的重要支柱和增长点。以北京市为例，2005 年，北京市第三产业实现增加值达 4616.3 亿元，其中现代服务业实行增加值 3206.5 亿元，占全市 GDP 总量的 46.56%。现代服务业内各行业的发展也表现出良好态势，2005 年北京软件与信息服务业实现营业收入约 780 亿元，是 2000 年的 4.2 倍，年均增长 33%，总量规模占全国的 1/3。发展现代服务业，能够突破中心城市经济持续发展面临的资源约束瓶颈，是中心城市实现产业结构升级、加快经济经增长方式转变的重要途径和内在要求。

（3）现代服务业新业态不断产生。

随着高新技术尤其是信息技术的进步，现代服务业不断向更高层次发展，并衍生出许多新业态。例如，高技术发展直接产生出的移动通信增值服务、互联网信息服务等新兴服务业态；高技术制造业分蘖形成的工业设计、研发服务、技术咨询等新兴服务业态；信息技术与传统服务业融合而形成的电子银行、电子商务、远程医疗、远程教育等新兴服务业态。

现代服务业新业态已经成为我国现代服务业发展的新增长点。比如，我国电子商务市场快速发展，根据赛迪顾问提供的数据，2005 年我国电子商务市场规模达到 6800 亿元人民币，比 2004 年增长 42%，其中，较为成熟的 B2B 模式的电子商务交易额占市场交易总额的比重将近 95%，达到 6446 亿元。随着我国移动电话用户数量的不断增长，移动增值服务市场规模也迅速扩张，据统计 2005 年中国移动增值业务市场规模达到 483.1 亿元，比上一年增长 61.95%，特别是彩信、IVR、WAP 等移动增值业务增长迅速。

将来，随着科学技术的进一步发展以及我国经济社会发展水平的进一步提高，企业、居民对现代服务业的需求将会日益提高，多样化、个性化和多元化的服务需求也将不断出现。在技术和需求的双重驱动之下，现代服务业必将涌现出更多的新兴业态。

（4）现代服务业国际竞争力将不断提高。

从全球服务业竞争格局及我国现有基础看，我国现代服务业发展相对滞后，但从长远发展来看，我国现代服务业的国际竞争力将不断提高。

首先，现代服务贸易继续呈快速发展态势，在国际服务贸易竞争中的地位将逐步提高。虽然我国金融、保险、咨询、计算机和信息服务等现代服务贸易领域起步较晚，长期处于逆差地位，竞争力较弱。但是随着我国现代服务业的快速发展，现代服务业发展水平将逐步提高，我国现代服务贸易的规模也将进一步扩大，服务贸易逆差将逐步得到缓解。比如 2006 年我国计算机和信息服务、咨询服务出口分别比 2005 年增长 60.8% 和 47.2%，远高于服务贸易出口 24% 的增幅。计算机和信息服务贸易顺差连年扩大，从 2003 年的 0.66 亿美元增加到 2006 年的 12.19 亿美元；咨询服务则呈现贸易逆差缩小的趋势，逆差额从 2003 年的 15.65 亿美元降低到 2006 年的 5.55 亿美元。

第二，国际现代服务业将加速向我国转移，推动我国现代服务业整体竞争力的提升。随着我国加入 WTO 后各项承诺的推进，银行保险、电信服务等现代服务业领域进一步开放，现代服务业领域吸引外资规模将不断扩大。与此同时，国际服务业转移加快，依托广阔的市场空间和丰富的人才资源，我国也逐渐成为许多服务业跨国公司投资的重点。现代服务业外资规模的扩大以及跨国公司地进入一方面带来了先进的经营方式、管理理念，直接促进我国现代服务业竞争力的提升，另一方面与国内企业形成了良好的互动，通过上下游配套、行业人才培养、技术外溢等方式带动了国内现代服务业相关行业的发展。例如，外资银行的进入将有效促进我国银行业的多元化竞争发展，逐步改变我国的金融生态，增进金融市场、理财市场的多元、高效发展。

第三，随着自主创新战略的实施，现代服务业领域的自主创新能力将不断提高。增强自主创新能力是国家新时期经济社会发展的重要战略任务之一，要通过体制机制创新、加大自主创新投入、加快创新型人才培养、完善知识产权制度环境等措施来推进创新型国家建设。在各种相关政策的推动下，我国现代服务业领域的自主创新能力逐步提升，以软件业为例，涌现出一批具有自主知识产权的优秀软件产品和具有国际竞争力的软件企业，比如金山软件集团，其自主研发的WPSOffice2005 在国内整体市场份额占到 20.22%，仅次于微软；金山软件还成功进军日本，金山杀毒软件在日本已拥有 40 万用户。随着我国自主创新战略的实施以及各项政策的落实，我国现代服务业自主创新能力将进一步提升，从而逐步改变我国现代服务业在国际竞争中的低端地位。

二 总部经济：现代服务业发展的重要动力

现代服务业是现代经济的重要组成部分，现代服务业的发达程度是衡量经济、社会发展水平的重要标志。在知识经济社会，现代服务业日益成为城市经济发展的新动力，特别是成为中心城市经济增长的主导性力量。近年来，许多城市大力发展现代服务业，改造提升传统服务业，不断优化服务业结构和空间布局，推动服务业进入稳定增长的内涵式发展阶段。总部经济作为一种新的经济模式，与现代服务业之间有密切的联系，众多企业总部的聚集能够产生强大的服务需求，为城市现代服务业提供更为广阔的发展空间和发展动力，从而带动城市现代服务业的快速发展。

（一）总部经济核心思想及其效应

1. 总部经济概念与机制

（1）总部经济概念。

总部经济是一个全新的经济概念，对于"什么是总部经济"目前仍处于探索研究阶段。我们认为，总部经济是指某区域由于特有的资源优势吸引企业将总部在该区域集群布局，将生产制造基地布局在具有比较优势的其他地区，而使企业价值链与区域资源实现最优空间耦合，以及由此对该区域经济发展产生重要影响的一种经济形态。总部经济不仅适用于制造业，同时也适用于服务业。总部经济是企业内部价值链基于区域比较优势原则分布的表现形态，是在信息技术迅速发展的条件下，企业得以利用区域间资源差异不断寻求经营成本最小化、资源配置最优化，区域之间得以形成基于企业的专业化分工的必然产物。

总部经济的核心价值在于企业通过总部与生产制造或分支机构在不同空间的布局所实现的资源再配置收益。这种收益是原有企业布局模式——企业总部与生产制造环节紧密布局在一起，所难以实现的。在信息网络快速发展、知识经济成为全球经济发展趋势的今天，总部经济模式已经成为全球跨国公司配置资源的最主要方式。目前，全球跨国公司共有 6.5 万多家，控制着全球生产的 40%、国际贸易的 60%、国际直接投资的 90%。跨国公司在全球的资源配置，特别是在海外的资源配置，基本上都是采取总部经济模式。

（2）总部经济形成机制。

总部经济的形成主要基于以下三个"假设"：一是企业资源分为战略资源、常规资源两类，以成本最小化取得比例适宜的两类资源是企业发展的基本需求；二是发展水平不同的城市间、区域间，两类资源的禀赋不同，成本差异很大；三是信息网络技术发展，使企业有条件突破原有传统的布局模式，实现总部与生产制造环节在空间上的分离。

基于上述条件假设，在信息技术较为发达的今天，如果企业依然按照传统布局模式进行布局，即企业将总部和生产加工基地布局在一起，无论企业布局在发达的中心城市，还是布局在欠发达地区，都不能实现企业资源的最优配置（见表 8）。如企业布局在发达的地区，战略资源可能是有优势的，但常规资源是劣势，使企业的收益非常有限。反过来布局在欠发达地区，优势就在常规资源上，但战略资源短缺。

表 8　两种企业空间布局模式比较

企业空间布局模式		战略资源	常规资源
常规布局模式	中心城市	优势	劣势
	欠发达地区	劣势	优势
总部经济布局模式	中心城市(总部)	优势	
	欠发达地区(生产基地)		优势

如果企业按照总部经济模式进行空间布局，把总部布局在发达的中心城市，而将生产加工基地布局在欠发达地区，由此使企业能够以较低的成本价格取得中心城市的战略资源和欠发达地区的常规资源——实现了两个不同区域最具优势的资源在同一个企业的集中配置。不但能够使企业取得在原有布局模式下难以取得的资源优势，资源配置综合成本最低化，而且使得总部所在的中心城市密集的人才、信息、技术资源得到最充分的效能释放，使得加工基地所在的欠发达地区密集的制造资源得到最大限度的发挥，因此，总部经济是一种能够实现企业、总部所在区域、生产加工基地所在区域三方利益都得到增进的经济形态（见图10）。

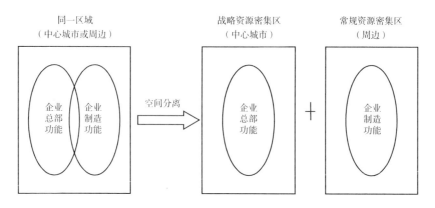

图10　总部经济模式下企业功能链空间重置战略示意图

2. 总部经济促进中心城市经济社会全面提升

总部经济不仅使企业实现了跨区域资源最优配置和利润最大化，而且企业总部的聚集也对总部所在城市经济社会发展带来积极的影响，促进了城市经济发展和产业升级。

（1）有助于提高经济质量、优化产业结构，提升城市经济发展能力。

企业总部一般从事的是决策、管理、研发、营销等知识性劳动，具有占地面积小，单位面积的增加值、税收、就业等指标值高，产出贡献大的特点，企业总部聚集发展有利于城市总量的增长和经济效益的提高。总部经济模式下，大城市将不具备资源优势的生产加工向外转移，同时充分利用其科技、人才、信息等战略资源优势及知识型服务业优势，积极发展企业总部或地区总部，大力发展围绕总部的各种高端知识型服务业。发展总部经济既能减少传统制造业对土地等资源的占用，突破中心城区土地、能源、水等资源瓶颈约束；又能最大限度地利用城市特别是中心城区的优势资源，有助于城市战略资源的进一步聚集，实现最小投入取得最大产出，是城市经济发展的新的增长点。总部聚集区内企业密度一般都比较大，单位面积产生的 GDP 和税收大大高于其他地区。如北京商务中心区（CBD）、金融街等地区每平方公里的企业数达到了 600～800 个。北京金融街占地面积仅 1 平方公里，2006 年上半年，实现三级税收 476.2 亿元，占西城区三级税收的 55.6% 。[1]北

---

[1]　《2006 年上半年金融街经济发展状况》，http：//big5. bjxch. gov. cn/pub/xch_ zhuzhan/B/B8/B8 - 4/B8 - 4d/B8 - 4d1/t20060825_ 962791. html.

京 CBD 占地面积不到 4 平方公里，2006 年 CBD 区域地税收入 43.24 亿元，占朝阳区地税收入的 20%，[①] 是朝阳区地税重点纳税区域。

同时，总部经济对于促进城市现代服务业发展，推动产业结构优化升级具有重要的作用。企业总部在中心城市的聚集发展，不仅能够有效解决大城市制造业外迁后的产业替代和产业接续问题，而且能够形成强大的生产性服务需求，带动金融、保险、会计、律师、咨询、评估、信息服务、教育培训、会议展览等相关知识型服务业的迅速发展，也带动餐饮、商业、生活等一般服务业的发展，形成为企业总部服务的产业链。总部经济为大城市进一步提升服务业发展水平，实现产业升级和城市功能提升提供了新的思路。

（2）能够有效拉动就业、促进消费，提升城市就业结构和消费结构。

总部经济对中心城市具有较为明显的劳动就业效应和消费带动效应。首先，总部经济的发展能够带动所在区域劳动就业总量的提升和就业结构的改善（见图11）。一方面，各类企业总部及其管理、营销、研发等高端职能部门为在所在城市提供了大量高智力就业岗位，雇佣大量管理、营销和科研等高素质专业人才，企业总部成为所在城市不断吸纳高知识性人才的重要渠道。另一方面，总部经济通过产业乘数效应，带动了围绕企业总部经营活动的相关产业的就业。如围绕企业总部的需求，带动了金融、会计、信息、中介、咨询、法律、会展等现代服务业和住宅、交通、教育、餐饮等城市消费产业的发展，这些服务行业吸纳劳动力就业的能力较制造业更强，从而增加了更多服务业的劳动就业，在一定程度上优化了城市的就业结构。

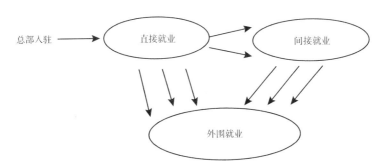

图 11 总部的劳动就业带动示意图

---

① 《CBD 管委会：2006 年 CBD 区域经济发展总体情况》，http://www.bjcbd.com.cn/newscenter/cbddynamic/cbddynamic7473.htm，2007 年 2 月 26 日。

其次，企业总部对于所在城市的消费也具有较强的带动作用，主要包括两个方面：一是企业总部的商务活动、研发活动及保障商务活动、研发活动所必需的各种配套消费，能够增加城市的消费需求、改善消费结构；二是企业总部高级白领的个人生活消费，能够带动包括居住、购物、交通、子女教育、健身、休闲娱乐等消费活动，从而提高城市消费产业的发展水平。

企业总部的聚集为所在区域提供大量高技术就业岗位，促使高端人才向该区域流动，带动区域高端就业和消费。美国纽约的曼哈顿、英国伦敦的道克兰、日本东京的新宿等跨国公司总部聚集区域都是世界上就业密度和消费水平最高的地区。北京总部聚集区的就业和消费效应也很明显，以 CBD 为例，据统计目前在 CBD 区域内就业的白领大约 7 万人，中高级人才需求数量在 25 万名左右；大量高级白领在该地区工作和生活，对区域消费也产生了重要影响，提升了区域消费水平。

（3）有利于提升中心城市聚集力和辐射力，推动区域经济协调发展。

中心城市是人流、物流、信息流和资金流的汇集点。在城市化进程加速和经济发展全球化的今天，中心城市在区域经济发展中的地位和辐射带动作用明显增强，成为区域参与全球竞争的核心。随着城市规模的不断扩大和空间布局的变化，中心城市的产业结构也发生了巨大变化，第三产业占据主导地位。产业结构的变化不仅决定着城市空间的分配、结构和布局，而且也影响和推动了城市经济功能的变化，中心城市对区域经济发展发挥原有要素聚集功能的同时，将更多地发挥着辐射功能，逐渐成为区域经济发展的指挥中心、调节中枢和服务中心，城市功能开始向多元化方向发展。

总部经济的发展思路，能够增强中心城市的聚集力和辐射力，有利于实现中心城市和周边区域经济的统筹协调发展。在总部经济模式下，企业集团的总部功能组织从企业整体中独立出来，高度集聚在某一特定区域，在空间上表现出产业集群特征，并通过极化效应和扩散效应形成产业链——总部集中布局在大城市，周边欠发达地区形成制造加工集群。大城市企业总部的集聚和发展，能够充分释放人才、资本、信息、技术等战略资源优势，不断增强城市的集聚力、影响力和辐射力，同时将大城市丰富的科技、信息等资源通过技术转让、信息传播、资本输出的方式向周边地区制造基地辐射，进而将大城市与周边中小城市和区域的优势资源有效整合起来，形成合理的产业和功能分工，实现共赢。

通过"总部－制造基地"链条带动区域经济协调发展，这一合作模式在我国一些经济发达的经济圈已经出现并产生了较突出的效应。"长三角"、"珠三角"等经济圈都是发展总部经济带动区域经济合作发展的典型。以长三角为例，近年来江浙地区很多企业把总部搬到上海，如春兰由泰州迁到上海、杉杉从宁波搬到上海等，而生产基地仍留在原地，逐步形成了以上海为地区总部，以江、浙等地区为密集的制造业腹地的"总部－制造基地"合作的产业链，使得长三角各城市定位更加明确、分工更加合理，产业互补效应逐步显现，从而实现整个区域的快速发展。如围绕 IT 产业，一条清晰的产业链条已初步形成：上海形成了较高水平的芯片设计、测试等研发中心；苏锡常地区则发展成为 IT 产品生产制造基地。

（二）总部经济促进城市现代服务业发展

总部经济与现代服务业有着密切的联系。一方面，发达的现代服务业是总部经济赖以形成和发展的重要条件，能够增强对企业总部的吸引力，为发展总部经济提供良好的服务支撑。另一方面，企业总部的聚集发展能够产生大量的高端服务需求，促进各类现代服务业特别是知识型现代服务业的快速成长与发展，为现代服务业发展提供广阔的市场空间。

1. 企业总部对现代服务业的强大需求，能够为现代服务业提供广阔的发展空间

企业总部一般从事战略决策、科技研发、投资管理、营销等高级形态的经济管理活动，对所在区域的软硬环境特别是专业配套服务环境要求很高。根据产业乘数理论，总部经济模式下以企业总部作为产业"诱因"，能形成相关联产业的新生与聚集，伴随企业总部而来的除了酒店、餐饮、休闲娱乐等一般性服务业外，更多的是金融保险、会计评估、法律、教育培训、会议展览、国际商务、信息加工等知识型服务业。研究表明，一个制造业跨国公司总部的迁移，会带动几个甚至十几个与其有紧密业务关联的知识型服务企业伴随发展起来。据调研了解，某企业集团总部每年对广告、会议、网络通讯、运输及邮寄、会计审计、法律、咨询顾问、培训等各类服务业的支出就达到 1.2 亿元左右。可见，企业总部的聚集发展能够产生大量的现代服务业需求，发展总部经济可以为诸如金融保险、法律会计、信息服务、中介咨询以及商务服务等现代服务业提供广阔的发展空间，促进现代服务业发展壮大，进而加快城市经济和产业结构的调整。同时，许多企业总部自身就属于金融、会计、法律、信息、咨询和文化传媒等现代服务业行业，这些企业总部的聚集发展将有助于提升现代服务业的发展水平。

值得注意的是，随着经济全球化和国际合作的不断扩展，国际产业转移特别是服务业向我国转移加快，大量跨国公司地区总部的进入有力地提升了我国现代服务业发展水平。一方面，著名跨国公司如 ABB、爱普生、摩托罗拉、日立、诺基亚等在我国设立地区总部，它们对各类服务业的需求一般都很高，能够带动我国现代服务业的发展和水平的提高。另一方面，一些跨国公司将会计、金融、研发、咨询等服务业务向我国城市转移，并设立相关职能的地区总部，能够带来国际先进的服务业发展理念和管理方法，它们的进入对于促进并带动我国城市现代服务业发展也起到了相当重要的作用。

2. 总部经济有助于优化现代服务业内部结构，提升现代服务业层次

服务业根据服务对象来划分，可以分为消费性服务业和生产性服务业两类。近年来我国服务业发展尽管较快，但结构还不尽合理，以消费性服务为主，主要集中于旅游、商贸、餐饮、房地产、文化娱乐、社区服务、运输等传统服务业，而全球贸易量最大的咨询、会计、信息服务、通信等技术和知识密集型服务行业，仍处于初级发展阶段，而且新兴产业较少，生产性服务不够发达。

据国内外研究表明，企业总部各项高端商务活动的高效运营，需要各种生产性服务业作为支撑，如金融、会展、中介、信息、法律与咨询等。生产性服务业的发达程度与集聚程度，是企业总部区位决策所考虑的重要因素之一。据调查显示，企业总部主要需求的服务业排在前三位的分别是"金融服务"、"法律服务"、"广告与信息服务"等生产性服务业。企业总部的聚集发展，重点是对金融、保险、会计评估、法律、会议展览、软件信息、中介咨询等生产性服务业形成强大的市场需求，能够推动这些生产性服务业的快速发展，从而进一步优化现代服务业内部产业结构，提升现代服务业整体发展水平和层次。

以北京市为例，北京凭借科技、人才、信息等优势条件，吸引了众多跨国公司地区总部、研发中心和国内大企业集团总部等聚集，总部经济规模居全国前列。总部的聚集带动了一大批为总部经济服务的金融、保险、会计、法律、咨询、信息等高端生产性服务业的发展，推动了北京市现代服务业的结构优化升级。2006 年北京市现代服务业实现增加值 3637.4 亿元[①]，占第三产业增加值的 67.30%，尤其是金融业、信息服务和软件业、会计法律、中介咨询等生产性服务业发展突出，仅金融、信息传输和计算机服务就实现增加值 1643.8 亿元，占现代服务业增加值的 45.2%。

可见，发展总部经济不仅带动城市现代服务业快速发展，更重要的是能够促进城市生产性服务业特别是高端知识型服务业的成长壮大，对于优化城市现代服务业内部结构，实现传统服务业向现代服务业转变具有十分重要的作用。

由于现代服务业具有在中心城市及中心区域高度集聚的特性，其产业集聚带来的互补、共享等外部经济效应十分显著，从而呈现出区位集中的产业集群发展趋势。中央商务区（简称 CBD）作为以金融、商务、管理、信息和服务为主要功能的城市核心区，往往聚集了大量的现代服务业企业，成为城市现代服务业最为集中的区域。同时，CBD 区域内一般都聚集了大量的企业总部，例如纽约曼哈顿集中了上百家大公司总部；香港 950 家跨国公司地区总部和 2300 家地区办事处，一半以上设在中环 CBD。企业总部在中央商务区的聚集产生了强大的现代服务业需求，促进了一系列现代服务业产业集群的形成与发展，推动了商务区功能结构的不断完善与提升。

可见，大量企业总部的聚集发展有助于推动现代服务业的集群发展。总部经济模式下，企业总部往往在中心城市的某些特定区域高度聚集。围绕企业总部对金融保险、法律服务、会计审计、中介咨询、信息服务等各类现代服务业的强大需求，总部经济能够带动并促进各类为企业总部提供服务支撑的现代服务业的集群发展，从而发挥高端知识型服务业的聚集与辐射效应。

曼哈顿模式，是纽约以总部经济实现现代服务业集群发展的典型模式。纽约是世界跨国公司总部聚集之地，许多全球性企业都在这里设立了总部机构（如洛克菲勒中心），2006 年世界 500 强中有 24 家总部设在纽约[②]。曼哈顿 CBD 是纽约企业总部聚集核心区，围绕企业服务的金融、商务等现代服务业集群逐渐形成发展起来，其中金融、保险和房地产占 89% 以上。以华尔街为中心的金融贸易集群，是大银行、金融、保险、贸易公司的云集之地；而以第五大道为中心的

---

① 《北京市 2006 年国民经济和社会发展统计公报》，北京市统计局，2007 年 1 月 25 日。

② 资料来源：http://news.sina.com.cn/w/p/2006 - 07 - 14/192410426488.shtml。

商业区，云集了世界一流的名店、娱乐厅、酒吧等商业服务业（见表9）。通过发展总部经济，促进现代服务业的集群发展，纽约巩固了其在全球经济中的地位，成为全球金融中心和现代服务业中心。

表9　纽约主要现代服务业企业数量

行业分类	企业数量（个）	行业分类	企业数量（个）
法律服务	5346	管理公关	4297
计算机数据加工	3120	财务会计	1874
广告服务	1351	研发机构	757

目前，我国北京、上海、广州、深圳等大城市纷纷把发展总部经济作为加快城市经济发展的新亮点，而且都将发展总部经济与现代服务业集群发展有机地结合起来。以上海为例，上海聚集了一大批跨国公司地区总部和国内大企业总部，到2006年上半年经上海市批准的跨国公司地区总部达143家，外商投资性公司和研发中心分别为142家和185家。① 在总部经济的带动下上海现代服务业集群发展态势明显，各区形成了具有一定特色的现代服务业集群，如浦东新区以高端咨询服务业、信息服务业为主；张江成立了服务外包的公共研发、测试中心及接发包中心；徐汇区形成生命健康服务业及国际交流、教育培训服务业两大特色产业；黄浦区凭借独特的区位优势而成为航运服务业中心。

国内外城市发展经验表明，总部经济特别是特色总部聚集区的健康有序发展，不仅会促进城市现代服务业的结构优化与升级，而且还有利于实现现代服务业的集群发展，增强现代服务业的集聚效应，不断提升区域经济发展的整体竞争力。

三　总部经济推动现代服务业发展的调查与分析

企业总部的聚集发展能够形成强大的服务业需求，发展总部经济能够带动并促进区域和城市服务业特别是现代服务业的快速发展。本部分从研究企业总部职能分类及其对各类现代服务业的需求入手，重点结合"企业总部带动现代服务业发展问卷调查"，深入分析企业总部对现代服务业发展的带动作用。

---

① 《143家跨国公司地区总部落户上海》，中国开发区信息网，2006。

（一）企业总部职能及其对现代服务业的需求

企业总部是企业的头脑和管理的核心，具有管理、研发、投资、营销等多种职能。不同职能的企业总部对于为其提供服务支撑的现代服务业有不同的需求，其对现代服务业各个行业领域发展的带动作用也有所不同。

1. 企业总部的职能分类

从一般意义上说，人们通常把企业高层管理人员所在的机构，称为企业总部。因此，企业总部是企业的决策中心和神经中枢，是公司的最高组织结构。企业总部一般具有战略决策、资源配置、资本经营、业绩管理以及外部公关等职能，另外培训与教育、采购方物流、营销服务、研究与开发等也是企业总部的重要职能。

按照企业总部承担的职能，可将企业总部分为综合职能总部和单一性职能总部。综合职能总部是指承担着行政管理、战略决策、资本经营、研究开发、市场营销等企业运营所需的全部职能或某几个职能的总部。

单一性职能总部又可分为行政总部、研发总部、投资总部、营销总部、采购总部、结算总部等不同职能类型。

行政总部以企业战略、市场研究、财务管理、行政管理为主要职能，是保障企业（集团）正常运营的中枢，控制着企业的战略设计、资源配置、资本经营、业绩管理等活动。

投资总部以控股或参股的形式对分支机构实行管理控制，以完全资本运作为主，企业的日常运营及长期发展主要以"投资收益"为基础。

研发总部是以技术研发和技术创新为主要职能，进行研发的战略决策、研发资源配置、研发业绩管理及外部资源协调等一系列活动的企业职能部门。

营销总部是以市场营销为主要职能，进行营销的战略决策、营销资源配置、资本经营、市场业绩管理及外部公关等一系列活动的企业职能部门。

2. 企业总部选址重点考虑的要素

从总部经济的发展历程看，有些城市受到企业总部的青睐，比如纽约、新加坡、香港、上海、北京，大量企业总部尤其是跨国公司的总部或区域性总部集中在这些城市。这些城市对企业总部的吸引力何在，或者说企业总部选址的影响因素有哪些？结合企业总部发展所需的一般性条件、国内外学者对企业总部选址因素的研究成果以及中国总部经济发展报告课题组开展的"企业总部带动现代服务业发展问卷调查"，本报告认为影响企业总部进行区位选择的因素主要是以下五个方面。

第一，科技、人才等战略资源丰富程度。企业总部的研发、管理等活动均属于知识型劳动，发展总部经济需要高素质的人才（包括企业管理人员、研究开发人员等）和开放式的知识创新氛围的支撑。问卷调查结果显示，32.42%的企业总部认为人才、科技等战略资源是影响企业总部选址的重要因素。纽约、香港、新加坡以及北京、上海等城市发展总部经济的经验表明，城市高素质人才是吸引各类跨国公司总部和区域性总部的重要因素之一，丰富的人力资源和科研教育资源可以满足企业总部知识密集型价值创造活动的特定需要。

第二，区位和交通条件。良好的区位条件和便捷的交通网络设施，有利于企业总部和制造基地、相关配套服务企业以及外部市场之间的各种联系。比如纽约、香港、新加坡等城市，企业总部在这些城市聚集很大程度上缘于这些城市天然的区位条件。这些城市都是区域中心城市，拥有便利的交通运输条件和完善的交通网络体系，为总部物流提供了便利，有利于企业总部与分部、子公司、加工基地之间的各种联系，使企业主要决策者与相关人员之间有良好接触，掌握企业运营脉搏，及时发现问题，解决问题。

第三，专业化服务支撑体系。金融、保险、会展、法律、物流、会计、审计等专业服务业发达，能给企业总部提供高品质低成本的商务服务。调查结果显示，31.87%的被调研企业总部在选址时，将目标城市的专业服务业完备程度作为重点考虑的因素之一。事实上，国际化程度高、对企业总部吸引力强的城市，服务业在其国民生产总值中所占的比重都在70%以上，比如香港，它的服务业比重在2005年就已达到了91%。高度发达的服务业，尤其是现代服务业是发展总部经济的重要条件之一。

第四，信息基础设施条件。被调研的企业总部中，有32.97%的企业总部表示在选址时会重点考虑目标城市的基础设施条件。而在众多基础设施中，又以信息基础设施最为重要，因为信息技术的进步是总部经济赖以产生和发展的前提，企业总部在日常运营中需要掌握国内外经济趋势、行业发展趋势等信息，企业总部与生产基地之间的联系也以大批量的信息交换为主，所以企业总部对信息通信基础设施如同轴电缆、光缆、交换机系统、传输装置、卫星天线等要求很高。同时，企业总部的业务活动，需要一系列与人员流动与业务交流相关的基础设施作保障，因而对饭店设施、会议展览中心等设施也有较高要求。

第五，政府服务及制度环境。政府服务水平及制度环境也是企业总部十分关心的问题，被调研企业总部中有 16% 表示在选址时会关注这一项。企业总部需要的政策环境和政府服务包括较低的市场准入壁垒、宽松的外汇进出限制、自由灵活的资金调度、便利的人员出入境及货物进出口、一定的税收优惠、完善的法律与司法体系、高效率的政府服务等。良好的制度环境和高效的政府服务，使城市的综合营运成本最佳，能给企业总部提供公平、开放、规范的投资发展大环境。同时，城市的社会服务体系、市场秩序、通关秩序、诚信体系、社会治安状况、城市文明程度等等也要求达到相当高的水平。

3. 企业总部对各类现代服务业的需求

企业总部对现代服务业的需求领域较广，几乎涉及现代服务业所涵盖的所有行业，但是不同职能的企业总部对现代服务业各个行业的需求也有所侧重。

企业总部战略决策功能对信息、决策咨询等相关服务产生需求。企业总部负责整个企业集团的战略决策，如制定整个企业的长远规划、经营目标、经营方针等。搜集与决策有关的经济、技术、社会、行业、市场等各方面的情报资料，是企业总部进行科学决策的重要依据。在搜集到材料后，还需要对资料进行系统、全面的分析和处理，以保证掌握情报信息的科学性，减少决策过程中的不确定性。因而企业总部的战略决策功能使其对信息传输、信息处理、决策咨询等相关服务业的需求量很大，要求很高。

企业总部运营活动对商务服务、房地产等服务业产生需求。企业总部的日常运营活动对会计、审计、税务、法律服务、广告策划、管理咨询、技术咨询、人力资源管理等商务服务的需求越来越大。许多企业为了追求效率和控制成本，不再把商务服务内化在企业中，而是从企业外部购买更加专业和优质的商务服务，从而更有效地带动商务服务业的发展。同时，总部经济的发展需要一个空间载体，企业总部无论是自建办公楼，还是购买或者租赁写字楼，都会对当地的房地产业产生巨大的需求，而且企业总部为提升企业形象，彰显企业实力，选择的一般均为高档写字楼，有助于带动房地产市场的结构升级。企业总部工作人员对良好的居住环境的需求，也构成总部经济对房地产业需求的一部分。

企业总部投融资活动对银行、证券等金融业产生需求。企业经营过程中的流动资金需求、贸易融资需求、资本运营过程中的融资需求等，形成了企业总部对资金融通的巨大需求；企业的跨地域经营甚至跨国经营，使得企业总部对资金在企业间的流动效率及资金在企业内部的使用效率要求较高，因而企业总部对银行结算服务的需求较一般企业更大；企业集团的发展壮大，也离不开金融理财与金融咨询服务。另外，企业总部工作人员大都是"白领"，对个人金融理财的需求量也较大，因此总部经济的发展需要各类金融业务的发展做支撑。

企业总部研发创新、设计功能对专业技术服务、科技服务等服务业产生需求。在市场需求快速变化、技术迅速更新的趋势之下，企业能否快速、高质量、低成本地推出新产品，是决定企业成败的关键，研发、创新、设计能力已经成为企业的核心竞争力。承担这些高端功能的企业总部，需要依靠本领域专业性技术服务机构的支持，有效集成各类科技资源，加快自主知识产权产品的研发，缩短研发周期，使企业更快、更有效地实现产品开发，不断降低研发成本和产品生命周期成本，所以企业总部对专业技术服务业、科技交流和推广服务业等服务业的需求量较一般企业更大。

企业总部营销活动对市场调查、广告、物流等服务业产生需求。市场营销作为企业价值实现过程中的关键部分，在企业发展中扮演着重要角色，是企业总部承担的重要功能。企业总部进行营销活动需要分析行业发展态势，了解消费者的需求和竞争产品的市场表现，评估、监测市场运营状况，发现市场空缺和市场机会等，这些都要依靠市场调查而进行；为了有效地传递信息、诠释产品、引导消费、促进销售，以及提高企业知名度，为业务联系提供方便和支持，企业总部一般会通过报刊、电视、广播、招贴等形式进行宣传，其对现代广告服务业的需求应运而生；另外，企业总部营销活动的顺利进行也离不开现代物流的支持，销售的连续性需要物流配送提供有力支持，物流管理则协助企业把产品和服务以最快的方式、最低的成本交付客户。

企业总部员工对教育培训、医疗卫生、文化等服务业产生需求。充足的高素质商务人才和研发人才供给，是总部经济得以发展的重要推动力，这就决定了企业总部对高等教育资源的巨大需求。同时，为了提高员工的整体素质，挖掘和培养人才，越来越多的企业总部开始注重对员工进行教育培训，诸如岗位技能培训、专业理论知识培训、管理技能培训、企业文化培训等，以期"人尽其才，才尽其能"。所以，企业总部对教育培训服务业的需求较为强劲。企业总部员工及其家庭在日常生活中会还对公共教育、医疗卫生、文化娱乐等服务业产生巨大需求。

（二）企业总部带动现代服务业发展的调查问卷分析

为全面、系统地了解企业总部对现代服务业的需求，进一步深入、客观地研究并掌握企业总部聚集发展对于所在区域和城市现代服务业发展的现实带动作用，中国总部经济发展报告课题组开展了"企业总部带动现代服务业发展问卷调查"。

本次问卷调查的对象主要针对企业总部、区域性总部，共涉及北京、广州、重庆、南京、武汉、青岛六个城市的不同规模、不同行业、不同职能的企业总部300家，共收回问卷231份，其中有效问卷190份。本次问卷调查结果在一定程度上反映了我国企业总部的基本情况，特别是企业总部对服务业尤其是现代服务业的带动作用情况。

1. 被调研企业总部基本情况

（1）以国内企业地区总部为主，主要承担综合职能。

企业总部按管辖地域，可分为跨国公司总部、地区总部、国内企业全国性总部、区域性总部。就调查问卷结果看，被调研企业总部主要以国内企业地区总部为主，有123家，占全部被调研企业总部数量的64.7%；国内企业全国性总部和跨国性企业地区总部较少，分别占26.8%和8.4%（见图12）。

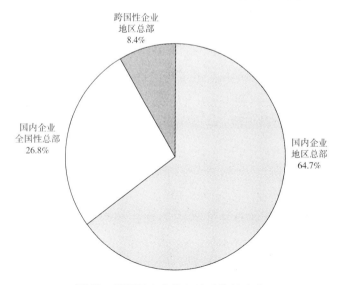

图12　被调研企业总部地域管辖分类

企业总部按承担的职能，可分为综合职能总部及行政管理、研发中心、投资中心、营销中心等不同职能类型。被调查企业主要以综合职能总部为主。综合职能总部有 146 家，占 76.8%；其次是营销中心 18 家，占 9.5%；行政总部、研发中心、投资中心、结算中心及采购中心等职能性企业总部数量较少（见图 13）。

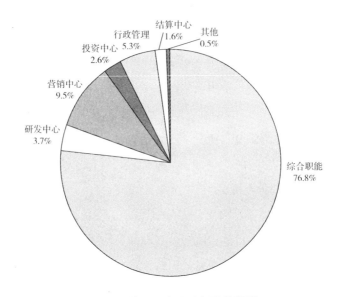

图 13　被调研企业总部职能类型

（2）从行业看制造业占较大比重，其次是金融保险、商务服务、批零贸易等。

从企业总部所属行业看，被调研企业总部在高技术等制造业及金融保险、交通运输、商务服务等服务业领域都有分布。其中，制造业企业总部占较大比重，有 40 家，占被调研企业总数的 21.3%；其次是金融保险、批零贸易、商务服务等服务业企业总部，金融保险企业总部占被调研企业总数的 16%，批发零售贸易、餐饮业占 19.1%，交通运输、仓储及邮电通信业占 13.3%，商务服务业占 11.7%（见图 14）。

（3）不同职能的企业总部规模存在较大差异。

从企业规模看，被调研企业总部的规模一般较大。从资产总额看，有 57.1% 的企业总部资产总额在 1 亿元以上，1000 万元以下的企业总部仅占 20% 左右。从年销售额看，绝大部分企业总部的年销售额在 1 亿元以上，占被调研企业总数的 62.2%；1000 万元以下的小规模企业总部较少，仅占 17%。

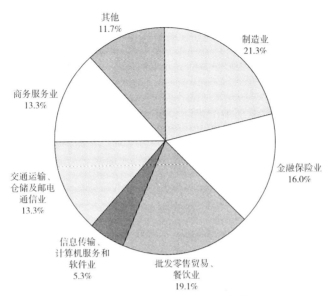

图14 被调研企业总部行业分布情况

尽管这些企业总部的规模一般都比较大，但不同职能类型的企业总部其规模存在一定的差异。被调研企业中综合性企业总部的规模较大，从年销售额看，有64.2%的综合性企业总部年销售额在1亿元以上，年销售额在5000万～1亿元的企业总部占9.2%，1000万～5000万元之间的占12.5%，1000万元以下的企业总部仅占被调研综合性企业总部的14.2%（见图15）。

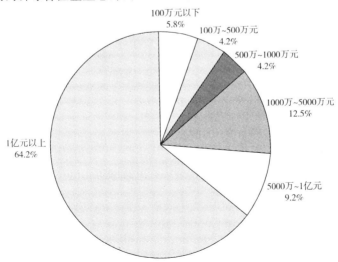

图15 被调研的综合性企业总部年销售额情况

与综合性企业总部相比，行政管理、研发中心等职能性总部的规模一般较小。以研发中心为例，被调研的研发中心中有 33.3% 年销售额在 500 万~1000 万元之间，年销售额在 100 万~500 万元的占 22.2%，年销售额达到 1000 万元以上的研发中心数量较少。

2. 企业总部对现代服务业的带动分析

（1）企业总部对服务业的带动作用明显。

企业总部的聚集发展，能够产生强大的现代服务业需求，进而带动各类服务业特别是现代服务业的发展。据我们对 190 家企业总部问卷调研的结果，企业总部对各类服务业的支出一般较大。被调研企业总部中，对各类服务业的年支出在 2000 万元以上的占 19.5%，在 1000 万~2000 万元之间的占 24.7%，在 100 万~1000 万元之间的占 31.1%，仅有 24.7% 的企业总部对各类服务业的年支出低于 100 万元（见图 16）。

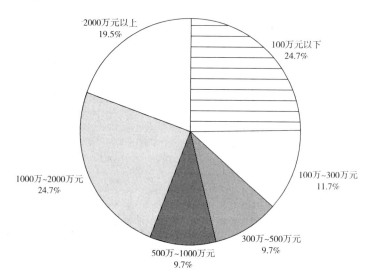

图 16　被调研企业总部对服务业的年支出情况

由于企业总部规模不同，企业总部对各类服务业的年支出也有所差异，一般而言，企业总部规模越大，其对各类服务业的年支出越多。我们将被调研的企业总部按照其年销售额划分成三个区段，其中年销售额 1 亿元以上的企业总部最多，占 62.2%；次之是年销售额在 1000 万~1 亿元之间的企业总部，占 20.8%；年销售额不到 1000 万元的企业总部最少。

调研结果显示，年销售额在 1000 万 ~ 1 亿元之间的企业总部，有 56.7% 对服务业的年支出在 100 万 ~ 1000 万元之间，即年服务支出约占企业总部年销售额的 1/10（见图 17）；另有 13.3% 的企业总部年服务支出在 1000 万 ~ 2000 万元之间。以某中型企业集团为例，其在全国共有 7 家分支机构，企业总部 2006 年销售额接近 1 亿元，对各类服务业的支出为 964 万元，其中利息支出 190 万元，会计、审计、法律、咨询费用支出 114 万元，广告、会议、展示、论坛支出 306 万元，员工培训费 65 万元，电话通讯及网络使用费 29 万元。

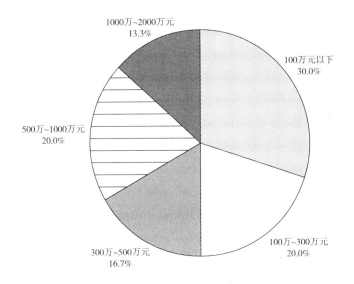

图 17　销售额 1000 万 ~ 1 亿元的企业总部对服务业年支出情况

据调查结果显示，年销售额超过 1 亿元的企业总部对各类服务业的年支出以 1000 万 ~ 2000 万元为最多，占到 40%；次之是年服务支出为 500 万 ~ 1000 万元和 5000 万元以上的企业总部，各为 16.9%（见图 18）。总结可知，被调研的年销售额超过 1 亿的企业总部中，有 69.2% 的企业总部对服务业的年支出超过 1000 万元。以某大型企业集团为例，其在国内共有 11 家分公司和子公司，企业总部 2006 年销售额达 5 亿元，对各类服务业的支出为 4352 万元，其中利息支出 932 万元，交际应酬费 2232 万元，广告、会议、展示、论坛费用支出 547 万元，会计、审计、法律、咨询费用支出 401 万元，电话通讯及网络使用费 107 万元。

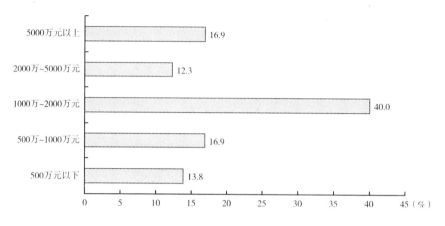

图18 销售额1亿元以上企业总部对服务业的年支出情况

（2）企业总部主要推动金融、法律、会计等现代服务业发展。

我们对190家企业总部运营过程中"主要需求的现代服务业情况"进行了调查，在允许按重要程度选三项的情况下，企业总部主要需求的现代服务业排在前五位的分别是"金融服务"、"会计审计服务"、"法律服务"、"信息技术服务"和"广告服务"，分别有57.9%、42.6%、37.4%、31.6%和27.4%的企业总部选择了这些高端知识型服务业，此外还有24.2%的企业总部选择了"咨询与调查服务"、22.6%的企业总部选择了"物流"等服务行业（见图19）。这表明，企业总部普遍需要金融、会计审计、法律等服务行业的支持，因而对这些行业的推动作用更大。

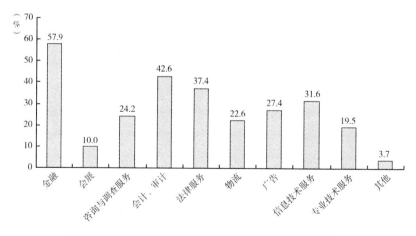

图19 被调研企业总部对现代服务业各行业需求情况

不同职能的企业总部对现代服务业的需求和带动各有侧重。比如营销中心，把被调研的营销中心对现代服务业的需求进行单独分析发现，营销中心最需要的现代服务业集中于"金融服务"、"信息技术服务"、"广告"、"物流"和"咨询与调查服务业"这五项。与其他职能总部相比，营销活动对"物流"方面的服务具有较大的需求，而对会计审计、法律等服务的需求则不如其他职能总部那么强烈。

（3）企业总部主要推动所在区域服务业发展。

对190家企业总部的调查显示，企业总部对各类服务业的需求，主要由所在区域的服务业企业提供，56.1%的被调研企业表示会在本市范围内寻找服务提供者，28.3%的企业总部主要依靠本省服务业企业提供服务（见图20）。可见，企业总部对服务业的需求主要集中在本区域，在需求的驱动之下，企业总部聚集区域的服务业往往能得到更好的发展。

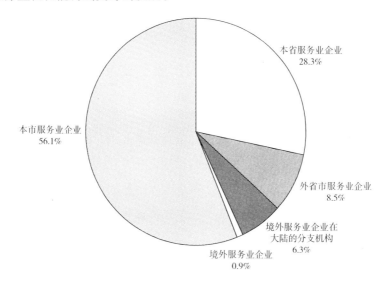

图20 为被调研企业总部提供服务的企业地域分布情况

调查还显示，大部分企业总部对所在地服务业尤其是现代服务业的发展情况基本满意，但也提出一些需要改进的方面，比如被调研企业总部中有46%的认为所在地区服务业"可选择数量太少"，45%认为所在地区服务业企业"专业化程度不高"，34%提出所在地区服务业"费用高"（见图21）。企业总部对服务业的要求较高，围绕企业总部的需求，被调研地区的服务业发展还有比较大的改进空间；但从另外一个角度来看，也可以说，在企业总部需求的驱动之下，被调研地区服务业还有很大的发展潜力。

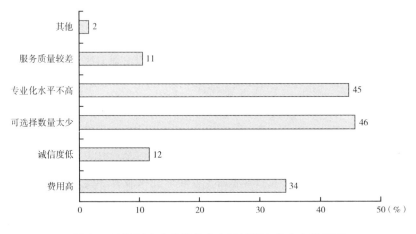

图 21　被调研企业总部认为本区域服务业存在的问题

四　以总部经济推动城市现代服务业发展的战略思考

目前，北京、上海、广州、深圳、重庆、南京、武汉、沈阳、青岛等许多中心城市都提出大力发展总部经济。随着我国总部经济的快速发展，总部经济在推动我国城市现代服务业发展、促进产业结构优化升级中的作用将进一步显现。中心城市应准确把握总部经济发展趋势，推进现代服务业与总部经济的良性互动发展，逐步提升城市现代服务业总体发展水平，实现城市经济的健康快速发展。

（一）把握中心城市发展规律，将发展总部经济推动现代服务业作为重要思路

目前，我国中心城市产业结构升级与经济转型已经进入关键阶段。经过近三十年的发展我国制造业发展水平显著提升，已经成为全国重要的制造业基地，但是我国制造业主要是给跨国公司进行贴牌生产，是跨国渠道商、采购商和品牌制造商的生产基地，附加值低，核心竞争力缺乏，自主创新能力不强。我国已经有170 多种产品产量居世界第一位，但在国际高端市场国产品牌几乎没有自己的核心技术和自主知识产权，全世界86%的研发投入、90%以上的发明专利都掌握

在发达国家手里。我国制造业还消耗了大量的物质资源，造成严重的环境压力。我国单位 GDP 能耗比世界平均水平高 2.2 倍，比美国、欧盟、日本和印度分别高 2.4 倍、4.6 倍、8 倍和 0.3 倍。加之我国土地、水、能源等资源短缺现象严重，人均水资源占有量仅为世界平均水平的 1/4，严重制约着我国经济的可持续发展。因此，我国许多城市特别是中心城市已经进入结构升级和经济转型的关键阶段，要实现可持续发展，就要积极进行产业结构调整和经济增长方式转变，不断提高自主创新能力，实现由"高投入、高污染、低效益、难循环"的粗放式增长方式向"低消耗、低污染、高效益、可循环"的集约式增长方式转变，提高经济增长质量和效益。

从国际发展经验看，产业服务化是中心城市经济转型的必然趋势。1980～2004 年，全球服务业增加值占 GDP 比重由 56% 上升到 68%，主要发达国家达 71%，中等收入国家为 61%，服务业发达程度已成为经济现代化的重要标志。全球产业结构正在呈现出"工业型经济"向"服务型经济"转型的总趋势。从发达国家的大都市看，现代服务业对经济的贡献已占主导地位，其 GDP 的 70% 都集中在现代服务业。在经济合作与发展组织（OECD）国家中，产出增长最快的是金融、保险、房地产和商务服务等知识密集型服务部门。世界许多大城市在制造业转移后依然保持持续繁荣的经验表明，由制造业为主转向服务业尤其是围绕制造业发展的各种高端知识型服务为主，实现城市经济的服务化是城市转型与发展的主要思路。大力发展现代服务业是城市经济转型的关键，建设现代服务业中心是未来城市竞争的制高点，今后很长一段时间，我国许多城市都将进入现代服务业加速发展期。

总部经济作为一种新的经济模式，能够充分利用中心城市战略资源优势，规避常规资源成本上升和环境污染等压力，形成新的经济增长点来推动城市经济持续发展，而且有助于促进并带动现代服务业发展，实现城市产业结构优化升级。无论从理论还是从实证研究，都表明发展总部经济对于中心城市现代服务业的发展有重要的带动作用。因此，中心城市要实现经济增长方式转变，促进产业结构优化升级和城市功能提升，就要积极借鉴国际城市转型和发展经验，将发展总部经济推动现代服务业作为重要思路。

目前，我国北京、上海、广州、重庆、深圳、武汉、南京、青岛等中心城市，都适时地提出将发展总部经济作为带动现代服务业发展、实现产业结构优化升级和城市转型的重要战略之一，并且取得了很大的发展。例如，北京已经将"发展总部经济"写入《北京市国民经济和社会发展第十一个五年规划纲要》，指出"做大做强总部经济，逐步形成高端、高效、高辐射力的产业集群"。未来，将有更多的中心城市进入结构升级和转型的关键阶段，也会有更多的城市认识到总部经济对于推动现代服务业发展的重要作用，总部经济将成为中心城市促进现代服务业发展，实现产业结构升级和城市转型的重要思路。

（二）围绕企业总部需求，发展商务服务等现代知识型服务业

企业总部作为企业正常运转的中枢，履行着战略决策、资源配置、资本运营、业绩管理等诸多职能，企业总部业务的顺利开展需要与总部职能相关联的各种服务业特别是知识型服务业的支撑。因此，发展总部经济要重点围绕企业总部的需求，积极促进与企业总部相配套的金融、保险、会展、法律、中介咨询、信息服务、教育培训、现代物流等知识型服务业发展，不断完善总部经济发展所需要的专业配套服务体系。

引入市场竞争机制，提高现代服务业市场化水平。多年来，我国服务业许多行业为国有垄断，甚至是行政事业垄断，服务行业准入相对较严，门槛较高，限制了民间资本注入。在围绕企业总部需求发展知识型服务业的过程中，应逐渐放宽市场准入，积极探索和引入市场竞争机制，促进现代服务业加快发展。首先，按照市场经济的规则全面放开服务业竞争领域，凡是法律、法规没有明确禁止的领域和允许外资进入的领域，允许和鼓励民间资本以独资、合资、合作、联营、参股、特许经营等方式进入。其次，加快金融、电信、民航等服务业垄断行业的改革步伐，打破行业垄断，放宽市场准入，推进国有资产重组，实现投资主体多元化。第三，建立公开透明、管理规范和全行业统一的市场准入制度，改革市场准入的行政审批制度，减少行政审批项目；加强对服务市场的依法监管，整顿规范服务市场秩序，营造公开、公平、竞争有序的市场环境；积极推进服务业行业协会发展，加强行业自律，切实维护和保障服务行业内企业的合法权益。

推进知识型服务业标准化，建立健全服务业标准体系。国内外经验表明，制定服务标准是优化服务业制度环境的重要途径之一。目前，我国各地对制定服务标准也开始做了一些工作，如北京正在研究制定保险行业服务标准。但是我国现代服务业发展刚处于起步阶段，许多行业标准均属空白，已有行业标准也缺乏与

国际的对接，因此需要尽快完善并制定与国际接轨的行业服务标准，真正推动服务业又好又快的发展。推进现代服务业特别是知识型服务业的标准化工作，建立健全服务业标准体系，扩大服务标准覆盖范围，重点要加强金融保险、现代物流、网络信息等服务业的标准化工作；逐步在商务服务、商贸流通、旅游、文化等服务行业制定或修订相关服务标准。对新兴服务行业，鼓励龙头企业、地方和行业协会先制定服务标准；对暂时不能实行标准化的服务行业，广泛推行服务承诺、服务公约、服务规范等制度。同时，加大服务标准化工作的贯彻实施力度，以标准化手段提升知识型服务业的服务档次和竞争能力。

实施品牌化发展战略，增强服务业品牌影响力。品牌形象力是世界经济发展的重要支撑，据报道1997年全世界虚拟经济的总量已达140万亿美元，为世界各国国内生产总值总和（约为28.2万亿美元）的4倍。虚拟经济大大超过实体经济的现象，除了高科技、电子商务、电子货币发展之外，品牌形象成为主要支撑力。美国可口可乐亚特兰大总部只控制品牌、生产工艺和浓缩原浆，却操纵着全球可口可乐天文数字的财富。越来越多的服务业企业也认识到品牌的价值，积极实施品牌战略提升企业竞争力，如Google、微软、雅虎、花旗等都是知名度极高的服务业品牌。麦当劳、肯德基快餐平均每两分钟在世界上开一间分店，足以反映品牌的影响力和重要性。目前，我国的一些著名品牌大部分是制造业品牌，服务业特别是知识型服务业品牌很少。实施服务业品牌化是加快我国知识型服务业发展的重要战略，要以创建知识型服务业品牌为抓手，重点支持一批服务水平高、管理规范、经营规模和业绩较好的企业争创服务名牌，形成名牌服务企业和名牌服务群，实现以品牌促产业，以产业创品牌的良性互动发展。

（三）聚集全球知名服务业地区总部，提升现代服务业发展水平

从跨国公司全球战略调整看，跨国公司新一轮全球产业布局调整的主要特征之一，就是服务业向新兴市场国家转移日趋明显。跨国公司加大了软件、金融、文化、物流及外贸等服务业领域的对外投资。2005年《财富》全球500强共涉及51个行业，其中28个属于服务行业，从事服务业的跨国公司有281家超过半数。[1]

---

[1] 王子先：《服务业全球化发展五大趋势》，http：//www.cq.cei.gov.cn/checkpass.asp，2007年7月6日。

2006 年上半年美国服务业对外直接投资 730 亿美元，占美对外直接投资的 56%。一些全球知名的服务业跨国公司还不断将地区总部、研发总部、采购中心等价值链高端向包括我国在内的发展中国家转移，如 IBM 中国软件开发中心、三星服务总部等入驻北京，沃尔玛全球采购中心落户深圳，毕马威、麦肯锡等国际知名管理咨询公司也在我国多个城市设立了地区总部和分支机构。

国际服务业企业的地区总部和研发中心是我国总部经济发展的重要组成部分。服务业跨国公司地区总部的聚集发展，能够为我国服务业带来先进的经营管理和服务理念，对于带动并提升我国现代服务业发展水平具有重要作用。

一是通过知识外溢带动我国服务业发展水平的提升。类似其他产业，国际服务业转移能够为我国提供更多的资金，但更为重要的是服务业地区总部能够带来先进技术、知识与技能，可以促进国内服务企业通过对这些知识与技术的模仿和学习逐步提高自身的服务水平。跨国公司进入中国后通常会雇用本土员工，以降低其运营成本。投资方会对其地区总部和分支机构所雇用的本土员工进行一系列的技能培训。随着人员的流动，这些技能也随之扩散到其他企业中去，从而带动了我国服务业整体发展水平的提升和人才素质的提高。

二是跨国公司的进入有助于促进我国服务业经营管理理念的创新。近年来，经济全球化发展趋势不断加强，跨国公司的经营管理理念也发生了质的变化，并日趋成熟。而目前我国现代服务业许多行业还属于垄断行业，市场化程度不高，经营管理方式落后。大量全球知名服务业企业地区总部的入驻，通过各种管理型人才的流动以及与本土服务业企业的合作，能够为我国现代服务业企业发展带来先进的经营理念、管理经验、运作模式，有利于推动我国现代服务服务业企业经营管理的不断创新。

三是国际知名服务企业的进入能够促进我国现代服务业新兴行业的发展。在我国逐渐融入世界市场的过程中，国外知名服务业特别是软件信息、电子商务、网络游戏、数字新媒体等新兴服务企业地区总部的进入，能够通过技术外溢、人才扩散等效应带动我国这些新兴服务业的发展。同时，全球知名服务业地区总部对新兴服务业的强大需求，有助于促进我国计算机服务、软件信息、电子商务、文化、中介咨询等新兴服务行业的崛起，为其发展提供了广阔的空间。

全球知名企业地区总部的进入，能够带来国外先进技术和管理经验，提高我国服务业的市场化水平，加快服务业的国际化进程。同时通过与国际知名服务企业的合作，利用跨国公司的经营渠道和市场网络，能够输出我国服务产品，不断壮大国内服务企业，促进服务业的外向发展。因此，我国应积极优化发展环境，吸引全球知名服务业企业的地区总部入驻，以提高城市现代服务业发展水平和综合竞争力。

（四）依托城市特色，打造现代服务业产业集群

国外许多城市都是通过发展特色、优势产业实现城市快速转型与发展的。如：美国旧金山硅谷高科技产业、西雅图航天航空中心，英国斯图加特的机床中心，印度班加罗尔电子软件产业，以及展览名城德国汉诺威，服装名城意大利米兰，钟表之都瑞士洛桑等城市。纵观国际上这些著名城市，无一不是产业特色鲜明，城市个性突出，城市活力和发展潜力强劲，具有较强的吸引力和辐射力。不仅城市之间要寻求特色发展，城市内部不同区域之间也应根据其区位和资源条件不同，进行产业和功能的差异化发展。例如北京的海淀区以 IT 产业和高技术研发为主，西城区以金融业为重点，顺义依托首都机场重点发展临空经济等，有效地避免了不同城区间的重复建设和恶性竞争。可见，依托城市和城区产业特色进行差异化发展、形成"特色品牌效应"，不但能推动城市经济社会的发展，提升城市综合竞争力，而且能推动城市规模的扩张。城市的魅力不在其大而全，而在于其有特色和强项。

发展总部经济同样需要依托城市和城区的产业优势和发展特色，建设特色产业总部聚集区。例如，美国的底特律集中汽车零部件企业总部；纽约集中金融、保险、公关服务等企业总部；洛杉矶集中影视文化企业总部；硅谷集中电子信息企业总部等等。目前，我国城市总部经济发展总体上还没有形成特色产业总部集聚的格局，仅有北京、上海等大城市初步形成了若干特色总部聚集区，如北京金融街金融企业总部聚集区、中关村高技术产业和研发总部聚集区以及上海陆家嘴金融总部聚集区等。

我国一些具备总部经济发展条件的城市和城区，要在尊重总部经济市场规律的基础上，根据自身经济发展现状和产业基础，吸引相应层次的优势产业企业总部集群发展，积极打造特色总部聚集区，带动围绕企业总部需求的现代服务业产业集群发展。中央商务区（CBD）作为现代城市发展的重要功能区并成为国际性城市的标志性空间，是以总部聚集带动现代服务业集群发展的重要形式，例如

纽约曼哈顿在聚集企业总部的同时也形成了以金融为主导的较为完善的生产性服务业集群。在面积不足 1 平方公里的华尔街 CBD 金融区内，就集中了 3000 多家银行、保险公司、交易所等金融机构，是世界上著名的金融中心之一；商务服务业、信息服务业、房地产等生产性服务业也获得了迅速发展，美国 6 家最大会计公司中 4 家、10 大咨询公司中 6 家、10 大公共关系中 8 家企业均集中于此。依托总部聚集区打造现代服务业集群，不仅能够通过集群效应进一步增强区域的总部经济和现代服务业发展的竞争优势，而且对于推动城市现代服务业的集群发展、提升城市现代服务业整体发展水平具有积极影响。

一是集群发展有利于现代服务业地域品牌价值的形成。在现代服务业集群内，相关服务产品众多，服务业企业间的竞争更为激烈，这不仅能够大大提高各类服务产品的供给，保证了服务质量，也保证了服务企业的信誉，使产业集群内的服务产品更具吸引力。当服务业集群发展到一定程度后，就会形成服务的区域品牌价值，获得更大的市场认同度，进而能够促进现代服务业竞争力的进一步提升。

二是通过学习与创新效应促进现代服务业企业发展壮大。各类服务企业彼此接近，激烈竞争的压力，当地高级顾客的需求，迫使服务企业不断进行服务创新和组织管理创新，因此服务业集群发展能够为企业开展创新创意活动创造良好的环境。同时，集群内一家服务企业的知识创新很容易外溢至其他企业，这种创新的外部效应也是产业集群获得竞争优势的一个重要原因。此外，服务业集群也刺激了服务业企业家才能的培育和新企业的不断诞生。

三是紧密的产业关联有助于降低服务成本，增强现代服务业的整体竞争力。在服务业产业集群内部，各类服务业之间具有紧密的产业关联，通过共享资源要素、丰富社会资本、有效竞合机制，能够有效降低服务集群内部不同企业获取相关服务的交易成本，形成强烈的外部集聚优势，实现服务业规模经济与范围经济。同时集群的发展有利于形成服务业共同进化机制，企业通过收购兼并、战略联盟、业务整合等，实现价值链活动的空间分工，使产业不断优化升级，促进现代服务业的可持续发展。

（五）创新政府服务，为总部经济和现代服务业发展创造良好环境

从国内外城市总部经济的发展经验可以看出，创新政府服务理念，提高政府服务水平，为总部经济发展营造良好环境，是留住并提升本土企业总部，吸引国

内外企业总部、区域性总部入驻，促进总部经济发展的重要因素之一。据一份竞争力报告显示，美国、香港、新加坡入围全球最具竞争力的前三名，其中香港和新加坡政府效率最高。以新加坡为例，新加坡是东南亚乃至全球著名的总部聚集地之一，政府在其总部经济和现代服务业发展中发挥着重要作用。新加坡专门制定了鼓励金融、商业服务和总部经济发展的战略；采取了各种有针对性的优惠措施，出台了特准国际贸易计划、商业总部计划、营业总部地位和跨国营业总部奖励等吸引"总部"的差别性优惠政策；高效廉洁的新加坡政府也进一步优化了"总部环境"。

目前，我国一些地方政府也在积极创新政府服务，营造推动总部经济发展的良好环境，一些总部经济发展较好的城市或城区的地方政府还出台了鼓励企业总部发展的政策，如北京市《关于鼓励跨国公司在京设立地区总部的若干规定》、上海市《鼓励外国跨国公司设立地区总部的暂行规定》、南京市《鼓励境内外大型企业设立总部或地区总部的暂行规定》，广州市越秀区、深圳市福田区、重庆市渝中区等城区也先后出台了加快总部经济发展的意见、办法等。我们对全国190家企业总部的调查发现，认为所在区域政府服务环境"好"和"较好"的企业总部占全部被调研企业总部的81.9%。但与纽约、香港、新加坡、东京等国际大都市相比，我国城市还需要进一步完善政府服务水平，以更好地满足各类企业总部发展的需求。对"政府服务需要改进方面"的调研结果显示，企业总部认为"建立与企业的交流沟通机制"、"政府服务效率"、"政府工作透明度"和"服务水平"等方面需要进一步改进，所选比例分别为57.7%、51.1%、34.6%和26.4%。

我国一些具备总部经济发展条件的中心城市，应积极创新政府服务，为总部经济和现代服务业发展创造良好环境。

一是创新政府服务理念，提高政府服务效率。一方面积极转变政府职能，不断创新服务理念，实现由"全能政府"向"导航式政府"的转变，树立导航式服务的行政理念，增强政府为企业总部服务的意识，坚决克服政府行为的越位、错位、缺位等现象。另一方面，要规范政府服务流程，提高政府服务效率。例如，可建立为企业总部服务的绿色通道，在政府各主要职能部门设立企业总部服务窗口，专门受理企业总部的各项申报办理事项；适当简化对企业总部的相关审批手续，减少审批环节，缩短审批时间，并通过制定政府服务标准，规范服务行为，提高政府服务效率，提升服务品质。

二是制定鼓励总部经济和现代服务业发展的相关政策措施。建议我国一些具备较好总部经济和现代服务业发展基础的中心城市，适当结合城市经济发展特点和趋势，制定鼓励总部经济和现代服务业发展的相关政策，并保证政策的顺利实施和有效落实。其中，总部经济政策要明确企业总部的认定标准，确定享受总部经济发展政策的企业门槛；根据吸引企业总部的不同规模、不同层次和职能类型，从财税、投融资、人才等方面制定针对不同总部的差别性总部经济政策；指定专门的认定机构和管理机构，落实认定办法，明确政策实施程序，加强对企业总部的管理和监督。

三是建立政府与企业总部的沟通机制。建立领导干部联系重点企业总部制度，由各主管部门领导分别负责若干家重点企业总部的沟通与联系，及时了解并掌握企业总部需求，帮助企业解决一些实际问题；定期举办政府与企业总部间的座谈会等各种互动活动，加强政府和企业总部之间的沟通和交流；政府及有关部门在研究制定有可能对企业生产经营活动产生重大影响或涉及企业重大利益的经济政策时，事先广泛征询企业总部的意见和建议。

四是完善城市商务配套设施，营造总部经济和现代服务业良好发展的氛围。逐步完善城市基础设施规划和建设。我们对企业总部的调查显示，有超过 80%的企业认为最需要改进的城市基础设施是"市内交通设施"，其次是"邮电、通讯和网络设施"等。因此要加快城市道路交通、信息网络平台、水电热供应及环境绿化等基础设施建设，为总部经济和现代服务业的发展提供完备的基础条件。同时，要加强商务配套服务设施建设，加大政府对写字楼、停车场、商务酒店、会议会展等商务配套设施的规范与引导力度，形成功能完备、布局合理、具有较高水平的商务配套设施。通过城市各类商务配套设施的完善，为总部经济和现代服务业的发展提供全方位、高档次的服务，营造良好的商务活动氛围。

五是强化执法监督，优化法律法规环境。围绕企业总部的相关需求，在知识产权保护、市场秩序规范、信用体系建设等方面制定与国际接轨的法律法规，并加大执法力度，强化执法监督，为总部经济和现代服务业的发展营造良好的法律法规环境。要创造安全稳定的法制环境，将创造良好的法制环境作为为各类入驻企业特别是企业总部服务的切入点，通过良好的法制环境建设，努力形成稳定、有序、健康的市场竞争环境，切实保障企业总部权益和生命财产安全。

评 价 篇
Evaluation Chapter

中国 35 个主要城市总部经济发展能力评价[*]

北京市社会科学院中国总部经济研究中心

北京方迪经济发展研究院

　　企业总部与生产制造环节在空间上实现分离，总部向发达的中心城市聚集，制造基地则向成本较低的区域集中，并呈现专业化和集群化的趋势，从而实现不同区域资源的最优配置，由此对区域经济发展产生一系列效应，这种新的经济形态可以用"总部经济"来概括。随着信息技术的发展，总部经济已经成为国内大城市外经济发展的一种重要经济形态，近年来在我国得到了快速的发展。我国城市是否具备发展总部经济的能力，各城市发展总部经济具有哪些优势和劣势，各城市总部经济的发展处在一个什么样的位置上，这些问题的回答都有赖于对总部经济进行深入研究。本报告通过建立相关评价指标体系，构建评价模型，定性和定量分析各城市总部经济发展状况和竞争力，对于各城市正确认识发展总部经济的能力，制定推动总部经济发展的措施，具有重要的参考价值。

　　本评价篇根据已有的总部经济理论，在前两年评价方法的基础上，采用2005年度的统计数据对我国 35 个主要城市总部经济发展能力进行评价，以确定各城市所具备的总部经济发展水平和能力。

---

[*] 课题组组长：赵弘；课题组成员：赵燕霞、王林凤、马新平、张静华、何芬、陈智国、孙芸、于妃。

一 城市总部经济发展能力评价指标体系设计

城市总部经济评价指标体系的设计采用美国运筹学家 T. L. Saaty 教授于 20 世纪 70 年代提出的一种实用的多方案或多目标的决策方法——层次分析法。评价过程主要采用 IMD 的国际竞争力指数评价方法（指标计算过程如图 1 所示）。

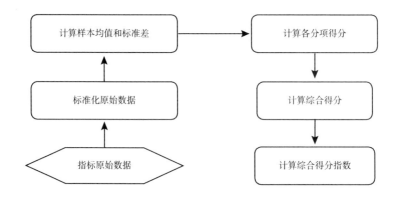

图 1 总部经济发展能力综合指数计算流程

城市总部经济发展能力评价指标体系分为三个层级。具体指标继续使用《2006~2007 年：中国总部经济发展报告》中设计出的由 6 个一级指标、16 个二级指标和 55 个三级指标构成的城市总部经济发展能力评价指标体系，具体指标体系构成如表 1 所示。

表 1 城市总部经济发展能力评价指标体系

一级指标	二级指标	三 级 指 标	指 标 说 明
基础条件	经济实力	地区生产总值	区域经济发展综合实力
		人均地区生产总值	区域经济发展水平
		财政收入	政府对区域经济调控能力
		固定资产投资总额	经济发展的资金保障能力
		第三产业占 GDP 比重	经济发展的结构水平

续表1

一级指标	二级指标	三 级 指 标	指 标 说 明
基础条件	基础设施	机场飞机起降架次	区域对外交通条件
		公路密度	区域对外交通条件
		人均铺装道路面积	区域内部交通条件
		人均家庭生活用水量	城市生活设施水平
		居民人均生活用电量	城市生活设施水平
		居民人均生活用气量	城市生活设施水平
	社会基础	每十万人拥有中、小学教师数	城市基础教育服务水平
		每十万人拥有医生数	城市医疗水平
		每百万人拥有影剧院数	城市娱乐设施水平
		每百人公共图书馆藏书	城市文化教育服务水平
		人均住房使用面积	城市住房条件
	人口与就业	非农人口比重	城市化程度
		城镇就业率	城市就业情况
		第三产业从业人员比重	城市就业结构
		城镇家庭人均消费性支出	城市居民消费水平
	环境质量	人均园林绿地面积	城市绿化水平
		生活污水处理率	城市水环境污染治理程度
		生活垃圾无害化处理率	城市固体废弃物治理程度
		空气质量达到及好于二级的天数	城市空气质量
商务设施	商务基本设施	办公楼竣工房屋面积	商务办公楼供给水平
		商业营业用房竣工房屋面积	商业基础设施条件
		三星及以上旅游饭店数量	商务会议等设施条件
		展览馆数量	商务展览等设施条件
	信息基础设施	固定电话用户数	信息化水平
		年末移动电话用户数	信息化水平
		国际互联网用户数	信息化水平
研发能力	人才资源	研究与试验发展人员全时当量	研发人才投入强度
		每万人拥有高等学校在校学生数	研发人才的可供给能力
		每万人口拥有专业技术人员	研发人才密度
		研发经费占地区生产总值比重	研发投入强度
	研发投入	科技经费筹集总额	研发投入总量
		专利申请授权数量	创新产出水平
	科技成果	技术合同金额	技术创新活跃程度
		科技论文、成果数量	创新产出水平

续表1

一级指标	二级指标	三级指标	指标说明
专业服务	金融保险	年末金融机构贷款余额	资金投入强度
		年末金融机构存款余额	资金供给能力
		保费	保险服务能力
	专业咨询	商务服务业从业人员	咨询服务能力
		文化传媒业从业人员	文化娱乐服务能力
政府服务	服务意识	政策信息透明度	政府信息环境
		地方法规条例的健全性	政策法规环境
	服务效率	单位财政支出产生的 GDP	政府服务绩效
		投资者满意度	投资者对政府的满意程度
开放程度	区域开放	客运总量	区域间人员联系的活跃程度
		货运总量	区域间货物流通与市场的活跃程度
	国际开放	人均邮电业务收入	区域间信息交流程度
		外贸依存度	国际贸易联系紧密程度
		当年实际利用外资额	区域吸引国际投资能力
		入境旅游收入	城市的国际知名度
		世界500强在华地区总部、研发中心数量	吸引国际总部及研发中心的能力

二 城市总部经济发展能力综合排名与分析

本年度总部经济评价指标体系所选的分析对象包括除拉萨之外的 26 个省会城市、4 个直辖市和深圳、大连、青岛、宁波、厦门 5 个计划单列市等共 35 个城市。本文所使用的指标数据来源主要有三个途径，首先，主要是采用 2006 年的各种统计年鉴，包括《中国城市统计年鉴》、《中国区域经济统计年鉴》、《中国科技统计年鉴》、《中国房地产年鉴》以及各城市统计年鉴等；其次是国家部委和行业协会提供的数据；第三是调研数据，这部分数据是通过问卷调查和专家打分法将定性指标定量化后的数据。

（一）35 个主要城市综合发展能力排名

根据城市总部经济发展能力评价指标体系，对 35 个主要城市总部经济发展的综合能力进行评价，评价结果见表 2。

表2　35 个主要城市总部经济综合发展能力排名

城市	综合实力		分项指标											
			基础条件		商务设施		研发能力		专业服务		政府服务		开放程度	
	得分	排名	得分	排名	得分	排名	得分	排名	得分	排名	得分	排名	得分	排名
北　京	88.09	1	81.61	3	99.04	1	91.54	1	99.99	1	70.40	8	90.07	1
上　海	85.53	2	82.10	2	85.17	2	84.29	2	95.43	2	85.02	2	82.82	2
广　州	76.88	3	84.00	1	75.19	3	65.67	5	73.12	3	77.00	6	79.90	3
深　圳	74.63	4	78.75	4	71.77	4	71.25	3	66.35	4	86.39	1	72.57	4
南　京	58.74	5	60.61	5	60.88	9	61.80	7	51.18	7	64.02	12	52.83	12
杭　州	58.70	6	57.73	6	61.70	5	47.93	13	57.84	5	85.00	3	56.50	9
天　津	56.49	7	53.45	9	62.77	6	60.06	8	58.08	5	44.93	21	63.57	5
成　都	55.02	8	53.62	8	66.80	5	53.93	9	47.75	10	66.64	11	53.96	11
青　岛	51.69	9	51.47	11	42.99	16	48.34	12	40.32	19	83.66	4	62.88	6
武　汉	51.24	10	49.82	14	51.52	10	63.79	6	47.96	9	42.77	22	46.62	14
大　连	48.53	11	50.38	13	46.37	14	36.51	25	42.99	14	68.10	9	58.79	8
沈　阳	47.90	12	52.94	10	50.76	11	49.18	11	44.02	12	49.92	18	41.39	15
宁　波	47.88	13	46.68	17	48.18	12	37.25	23	43.74	13	70.50	7	59.26	7
重　庆	46.58	14	38.27	25	61.16	8	39.19	21	48.66	8	67.00	10	55.47	10
厦　门	46.07	15	54.12	7	30.78	30	32.83	30	33.97	31	78.14	5	47.83	13
济　南	44.99	16	46.64	18	35.34	25	44.71	18	45.18	11	57.29	16	35.96	23
西　安	43.39	17	36.92	27	44.80	15	66.32	4	42.11	15	28.00	25	41.06	16
长　沙	43.34	18	46.20	19	38.95	19	45.91	15	40.09	20	45.00	20	35.97	22
郑　州	40.81	19	41.50	23	38.89	20	46.26	14	42.08	16	33.35	24	33.98	27
长　春	40.53	20	35.07	30	36.45	24	44.09	19	41.68	17	61.91	13	35.65	25
合　肥	40.01	21	41.68	22	37.83	23	51.73	10	35.23	26	27.80	27	33.83	28
福　州	40.01	22	39.98	24	40.04	18	33.83	29	38.94	22	53.86	17	40.70	17
哈尔滨	39.39	23	34.45	32	46.50	13	37.81	22	40.48	18	60.00	15	32.32	29
太　原	39.10	24	41.94	21	33.84	28	45.34	16	39.26	21	22.62	28	36.67	21
海　口	38.09	25	50.86	12	29.65	31	28.95	32	32.28	33	27.90	26	39.75	18
南　昌	37.85	26	35.49	29	32.63	29	41.05	20	34.41	30	60.15	14	30.71	31
石家庄	37.82	27	34.89	31	38.15	22	37.20	24	38.54	24	50.00	18	36.84	20
呼和浩特	37.62	28	46.80	15	23.57	35	35.83	27	33.17	32	33.44	23	31.63	30
乌鲁木齐	37.40	29	46.79	16	25.81	34	35.97	26	34.50	29	21.87	29	35.66	24
昆　明	37.12	30	43.28	20	38.20	21	32.06	31	38.83	23	20.74	30	34.51	26
兰　州	34.85	31	33.90	33	40.28	17	45.16	17	34.58	28	19.61	31	28.38	34
贵　阳	32.45	32	32.87	34	35.05	27	35.04	28	35.03	27	11.84	35	38.48	19
南　宁	32.32	33	35.84	28	35.18	26	27.79	34	36.47	25	17.87	32	30.56	32
银　川	30.92	34	37.51	26	26.29	33	28.01	33	31.07	34	16.12	33	29.46	33
西　宁	27.61	35	31.51	35	29.35	32	23.19	35	30.93	35	12.32	34	27.79	35

　　根据各城市总部经济发展能力的综合得分以及城市总部经济发展现状，35个城市的总部经济发展能力呈现出以下四类特征（见图2）。

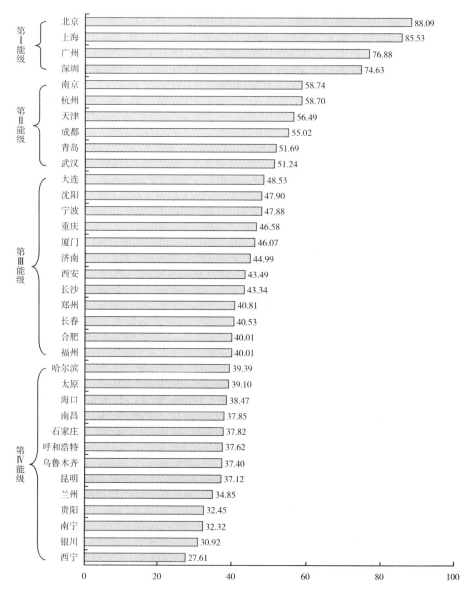

图2　35 个主要城市总部经济发展能力综合得分及排名

1. 总部经济发展能力第 I 能级城市（综合得分 >70）

　　第 I 能级城市包括北京、上海、广州和深圳四个城市。这四个城市总部经济发展总体能力很强，远处在国内其他城市前列，总部经济发展优势显著。而且，这四个城市的各分项发展能力也相对较强，除个别指标外，绝大部分二级指标都排在前四名，各分项之间发展较为均衡。综合考虑城市总部经济发展能力及发展现状，这四个城市在吸引跨国公司地区总部和国内大型企业集团全国性总部方面具有较强的优势。

2. 总部经济发展能力第 Ⅱ 能级城市（50 < 综合得分 ≤70）

第 Ⅱ 能级城市包括南京、杭州、天津、成都、青岛和武汉六个城市。这六个城市的总部经济发展能力在 35 个城市中位于前十位。总部经济总体发展能力优势较为明显，但是各分项发展存在一定的不均衡，如杭州的研发能力，南京、天津和武汉的政府服务以及青岛的专业服务等与城市总部经济发展综合能力相比相对滞后，应充分结合各城市的发展实际逐步加以完善。第 Ⅱ 能级的六个城市适合发展部分跨国公司的地区总部、分支机构和国内大企业的区域性总部，未来应当积极发挥优势条件，完善相对滞后的方面，以提高总部经济的总体发展能力。

3. 总部经济发展能力第 Ⅲ 能级城市（40 < 综合得分 ≤50）

第 Ⅲ 能级城市包括大连、沈阳、宁波、重庆、厦门、济南、西安、长沙、郑州、长春、合肥和福州 12 个城市，城市数量比上个年度增加一个。这些城市的总部经济综合发展能力一般，各分项指标也存在很大的不均衡性，只有个别指标的排名相对靠前，如西安的研发能力、重庆的商务设施和专业服务、宁波的开放程度、厦门的政府服务和基础条件等发展水平较高，其他指标的排名则处于平均水平或比较靠后。结合这些城市的总部经济发展能力及总部经济发展的现实情况，该能级城市适合吸引国内大企业集团的区域性总部或者国内大企业集团的部分职能型总部。

4. 总部经济发展能力第 Ⅳ 能级城市（综合得分 ≤40）

第 Ⅳ 能级城市包括哈尔滨、太原、海口、南昌、石家庄、呼和浩特、乌鲁木齐、昆明、兰州、贵阳、南宁、银川和西宁共 13 个城市，城市数量比上个年度减少一个。该能级城市的总部经济发展能力综合实力和分项能力都处在较低水平，大部分指标低于 35 个城市的平均水平。结合这些城市的总部经济发展能力及现实经济发展情况，该能级城市还需要全面完善总部经济发展的各方面条件，可以适度发展省级总部经济。

（二）四能级城市总部经济发展能力评述

不仅不同能级间城市的发展能力和条件存在很大的差异，同一能级的不同城市之间总部经济的发展条件和因素也存在一定的差异。对不同能级城市的总部经济发展能力进行比较，同时对相同能级城市的总部经济发展影响因素进行比较，可以帮助决策者更好地了解不同城市间、地区间的发展差异和差距，对制定相应的政策措施以充分发挥城市自身的优势，弥补其劣势与不足，因地制宜地确定本城市总部经济的发展方向等，具有很强的实践指导意义。

城市发展总部经济的各分项指标发展情况可以用雷达图表示。城市总部经济发展能力指数值位于 $[0，100]$ 的区间内，雷达图中城市分项指标的得分越靠近100，说明该项指标发展水平越高；表示城市各分项指标发展水平的点组成的菱形越规则，说明各分项的发展越均衡。此外，使用统计学中反映数据离散程度的六西格玛标准，结合总部经济发展分项得分的实际情况，将平均值（$\bar{x}$）和反映离散程度的指标标准差（σ）结合起来反映城市该分项发展能力在35个主要城市中所处的地位（见表3）。分项得分 $x \geqslant (\bar{x}+\sigma)$，说明城市该项指标在35个城市中处于优势水平；$x \leqslant (\bar{x}-\sigma)$，说明城市该项指标处于劣势水平；（$\bar{x}-\sigma$）$< x < (\bar{x}+\sigma)$，说明城市该项指标处于一般水平。综合考虑城市分项发展的均衡性以及各分项在35个城市中所处的地位，对各能级城市总部经济发展能力进行深入分析。

表3　各分项指标分类标准

分　项	优势水平	一般水平	劣势水平
基础条件	得分≥62.47	33.81＜得分＜62.47	得分≤33.81
商务设施	得分≥64.06	28.67＜得分＜64.06	得分≤28.67
研发能力	得分≥62.41	30.72＜得分＜62.41	得分≤30.72
专业服务	得分≥61.76	29.46＜得分＜61.76	得分≤29.46
政府服务	得分≥72.95	25.38＜得分＜72.95	得分≤25.38
开放程度	得分≥62.84	29.52＜得分＜62.84	得分≤29.52

1. 第 I 能级城市总部经济发展能力评述

总部经济发展第 I 能级城市包括北京、上海、广州、深圳四个城市。该类城市总部经济发展能力较强，综合实力和分项发展能力绝大部分处于优势水平，与其他城市相比具有绝对优势，各分项指标的发展也较为协调（见图3）。

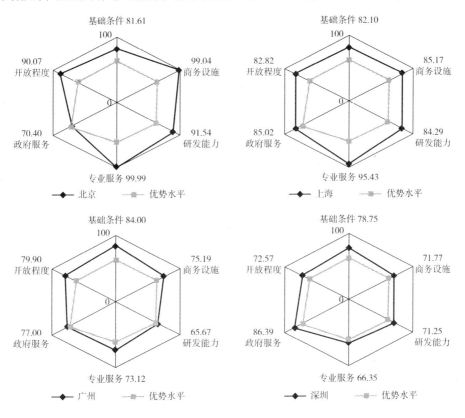

图3　第 I 能级城市分项发展能力雷达图

2. 第 II 能级城市总部经济发展能力评述

第 II 能级城市包括南京、杭州、天津、成都、青岛和武汉六个城市，该类城市总部经济发展综合能力也相对较强。此能级城市中，南京的各分项发展能力在 35 个城市中均处于平均水平之上和优势水平之下，各分项较为均衡。除南京之外其他五个城市的各分项发展相对不均衡。如杭州的政府服务、天津的开放程度、成都的商务设施、青岛的政府服务和开放程度以及武汉的研发能力等均处于优势状态；天津和武汉的政府服务、青岛的商务设施和专业服务则低于平均水平。该类城市在发展总部经济时，要充分发挥各自的比较优势，准确定位总部经济发展方向，并注重各分项的均衡发展，逐步提高城市的综合实力（见图4）。

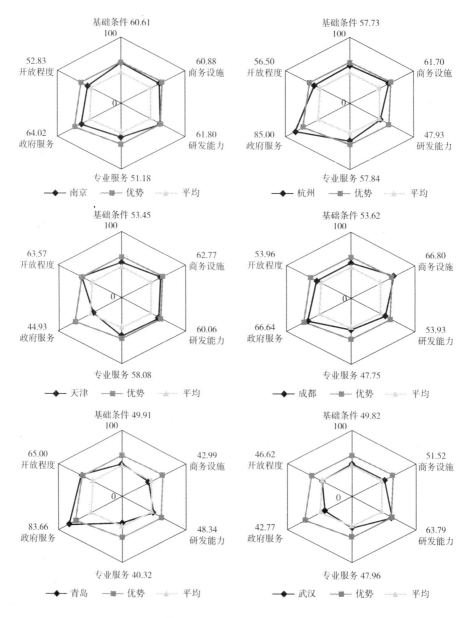

图4 第Ⅱ能级城市分项发展能力雷达图

3. 第Ⅲ能级城市总部经济发展能力评述

第Ⅲ能级城市包括大连、沈阳、宁波、重庆、厦门、济南、西安、长沙、郑州、长春、合肥和福州12个城市，该类城市综合实力一般，根据各分项发展的均衡性以及其在35个城市中所处地位,可以划分为以下两类。

第一类:包括厦门、西安。各项发展能力在35个城市中均处于一般水平。部分分项指标处于优势水平,如厦门的政府服务和西安的研发能力。因此,该类城市应充分发挥各自的比较优势,加强薄弱环节的建设,逐步提升其发展总部经济的综合能力(见图5)。

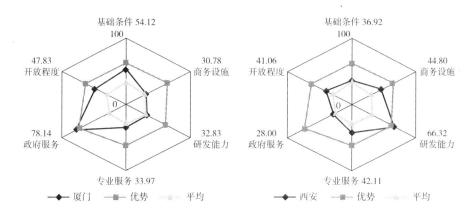

图5　第Ⅲ能级城市分项发展能力雷达图（Ⅰ）

第二类:包括大连、沈阳、宁波、重庆、济南、长沙、郑州、长春、合肥、福州。该类城市的各分项发展能力在35个城市中均处于一般水平,而且各分项发展较为均衡。因此,该类城市应加强各方面设施的建设与完善力度,全面提升各分项指标的发展能力和发展水平,逐步提高城市发展总部经济的综合能力(见图6)。

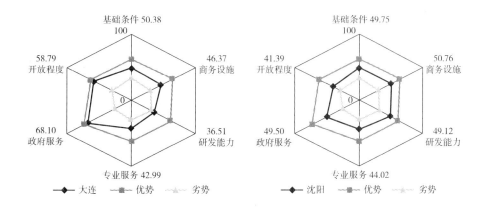

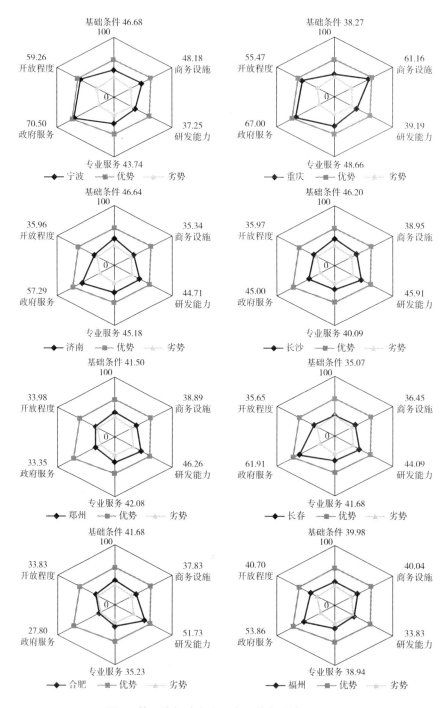

图6　第Ⅲ能级城市分项发展能力雷达图（Ⅱ）

4. 第Ⅳ能级城市总部经济发展能力评述

第Ⅳ能级城市包括哈尔滨、太原、海口、南昌、石家庄、呼和浩特、乌鲁木齐、昆明、兰州、贵阳、南宁、银川和西宁共 13 个城市，该类城市总部经济发展的综合实力较弱，各分项发展能力也较弱，根据各分项发展的均衡性以及其在 35 个城市中所处的地位，该类城市可以划分为以下两类。

第一类：包括哈尔滨、石家庄和南昌三个城市。这三个城市所有指标基本都处于一般水平，也有部分指标处于平均水平之上，如哈尔滨、石家庄和南昌的政府服务。该类城市在发展总部经济的过程中，要充分发挥各自的相对比较优势，并积极完善其他方面，逐步提高其总部经济的综合发展能力（见图7）。

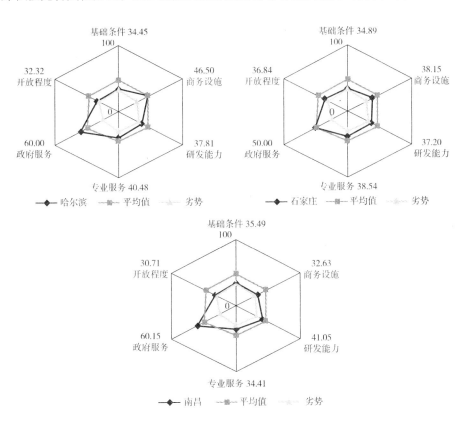

图7　第Ⅳ能级城市分项发展能力雷达图（Ⅰ）

第二类：包括太原、海口、呼和浩特、乌鲁木齐、昆明、兰州、南宁、贵阳、银川和西宁共 10 个城市。此类城市分项指标中至少有一个指标在 35 个城市中处于劣势状态。其中，银川和西宁有四个分项指标处在劣势状态，乌鲁木齐、兰州、南宁和贵阳有两个分项指标处于劣势状态，太原、海口、呼和浩特和昆明分别有一个分项指标处在劣势状态。该类城市发展总部经济能力与其他城市相比存在很大的差距，未来要同时注重城市各方面的发展，尤其是加强处于劣势状态分项的建设与投入（见图8）。

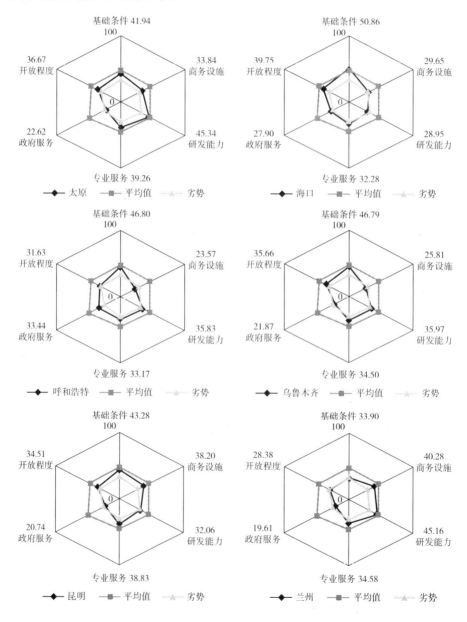

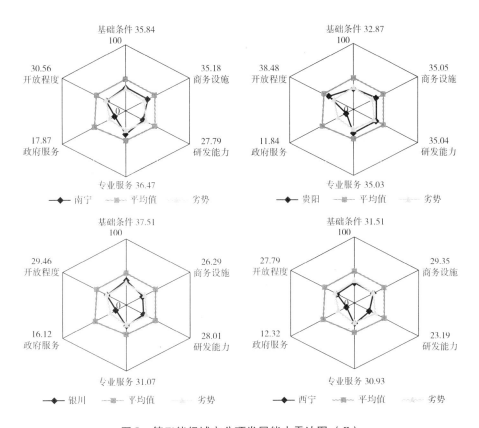

图8　第Ⅳ能级城市分项发展能力雷达图（Ⅱ）

三　城市总部经济发展能力分项排名与分析

通过综合排名和分能级评述，总体上反映出35个主要城市总部经济发展能力。但是，城市总部经济发展能力是由基础条件、商务设施、研发能力、专业服务、政府服务和开放程度等六个分项指标共同作用的，城市总部经济各分项发展能力与综合发展能力之间存在着一定的差异性，而且对总部经济发展综合能力的影响力也有所不同。因此，通过对分项指标进行排名来分析影响各城市总部经济发展不同条件的差异性，有利于城市正确认识其总部经济发展的优劣势，加强薄弱环节建设，全面完善城市总部经济发展环境和条件。

（一）各分项对城市总部经济发展能力的贡献度分析

所谓贡献度是指一组指标对另一组指标的解释能力或者说因指标对果指标或者自变量对因变量的解释能力，指标贡献度主要通过定量测量。本报告使用弹性分析法来测量各分项对总部经济发展能力的贡献度。

通过计算得出，在对总部经济发展能力的综合指数影响的各因素——基础条件、商务设施、研发能力、专业服务、政府服务和开放程度六个分项中，基础条件对总部经济发展能力的影响最大，影响系数为0.364；其次是研发能力和专业服务，影响系数为0.182，影响最小的是商务设施、政府服务和开放程度，影响系数为0.091。

从贡献度的弹性分析方面看，基础条件每增加1%，总部经济发展能力增加0.352%；商务设施每增加1%，总部经济发展能力增加0.072%；研发能力每增加1%，总部经济发展能力增加0.181%；专业服务每增加1%，总部经济发展能力增加0.161%；政府服务每增加1%，总部经济发展能力增加0.083%；开放程度每增加1%，总部经济发展能力增加0.129%。

从上面的分析可以看出，不管是影响系数还是弹性，都证明基础条件对总部经济发展能力的贡献最大，其次是研发能力，再次是专业服务，然后是开放程度和政府服务，影响最小的是商务设施。说明总部经济的发展最主要的是依赖城市基础条件的完善性，包括经济实力、环境质量、社会基础、人口与就业、基础设施，因为任何经济的发展都不能缺少相应的物质基础，企业总部一般选择在经济实力雄厚、环境条件好、基础设施完善的城市和地区发展。其次是所在城市的研发能力，包括人才资源、研发投入和科技成果。企业总部集中了研发、管理、营销等企业价值链中知识含量最高的环节，要求有高素质的人才来满足其各种经营活动，特别是研发总部发展需要丰富的研发资源和良好的创新环境作支撑。再次，企业总部聚集对金融、保险、法律、会计、信息服务等专业服务业产生大量的需求，因此城市专业服务业发展水平也是总部经济发展不可忽视的因素。在经济全球化的趋势下，城市的开放程度也是影响总部经济发展的重要因素之一。较高的开放程度不仅是跨国公司地区总部选址的重要条件之一，而且对于以走向国际市场为目标的国内企业集团总部来说也是不可或缺的要素。此外，城市完善的商务基础设施以及高效廉洁的政府服务，也为总部经济发展创造了一个良好的发展环境。

根据上面的分析，各分项都不同程度的对总部经济发展能力起着作用，是发展总部经济不可缺少的重要因素，而各分项又是受不同因素所影响的，那么在此有必要对各分项分别进行研究，分析哪些是影响这些分项的主要因素，从根本上找出影响各个城市总部经济发展能力的主要因素。

（二）基础条件排名与分析评述

基础条件主要包括经济实力、基础设施、社会基础、人口与就业、环境质量等五个指标，综合反映了一个城市经济社会发展的基本情况。其中：经济实力指标反映了城市的经济总量、人均水平、结构水平等要素；基础设施反映了城市的交通条件、人民生活的方便程度等；社会基础反映了城市基础教育、医疗、娱乐、文化服务水平；人口与就业反映了城市化水平、就业程度、人民生活水平等；环境质量反映了城市宜居环境的各相关要素。

1. 基础条件排名

根据城市总部经济发展能力评价指标体系，对 35 个主要城市发展总部经济的基础条件进行评价，评价结果如下（见表 4、图 9）。

运用前面的方法和标准，将 35 个主要城市的基础条件水平分为三种类型。

（1）基础条件处于优势水平的城市。

根据上述标准，基础条件得分大于 62.47 分，表明该城市基础条件指标在 35 个城市中较有优势。基础条件处于优势水平的城市包括上海、广州、北京、深圳四个城市。这些城市的基础条件较为完善，分项指标中大部分指标均排在前 10 位，且相对较为均衡。北京和上海的环境质量指标则处于劣势地位，排名分别为第 27 位和第 18 位。北京的空气质量相对较差，达到及好于二级的天数为 234 天，居 35 个城市倒数第二位。上海的生活垃圾无害化处理能力相对较低，仅为 38%，远低于其他城市，但总体环境状况有所好转。

（2）基础条件处于一般水平的城市。

基础条件指标得分介于 33.81 分到 62.47 分之间的城市，表明该城市基础条件在 35 个城市中处于一般水平。这类城市包括南京、杭州、厦门等 29 个城市。除个别城市各分项指标发展相对较均衡外，大部分城市的分项指标都不够均衡。如沈阳和青岛的社会基础发展相对落后，排名比其基础条件排名低十几个名次；

表4　城市总部经济发展能力基础条件排名

城　市	基础条件		分　项　指　标									
			经济实力		基础设施		社会基础		人口与就业		环境质量	
	得分	排名	得分	排名	得分	排名	得分	排名	得分	排名	得分	排名
广　州	84.00	1	92.11	2	80.67	2	60.83	7	81.37	3	84.00	1
上　海	82.10	2	90.65	3	89.12	1	67.67	3	81.44	2	48.97	18
北　京	81.61	3	98.62	1	72.38	5	65.65	4	94.28	1	35.33	27
深　圳	78.75	4	76.87	4	78.34	3	86.67	1	74.49	4	83.45	2
南　京	60.61	5	61.19	6	59.87	7	40.33	23	69.96	6	70.70	5
杭　州	57.73	6	62.55	5	53.25	10	52.90	14	53.65	10	56.34	14
厦　门	54.12	7	42.41	19	62.62	6	73.64	2	51.97	15	66.58	9
成　都	53.62	8	50.40	13	76.00	4	41.37	20	49.92	17	37.70	25
天　津	53.45	9	60.61	7	44.35	20	59.84	8	44.59	22	45.51	21
沈　阳	52.94	10	56.08	8	34.87	25	34.13	29	55.95	8	63.62	12
青　岛	51.47	11	51.36	11	51.41	12	31.25	30	44.30	23	65.43	11
海　口	50.86	12	40.11	22	46.96	15	64.42	5	65.10	7	73.88	3
大　连	50.38	13	53.08	10	46.90	16	31.05	31	44.24	24	72.04	4
武　汉	49.82	14	51.01	12	55.91	9	54.23	13	54.54	9	23.74	33
呼和浩特	46.80	15	47.93	14	33.34	27	56.85	12	52.97	11	53.01	17
乌鲁木齐	46.79	16	46.25	16	37.10	22	61.64	6	70.29	5	30.00	31
宁　波	46.68	17	54.80	9	51.41	11	34.14	28	28.53	34	35.41	26
济　南	46.64	18	46.95	15	45.28	18	46.69	16	52.53	13	42.16	23
长　沙	46.20	19	44.89	18	59.47	8	40.88	22	41.13	25	35.27	28
昆　明	43.28	20	32.41	27	40.16	21	58.26	10	52.58	12	68.76	7
太　原	41.94	21	40.66	21	35.62	24	59.76	9	50.12	16	33.69	30
合　肥	41.68	22	33.53	26	49.69	13	30.92	32	44.81	21	65.92	10
郑　州	41.50	23	37.03	24	45.26	19	52.50	15	35.13	30	47.24	19
福　州	39.98	24	30.01	30	49.02	14	44.37	18	26.84	35	70.54	6
重　庆	38.27	25	46.08	17	45.41	17	18.73	35	31.01	33	19.50	35
银　川	37.51	26	29.31	31	32.64	29	57.57	11	39.97	27	57.52	13
西　安	36.92	27	40.67	20	36.22	23	27.02	34	35.83	29	34.32	29
南　宁	35.84	28	32.04	29	30.32	32	37.59	26	46.78	20	46.25	20
南　昌	35.49	29	25.81	34	33.67	26	41.27	21	39.78	28	67.81	8
长　春	35.07	30	32.35	28	26.59	34	36.13	27	40.98	26	55.95	15
石家庄	34.89	31	28.85	32	33.03	28	45.67	17	48.45	18	38.47	24
哈尔滨	34.45	32	38.73	23	27.80	33	39.04	25	31.20	32	29.35	32
兰　州	33.90	33	34.53	25	25.45	35	40.07	24	52.48	14	23.51	34
贵　阳	32.87	34	24.97	35	32.41	30	44.07	19	33.79	31	53.28	16
西　宁	31.51	35	25.92	33	30.92	32	29.07	33	46.85	19	42.17	22

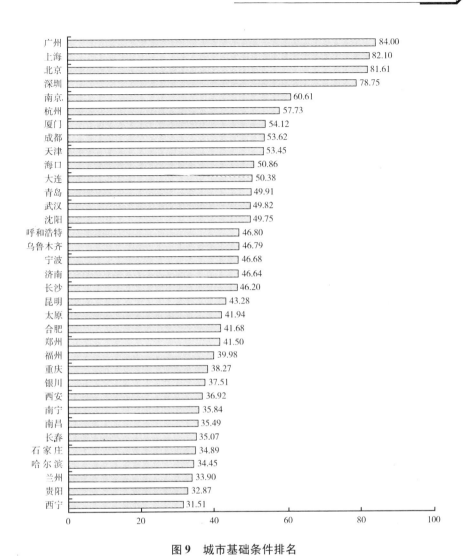

图 9　城市基础条件排名

而福州、昆明和南昌等城市的环境质量相对较好，排名比其基础条件排名高出十几个名次。

（3）基础条件处于劣势水平的城市。

基础条件指标得分小于 33.81 分，表明该城市基础条件指标在 35 个城市中处于劣势水平。这类城市包括贵阳和西宁两个城市，大部分分项发展水平都处于劣势状态，尤其是经济实力比较落后，人均地区生产总值等指标的排名均相对靠后。只有个别分项指标的排名相对靠前，如贵阳的环境质量排在第 16 位，比基础条件排名高十几个名次。综合来看，这些城市应加快城市经济发展，同时，注重交通基础设施、教育文化卫生等社会事业以及人民生活水平等方面的协调发展。

2. 各分项指标对基础条件的贡献度

在影响基础条件的各因素——经济实力、环境质量、社会基础、人口与就业、基础设施等五个指标中，经济实力对城市基础条件的影响最大，影响系数为0.462；其次是基础设施、环境质量和人口与就业，影响系数分别为0.205、0.122和0.113，影响最小的是社会基础，影响系数为0.096。

从贡献度的弹性分析方面看，经济实力每增加1%，基础条件增加0.438%；环境质量每增加1%，基础条件增加0.117%；社会基础每增加1%，基础条件增加0.09%；人口与就业每增加1%，基础条件增加0.118%；基础设施每增加1%，基础条件增加0.22%。

可以看出，对基础条件影响最大的是经济实力，其次是基础设施、环境质量和人口与就业，影响最小的是社会基础。如何不断增强经济实力，改善基础设施和环境质量等成为提升城市基础条件的重要方面。

3. 基础条件指标与综合能力相关性分析

基础条件指标与总部经济发展综合能力有很强的正相关性，两者的皮尔逊（Pearson）相关系数为0.943（见图10）。

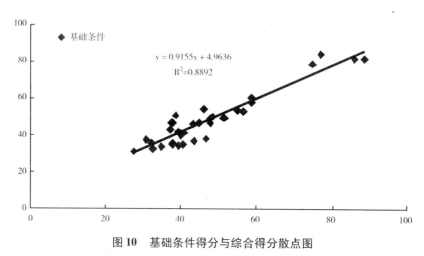

图 10　基础条件得分与综合得分散点图

将城市基础条件指标与总部经济发展综合能力进行比较，｜基础条件排名 - 综合排名｜≥5 时，说明城市基础条件与综合发展能力不协调。按照这一标准，有 11 个城市的基础条件与总部经济综合发展能力不协调，这一不协调性可以分为两类。

（1）与综合发展能力相比，基础条件相对较好的城市。

此类城市包括厦门、海口、乌鲁木齐、呼和浩特、昆明、南宁和银川共 7 个城市。与综合发展能力相比，这些城市的基础条件较为优越，主要体现在城市的环境质量、社会基础和人口与就业等条件较好。如海口和昆明的环境质量相对较好，空气质量达到好于二级的天数比重都在 95% 以上；厦门、海口、乌鲁木齐、呼和浩特和银川的社会基础条件则相对较好，如每十万人拥有的中小学教师数、医生数等指标都相对较高。

（2）与综合发展能力相比，基础条件相对较差的城市。

此类城市包括重庆、西安、长春、哈尔滨共四个城市，基础条件排名与综合发展能力排名存在很大的差距。重庆的经济实力和基础设施等指标排名较靠前，而环境质量、人口与就业和社会基础的排名则相对靠后；其余三个城市基础条件的各指标发展水平都相对较差。

（三）商务设施排名与分析评述

商务设施主要包括商务基本设施和信息基础设施两个指标。其中商务基本设施指标反映了城市为企业总部及相关机构提供商务办公、会议、展览等相关商务活动所需的配套设施水平；信息基础设施指标反映了城市在固定电话、移动电话、互联网等方面的信息服务水平。

1. 商务设施排名

根据城市总部经济发展能力评价指标体系，对 35 个城市发展总部经济的商务设施条件进行评价，评价结果如下（见表 5、图 11）。

根据 35 个城市商务设施的得分情况，可以将城市商务设施水平划分为以下三种类型。

（1）商务设施处于优势水平的城市。

根据统计分类标准，商务设施指标得分大于 64.06 分，表明该城市商务设施在 35 个城市中较有优势。商务设施条件处于优势水平的城市包括北京、上海、广州、深圳和成都共五个城市。这些城市的商务设施发展水平较高，商务基本设施和信息基础设施两个分项指标也相对均衡，均排在前十位。但是各城市的三级

表5 城市总部经济发展能力商务设施排名

城　　市	商务设施		分　项　指　标			
			商务基本设施		信息基础设施	
	得　分	排　名	得　分	排　名	得　分	排　名
北　　京	99.04	1	99.98	1	98.10	2
上　　海	85.17	2	70.36	3	99.99	1
广　　州	75.19	3	62.38	6	88.00	4
深　　圳	71.77	4	55.21	10	88.32	3
成　　都	66.80	5	68.80	4	64.81	7
天　　津	62.77	6	55.70	9	69.83	6
杭　　州	61.70	7	64.80	5	58.60	11
重　　庆	61.16	8	47.99	12	74.33	5
南　　京	60.88	9	77.51	2	44.25	17
武　　汉	51.52	10	43.95	16	59.08	10
沈　　阳	50.76	11	56.43	7	45.08	14
宁　　波	48.18	12	36.22	25	60.15	8
哈 尔 滨	46.50	13	33.88	29	59.12	9
大　　连	46.37	14	48.11	11	44.63	15
西　　安	44.80	15	38.51	22	51.09	12
青　　岛	42.99	16	39.20	20	46.78	13
兰　　州	40.28	17	55.83	8	24.72	31
福　　州	40.04	18	41.35	17	38.72	19
长　　沙	38.95	19	40.55	18	37.35	21
郑　　州	38.89	20	34.86	28	42.91	18
昆　　明	38.20	21	45.36	14	31.04	25
石 家 庄	38.15	22	31.76	32	44.54	16
合　　肥	37.83	23	47.90	13	27.75	27
长　　春	36.45	24	38.44	23	34.47	22
济　　南	35.34	25	32.86	31	37.82	20
南　　宁	35.18	26	37.77	24	32.59	23
贵　　阳	35.05	27	44.81	15	25.29	30
太　　原	33.84	28	38.79	21	28.89	26
南　　昌	32.63	29	32.88	30	32.37	24
厦　　门	30.78	30	36.19	26	25.38	29
海　　口	29.65	31	36.11	27	23.18	32
西　　宁	29.35	32	39.41	19	19.28	35
银　　川	26.29	33	31.48	33	21.09	34
乌鲁木齐	25.81	34	25.06	35	26.56	28
呼和浩特	23.57	35	25.49	34	21.64	33

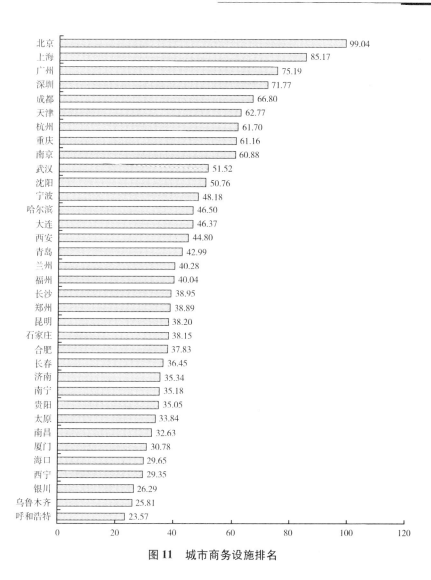

图 11　城市商务设施排名

指标则发展不均衡，如成都的三星级以上饭店、展览馆以及国际互联网用户数等
条件相对较差，需要加快这些商务基本设施的建设与投入。

（2）商务设施处于一般水平的城市。

商务设施指标得分介于 28.67 分到 64.06 分之间，表明该城市的商务设施处
于一般水平。这类城市包括天津、杭州和重庆等 27 个城市。除个别城市商务基
本设施和信息基础设施两个指标不均衡（如兰州的商务设施条件较好，排名第
八位，信息基础设施条件则相对较差，排名第 31 位）外，其他大部分城市的商

务基本设施和信息基础设施两个分项指标都相对较为均衡。

（3）商务设施处于劣势水平的城市

商务设施指标得分小于 28.67 分，表明该城市商务设施指标在 35 个城市中处于劣势水平。这类城市包括银川、乌鲁木齐和呼和浩特三个城市。除了乌鲁木齐的信息基础设施排名 28 位外，三个城市的商务基本设施和信息基础设施两项指标排名均位于 35 个城市的后五位。这三个城市的商务设施条件较差，商务办公楼、高档饭店、网络条件等与企业总部商务活动密切相关的设施建设都有待进一步完善。

2. 各分项指标对商务设施的贡献度分析

影响商务设施的两个指标是商务基本设施和信息基础设施，二者对商务设施的影响程度相差不大，影响系数分别为 0.507 和 0.5；弹性分析方面，商务基本设施每增加 1%，商务设施增加 0.529%；信息基础设施每增加 1%，商务设施增加 0.479%。因此，二者要得到同步的发展才能提高城市的整体商务设施水平，而实际上，商务基本设施和信息基础设施往往也是相互影响、共同发展的。

3. 商务设施指标与综合能力相关性分析

商务设施指标与总部经济发展综合能力有很强的正相关性，两者的皮尔逊（Pearson）相关系数为 0.929（见图 12）。

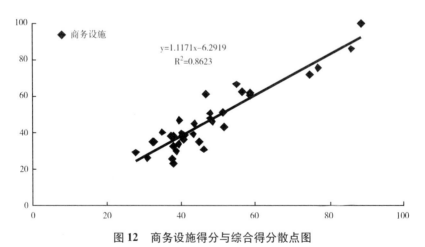

图 12　商务设施得分与综合得分散点图

将城市商务设施条件与总部经济发展综合能力进行比较，｜商务设施排名 - 综合排名｜≥5 时，说明城市商务设施水平与综合发展能力不协调。按照这一标准，有 13 个城市的商务设施与总部经济综合发展能力不协调，这一不协调性可以分为两类。

（1）与综合发展能力相比，商务设施条件相对较好的城市。

此类城市包括重庆、哈尔滨、石家庄、昆明、兰州、南宁、贵阳共七个城市，其商务设施排名分别为第 8、13、22、21、17、26 和 27 名，比综合发展能力排名高 5～14 名。其中，重庆和哈尔滨的信息基础设施相对较有优势，分别位于第 5 和第 9 名，兰州的商务基础设施相对较有优势，排名第 8。而且这些城市的个别三级指标排名相对靠前，如重庆的三星及以上旅游饭店数量、固定电话用户数及移动电话用户数等指标均居全国前列。

（2）与综合发展能力相比，商务设施条件相对较差的城市。

此类城市包括青岛、厦门、济南、海口、乌鲁木齐、呼和浩特六个城市。其中青岛的信息基础设施排名相对靠后，排在第 13 位，比综合发展能力排名低 4 位；厦门、济南、海口、乌鲁木齐和呼和浩特五个城市的商务设施排名均排在 20 名之后，商务基本设施和信息基础设施两个分项都相对较差。

（四）研发能力排名与分析评述

研发能力包括人才资源、研发投入和科技成果三项指标。其中人才资源指标反映城市研发人才的投入程度、密集程度和未来的供给能力；研发投入指标反映研发经费投入的规模和强度；科技成果指标则反映城市研发产出能力和技术创新的活跃程度。

1. 研发能力排名

根据城市总部经济发展能力评价指标体系，对 35 个城市发展总部经济的研发能力进行评价，评价结果如下（见表 6、图 13）。

根据 35 个城市研发能力的得分情况，可以将城市研发能力划分为三种类型。

（1）研发能力处于优势水平的城市。

根据统计分类标准，研发能力指标得分大于 62.41 分，表明该城市的研发能力在 35 个城市中较有优势。研发能力处于优势水平的城市包括北京、上海、深圳、西安、广州和武汉共六个城市。这些城市的研发能力相对较强，各分项指标也相对较均衡，大部分均排在前十位。但是，城市之间的分项发展水平差距较大，西安的科技成果产出水平相对较低，仅排第 14 位；武汉科技成果产出水平一

表6　城市总部经济发展能力研发能力排名

城　　市	研发能力		分　项　指　标					
			人才资源		研发投入		科技成果	
	得分	排名	得分	排名	得分	排名	得分	排名
北　京	91.54	1	83.10	1	99.99	1	99.99	1
上　海	84.29	2	72.31	2	92.55	2	99.98	2
深　圳	71.25	3	68.77	5	72.18	6	75.30	3
西　安	66.32	4	69.94	3	80.76	3	44.64	14
广　州	65.67	5	65.99	6	65.45	8	65.23	4
武　汉	63.79	6	68.95	4	64.27	9	52.99	10
南　京	61.80	7	57.56	9	74.32	4	57.78	6
天　津	60.06	8	54.07	10	73.73	5	58.35	5
成　都	53.93	9	51.89	14	60.78	10	51.16	12
合　肥	51.73	10	60.08	7	49.58	11	37.17	21
沈　阳	49.12	11	53.39	12	42.10	15	47.60	13
青　岛	48.34	12	36.85	24	67.83	7	51.83	11
杭　州	47.93	13	44.31	21	46.83	12	56.26	7
郑　州	46.26	14	51.53	15	45.79	13	36.21	22
长　沙	45.91	15	52.22	13	36.13	22	43.05	16
太　原	45.34	16	57.96	8	32.04	27	33.39	26
兰　州	45.16	17	53.43	11	40.56	18	33.23	27
济　南	44.71	18	47.96	16	39.34	20	43.59	15
长　春	44.09	19	47.15	17	42.00	16	40.04	19
南　昌	41.05	20	44.68	20	43.38	14	31.46	30
重　庆	39.19	21	30.84	30	40.95	17	54.11	8
哈尔滨	37.81	22	35.47	25	39.42	19	40.90	17
宁　波	37.25	23	30.13	33	34.70	24	54.02	9
石家庄	37.20	24	39.67	23	35.83	23	33.62	25
大　连	36.51	25	34.13	27	37.51	21	40.27	18
乌鲁木齐	35.97	26	45.88	18	22.38	33	29.73	33
呼和浩特	35.83	27	44.88	19	21.59	34	31.98	28
贵　阳	35.04	28	40.68	22	28.31	29	30.49	31
福　州	33.83	29	34.19	26	32.27	26	34.68	23
厦　门	32.83	30	32.39	28	29.38	28	37.19	20
昆　明	32.06	31	30.44	32	32.72	25	34.64	24
海　口	28.95	32	31.71	29	20.66	35	31.73	29
银　川	28.01	33	30.69	31	22.41	32	28.25	34
南　宁	27.79	34	27.36	34	26.63	30	29.81	32
西　宁	23.19	35	19.34	35	26.30	31	27.78	35

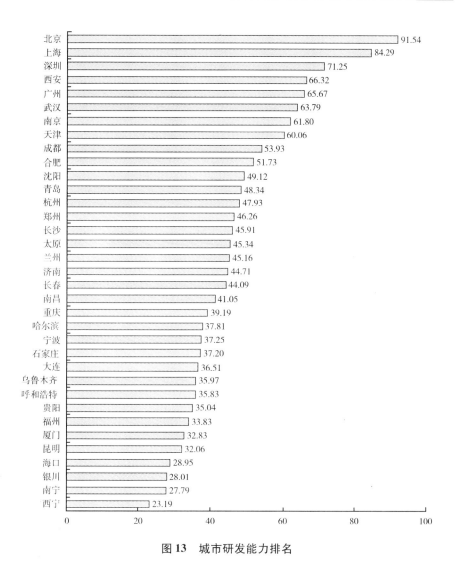

图 13　城市研发能力排名

般，排在第 10 位，而其他 4 个城市的科技成果产出水平则相对较高，专利申请授权数、技术合同金额等指标均排全国前列。

（2）研发能力处于一般水平的城市。

研发能力指标得分介于 30.72 分到 62.41 分之间的城市，表明该城市的研发能力处于一般水平。这类城市包括南京、天津和成都等 25 个城市。这类城市中有的城市各分项指标发展相对较均衡，如南京、济南、长春等城市。有的城市分项指标则发展相对不均衡，如合肥科技成果产出水平相对较低，排第 21 位，比研发能力排名低 11 个位次；宁波的科技成果产出水平相对较高，排名第 9，远高于其他指标排名和综合排名。

（3）研发能力处于劣势水平的城市。

研发能力指标得分小于 30.72 分，表明该城市研发能力在 35 个城市中处于劣势水平。这类城市包括海口、银川、南宁和西宁共四个城市。这类城市的人才资源、科研投入、科技成果产出等分项指标的排名均相对靠后，整体研发能力相对较差。今后应从加强人才培养和储备、加大科技经费投入等方面来推动城市科技发展，增强区域创新能力，同时要积极完善各种条件，鼓励区域企业通过吸引外埠优秀人才、吸纳全国科技成果等方式来提高自主创新能力。

2. 各分项指标对研发能力的贡献度分析

在影响研发能力的各因素——人才资源、研发投入和科技成果三个指标中，人才资源对城市研发能力的影响最大，影响系数为 0.56；其次是研发投入和科技成果，影响系数分别为 0.275 和 0.21。弹性分析方面，人才资源每增加 1%，研发能力增加 0.659%；研发投入每增加 1%，研发能力增加 0.35%；科技成果每增加 1%，研发能力增加 0.078%。说明对研发能力影响最大的是人才资源，即吸引和聚集各类高层次人才，是提升城市研发创新能力、推动总部经济发展的重要途径之一。

3. 研发能力指标与综合能力相关性分析

研发能力指标与总部经济发展综合能力有较强的正相关性，两者的皮尔逊（Pearson）相关系数为 0.876（见图 14）。

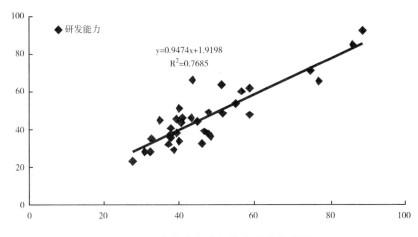

图 14　研发能力得分与综合得分散点图

将城市研发能力与总部经济发展综合能力进行比较，|研发能力排名－综合排名|≥5 时，说明城市的研发能力与总部经济综合发展能力不协调。按照这一标准，有 13 个城市的研发能力与总部经济综合发展能力不协调，这一不协调性可以分为两类。

（1）与综合发展能力相比，研发能力相对较有优势的城市。

此类城市包括西安、郑州、合肥、太原、南昌和兰州共六个城市。其中西安和合肥的研发能力具有较明显的优势，排名分别为第 4 和第 10 位，比综合发展能力排名分别高 13 和 12 个位次。但是，城市研发能力的各分项指标发展则相对不均衡，如西安的人才资源和研发投入都具有相对优势，排名较为靠前；而科技成果产出指标则相对较差，仅排在第 14 位。

（2）与综合发展能力相比，研发能力相对较差的城市。

此类城市包括杭州、大连、宁波、重庆、厦门、福州和海口七个城市。该类城市研发能力均处于一般水平和劣势水平。城市的各分项发展能力也都相对较差，排名比较靠后，特别是人才资源的密集度相对较低，人才后备资源不足。个别城市的某些分项指标则具有一定优势，如杭州的科技成果产出水平较高，排在第 7 位。

（五）专业服务排名与分析评述

专业服务主要包括金融保险和专业咨询两个指标，其中金融保险指标反映城市资金供给能力、保险服务能力等；专业咨询指标则反映城市为企业总部提供会计、审计、法律、咨询、广告、企业管理等各种商务服务的水平。

1. 专业服务排名

根据城市总部经济发展能力评价指标体系，对 35 个城市发展总部经济的专业服务能力进行评价，评价结果如下（见表 7、图 15）。

根据 35 个城市专业服务的得分情况，专业服务得分都处在优势水平或一般水平，所以将城市专业服务水平划分为两种类型。

（1）专业服务处于优势水平的城市。

根据统计分类标准，专业服务指标得分大于 61.76 分，表明该城市专业服务在 35 个城市中较有优势。专业服务处于优势水平的城市包括北京、上海、广州和深圳共四个城市。这些城市的专业服务水平相对较高，远高于国内其他城市。

表7　城市总部经济发展专业服务得分与排名

城　市	专　业　服　务		分　项　指　标			
			金　融　保　险		专　业　咨　询	
	排　名	得　分	排　名	得　分	排　名	得　分
北　京	99.99	1	99.99	1	99.99	1
上　海	95.43	2	99.98	2	90.87	2
广　州	73.12	3	86.97	3	59.27	3
深　圳	66.35	4	76.95	4	55.75	4
天　津	58.08	5	62.75	6	53.41	5
杭　州	57.84	6	68.22	5	47.47	6
南　京	51.18	7	59.97	7	42.40	15
重　庆	48.66	8	53.45	8	43.88	11
武　汉	47.96	9	49.22	10	46.71	8
成　都	47.75	10	51.23	9	44.27	9
济　南	45.18	11	48.23	11	42.14	16
沈　阳	44.02	12	43.87	14	44.17	10
宁　波	43.74	13	47.19	12	40.30	26
大　连	42.99	14	44.97	13	41.00	20
西　安	42.11	15	41.72	16	42.49	14
郑　州	42.08	16	42.29	15	41.87	17
长　春	41.68	17	36.00	24	47.37	7
哈 尔 滨	40.48	18	38.15	18	42.82	12
青　岛	40.32	19	40.05	17	40.60	25
长　沙	40.09	20	37.36	20	42.81	13
太　原	39.26	21	37.66	19	40.87	22
福　州	38.94	22	36.89	21	40.98	21
昆　明	38.83	23	36.58	22	41.09	19
石 家 庄	38.54	24	36.29	23	40.79	24
南　宁	36.47	25	31.32	26	41.62	18
合　肥	35.23	26	31.99	25	38.46	31
贵　阳	35.03	27	29.22	31	40.84	23
兰　州	34.58	28	29.98	29	39.18	28
乌鲁木齐	34.50	29	29.70	30	39.30	27
南　昌	34.41	30	30.10	27	38.73	30
厦　门	33.97	31	30.08	28	37.85	33
呼和浩特	33.17	32	27.45	32	38.89	29
海　口	32.28	33	26.60	33	37.96	32
银　川	31.07	34	25.51	34	36.63	35
西　宁	30.93	35	25.04	35	36.81	34

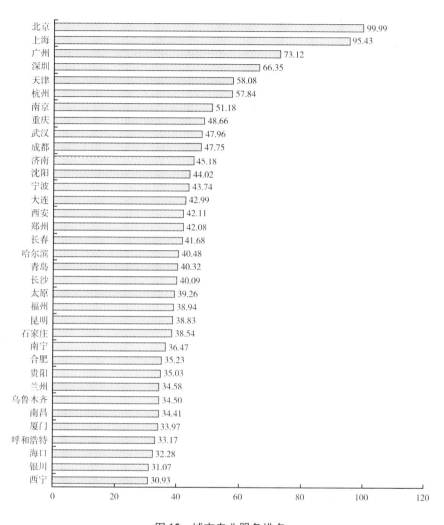

图 15　城市专业服务排名

各分项指标也相对较均衡，均排在前四位。但是，四个城市之间的专业服务水平
差距还相对较大，尤其是在专业咨询方面，广州和深圳的专业咨询得分值远低于
北京和上海，应该加快商务服务业的发展，完善企业总部所需的专业服务条件。

（2）专业服务处于一般水平的城市。

专业服务指标得分介于29.46分到61.76分之间的城市，表明该城市专业服
务处于一般水平。这类城市包括天津、杭州、南京等31个城市。这类城市中有
的城市各分项指标发展相对均衡，如天津、杭州、武汉、西安和郑州等城市。有

的城市则发展相对不均衡，如南京专业咨询水平相对较低，仅排第 15 位，比其专业服务排名低 8 个名次；而长春的专业咨询水平则相对较高，排第 7 位，比其专业服务排名高 10 个名次。

2. 各分项指标对专业服务的贡献度分析

在影响专业服务的各因素——金融保险和专业咨询两个指标中，二者对专业服务的影响程度相差不大，影响系数分别为 0.497 和 0.509；弹性分析方面，金融保险每增加 1%，专业服务增加 0.494%；专业咨询每增加 1%，专业服务增加 0.501%。

3. 专业服务指标与综合能力相关性分析

专业服务指标与总部经济发展综合能力有很强的正相关性，两者的皮尔逊（Pearson）相关系数为 0.951（见图 16）。

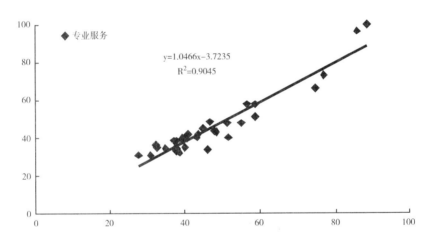

图 16 专业服务得分与综合得分散点图

将城市专业服务水平与总部经济发展综合能力进行比较，┃专业服务排名 - 综合排名┃≥5 时，说明城市专业服务与综合发展能力不协调。按照这一标准，有九个城市的专业服务与总部经济综合发展能力不协调，这一不协调性可以分为两类。

（1）与综合发展能力相比，专业服务相对处于优势的城市。

此类城市包括重庆、济南、哈尔滨、昆明、南宁、贵阳共六个城市。其中重庆和济南两个城市的专业服务能力较强，排名分别为第 8 和 11 位，比综合发展能力排名分别高出6和5个位次。但是，城市之间的金融保险和专业咨询两分项指标发展相对不均衡，济南专业咨询相对较弱，哈尔滨和南宁的专业咨询服务水平则相对较高。

（2）与综合发展能力相比，专业服务相对较差的城市。

此类城市包括青岛、厦门和海口三个城市。这三个城市的专业服务能力都相对较弱，排名分别为第19、31和33位，比综合发展能力排名分别靠后10、16和7个名次。除海口外，青岛和厦门都是计划单列市。在我国受行政管理体制的影响，省会城市一般都是该省金融、保险、会计等专业服务机构和人员相对聚集的区域，专业服务水平往往优于其他非省会城市。35个主要城市中青岛、宁波、厦门和大连这四个计划单列市与其所在省区的省会城市相比，专业服务水平都相对较差。

（六）政府服务排名与分析评述

政府服务主要包括服务意识和服务效率两项指标。其中，服务意识指标反映政府的信息环境和法规环境等；服务效率指标则反映政府服务绩效和投资者对政府的满意程度等。

1. 政府服务排名

根据城市总部经济发展能力评价指标体系，对35个主要城市发展总部经济的政府服务能力进行评价，评价结果如下（见图17）。

根据35个城市政府服务的得分情况，将城市的政府服务水平划分为三种类型。

（1）政府服务处于优势水平的城市。

根据统计分类标准，政府服务指标得分大于72.95分，表明该城市政府服务在35个城市中较有优势。政府服务处于优势水平的城市包括深圳、上海、杭州、青岛、厦门和广州六个城市。这些东部沿海城市的政府服务水平一般较高，地方政策法规较为健全，投资者对政府服务的满意度也较高。但是，深圳、上海和厦门的两个分项指标差异较大，三个城市的政策信息透明度，即服务意识均位于前三位，但是服务效率的排名则比较靠后，发展很不平衡。

（2）政府服务处于一般水平的城市。

政府服务指标得分介于24.34分到72.95分之间的城市，表明该城市政府服

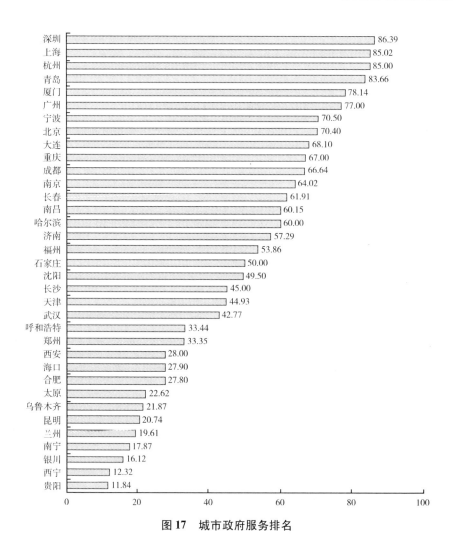

深圳 86.39
上海 85.02
杭州 85.00
青岛 83.66
厦门 78.14
广州 77.00
宁波 70.50
北京 70.40
大连 68.10
重庆 67.00
成都 66.64
南京 64.02
长春 61.91
南昌 60.15
哈尔滨 60.00
济南 57.29
福州 53.86
石家庄 50.00
沈阳 49.50
长沙 45.00
天津 44.93
武汉 42.77
呼和浩特 33.44
郑州 33.35
西安 28.00
海口 27.90
合肥 27.80
太原 22.62
乌鲁木齐 21.87
昆明 20.74
兰州 19.61
南宁 17.87
银川 16.12
西宁 12.32
贵阳 11.84

图 17　城市政府服务排名

务处于一般水平。这类城市包括宁波、北京、大连等 21 个城市。这类城市中有的城市各分项指标发展相对较均衡，如成都、哈尔滨、沈阳、长沙等城市。而有些城市的政府服务意识和服务效率发展相对不均衡，如乌鲁木齐的政府服务意识与服务效率分别排名第 34 位和第 5 位，相差 29 位；北京的政府服务意识相对较高，排名第 6 位，而服务效率则相对较低。

（3）政府服务处于劣势水平的城市。

政府服务指标得分小于 25.38 分，表明城市的政府服务水平在 35 个城市中处于劣势水平。这类城市包括太原、乌鲁木齐、昆明、兰州、南宁、银川、西宁和贵阳共 8 个城市。这类城市中，除了兰州的政府服务效率排名第 18 位外，其他城市的政府服务意识和政府服务效率两项指标的排名均位于 35 个城市的后几位，政策法规还不够完善。

2. 政府服务指标与综合能力相关性分析

政府服务指标与总部经济综合发展能力之间具有一定的相关性，与其他指标相比政府服务的相关性较弱，二者的相关系数为 0.729（见图 18）。

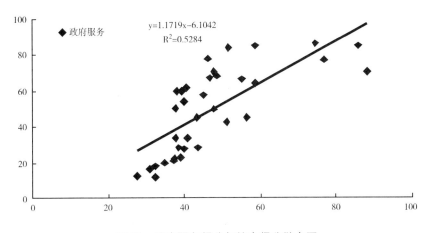

图 18　政府服务得分与综合得分散点图

将城市政府服务水平与总部经济发展综合能力进行比较，│政府服务排名 – 综合排名│≥5 时，说明城市政府服务与综合发展能力不协调。按照这一标准，有 16 个城市的政府服务与总部经济综合发展能力不协调，这一不协调性可以分为两类。

（1）与综合发展能力相比，政府服务较有优势的城市。

此类城市包括青岛、宁波、厦门、长春、哈尔滨、南昌、石家庄和呼和浩特八个城市。其中青岛、厦门和宁波这三个城市的政府服务相对较有优势，排名分别为第 4、第 5 和第 7 名，比综合发展能力排名分别高出 5、10 和 6 个位次。

（2）与综合发展能力相比，政府服务相对较差的城市。

此类城市包括北京、南京、天津、武汉、沈阳、西安、郑州和合肥八个城市。该类城市政府服务相对于综合发展能力均处于一般水平和劣势水平。例如天津的政府服务水平排第 21 位，与其总部经济综合发展能力排名第 7 位相比存在很大的差距。

（七）开放程度排名与分析评述

开放程度主要包括区域开放程度和国际开放程度两项指标。其中，区域开放程度指标反映城市与其他城市之间的人员交流、货物流通程度以及信息交流程度；国际开放程度指标主要反映城市吸引国际投资的能力、城市与国际贸易联系的程度、城市的国际知名度等。

1. 开放程度排名

根据城市总部经济发展能力评价指标体系，对 35 个主要城市发展总部经济的开放程度指标进行评价，评价结果如下（见表 8、图 19）：

根据 35 个城市开放程度指标的得分情况，可以将城市划分为三种类型。

（1）开放程度处于优势水平的城市。

根据统计分类标准，开放程度指标得分大于 62.84 分，表明该城市开放程度指标在 35 个城市中较有优势。开放程度处于优势水平的城市包括北京、上海、广州、深圳、青岛和天津六个城市。这类城市无论是区域开放程度还是国际开放程度都相对较高，各分项指标都排在前 10 位。其中，北京的区域开放程度具有相对优势，居 35 个城市之首；上海的国际开放程度优势突出，在 35 个城市中排名第 2 位。

（2）开放程度处于一般水平的城市。

开放程度指标得分介于 29.52 分到 62.84 分之间的城市，表明该城市开放程度处于一般水平。这类城市包括宁波、大连和杭州等 22 个城市。这类城市中有的城市区域开放程度和国际开放程度相对较均衡，如杭州、宁波、南京等城市。有的城市区域开放程度和国际开放程度则相对不均衡，如重庆的区域开放程度较高，排在第 3 位，国际开放程度则较低，排第 27 位；而厦门由于处于东部沿海地区，国际开放程度相对较高，排在第 7 位，但其区域开放程度则相对较低，排在第 27 位。

（3）开放程度处于劣势水平的城市。

开放程度指标得分小于 29.52 分，表明该城市开放程度指标在 35 个城市中处于劣势水平。这类城市包括银川、兰州和西宁三个城市，城市的区域开放程度和国际开放程度的排名均相对靠后，由于这类城市位于我国西北部地区，与国内其他区域之间的交流与联系相对较少，国际开放程度和知名度也较低。

表8　城市总部经济发展开放程度得分与排名

| 城　　市 | 开　放　程　度 | | 分　　项　　指　　标 | | | |
| | | | 区　域　开　放 | | 国　际　开　放 | |
	排　名	得　分	排　名	得　分	排　名	得　分
北　京	90.07	1	87.52	1	92.63	2
上　海	82.82	2	70.68	4	94.96	1
广　州	79.90	3	86.27	2	73.52	4
深　圳	72.57	4	59.26	9	85.87	3
天　津	63.57	5	57.48	10	69.67	5
青　岛	62.88	6	64.35	6	61.40	8
宁　波	59.26	7	59.78	7	58.74	9
大　连	58.79	8	54.92	11	62.66	6
杭　州	56.50	9	59.29	8	53.71	10
重　庆	55.47	10	77.63	3	33.30	27
成　都	53.96	11	69.99	5	37.92	15
南　京	52.83	12	52.91	12	52.74	11
厦　门	47.83	13	34.17	27	61.49	7
武　汉	46.62	14	51.90	13	41.34	13
沈　阳	41.39	15	42.05	17	40.73	14
西　安	41.06	16	46.10	14	36.01	18
福　州	40.70	17	34.62	25	46.78	12
海　口	39.75	18	43.78	16	35.72	19
贵　阳	38.48	19	45.09	15	31.86	30
石　家　庄	36.84	20	40.12	18	33.57	25
太　原	36.67	21	38.88	19	34.46	23
长　沙	35.97	22	36.73	21	35.20	20
济　南	35.96	23	38.57	20	33.35	26
乌鲁木齐	35.66	24	36.58	22	34.74	21
长　春	35.65	25	34.25	26	37.06	16
昆　明	34.51	26	35.40	24	33.61	24
郑　州	33.98	27	36.41	23	31.54	31
合　肥	33.83	28	30.60	31	37.06	17
哈　尔　滨	32.32	29	32.55	28	32.10	28
呼和浩特	31.63	30	31.22	29	32.03	29
南　昌	30.71	31	26.91	33	34.51	22
南　宁	30.56	32	30.75	30	30.37	35
银　川	29.46	33	27.63	32	31.28	32
兰　州	28.38	34	26.36	34	30.41	34
西　宁	27.79	35	24.42	35	31.16	33

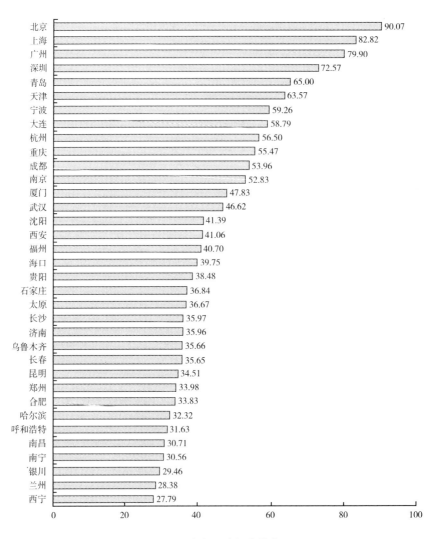

图 19　城市开放程度排名

2. 各分项指标对开放程度的贡献度分析

在影响开放程度的各因素——区域开放和国际开放两个指标中，二者对开放程度的影响基本相同，影响系数都为 0.5；弹性分析方面，区域开放每上升 1%，开放程度就提高 0.531%；对外开放每上升 1%，开放程度就提高 0.478%。因此，要全面提高城市的对内、对外开放程度，以增强城市对企业总部的吸引力。

3. 开放程度指标与综合能力相关性分析

开放程度指标与总部经济发展综合能力有很强的正相关性，两者的皮尔逊（Pearson）相关系数为0.94（见图20）。

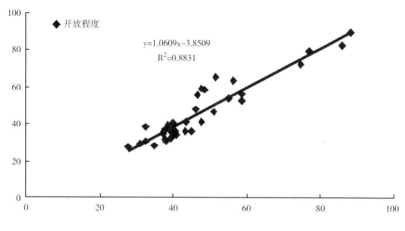

图20　开放程度得分与综合得分散点图

将城市开放程度与总部经济发展综合能力进行比较，｜开放程度排名－综合排名｜≥5时，说明城市的开放程度与总部经济综合发展能力不协调。按照这一标准，有13个城市的开放程度与总部经济综合发展能力不协调，这一不协调性可以分为两类。

（1）与综合发展能力相比，开放程度较有优势的城市。

此类城市包括宁波、福州、海口、石家庄、乌鲁木齐和贵阳共六个城市。其中宁波的开放程度具有较强的优势，排名第7，区域开放和国际开放两个分项指标发展也相对均衡，城市的国际知名度较高，吸引外资、进出口贸易总额等指标均排在全国前列。其他五个城市的开放程度处于一般水平，但是与综合发展能力相比，具有一定的优势。

（2）与综合发展能力相比，开放程度相对较差的城市。

此类城市包括南京、济南、郑州、长春、合肥、哈尔滨和南昌共七个城市。其中，南京、郑州、哈尔滨的区域开放程度和国际开放程度相对较为均衡；但是济南、长春、合肥和南昌四个城市则发展相对不均衡，合肥和南昌的国际开放程度相对较高，比区域开放分别高出14和11个位次。

四 前十名城市的总部经济发展能力分析

前十名城市总部经济发展能力的得分均在50分以上，是总部经济发展第Ⅰ能级和第Ⅱ能级城市，发展总部经济的条件相对较好，在全国总部经济发展中的影响力也较大。与上一年度前十名城市的总部经济发展能力相比，分值总体上出现一定的上升，城市总部经济发展能力取得了较大的提高。2007年全国35个主要城市总部经济发展能力前十名分别是：北京、上海、广州、深圳、南京、杭州、天津、成都、青岛和武汉。

（一）北京总部经济发展能力排名与分析评述

北京总部经济发展能力综合得分为88.09，位居全国第一。除政府服务外，其他各分项指标均排在前三位（见表9）。

表9 北京总部经济发展能力各分项得分与排名

指　标	得　分	排　名	指　标	得　分	排　名
基础条件	81.61	3	商务设施	99.04	1
经济实力	98.62	1	商务基本设施	99.98	1
基础设施	72.38	5	信息基础设施	98.10	2
社会基础	65.65	3	专业服务	99.99	1
人口与就业	94.28	1	金融保险	99.99	1
环境质量	35.33	27	专业咨询	99.99	1
研发能力	91.54	1	政府服务	70.40	8
人才资源	83.10	1	开放程度	90.07	1
研发投入	99.99	1	区域开放	87.52	1
科技成果	99.99	1	国际开放	92.63	2

1. 北京总部经济基础条件较好，但各分项指标发展不均衡

北京基础条件仅次于广州、上海，排名第3，保持了上一年度的排名。在基础条件的五个分项指标中，经济实力仍位居全国35个城市的首位，人均地区生产总值仅次于上海，居第二位；第三产业发展水平较高，第三产业增加值占GDP的比重达到69.15%，居全国首位，比上一年度增加了9.15个百分点，发展速度较快。北京的人口与就业状况优势明显，居 35 个城市首位，城镇化水平、就业率、第三产业从业人员比重等指标均排在全国前列。北京的社会基础排在第 3 位，尤其是医疗条件、藏书等条件较为优越，但是人均住房使用面积却有所下降。北京的基础设施相对基础条件来说处于劣势地位，需要进一步改善道路、交通等公共设施条件。北京的环境状况仍然是北京基础条件中有待提高的一个重要方面，空气质量达到及好于二级的天数在上一年度 229 天的基础上提高了 5 天，总体状况有了明显改善，但是在 35 个城市中北京环境质量的排名仍比较靠后。

2. 北京的研发能力仍保持全国首位，并且均衡发展

北京的研发能力优势突出，人才资源、研发投入和科技成果等三个分项指标都居于全国首位。作为全国科研的前沿阵地，北京的研发能力在全国处于绝对领先地位。北京拥有全国最多最有实力的高校、科研院所和科技园区，拥有在华投资的大多数跨国公司的研发总部、研发中心。在人才资源方面，北京的研究与试验发展人员全时当量为 177766 人／年，居全国之首，是第二位的上海的 2.65 倍，远高于其他城市。北京的研发投入强度也有了很大的提高，研发经费占地区生产总值比重为 5.5%，虽然比上一年度略有下降，但还是远高于其他城市。北京科技成果产出水平较高，技术合同金额和科技论文成果数量都是第二位的上海的 2 倍多。

3. 北京的商务设施完善，且发展迅速

北京的商务设施由上一年度的第二位上升到今年的第一位，主要是商务基本设施有了很大的提高。办公楼竣工房屋面积、三星级及以上旅游饭店数量和展览馆数量都位于 35 个城市的前列。北京的信息基础设施仍排在上海之后，固定电话数、移动电话数和国际互联网用户数都位于前两位。

4. 北京的专业服务水平较高，金融保险环境不断优化

企业总部的各种商务活动、研发活动需要各类知识型服务业的配套支撑，如金融、保险、法律、咨询、培训、会展等。知识型服务业是首都经济的重要组成部分，且近年来发展较快，北京市服务业增加值占地区生产总值的比重达 69%，在全国各大城市中位居首位。尤其是以金融、保险为代表的专业服务业发展迅速，金融保险业增加值占服务业增加值的比重达 28%，这将为北京总部经济的发展提供重要的专业服务支撑。北京的金融保险业迅速发展，已成为全国最大的金融保险业总部集聚地。北京的专业咨询服务水平继续保持全国领先地位，会计、审计、法律、咨询、广告、企业管理等商务服务业从业人员为 76.92 万人，居全国之首，远高于其他城市。

5. 北京政府服务水平排名有所上升，但与其他指标相比处于劣势

北京的法制环境较为完善，政府管理水平也相对较高，信息透明度较高，但是政府服务效率相对较低，政府管理制度改革相对较为缓慢，政府服务能力低于深圳、青岛、厦门等东部沿海城市。上一年度北京的政府服务能力排名第 9，今年排名上升到了第 8 位，说明在其他城市政府服务能力也不断提高的情况下，北京的政府服务能力提高得相对更快。

6. 北京的开放程度依然位居首位，区域开放得到有效提高

北京的开放程度仍然保持在全国首位，其中国际开放程度位居第二，区域开放程度在上一年度第二的基础上上升到了首位，可以说成效显著。北京是中国的政治、文化和国内国际交往中心，是世界历史文化名城和古都之一。北京不仅聚集了许多大企业集团的全国性总部、行业协会，与全国各区域之间的经济联系非常密切。同时，北京也是我国对外交往的中心，集中了各国使馆、国际组织驻华代表机构，北京拥有的世界 500 强跨国公司在华地区总部、研发中心的数量都远高于其他城市。

总之，北京发展总部经济具有得天独厚的条件。与其他城市相比，北京具有丰富的科技教育人才资源，拥有全国最多最好的高等院校和科研院所，创新能力强。北京专业化服务水平较高，为企业总部的各种商务活动、研发活动提供各类配套支撑的知识型服务业，如金融、保险、法律、咨询、培训、会展等发展迅速。北京市场条件优势明显，市场信息密集程度非常高，企业可以便捷、及时地获取各类产品的生产制造和技术信息。北京是连接东北、华北、西北地区的重要枢纽，是企业向华北地区、全国乃至全世界扩张市场的重要基地或中转中心。此外，北京的国际化程度较高，城市基础设施和人居环境不断完善，也为北京总部经济的发展创造了良好的条件。当然，北京还要加强薄弱环节的建设，进一步完善城市基础设施、改善环境质量，逐步提高政府服务效率，不断提高总部经济发展的综合能力。

（二）上海总部经济发展能力排名与分析评述

上海总部经济发展能力综合得分为 85.53，位居全国第二。各分项指标也都排在全国 35 个城市的前列（见表 10）。

表 10 上海总部经济发展能力各分项得分与排名

指　标	得　分	排　名	指　标	得　分	排　名
基础条件	82.10	2	商务设施	85.17	2
经济实力	90.65	3	商务基本设施	70.36	3
基础设施	89.12	1	信息基础设施	99.99	1
社会基础	67.67	3	专业服务	95.43	2
人口与就业	81.44	2	金融保险	99.98	2
环境质量	48.97	18	专业咨询	90.87	2
研发能力	84.29	2	政府服务	85.02	2
人才资源	72.31	2	开放程度	82.82	2
研发投入	92.55	2	区域开放	70.68	4
科技成果	99.98	2	国际开放	94.96	1

1. 上海基础条件较好，仍保持第二位

上海基础条件各分项指标中，除环境质量相对较差外，经济实力、基础设施、社会基础和人口与就业等条件都相对较好，均排在前三位。上海的经济实力相对较强，位居全国第三。其中，上海的地区生产总值为 9154.18 亿元，居全国之首，比第二位的北京高出 2268 亿元，远高于其他城市。上海的财政收入和固定资产投资总额也都位于全国各城市首位。但是，上海的第三产业在地区生产总值中的比重相对较低，为 50.48%。上海的基础设施条件较好，位居 35 个城市首位，城市内部道路、对外交通条件、供水等市政基础设施发展完善。上海的社会基础条件提高较快，比上一年度上升了 2 个名次，尤其是人均住房条件有了很大的改善，市区人均住房使用面积达到 21.3 平方米。上海的人口与就业环境也得到了很大改善，仅次于北京排在第二位。上海的环境质量相对较差，排在第 18 位，但是也得到了较为明显的改善。

2. 上海商务设施排名第二，不均衡状况开始显现

上海的商务基本设施和信息基础设施都较为发达，均排在前三位，但是商务基本设施和信息基础设施发展略显不平衡。在商务基本设施方面，上海的三星级及以上饭店数和展览馆数量等指标仅次于北京，居全国第二位。在信息基础设施方面，上海的固定电话用户数为 997 万户，位居全国之首；移动电话用户数仅次于北京，位居全国第二。但是国际互联网数的排名却下降了4个名次，宁波、天津等城市的国际化水平快速发展，发展速度逐渐超过了上海。

3. 上海的研发能力较强，仅次于北京排名第二

上海也是国内外企业研发中心的重要聚集地之一，研发能力较强。上海的人才资源、研发投入和科技成果三个指标发展较为均衡，均位居第二位，尤其是人才资源上升了5个位次，发展相当迅速。上海的专利申请授权数量为12603件，位居全国第一；国外主要检索工具收录的上海地区的科技论文数位居全国第二。上海的研发投入水平也相对较高，仅次于北京，但是上海的研发投入强度还不够高，研发经费占地区生产总值比重仅为1.97%，与北京相比存在很大的差距。

4. 上海专业服务水平较高，各分项指标均衡发展

上海的专业服务水平仍保持第二位，其中金融保险和专业咨询两个分项指标也都位于第二位，发展较为均衡。上海金融机构贷款总额排名第一，金融机构存款、保费收入、商务服务业从业人员和文化传媒业从业人员都位居第二位。上海是全国的金融中心，中国人民银行在上海建立了地区性总部，上海还集聚了大量的世界银行业巨头。上海的专业咨询优势明显，会计、审计、法律、咨询、广告、企业管理等商务服务业发展较快，但是与北京相比仍有一定的差距，商务服务业从业人员和文化传媒业从业人员数量分别为北京的1/3和1/5。

5. 上海的政府服务水平较高，服务效率有待进一步提高

上海的政府服务意识较强，排名第一。上海的法制制度较为健全，政府管理水平和服务绩效也相对较高。但是上海的政府服务效率相对较低，政府服务意识和服务效率存在很大的不均衡，投资者对政府的满意度还需要进一步改善，服务效率有很大的提升空间。同时，其他东部沿海城市的政府服务水平提高很快，上海应该加快提高政府服务效率。

6. 上海的开放程度较高，保持第二位

上海的开放程度位居35个主要城市的第二位，但是区域开放与国际开放存在一定的不均衡现象。上海作为我国对外开放的前沿阵地，对外开放水平较高，居全国首位。上海的实际利用外资额达到68.5亿美元，是第二位的青岛的1.87倍，远高于国内其他城市；但是上海的世界500强在华地区总部等机构数量低于北京，位居第二。同时，上海的区域开放没有跟上对外开放的步伐，排名第四

位。上海与周边地区货物流通与市场的活跃程度较高，上海货运总量为 71303 万吨，位居全国首位；但是区域间人员联系的活跃程度则相对较弱，客运总量为 9487 万人，不足北京的 1/6。上海应该进一步加强与国内其他城市和周边地区间的人员人才交流，提高区域开放程度。

上海作为中国的金融中心，已经具备发展总部经济的基本条件。上海发展总部经济在基础设施、信息基础设施和国际开放等方面具有独特的优势，但是在环境治理和区域开放等方面还有待于进一步完善。上海应该利用长三角经济圈的独特的地理位置优势以及上海作为中国金融中心的经济优势，在改善环境质量、提高创新能力、提高政府服务水平以及加强与国内区域间的人员和物质流动等方面做出努力，提高总部经济发展能力。

（三）广州总部经济发展能力排名与分析评述

广州总部经济发展能力综合得分为 76.88，位居全国第三。除政府服务外，其他分项指标均排在前五位（见表 11）。

表 11　广州总部经济发展能力各分项得分与排名

指　标	得　分	排　名	指　标	得　分	排　名
基础条件	84.00	1	商务设施	75.19	3
经济实力	92.11	2	商务基本设施	62.38	6
基础设施	80.67	2	信息基础设施	88.00	4
社会基础	60.83	7	专业服务	73.12	3
人口与就业	81.37	3	金融保险	86.97	3
环境质量	84.00	1	专业咨询	59.27	3
研发能力	65.67	5	政府服务	77.00	6
人才资源	65.99	6	开放程度	79.90	3
研发投入	65.45	8	区域开放	86.27	2
科技成果	65.23	4	国际开放	73.52	4

1. 广州的基础条件独占鳌头，其中社会基础条件有待提高

广州的基础条件中，经济实力仅次于北京，位居全国第二。广州的地区生产总值位于全国第三位；总体经济实力较强，人均生产总值达到 69268 元，位居全国第一，发展较快。广州的基础设施条件较好，仅次于上海，仍保持第二位。机场飞机起降架次达211309，仅次于北京；城市内部道路、对外交通条件、供水等市政基础设施发展都较为完善。广州的人口与就业环境较好，城镇家庭人均消费性支出达到14468.24元，仅次于深圳，居第二位。广州的环境质量有了很大的提高，上升到第一位，环境质量各指标较为均衡。相比之下，广州的社会基础条件相对较差，排名居全国第七位，教育、医疗条件以及住房条件仍需进一步改善。

2. 广州的商务设施仅次于北京和上海，居第三位

广州的信息基础设施水平较高，排名居全国第三，是全国信息化试点城市和全国互联网三大交换中心之一。广州的商务基础设施和信息基础设施排名都有所下降，但是发展较为均衡，因此总排名都比各分项指标靠前。广州的商务基本设施位于全国第六，较上一年度下降了1个位次，这是由于广州办公楼房屋面积、商业营业用房面积等商务基础设施已经到了发展相对较慢的状态。但是三星级及以上的饭店数量等各项商务设施仍排第三位，商务基本设施较为完善。信息基础设施方面，广州的年末固定电话用户数、年末移动电话用户数、国际互联网用户数均位于全国第四名。

3. 广州的研发能力被深圳和西安超越，科技产出水平仍较高

广州的研发能力总排名第五，人才资源和研发投入分别排名第六位和第八位，科技成果效果显著，排名第四位。广州的研发投入水平较低，研发经费占地区生产总值比重只有1.65%，但是产出却比较显著，专利申请授权数量达到5724项，居全国第四名。因此广州应该加强研发投入力度，从而更大程度的提高科技水平和研发成果。

4. 广州的专业服务能力较强，并且均衡发展

广州的专业服务能力排名第三，两个分项指标金融保险和专业咨询也都排名第三，金融保险和专业咨询获得了同步发展。相互适应的专业活动有利于广州专业服务水平的提高。金融机构贷款额、存款额和保费均排名第三，商务服务业从业人员和文化传媒业从业人员都位于前四位，广州的金融保险和专业咨询等专业服务业日益完善。

5. 广州的政府服务水平位于第六位，取得较明显的进步

广州的政府服务水平取得明显进步，排名第六位。其中，政府服务效率虽然还有待提高，但是却进步较快，比上一年度上升了 7 个位次；政府服务意识居第八位，与经济状况的发展还存在一定的不协调。今后广州应在继续提高政府服务效率的同时，不断增强政府服务意识，提高居民的安全感。

6. 广州的开放水平位于第三位，区域开放排名领先于国际开放

广州的开放程度仍居第三位，其中区域开放的排名有所下降，客运总量、货运总量以及人均邮电业务量等排在全国前列的指标排名都有一定的下降。广州入境旅游收入排名第一，国际知名度较高。广州的世界 500 强在华地区总部、办事处等各类机构数量不到北京的 1/7，差距较大。说明广州总部经济发展能力较强，但是实际吸引到企业总部的效果还不明显。广州应该继续加强与国内省市之间的人员和物质交流，大力提高国际开放程度，提高总部经济发展实力。

总之，广州已经基本具备了发展总部经济的条件，且广州在经济实力和基础设施等基础条件、科技成果、金融保险、信息基础设施、区域开放等方面具有一定的优势，环境质量优势突出，但是在社会基础、研发投入、政府服务等方面还需要进一步完善。

（四）深圳总部经济发展能力排名与分析评述

深圳总部经济发展能力综合得分为 74.63，位居全国第四。各分项指标也都位于前五位（见表 12）。

表 12　深圳总部经济发展能力各分项得分与排名

指　标	得　分	排　名	指　标	得　分	排　名
基础条件	78.75	4	商务设施	71.77	4
经济实力	76.87	4	商务基本设施	55.21	10
基础设施	78.34	3	信息基础设施	88.32	3
社会基础	86.67	1	专业服务	66.35	4
人口与就业	74.49	4	金融保险	76.95	4
环境质量	83.45	2	专业咨询	55.75	4
研发能力	71.25	3	政府服务	86.39	1
人才资源	68.77	5	开放程度	72.57	4
研发投入	72.18	6	区域开放	59.26	9
科技成果	75.3	3	国际开放	85.97	3

1. 深圳的基础条件排名第四，社会基础和环境质量具有明显优势

深圳的基础条件各分项发展相对均衡，优势明显。尤其是社会基础，排名第一，每十万人拥有中、小学教师数为1895人，位居35个城市之首，且远高于其他城市，文化休闲设施也位于国内城市前列；深圳的环境质量较高，人均绿地面积达到533.73平方米，是第二位的广州的近3倍，空气质量达到及好于二级的天数达到360天。深圳的经济实力较强，尽管人均国民生产总值第一的地位被广州取代，但是经济实力的绝对水平依然较高，达到60801万元。深圳的第三产业的发展还有待进一步加强，第三产业占地区生产总值的比重仅为46.61%，但是发展较快，同比上升了8.6个百分点。

2. 深圳的商务设施发展水平较高，信息基础设施优势明显

深圳的商务设施排名第四，条件优越，但是分项指标发展较为不均衡。其中，信息基础设施排名第三位，电话用户数和国际互联网数都排在全国35个城市前列。而商务基本设施仅排在第10位，这是由于深圳同广州一样，办公楼房屋面积、商业营业用房面积等商务基础设施已经到了比较完善的程度，近年来发展相对较慢。而作为商务基本设施代表的三星级及以上饭店数排名第四，比上一年度上升了1个位次。

3. 深圳的研发能力居第三位，科研产出率高

深圳的人才资源丰富，每万人口拥有的专业技术人员数位于全国第一，但是每万人拥有的高等学校在校学生数则较低，说明深圳吸收人才的能力较强，是各类专业技术人才的重要集聚地。深圳的研发经费投入数量较大，但是科技投入强度相对较小，只有2%。深圳的科技成果较为明显，专利申请授权量达到8983项，位居第三位，科技产出率较高。

4. 深圳的专业服务水平较高，金融保险和专业咨询均衡发展

深圳金融业曾在新中国金融发展史上创造了许多第一。经过近三十年的发展，深圳金融业基本建成以银行、证券、保险业为主体，其他多种类型金融机构并存，结构比较合理，功能比较完备的现代金融体系，综合实力和竞争力位居全国前列，已初步成为具有全国影响的区域性金融中心。深圳的专业咨询业发展迅速，深圳连同北京和上海已成为我国咨询业发展的"三驾马车"，深圳的商务服务人员和文化传媒人员的数量都位居第三位。

5. 深圳的政府服务水平仍保持第一，服务效率有待进一步提高

深圳法制环境较为完善，政府服务绩效、投资者满意度较好，政府服务的政策信息透明度较高。但是政府服务效率相对较低，政府服务水平还有待于进一步提高。

6. 深圳的开放程度排名第四，但区域开放度相对较低

深圳的国际开放程度较高，外贸依存度位居第一，达到 298%；入境旅游收入等指标也排在前列。但是深圳的区域开放程度较低，客运和货运量分别位于第 13 和 24 位，这是由于深圳的人员和物质主要在珠三角区域范围内流动，与国内其他城市和地区之间的联系相对较少。

总之，深圳作为我国第一个经济特区，发展总部经济的条件也已经基本具备，而且在社会基础、环境质量、金融保险、国际开放程度等方面具有较强的优势。今后深圳还应进一步改善政府服务效率和区域开放程度等，不断优化总部经济发展环境。

（五）南京总部经济发展能力排名与分析评述

南京总部经济发展能力综合得分为 58.74，位居全国第五。但是，政府服务水平和开放程度相对较低（见表 13）。

表 13　南京总部经济发展能力各分项得分与排名

指　标	得　分	排　名	指　标	得　分	排　名
基础条件	60.61	5	商务设施	60.88	9
经济实力	61.19	6	商务基本设施	77.51	2
基础设施	59.87	7	信息基础设施	44.25	17
社会基础	40.33	23	专业服务	51.18	7
人口与就业	69.96	6	金融保险	59.97	7
环境质量	70.7	5	专业咨询	42.4	15
研发能力	61.8	7	政府服务	64.02	12
人才资源	57.56	9	开放程度	52.83	12
研发投入	74.32	4	区域开放	52.91	12
科技成果	57.78	6	国际开放	52.74	11

1. 南京的基础条件排名第五，但各分项发展不均衡

南京的经济实力较为雄厚，地区生产总值、人均地区生产总值、财政收入、固定资产投资总额等各项指标均排在前十位。南京的服务业发展水平相对滞后，第三产业占地区生产总值的比重仅为46.9%，但是发展比较迅速，第三产业比重同比上升3.2个百分点。南京的环境质量较好，排名全国第五，其中，人均园林绿地面积为138.34平方米，仅次于深圳和广州，排名第三；生活污水处理率达到81.2%，排名第二。南京的基础设施条件相对较好，城市内部交通以及供水等市政设施较为完善。南京的社会基础条件则相对薄弱，医疗条件、居住条件等较差，还有待加强。

2. 南京的研发能力相对较强，人才资源丰富

南京的人才资源丰富，每万人拥有高等学校在校学生数达到942人，位居第一；科研投入强度较大，研发经费占地区生产总值比重达到2.4%，位于第三位；研发投入和科技成果的排名都比上一年度上升了1个位次。南京的科技成果产出率较高、技术创新活跃，技术合同金额和科技论文、成果数量都位于国家前列。

3. 南京的商务基本设施优势明显，但信息基础设施相对落后

南京商务设施条件的两个分项指标发展较不均衡。其中商务基本设施条件处于优势地位，发展较快，位居第二位。如办公楼竣工房屋面积和商业营业用房竣工房屋面积均排在第二位。但是，南京的信息基础设施条件则较为落后，排在第17位。国际互联网用户数为623521户，还不到上海的1/10。

4. 南京的专业服务相对较强，且发展迅速

南京是长三角地区的一个重要区域与金融中心城市，银行业较为发达，机构众多，业务活跃，效率较高。入世后众多的外来金融资本将较快地进入南京，南京金融业由此获得了较好的发展机遇。南京区域金融中心的优势地位得到进一步巩固。但是南京专业咨询的发展则相对落后，仅排在第15位，商务服务业从业人员数和文化传媒业从业人员的数量都排在第十名以后。

5. 南京的政府服务水平一般，信息公开透明度和政府服务效率有待完善

南京的政府服务水平排名第12位，与南京总部经济发展能力第五位的水平相比仍存在很大差距，政府服务水平不能够满足总部经济发展水平的需要。政府服务意识和服务效率都不高，均排在第十名以后，政府信息透明度和服务效率都有很大的提升空间。

6. 南京的开放程度排名有所下降，国际开放优势被超越

南京的开放程度排在第12位。其中，国际开放程度相对较高，位居全国第11，下降了3个位次，被大连、宁波和杭州等国际开放发展较快的城市所超越。南京的区域开放程度，排在第12位，与国内省市之间的人员和物质交流有待进一步加强。

总之，南京的总部经济发展能力取得了很大的进步。经济实力、基础设施、研发投入、科技成果、商务设施等方面具备一定的优势，并取得了很大的发展。南京的总部经济发展能力在第二能级城市中居于首位，总排名比上一年度提升了1个名次。同时，南京市政府已经提出了"发展总部经济、吸引跨国公司建立研发中心和区域总部"的战略，并出台了《南京市鼓励境内外大型企业设立总部或地区总部的暂行规定》，今后南京总部经济的发展环境将更加优化。

（六）杭州总部经济发展能力排名与分析评述

杭州总部经济发展能力综合得分为58.7，位居全国第六。研发能力相对较弱，其他分项指标的发展相对均衡（见表14）。

表14　杭州总部经济发展能力各分项得分与排名

指　　标	得　分	排　名	指　　标	得　分	排　名
基础条件	57.73	6	商务设施	61.7	7
经济实力	62.55	5	商务基本设施	64.8	5
基础设施	53.25	10	信息基础设施	58.6	11
社会基础	52.9	14	专业服务	57.84	6
人口与就业	53.65	10	金融保险	68.22	5
环境质量	56.34	14	专业咨询	47.47	6
研发能力	47.93	13	政府服务	85.00	3
人才资源	44.31	21	开放程度	56.5	9
研发投入	46.83	12	区域开放	59.29	8
科技成果	56.26	7	国际开放	53.71	10

1. 杭州的基础条件相对较好，但各分项指标发展不均衡

杭州的基础条件相对较好。其中，经济实力相对较强，人均地区生产总值仅次于广州、深圳、上海和北京，排名第五；但是杭州的第三产业发展相对滞后，第三产业占 GDP 比重只有44.09%，低于35个城市的平均水平。杭州的基础设施条件也较为完善，人口与就业环境良好；社会基础和环境质量相对较差，但医疗卫生、文化娱乐、居住条件等社会基础条件都有了进一步的完善；环境质量方面，杭州的人均园林绿地面积、生活垃圾无害化处理率和空气质量达到及好于二级的天数有了明显改善。

2. 杭州的商务设施条件较完善，信息基础设施水平还有待提高

杭州的商务基本设施条件较好，办公楼竣工面积、三星级及以上饭店数和展览馆数均居全国前列。但是，杭州的信息基础设施较为薄弱，如国际互联网数还不到上海的1/7。

3. 杭州的研发能力相对较弱，但科技产出水平较高

杭州的人才资源拥有量不足，每万人拥有的专业技术人员和每万人拥有的高校在校学生数等指标都排在15名以后，与北京等研发能力较强的城市之间有很大的差距。杭州的研发投入强度相对不足，研发经费占地区生产总值的比重达到1.26%。与人才资源和研发投入相比，杭州的科技成果产出水平较高，排名上升到第七位，专利申请数和科技论文等指标均排在全国前列。

4. 杭州的专业服务水平相对较高，且专业咨询发展较快

杭州的金融保险业发展水平相对较高，排名仍保持在第五位。目前，杭州的民营经济发达，银行的资产质量很好，银行开展业务的空间很大，国内几乎所有的银行都在杭州设点，规模和效益在全国城市的分行中名列前茅，金融界称此为杭州现象，杭州发展金融业大有可为。杭州的商务服务业发展水平也有了一定的提高，会计、审计、法律、咨询、广告、企业管理等商业服务业从业人数达到4.01万人，排名上升到第六位。

5. 杭州的政府服务水平较为突出，仍保持第三位

杭州的政策信息透明度较高，政府服务具有主动性和规范性，政府服务水平和办事效率较高，政府服务绩效和管理水平也有了很大的提高，为经济发展创造了良好的政策环境。

6. 杭州的开放程度居第九位，国际开放程度提高

杭州与长三角区域经济联系密切，区域开放程度相对较高，排在第八位。杭州的国际开放程度一般，但是排名上升到第十位。杭州的国际知名度较高，国际旅游收入为 7.58 亿美元，居全国第五位。

杭州正在接轨大上海、融入长三角、打造增长极。杭州是长三角经济圈发展中很重要的一环，已经基本具备了发展总部经济的能力，在经济实力、商务基本设施、政府服务、科技成果和金融保险等方面有一定的优势，还应该大力提高各种高素质专业人才资源的储备量。

（七）天津总部经济发展能力排名与分析评述

天津总部经济发展能力综合得分为 56.49 分，位居全国第七。其中，政府服务水平相对于其他分项指标较为落后（见表 15）。

表 15　天津总部经济发展能力各分项得分与排名

指　标	得　分	排　名	指　标	得　分	排　名
基础条件	53.45	9	商务设施	62.77	6
经济实力	60.61	7	商务基本设施	55.7	9
基础设施	44.35	20	信息基础设施	69.83	6
社会基础	59.84	8	专业服务	58.08	5
人口与就业	44.59	22	金融保险	62.75	6
环境质量	45.51	21	专业咨询	53.41	5
研发能力	60.06	8	政府服务	44.93	21
人才资源	54.07	10	开放程度	63.57	5
研发投入	73.73	5	区域开放	57.48	10
科技成果	58.35	5	国际开放	69.67	5

1. 天津基础条件排名有所下降，各分项发展不均衡

天津的经济实力排名下降了 2 个位次，被南京和杭州超越。但是经济实力仍然处于较高水平，尤其是地区生产总值、固定资产投资总额和财政收入等指标均处于全国前列。天津的第三产业发展水平相对滞后，第三产业增加值占GDP 的比重只有 41.49%，低于 35 个城市的平均水平。天津的基础设施、人口与就业、环境质量等方面相对薄弱。在基础设施方面，城市内部交通、供水等市政基础设施还需要进一步完善；在人口与就业方面，城镇就业率和第三产业从业人员比重均排在 25 位以后，城镇家庭人均消费性支出也只排在 12 位；在

环境质量方面，天津的人均园林绿地面积和空气质量在35个城市中排名较靠后。

2. 天津的研发能力一般，但是科研产出水平相对较高

天津的人才资源相对不足，每万人拥有高等学校在校学生数和每万人拥有专业技术人员数分别排在第23和20位，每万人拥有的专业技术人员只相当于北京的1/3。R&D人员全时当量还不到北京的1/5。但天津的研发投入强度相对较高，研发经费占地区生产总值比重达到1.97%，科技经费筹集额也位居前列。天津的科技产出水平也相对较高，专利申请数达到3045项，总的科研产出水平排名第五。

3. 天津的商务设施相对完善，但排名有所下降

天津的商务设施相对完善，如办公楼竣工面积、商业营业用房竣工房屋面积、展览馆数、电话用户和互联网用户等指标都排在35个城市的前列，但是被发展较快的深圳和成都所超越，天津的商务设施排名第六，比上一年度下降了2个位次。

4. 天津的专业服务水平相对较高，各分项均衡发展

天津的金融保险服务水平较高。金融机构存贷款余额、保费收入均位于35个城市的前10位，资金供给能力、金融保险服务能力总体很强。商业服务业从业人数和文化传媒业从业人员分别达到6.59万和1.75万人，排名分别位于第五和第六位，会计、审计、法律、咨询、广告、企业管理等各种专业咨询发展较快。

5. 天津的开放程度较高，国际开放程度优势明显

滨海新区纳入国家总体发展战略布局，为天津发展提供了千载难逢的历史性机遇，也为进一步扩大对外开放开辟了广阔前景。天津实际利用外资额达到33.3亿美元，居第四位；外贸依存度、入境旅游收入、500强企业在华机构数等指标排名也排在前列。天津的区域开放相对落后，但只表现在人员流动较少上，区域内货物流动量仍然较大。

天津的政府服务水平较差，在35个城市中排在第21位。政府信息公开透明度、政府服务绩效、投资者满意度等方面还有待进一步完善。

天津作为中国北方最大的沿海开放城市，发展总部经济的条件已经基本具备，在环渤海区域中发展总部经济的能力较为突出，在科研成果、金融保险服务、国际开放等方面具有一定的优势，而且，目前天津已经聚集了一批国内外大企业总部或地区总部。此外，天津市政府也明确提出要发展总部经济，为吸引更多的跨国公司地区总部、研发中心以及国内大型企业来津设立总部和分支机构提供了政策支持。

（八）成都总部经济发展能力排名与分析评述

成都总部经济发展能力综合得分为 55.02 分，位居全国第八。与上年持平，但各分项的均衡性有所增强（见表 16）。

表 16　成都总部经济发展能力各分项得分与排名

指　标	得　分	排　名	指　标	得　分	排　名
基础条件	53.62	8	商务设施	66.8	5
经济实力	50.4	13	商务基本设施	68.8	4
基础设施	76	4	信息基础设施	64.81	7
社会基础	41.37	20	专业服务	47.75	10
人口与就业	49.92	17	金融保险	51.23	9
环境质量	37.7	25	专业咨询	44.27	9
研发能力	53.93	9	政府服务	66.64	11
人才资源	51.89	14	开放程度	53.96	11
研发投入	60.78	10	区域开放	69.99	5
科技成果	51.16	12	国际开放	37.92	15

1. 成都基础设施排名上升，但各指标仍存在较大的不均衡性

成都的基础设施条件较好，对外交通条件发达，飞机起降次数、公路密度等指标均排在全国前列；城市内部道路、供水、供电等市政基础设施也相对完善。成都的经济实力一般，第三产业发展水平相对滞后，第三产业增加值占地区生产总值的比重为 49.87%，只接近 35 个城市的平均水平。成都的社会基础、人口与就业、环境质量等条件相对薄弱，均排在 15 位以后。

2. 成都的研发能力较强，提高较快

成都的研发能力提高较快，已经上升到了第九位。成都的科技投入强度较高，研发经费占地区生产总值的 1.43%。成都的科技成果产出水平较高，专利申请数达 3079 件，排在第八位，但是技术创新活跃程度相对较低，技术合同金额和科技论文成果数量等指标排名相对落后。成都的人才资源相对不足，每万人拥有高等学校在校学生数和每万人口拥有专业技术人员数排名分别为20和25位，但数量增加较快。

3. 成都的商务设施条件较高，发展较快

成都的商务设施进步较快，上升到第五位，这主要归功于成都的商务基础设施条件的快速发展。成都的商务基本设施和信息基础设施条件均较为完善，办公楼、星级饭店、展览馆、信息网络等指标均排在全国前列。

4. 成都的专业服务水平一般，但专业咨询进步较快

成都的金融保险服务水平保持了上一年度的排名；专业咨询服务水平发展较快，排名上升到了第五位，商务服务业从业人员和文化传媒业从业人员数量都迅速增加。

5. 成都的开放程度提高，尤其是国际开放进程加快

成都与其他城市区域之间的人员交流、货物流通以及信息交流紧密，客运总量、货运总量均排在全国前列。成都的国际开放程度较差，仅排在全国第15位，但是比上一年度上升了5个位次。当年实际利用外资为145157万美元，是上一年度的4.4倍。

成都的政府服务水平一般，政府服务绩效、管理水平以及投资者满意度等都有待进一步提高。

总之，成都的发展总部经济的条件已经基本具备，在西南地区城市中发展总部经济综合能力排在第一位，在基础设施条件、商务设施、区域开放程度等方面具有一定的优势。但是，成都还需要提高其经济实力，完善专业服务、政府服务等各种环境，提高环境质量，加快专业人才储备，逐步增强城市综合竞争力和总部经济发展能力。

（九）青岛总部经济发展能力排名与分析评述

青岛总部经济发展能力综合得分为51.69，位居全国第九。政府服务和开放程度优势突出（见表17）。

1. 青岛的基础条件发展较快，各分项指标发展不够均衡

青岛的经济实力进步较快，已经上升到第八位，地区生产总值为2695.8亿元，排名第八；第三产业的发展则相对滞后，第三产业增加值占GDP比重只有41.59%，

表17 青岛总部经济发展能力各分项得分与排名

指　标	得　分	排　名	指　标	得　分	排　名
基础条件	51.47	11	商务设施	42.99	16
经济实力	51.36	11	商务基本设施	39.2	20
基础设施	51.41	12	信息基础设施	46.78	13
社会基础	31.25	30	专业服务	40.32	19
人口与就业	44.3	23	金融保险	40.05	17
环境质量	65.43	11	专业咨询	40.6	25
研发能力	48.34	12	政府服务	83.66	4
人才资源	36.85	24	开放程度	62.88	6
研发投入	67.83	7	区域开放	64.35	6
科技成果	51.83	11	国际开放	61.4	8

在35个主要城市的排名相对靠后。青岛的环境质量较好，人均绿地面积达到41.96平方米，位居第六位；生活垃圾无害化处理率为100%；空气质量达到及好于二级的天数达到331天，空气质量较高。青岛的基础教育、医疗卫生、文化娱乐和住房条件等社会基础较薄弱，人口与就业环境相对较差，但是城镇家庭人均消费性支出较高，位居第10位。

2. 青岛的研发投入较高，但人才资源不足

青岛的研发投入强度较高，研发经费占地区生产总值比重达2.2%，位居全国第五。科技成果产出水平一般，但发展速度较快，专利申请授权数量为2341项，位于第11位，技术合同金额上升到第5位。但是，青岛人才资源总量不足，每万人拥有高等学校在校学生数和每万人拥有专业技术人员数分别位于第26和27位。

3. 青岛的商务设施条件一般，排名第16位

青岛的商务基本设施和信息基础设施条件都处于一般水平。各项指标中，只有三星级及以上旅游饭店数量排在第10位，其余各项商务基本设施和信息基础设施都有待进一步改善和提高。

4. 青岛的专业服务水平较弱，发展与提升空间较大

青岛的专业服务水平位于第19位。尽管青岛的金融保险等专业服务业发展较为迅速，但金融机构年末存款余额、保费等指标在全国35个主要城市中仍处于较靠后的位置；会计、审计、法律、咨询、广告、企业管理等各类商业服务业和文化传媒业等专业咨询的发展排名在 15 位以后。青岛市的专业服务业还有很大的发展与提升空间。

5. 青岛的开放程度较高，区域交流活跃

青岛的开放程度排名第6，被天津超越，但开放程度依然较高。青岛与周边地区的货物流通和市场的活跃程度都较高，青岛货运总量达 37636 万吨，排在第5 位。而且，青岛也是一个国际开放程度较高的城市，实际利用外资额达 36.56 亿美元，仅次于上海，居全国第 2 位，入境旅游收入位于第 9 位。

青岛的政府服务水平较高，政策信息透明度、政府管理水平和服务效率以及投资者满意度较高都相对较高，能够为总部经济的发展提供较好的政府服务与政策环境。

青岛发展总部经济的条件也已经基本具备，在环渤海经济圈各城市中发展总部经济的能力仅次于北京和天津两市。青岛交通和旅游业发达，海洋科技实力雄厚，在环境质量、研发投入、政府服务、开放程度等方面具有一定的竞争优势。但是，青岛还需要进一步加强社会基础建设、商务设施建设，加快各类专业服务业的发展，逐步增强城市综合竞争力。

（十）武汉总部经济发展能力排名与分析评述

武汉总部经济发展能力综合得分为 51.24 分，位居全国第十。较上一年度下降了一位，且各分项指标的发展存在一定的不均衡（见表18）。

表18　武汉总部经济发展能力各分项得分与排名

指　标	得　分	排　名	指　标	得　分	排　名
基础条件	49.82	14	商务设施	51.52	10
经济实力	51.01	12	商务基本设施	43.95	16
基础设施	55.91	9	信息基础设施	59.08	10
社会基础	54.23	13	专业服务	47.96	9
人口与就业	54.54	9	金融保险	49.22	10
环境质量	23.74	33	专业咨询	46.71	8
研发能力	63.79	6	政府服务	42.77	22
人才资源	68.95	4	开放程度	46.62	14
研发投入	64.27	9	区域开放	51.9	13
科技成果	52.99	10	国际开放	41.34	13

1. 武汉的基础条件一般，环境质量较差

武汉基础条件各分项指标发展较为不均衡。其中经济实力排名第 12 位，地区生产总值为 2238 亿元，排名第 12；第三产业发展水平相对滞后，第三产业增加值占地区生产总值的比重为 49.57%。武汉的基础设施条件较好，尤其是交通便利，是华中地区的中心城市、交通枢纽，公路密度为全国之最；但是城市交通条件较为薄弱，人均铺装道路面积仅为 5.12 平方米。武汉的社会基础条件有了很大的提高，已经上升到第 13 位。武汉的环境质量较差，空气质量达到及好于二级的天数只有 271 天。

2. 武汉的研发能力较强，人才资源丰富

武汉的人才资源较为充足，排在第四位，每万人拥有高等学校在校学生数为 865 人，仅次于南京，排在第二位。研发投入强度较高，研发经费占地区生产总值的比重达到 2%。武汉的科技成果产出水平也较高，科技论文、成果数量等指标排名第四位，专利申请数、技术合同金额等指标也均排在前十名。

3. 武汉的商务设施相对完善，但发展速度较慢

武汉的商务基本设施各指标发展相对不均衡，三星级及以上旅游饭店数和展览馆数都位于前十名，但是办公楼竣工房屋面积和商业营业用房竣工房屋面积却都位于 25 位以后。武汉的信息基础设施较为发达，电话用户数和国际互联网用户数都位于前十位。虽然武汉的商务设施相比其他许多城市较为完善，但是排名却有所下降，被商务设施发展更快的南京等城市超越。今后武汉应进一步加大城市各项商务设施的建设与投入力度，为各类企业总部营造一个良好的商务环境。

4. 武汉的专业服务水平较高，专业咨询优势突出

武汉的专业服务业发展迅速，专业服务体系较为完善，位居全国第八，会计、审计、法律、咨询、广告、企业管理等商业服务业从业人员数排名第八，文化传媒服务人员数排名第四。武汉的金融、保险服务水平也相对较高，年末金融机构贷款余额、保费收入等指标均排在全国前列。

5. 武汉的开放程度一般，排在第 14 位

武汉的区域开放和国际开放程度发展较为均衡。其中，区域人员交流比较活跃，客运总量 15413 万人，货运总量 19612 万吨，都位居全国第十位。武汉实际利用外资额较高，达 17.4 亿美元，位于第十位；外贸依存度相对较低，仅为 22.3%，排名比较落后。

　　与其他指标相比，武汉的政府服务水平较低，政府政策信息透明度、政府服务效率以及投资者满意度等，需要进一步加以提高和完善。

　　武汉地处我国中部要冲，是华中地区的内外贸易中心，我国内地最大的交通枢纽和重要的教育、科研基地，拥有高新技术产业以及数十所大学和技术学院，基本具备了发展总部经济的条件。武汉在基础设施、人才资源和专业咨询等方面具有一定的优势，但是，武汉的投资环境和自然环境、政府服务意识和服务效率以及区域开放和对外开放程度等方面，还有待进一步提高和完善。

理 论 篇

Theory Chapter

以总部经济模式推进城市群
合作与发展

赵 弘[*]

总部经济是以区域之间、城市之间的资源差异为基础，以实现区域合作发展为出发点，以大城市和中小城市之间在战略资源和常规资源存在明显差异为前提，将企业总部和生产制造基地进行分离布局，能够为城市群各城市的合作发展提供新的思路。城市之间通过总部经济模式实现产业链不同功能的合作，使城市的产业定位进一步明晰，城市群各城市之间的合作更加深入，从而不断提高城市群综合竞争力。

一 总部经济越来越成为信息社会资源配置的主要方式

在经济全球化和信息技术快速发展的背景下，企业所处经济环境发生了深刻的变化，生产要素和资源在全球范围内的流动速度加快，国际分工不断深化，使得企业组织结构出现了一些新的特征——企业总部与制造基地在空间上实现分离，即企业总部向中心城市聚集、制造基地向成本较低的区域集中，并呈现专业化和集群化的趋势，以实现不同区域资源的最优配置。企业总部在特定区域的聚集对区域经济产生了深刻的影响，形成一种新的经济形态，即"总部经济"。

* 作者简介：赵弘，北京市社会科学院经济研究所副所长，北京市社会科学院中国总部经济研究中心主任，研究员。

（一）从国际视角看，总部经济现象是国际产业分工与国际产业转移的产物

随着全球范围内产业转移的进一步加快，生产要素配置重组的空间范围更趋广阔，区域间的经济分工与合作以及互补依赖度不断强化。总部经济是在这一背景下产生和发展起来的，生产要素的全球配置、跨国投资的增加、信息交流的便捷、贸易和生产活动的全球化为总部经济的产生和发展提供了强效的催化剂。跨国公司作为推动经济全球化的主要动力，通过在全球范围内建立生产和营销网络，促进了国际产业分工的深化和区域经济合作的加强。

欧美等发达国家跨国公司在将产业向发展中国家转移的过程中，并没有把全部企业转移出去，而是通过投资的方式在投资国设立生产制造企业，原企业总部依然留在本国。凭借总部对生产基地的控制取得了巨大的总部收益，包括专利授权、品牌使用费、股份收益、销售渠道收益等，这种总部收益及其带动的各种服务业的收益成为这些国家城市经济收益的主体形态。例如纽约，在纽约制造工厂外迁的过程中，制造企业总部以及制造业中的高端部分如研发、销售等留了下来，纽约外面的企业总部不断迁入，同时城市的服务业尤其是知识型服务业实现了较快发展。曼哈顿CBD是纽约最主要的总部聚集区，集中了上百家大公司总部，其中世界500强企业总部24家，总部聚集及其带动服务业发展所构成的总部经济成为曼哈顿地区经济的主体形态，经济增长总量占纽约市经济增长总量的82%。

（二）从国内视角看，市场化、城市化过程中我国区域经济发展产生了两大需求

我国近30年的快速城市化和市场化过程中，人才等资源流动性加强，在不同区域、不同城市间出现了明显的资源禀赋差异，使得在我国现实经济发展中产生了两种新的需求。一是中小城市和欠发达地区在资金、信息、技术等方面与中心城市相比处于劣势，高素质人才流失严重，欠发达地区企业发展面临着人才、信息、技术等战略资源短缺的束缚。据有关资料显示，近年来高校毕业生在大中城市就业人数占总数的80.8%，而在县镇和农村就业的人数仅占17.2%，来自县镇和农村的毕业生也有约70%选择在大中城市就业，这就使欠发达地区难以

吸引并留住人才资源，企业发展面临着人才制约瓶颈。二是随着城市化进程的加快，人才、信息、技术等战略要素逐渐向大城市聚集，大城市规模快速扩大之后，中心城区的土地、水、能源等生产制造成本快速上升，大量制造业企业纷纷迁出中心城区，城市制造业空心化现象日趋普遍，城区经济面临持续发展的压力。例如，北京 1999 年以来四环内 738 家国有工业企业陆续向郊区或周边区域外迁，中心城区的工业占 GDP 比重逐年下滑。

为不断满足以上这两大需求，在实践中出现了两种值得关注的新的经济现象。一种现象是处于中小城市、欠发达地区的企业总部向中心城市聚集，如"东方希望"、"春兰"、"杉杉"等将企业总部迁移到上海，"蓝星集团"、"远大空调"、"经纬纺机"等将企业总部迁移到北京，"二汽"总部迁到武汉，"吉利"总部迁到杭州等。另一种现象是一批企业将"制造基地"从中心城区向郊区和周边区域迁移。北京原来布局在城区的一些制造业企业，将生产制造基地迁往远郊区县以及河北等周边区域，如白菊集团将生产基地迁到河北霸州、首钢涉钢部分搬迁河北唐山曹妃甸等；上海也有多家制造业企业将生产制造环节迁往江苏、浙江、安徽等周边地区的中小城市，如联合利华将生产基地从上海迁到合肥。两种现象虽有不同，但反映了同一种趋势——企业原有的组织模式正在被打破，企业特别是大企业正在通过将总部与制造基地空间分离的形式，寻求成本最低化并实现不同区域优势资源在企业内部的最优配置，从而使企业取得竞争优势。

二　总部经济：城市群合作发展的新思路

（一）城市化进程加快背景下城市群合作面临新环境

近年来，随着城市化进程的加速推进，我国的人口和经济活动以更大规模、更快速度向城市集聚，形成了长三角、珠三角和京津冀等城市群。各城市群内部存在一定程度的产业合作，带来良好的收益。但是，不可回避的现实是，由于城市群内部各个城市都想加快发展，相互竞争是不争的事实。要真正形成有内在联动发展机制的城市集群，加深产业合作，创新合作模式是今后我国城市群发展中必须予以正视的问题。

1. 不同城市间的资源差异日益突出，城市群需要依托资源优势寻找新的合作途径

随着我国经济市场化程度的提高和要素流动性的加强，城市群内不同层级的城市资源差异日渐突出。人才、信息等战略要素不断向大城市聚集，但大城市经过长时间的快速发展，日益面临着劳动力成本上升，土地、水、能源等常规资源紧张的压力。与大城市相比，中小城市在发展过程中对人才、信息等战略资源的吸引力相对较弱，但是劳动力成本较低，土地、水、能源等常规资源相对丰富。

与城市群内部资源差异扩大相伴的是，中心城市日益面临着制造业空心化的挑战。制造环节消失不但使中心城市经济增长减缓，而且使其与周边次一级城市的直接的产品合作和产品配套中断，也中断了大城市的人才、信息、技术等战略资源向中小城市辐射和扩散的通道。例如，北京市牡丹视像电子有限公司南迁江苏镇江，原来在北京郊区及周边为其生产配套产品的许多厂家也随之迁移或关闭。

城市群需要在考虑资源禀赋及要素成本差异的基础上，用新的合作模式来创新和加强大中小城市之间的合作，以使大城市保持经济持续发展的活力并更好地带动中小城市的发展。

2. 信息技术背景下企业组织结构的变化，为城市群提供了新的合作模式

经济全球化和信息技术的快速发展，使企业的组织结构发生了质的变化，传统的纵向组织模式通过企业信息网络变成了纵横交错的组织模式，企业管理的信息沟通能力和管理跨度成倍、甚至数十倍地增长。在这种背景下，企业得以将生产功能与总部功能在空间上分离，从而有效利用不同区域的优势资源。

很多大企业正是基于这样的目的，把企业价值链中高端部分——履行战略决策、资源配置、资本经营、业绩管理及外部公关等全部或部分职能的企业总部——保留在大城市，而把价值链中的低端部分——具有占地面积相对较大、劳动密集等特点的生产环节——外移到周边中小城市。如联合利华将生产基地从上海迁往合肥，白菊集团将生产基地从北京迁往河北霸州。相反，一些企业为了寻找更广阔的发展空间而进行反向迁移，把生产环节保留在次一级城市，把企业总部外迁到中心城市。如杉杉集团将企业总部从宁波迁往上海，二汽将企业总部从十堰迁往武汉等。

3. 跨国公司产业转移由早期的生产制造向研发、营销等总部环节延伸，为城市群合作发展提供了新的机遇

跨国公司向我国的产业转移已经由早期的生产制造环节延伸到地区总部、研发总部、营销总部等总部环节，如西门子手机在上海设立亚太总部，佳能在北京设立亚洲总部，奥林巴斯在深圳设立中国区总部。

跨国公司在我国设立地区总部，主要出于三个方面的考虑。一是降低综合性生产成本。联合利华（中国）有限公司副总裁曾锡文曾讲过，在英国聘请一位博士的工资成本，在上海可以聘请 6 位博士，而英国一位博士的工作效率却只有上海的一半，综合起来看，英国的研发人员工资成本是上海的 12 倍。这也是联合利华在上海设立研发中心的原因之一。二是便于开拓更大市场。三是利用我国的人力资源和科研资源进行本土化创新。我国高素质人力资源日益丰富，尤其是留学人员回国人数在逐年增多，1978～2006 年底，我国留学归国人员达 27.5 万人，占出国留学总人数的 25.8%。其中，选择在北京、上海、广州、深圳等大城市工作的占多数。他们带回了国外先进的知识技术、管理经验和思维方式，在一定程度上满足了跨国公司进行本土化创新对高端国际化人才的需求。

跨国公司总部环节的转移为城市群合作发展提供了新的机遇。城市群通过区域资源共享和优势互补，提高了资源配置效率和产业竞争力，降低了经济运行成本，整体竞争力远大于单个城市的竞争力，从而形成对跨国公司更强的吸引力。所以，城市群可以作为一个整体，参与对跨国公司投资的竞争，吸引跨国公司地区总部和重要分支机构在城市群内落户。

（二）总部经济为城市群合作提供了新思路

1. 总部经济有助于城市群内部城市间合作模式的创新

总部经济"总部－制造基地"空间分离的企业布局模式，能够使城市群内城市间、区域间的合作由传统的产业合作、产品合作，向产业链的管理决策、研发、营销等价值链高端环节与生产制造环节等不同区段的功能合作、功能配套拓展，从而实现城市间产业合作模式的不断创新。以日本东京都市圈为例，它是日本经济的核心地带，其制造业、服务业产值占全国的 2/3 以上。东京都市圈的国家经济中心地位是由其内部城市在产业和职能分工基础上形成聚集优势所取得的。中心城市东京主要发挥政治、行政、金融、信息中枢职能，聚集了众多的跨国公司总部，美国财经季刊《财富》评出 2007 年全球 500 强企业中，有 50 家总部在东京，居全球第一。拥有海、空港优势的神奈川地区和千叶地区成为东京大都市圈重工业和物流产业集聚地；多摩地区则以高科技产业为特色。

2. 总部经济有助于城市群围绕优势产业打造完整产业链

总部经济模式下，企业的总部功能组织从企业整体中独立出来，高度集聚在某一特定区域，在空间上表现出产业集群特征。总部经济能够通过集聚和扩散效应围绕区域优势产业形成较完整的产业链，即企业总部集中布局在大城市成为经济发展的重要增长极，周边中小城市和欠发达地区集中发展优势产业的生产制造环节，成为企业总部密集的制造加工腹地。以长三角为例，它以上海为地区总部，以江、浙等制造业密集的腹地为基地，形成了较为完整的产业链，使整个区域快速发展起来。如围绕 IT 产业，一条清晰的产业链条已初步形成：上海形成了较高水平的芯片设计、测试等企业总部、研发中心；苏锡常地区则发展成为 IT 产品生产制造基地。

3. 总部经济有助于提高城市群创新能力

一方面，大量国内外研发机构特别是跨国公司研发中心的聚集发展，能够充分释放中心城市的科技、研发资源，进一步促进高级人才的培育和聚集，不断扩大中心城市的研发规模和创新能力。除了跨国公司研发中心本身的研发资本投入和人才集聚作用之外，各类研发机构还会对本土企业产生竞争效应、示范效应、模仿效应等，促进本土企业的自主创新活动，并营造了良好的创新氛围。另一方面，总部经济能够不断增强中心城市的资源辐射力，将丰富的科技、信息等资源通过技术转让、信息传播、资本输出的方式向周边中小城市和地区的制造基地辐射，有助于中小城市和地区创新能力的提升。

4. 总部经济有助于提升城市群服务业发展水平

"总部－制造基地"在城市群内部分离布局的模式，在促进城市群经济协调共赢发展的同时，还有助于提升城市群服务业的整体发展水平。一方面，企业总部在城市群中心城市的聚集发展，能够产生非常强大的生产性服务业需求，特别是对金融、会计、法律、咨询等知识型服务业的需求很大，有助于优化中心城市服务业内部结构，提升现代服务业发展水平。以香港为例，2005 年香港服务业增加值已占 GDP 的 91%，其中金融服务、贸易及物流、专业服务及其他商业支持服务等生产性服务业增加值占 GDP 的比重超过一半，达到 51.9%。另一方面，生产基地布局在周边城市，带动人口、产业的集聚，必然对服务业产生巨大的需求，而伴随着技术进步和产业升级，制造基地承担的功能会更多地向产业链的两头延伸，这也为服务业的发展提供了广阔的空间。此外，中心城市的服务业企业发展到一定阶段，在周边城市开设分支机构，也是带动周边城市服务业发展的一个有效途径。总之，城市群内部不同层级城市根据自身的基础和特色，可以形成服务业内部的行业分工和合作，从而使整个城市群的服务业发展水平得到提升。

三 以总部经济模式推进城市群合作发展的战略思考

总部经济正视城市间经济发展和资源禀赋的差异，为解决城市群合作发展中面临的各种矛盾和问题提供了新思路。以总部经济模式推进城市群合作发展需要加强以下几个方面工作。

（一）树立多赢理念，增强合作意识

笔者认为，我国总部经济的发展可分为三个阶段：第一阶段是通过担当跨国公司生产制造基地角色，介入全球总部经济链条；第二阶段是在全国范围内通过总部经济模式实现资源再配置；第三阶段是通过在海外布局生产制造基地，在全球范围内形成总部经济链条，以取得在全球资源配置中更多的总部经济收益。目前我国总体上还处于第一阶段，下一步应积极推进总部经济进入第二阶段，在国内不同区域间特别是城市群内部各城市间进行总部与生产制造环节的空间再配置，以加强合作，取得城市群资源效益的最大化。

从整体上看，我国城市群整体竞争能力还有待增强。据统计，美国大纽约、五大湖、大洛杉矶三大城市群的 GDP 占美国的 67%，日本大东京、坂神和名古屋三大城市群的 GDP 占日本的 70%，我国长三角、珠三角和京津冀环渤海三大城市群的 GDP 仅占全国的 38%，对于国家经济的贡献率明显低于美、日两国。各城市之间缺乏市场经济条件下的合作意识，不同程度地存在争夺、封锁、雷同等现象。因此，城市群发展要树立共建、共利、共享、共赢的理念，正确认识总部经济模式对城市群合作发展的重要作用，立足城市群产业优势和资源特点，在各城市之间进行科学的分工与合作，增强合作意识，积极推进城市群内部"总部－制造基地"合作链条的形成。

随着我国总部经济第二阶段的发展和城市群的壮大与成熟，我国总部经济应站在全国利益角度，积极鼓励规模大、实力强的企业总部在全球范围内布局生产基地，以取得全球资源配置中更多的总部经济收益。通过大型龙头企业总部的带动，不断提高我国在全球价值链中的地位，增强我国总体经济实力和综合竞争力。目前，中石油、中石化、联想、海尔、华为等大企业已经开始向海外投资，如中石油在泰国、缅甸、阿塞拜疆等 11 个国家开展合作项目；海尔在印尼、菲律宾、马来西亚、南斯拉夫等国投资设厂。

（二）培育推动城市群合作发展的新机制

以总部经济模式实现企业的空间分离布局是生产力发展的客观要求，但企业总部向大城市迁移短期内会对地方经济造成一定程度的影响，总部迁移不是简单的企业行为，在很大程度上可能会受地区利益的制约，企业总部和生产基地的分离往往面临着一定的阻力。因此，以总部经济模式推进城市群合作发展，要在充分发挥市场机制作用的前提下，创新推动城市群合作发展的新机制，建立城市群高效务实、多层面的组织协调机制，鼓励企业在城市群内部采取"总部－制造基地"分离布局的模式，协调好各城市之间的利益分配关系，为城市群经济的正常运行与发展提供制度保证。如首钢的涉钢产业搬迁到河北唐山曹妃甸港后，首钢总部仍留在北京，其创造的利益与贡献总部所在地北京和生产制造所在地河北各 50%。

（三）加强城市群合作发展的宏观规划与引导

发展总部经济是推进城市群合作和发展的一种新思路，但是受行政、财政体制等各种因素的影响，城市群内的各个城市发展总部经济过程中，难免在一定程度上存在缺乏统一规划、恶性争夺总部资源、互补和协作性差等现象，对整个城市群总部经济发展会产生不利影响，因此，加强对城市群发展总部经济的宏观规划与引导尤为重要。在编制城市群发展规划时，要结合城市群内部各个城市的发展特点，把共同发展总部经济作为一个重点，通过实行战略协同来促进各经济主体的融合，提升区域对企业总部的吸引力，放大整体竞争力和经济效益；通过市场机制来调节各城市之间的利益冲突，推动资源共享、基础设施和公共服务设施共建共享，加快城市群总部经济发展步伐。

（四）构建城市群总部经济发展模式，打造优势产业集群

城市群内部各个城市在发展总部经济过程中担当着不同的角色。中心城市宜发挥战略资源丰富的优势，大力吸引跨国公司地区总部、职能总部，国内大企业集团总部、地区总部、职能总部，从而成为区域"总部中心"，对周边城市产生巨大的辐射和带动作用。如，摩托罗拉将总部设在北京，其在中国最大的联合生产基地坐落在天津经济技术开发区，很多配套厂家也落户天津；拜耳大中华区总部位于上海，在南京、杭州等地都设有分公司。

城市群中的次一级城市要积极参与城市分工。较大的城市可以通过不断积累经济实力和改善城市发展条件，逐步具备发展总部经济的能力，形成特色产业企业总部聚集区。中小城市则从制造环节出发，接受大城市的辐射和转移，积极为大城市企业总部做好配套，打造"制造腹地"。

在总部经济发展模式下，城市群中不同层级的城市分工协作，各自占据产业链的高端、中端和低端，可以形成具有竞争优势的产业集群，并通过产业集群的集聚和扩散效应进一步拉动城市群的一体化进程。

总部经济与现代服务业
发展的关系研究

李江帆　杨　广[*]

本文重点探讨中外总部经济与现代服务业发展的互动关系，剖析有关总部经济的认识误区，并对实现总部经济和现代服务业的联动发展提出相应对策。

一　总部经济需要现代服务业支撑

总部经济是指跨国公司或大公司的总部、分支机构或研发中心以及政府或国际组织的代表机构进驻特定城市，形成产业关联和产业波及进而带动当地经济发展的现象。总部经济的发展与现代服务业密切相关。现代服务业是现代社会中以现代科学技术装备的、实施现代管理方式的服务业，其技术含量较高、管理模式先进、运行机制灵活、产品富于创新。现代服务业是信息技术与服务业结合的产物，主要包括：从实物产品生产领域分化出来的新兴产业服务业，如产品研发、物流配送服务等；从服务产品生产领域分化出来的新兴产业服务业，如金融保险、信息服务、中介咨询、服务营销等；从人类的生活环节中独立化的新兴生活

* 作者简介：李江帆，中山大学中国第三产业研究中心主任、中山大学管理学院教授、博士生导师；杨广，中山大学管理学院博士生。

服务业，如现代文化娱乐业、旅游业等。现代服务业拥有对物资流、资金流、技术流、信息流的支配和控制权，总部经济要获得发展，必须以发达的现代服务业为基础。

从企业组织架构看，企业组织架构的调整是以提高企业整体运行效率为目标的。在其他条件相同的情况下，企业总部与生产制造基地的分离加大了总部对企业的生产流程的监督、协调和管理的障碍，企业必须花费更多的资源用于内部信息的交换，因而总部经济必须以发达的现代服务业作为支撑。现代信息技术的广泛应用和现代交通工具的惊人进步，使企业总部与生产制造环节间的信息交换成本降低，总部与生产基地的空间分离，将企业总部聚集于有良好现代服务业发展基础的中心城市，成为大公司具有倾向性的选择。

从公司宏观决策层面看，企业总部与生产基地的分离是由于随着世界经济区域化、全球化进程加快，大公司不再仅分散关注各个特殊市场，而转向更关注一个整体上的市场需求，转向政治、经济、文化等条件类似的区域市场，由母公司管理各子公司的组织形态，转向在各主要区域设区域管理总部。区域管理总部作为区域市场的最高管理者，主要承担行政管理、金融控制、制定区域经营战略、编制经营计划并付诸实施等重要职能，此外，还需根据该区域市场的特性，调整销售、生产、财务等职能。

从公司微观管理层面看，企业总部与生产基地的分离除了一些基本的考虑（如生产基地的噪音与环境污染等不适于企业总部的工作环境）外，更重要的是企业总部的设立要寻求与众多现代化的专业服务提供者在空间上的接近，而现代服务业又恰恰高度聚集在中心城市。

企业总部与现代化的专业服务提供者空间上的接近，便利了彼此之间面对面的交流，而这对于服务的交易来说极为重要。（1）服务产品具有非实物性的特点。服务产品是一种无形的产品，生产和消费很难在时间和空间上进行分离，所以难以进行贸易，服务产品的购买和消费必须在当地进行。（2）服务产品具有无形性的特点，从外观上难以评价，属于一种体验品，只有重复多次的消费才能准确判断。（3）在生产效率上，由于服务产品的生产效率直接受需求状况的影响，服务劳动过程常因需求不均衡而中断，转换为服务生产要素的等待状态，企业总部与现代服务业空间上的接近就会尽可能地减少后者的资源闲置，降低其运行成本和服务价格，达到规模经济。因而，现代服务业的发展，就成为一个地区吸引企业总部的基础条件，具体分析如下。

（一）企业倾向于在现代服务业发达的地区设立总部

现代服务业的发展使企业专业服务的外包化趋势加强，为进一步降低服务信息的搜集和服务产品的购买成本，企业倾向于在与现代服务业提供者地理上接近的地点设立总部。中心城市数据分析、金融、物流、广告、会计、管理咨询等生产性服务在制造企业产品生产流程中的应用能够极大地提升制造业效率，促使企业内部原来为制造业服务的专业化生产性服务部门不断地萎缩，企业会逐渐地向外部购买服务。由于信息技术的发展，企业总部也不再必须和生产基地临近，更加"松脚"，为更加有效地行使企业总部的核心决策职能，企业需要在更大范围内为企业整体寻求、购买服务，假设在服务质量一定的情况下，为了以最低价购买会计、法律、金融等专业服务，企业总部会向现代服务业发达的中心城市迁移。

另一方面，如果企业总部能够设立在专业服务业集聚的地区，其所购买的服务转化为产品附加价值的比例不断提高，企业总部对于整个企业的影响力也就会更大。成功动机的驱使，使企业总部倾向于设在市场信息可以方便获取并能够准确解读的地方。最好的例子就是在 2000 年，波音公司把总部从西雅图迁往芝加哥，而在此之前波音公司选择总部地址的条件为：良好的空港设施，高度专业化的商业服务和配套的产业等，显然芝加哥的商业信息获取的方便程度和全球化的商务环境都要优于西雅图。[①]

Aarland，Davis，Henderson，and Ono（2003）对美国企业总部购买的外部服务做了统计分析，根据统计资料和调查问卷，他们把具有总部功能的机构分为三类：辅助机构、中央管理办事处（简称 CAO）和企业总部，三类机构购买的外部服务比例不等，但有两个明显的特点（见表 1）：（1）企业总部所购买的外部服务明显高于其他两者，总体上说比中央管理办事处（CAO）要高 40%；（2）随着时间的推移，比较法律和会计两类专业服务，外购的比例都在上升，法律服务变动较少，会计服务变动比较明显。

---

① 参见：Strauss-Kahn V and Vives X，Why and where do Headquarters Move. *Working Paper*. INSEAD. 2005。

表 1　企业专业服务的外包比例

类　别	法　律	法　律	会　计	会　计	广　告
年　份	1992	1997	1992	1997	1997
辅助机构	0.436	0.487	0.299	0.448	0.424
中央管理办事处	0.544	0.637	0.377	0.578	0.545
企业总部	0.741	N/A	0.561	N/A	N/A

数据来源：Aarland，Davis，Henderson，and Ono（2003）。

（二）现代服务业能够为企业总部提供持续的人才储备

现代服务业的发展能够优化中心城市的人力资本结构，形成一个良好的劳务市场，能够为企业总部提供一个持续的人才储备。企业总部内部雇用的高级专业技能人员，他们倾向于时刻关注自身在同一工作领域的多选择性，至少在面临突然的解雇时能够立刻找到可以继续发挥自身专业技能的机会。因为这些人员专业技能指向的狭窄性，一旦失业，在周边没有相近技能需求的工作岗位提供时，就很难转移到其他工种。所以从人员角度看，具有专业技能的人才会因为要保持技能的发展和职业在同一领域，会引导企业总部设立在现代服务业聚集地区或其他经营相近业务公司总部的集聚区（见表2）。

表 2　美国三大城市现代服务业主要行业就业人员占当地全部就业比例

类　别	纽约	芝加哥	洛杉矶	类　别	纽约	芝加哥	洛杉矶
广　告	13.9*	6.8	5.6	风险管理公司、投资银行	23.0*	5.8	2.9
法　律	8.3*	3.8	4.6	保　险	3.9	4.5	3.1
会　计	4.6	3.8	19.6*	信息服务	6.4	3.5	5.5
数据信息处理	9.7*	6.0	5.8	出　版	7.2	3.9	2.6
管理咨询	3.6	4.9	2.5				

注：*代表此行业就业人员区位商>2，表示行业从业人员的集中度指标。

数据来源：Yukako Ono（2006）。

从公司角度看，总部各部门高度专业化的服务需求，像法律、金融、广告等，容易在大都市得到满足。公司内部的专业人员和外部的专业服务人员在地理上的接近加大了彼此面对面交流信息的频率，这对于把握市场机会和拓展业务尤其重要。例如，在 20 世纪的前半期，作为"世界汽车城"的底特律，美国三大汽车企业的总部都设在那里，在汽车发展的黄金时期，三大汽车公司与世界各地的汽车配件厂和汽车销售商的资金业务往来十分频繁，平时资金的流动额也很巨大，如何充分利用这些企业的资金并保持资金的安全和再投资成为企业急需解决的问题，但底特律金融人才缺乏，金融机构也比较少，所以三大汽车企业都不约而同的选择在纽约设立另外的地区总部，以在那里招募到高级的金融人才，专门负责为企业总部寻求高水平的金融支持服务。①

（三）现代服务业发展为企业总部人员生活、工作提供了多元文化环境和宜居的人文环境

企业总部管辖地区的多样性决定了总部人员可能来自于世界各地，具有不同的国籍、文化背景和政治、宗教信仰等，因此，一个地区对外来文化的接受程度，外地人、外国人生活的人文环境的舒适性也成为企业总部选址考虑的因素。例如，香港现代服务业发达，现代教育的国际化水平很高，能为企业总部人员提供高质量的生活环境和继续学习的机会；此外，国际水平的子女教育环境、多元化的休闲和文化活动、企业人员可以自由交换全球商务信息和政治倾向等因素，吸引了 3800 多家跨国公司在香港设立地区总部或办事处。

二 总部经济推动现代服务业发展

（一）总部经济对现代服务业集聚的影响

众多公司总部在特定地域聚集所产生的规模经济和外部性，使得公司总部能够以较小的代价获得生产要素资源，享受高质量的专业配套服务，促进现代服务业集聚。一是产业基础方面，引导城市向以第三产业为主的经济结构演变，为现代服务业集群发展奠定产业基础。城市总部经济的发展，从需求方面诱导金融创新和信息技术的迅速发展，企业把制造环节向成本较低的欠发达地区转移，使城

---

① 参见：William A. Testa，Headquarters Research and Implications for Local Development，*Economic Development Quarterly*［J］. 2006，20（2）：113。

市制造业比重下降，第三产业则快速发展，以生产性服务为主的现代服务业的份额不断提高，推动城市经济增长和财富积累，促进现代服务业集群发展。二是服务支撑体系方面，围绕总部经济的集聚发展，大量服务于总部经济的人事、财务、法律、咨询、人力资源开发、企业流程设计等生产性服务活动快速发展，并吸引了商务楼宇、星级宾馆、商业设施及相关服务设施的合理集中，在一定区域内形成以企业的总部经济活动为中心，以一系列生产性服务业为支撑体系的具有较强现代服务业集聚能力的区域。

（二）总部经济对现代服务业与制造业融合的影响

在加工的供应链中，外资企业与内地生产者分担着不同的工序。外资企业多负责上游工序（如接单、产品设计、原料采购）和下游工序（如出口、付运、财务保险安排），而中游的工序（如加工、品质控制、包装等）则多由内地的生产者负责。外资制造业与本地生产服务业的关联程度较低，制造业与服务业之间内在的产业关联被割裂，产业链向国内现代服务业增值部分的延伸受到抑制。造成这种不利局面的一个重要原因就是国内现代服务业的发展不够，在很大程度上制约了我国制造业产业的结构调整和经济增长方式转变。伴随科学技术的进步和全球经济一体化的发展，服务业与制造业日益融合的趋势愈加明显，更多地表现为第三产业向第二产业的渗透，特别是与生产过程相关的现代服务业直接作用于第二产业的生产流程。现代服务业和制造业越来越紧密地相互融合，使得产业经济活动中服务业比重逐步上升，附加价值提高，加工制造环节的附加价值比重下降。随着专业化分工的深化和专业服务外包的发展，产业竞争力越来越依赖于设计策划、技术研发、物流等专业服务的支撑，单纯靠扩大加工规模降低成本的空间不断缩小，附加价值越来越有限。企业总部的大量入驻，能够促进外资制造企业的产品研发、设计、广告等逐渐转移到中国，加工出口环节中也增加了在中国进行的上、下游工序，能够拉近现代服务业与制造业之间的联系，同时中国本土制造企业亦会得益于相关专业服务体系的不断完善，逐渐使中国经济体系与世界市场相适应，逐渐使本土企业在学习和模仿中增强开拓世界市场的能力。

（三）总部经济发展对现代服务业发展的市场化、国际化的影响

总部经济的发展从需求方面推动了生产服务等现代服务业的发展，拓深了各

产业内部分工或专业化的程度。因为，总部经济不仅为相关产业提供了广阔的市场，也对其需求品的技术含量提出更高的要求，而这正是分工或专业化强有力的催化剂。此外，很多企业总部如工业企业的营销、研发总部脱离生产总部成为独立的公司，本身就代表一种分工或专业化倾向。国际化方面，伴随着大量跨国公司总部的设立和企业业务在世界范围的展开，与此相关联的金融、广告、律师、会计等现代服务业会有更多的机会走向世界，加强与周边地区和世界的商业联系。如跨国公司设立研发总部，不单是为了使其技术适应当地市场，研发技术成果也同样适应全球市场；在人力资本上，相互长期的人员交往，形成相同或接近的价值观，当地人会越来越多地受企业总部人员的影响，人的行为规范会逐渐与世界接轨；并且发达国家跨国公司代表着最先进的生产力，拥有最雄厚的资本、技术和人才等优势，是当今全球范围内最优质的经济资源，是经济全球化的引擎和主要载体，这些企业在某地区设立总部，能够在薪酬政策、激励制度、企业运作管理等多方面对当地的现代服务企业起到示范效应。

（四） 总部经济对现代服务业发展外部环境的影响

我国长期忽视服务业的发展，使服务业发展较慢，比重偏低。国家对邮政、电信、金融等服务业的准入限制，使非公有制经济很难进入，导致垄断行业缺乏竞争，经营机制僵化，发展受阻，服务业在土地、用电等方面存在不平等的政策待遇。而总部经济的发展使掌握着巨大社会资源的众多企业总部在一个地区集聚，形成较大的社会影响力，在税收政策、城市基础设施建设、社会治安环境、自然环境改造等方面拥有更大的话语权，从而改善现代服务业发展的宏观政策环境。跨国公司总部的设立，在带来巨大经济影响的同时，也对当地政府的行政效率提出了更高的要求，有助于促进政府的体制、政策、社会、理念和行为等加速转型，促使政府机构向现代服务型政府转变。另外，企业总部尤其是著名跨国公司地区总部的设立会提高地区的声誉和影响，促进服务业发展所需的投资及人才的流入。

三 总部集聚与现代服务业发展

国内外大量案例表明，总部经济能够有力地推动现代服务业发展。以纽约为例，纽约集中了银行、证券、保险、外贸、咨询、新闻出版、广告、会计、法律等现代服务业机构，尤其是金融服务机构，银行及从事金融交易的公司云集。纽约是美国文化、艺术、音乐和出版中心，有众多的博物馆、美术馆、图书馆、科学研究机构和艺术中心，美国三大广播电视网和一些有影响的报刊、通讯社的总部都设在这里。现代服务业的高度发展，具备了为企业总部提供高水平的优质服务的能力，吸引了众多跨国公司总部入驻纽约，特别是曼哈顿中城和老城的CBD区。美国学者 Yukako Ono（2006）制作出了以下反映曼哈顿企业总部和广告服务机构、管理咨询服务机构的区位分布图（见图1）。从图1中看到，企业总部在曼哈顿高度集聚于很小范围的老城地域内，中度集聚于中城范围，散见于曼哈顿全区；广告服务高度集中于中城的小范围区域，中度集中于老城和中城，散见全岛；管理服务高度集中与老城和中城的小范围区域，中度集中于老城和中城的其他周边区域，散见全岛。

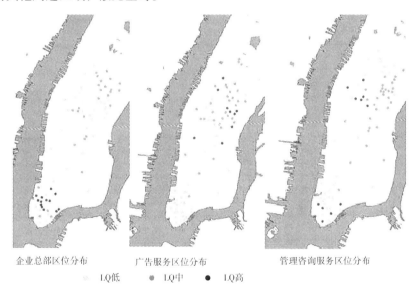

企业总部区位分布　　　广告服务区位分布　　　　　　管理咨询服务区位分布

　　　LQ低　　　　●　LQ中　　　●　LQ高

图1　曼哈顿企业总部和广告服务机构、管理咨询服务机构的区位分布

注：1. Yukako Ono（2006）以美国2000年经济普查数据中有关企业总部数目和服务业主要行业机构为数据基础，以半径为0.5英里的范围为单位计算出企业总部、广告服务、管理咨询服务业区位分布图示。Yukako Ono 在计算区位分布时用的数据来自"the 2000 Zip-Code Business Patterns and 2000 County Business Patterns（U. S. Bureau of the Census, 2000a and 2000b）"，企业总部区位分布计算公式为：LQ =（0.5英里为半径的范围内的企业总部数目/全美国企业总部数目）/（0.5英里为半径的范围内的商务机构数目/全美国商业机构数目），广告服务业、管理咨询服务业 LQ 计算同。

2. LQ = location quotient.

资料来源：Yukako Ono（2006）。

　　纽约发展现代服务业的人力资本也很丰富。广告、法律、会计、数据信息处理、管理咨询、风险管理公司、投资银行、保险、信息服务和出版机构的从业人员分别占了全部就业人口的 13.9%、8.3%、4.6%、9.7%、3.6%、23.0%、3.9%、6.4% 和 7.2%，合计占纽约市全部就业人口的 80.6%，可以得出以下结论：（1）从就业角度看，纽约已经是一个以现代服务业为经济基础的城市，且在现代服务业高度发展的基础上，发展起来全球首屈一指的"总部经济"；（2）在以上提到的现代服务业行业中，其中有四种行业的就业区位商 >2，表明在全美国范围内，纽约现代服务业从业人员具有高度集聚特征。

　　再来看中国现代服务业的集聚情况。分析一个地区现代服务业的集聚程度可以用区位商（location quotient，LQ）[①] 来测定。区位商是用来衡量某一产业在一特定区域的相对集中程度，通过区位商分析可以测定各地区的现代服务业各行业在全国的相对集聚程度。常用的测定现代服务业集聚的指标有行业从业人员指标、行业产值指标等，本文用的是行业产值指标，其计算公式为：

$$区位商（LQ）=（某地区 A 行业产值 / 该地区 GDP）$$
$$/（全国 A 行业产值 / 全国 GDP）$$

　　一般说来，LQ >1，表明 A 行业在该地区集聚程度超过全国，该行业可以对外扩张或者输出，LQ 值越大，集聚水平越高，对周边的影响也越大。LQ = 1 时，表明该地区 A 行业的集聚水平与全国相当。LQ <1，说明该地区 A 行业的集聚水平低于全国，需要从区域外引进该行业或者输入 A 行业的服务以满足本区域内的需要。

　　可以从现代服务业发展的集聚角度来分析中国各地区发展总部经济的基础。

---

① 现代服务业区位商的概念是以现代服务业各行业的生产率相同为前提的，如果此前提成立，比重高 = 集聚程度高 = 发展水平高，但此前提在现实经济世界中不成立，这是概念的不足之一；其二，区位商没有考虑各地区现代服务业发展的绝对水平，只是以"比重定一方输赢"，就会产生如表3所示的，云南、青海、贵州的金融业区位商高于广东，西藏的其他服务业区位商高达 2.05649 等难以理解的问题。以广东为例，金融业在《中国统计年鉴2005》中的产值为673.65 亿元，与上海675.12 亿元相当，属于国内金融业高度发达的地区，但区位商系数仅为0.914099，不能反映广东地区金融业真实的发展水平，所以在分析一个地区现代服务业发展时，还应考虑绝对值指标，人均值指标等。尽管此概念面临如此多的质疑和不足，但它对于我国现代服务业集聚的区位分布还是有很强的解释意义，在找到更好的指标之前，我们不妨继续使用。

美国现代服务业和企业总部主要高度集中于中心大都市区或几个大城市中，我国现代服务业和企业总部分布也有类似现象，主要集中于北京、上海、广州等大都市地区。从区位商看，交通运输仓储和邮政业、金融业、房地产业、其他服务业的区位商，在北京分别为1.04308、3.687223、1.55693、2.061011，在上海为1.129705、2.238305、1.739213、1.16743（见表3）。但是从我国现代服务业行业发展的水平看，人均生产率水平和现代科技含量等绝对指标还很低，整体水平与发达国家还存在较大的差距，对于吸引跨国公司地区总部或全球总部的能量还不足。

表3 我国部分省市服务业区位商比较

地　区	交通运输仓储和邮政业	金融业	房地产	其他服务业
北　京	1.04308	3.687223	1.55693	2.061011
天　津	1.090495	1.307036	0.820051	0.882987
河　北	1.234233	0.634799	0.679904	0.909755
山　西	1.491522	0.886567	0.599915	0.935003
辽　宁	1.128934	0.806097	0.717367	0.936875
吉　林	1.02034	0.701098	0.730379	1.022877
上　海	1.129705	2.238305	1.739213	1.16743
江　苏	0.718591	0.932466	0.940343	0.880614
浙　江	0.677565	1.523996	1.219314	0.955476
安　徽	1.184593	0.63725	0.960243	1.184657
福　建	1.229993	0.829053	1.153344	0.851322
江　西	1.315296	0.520326	0.997687	0.807407
山　东	0.928558	0.7664	0.831252	0.690133
河　南	1.04932	0.520977	0.663033	0.696031
湖　北	0.995621	0.592649	0.78493	1.159513
湖　南	0.99972	0.574759	0.849604	1.243668
广　东	0.786109	0.914099	1.533037	1.063513
广　西	0.980787	0.676363	0.949014	1.048633
海　南	1.276676	0.42205	0.884713	1.026265
重　庆	1.265875	0.919051	1.103421	1.136535
四　川	0.91403	1.079266	0.912655	1.044759
新　疆	1.019906	0.936304	0.504466	1.10757

资料来源：《中国统计年鉴2006》，中国统计出版社。

四 发展总部经济应克服的几个误区

（一）发展总部经济必须重视它的发展条件

目前，我国不少地区没有正确认识到发展总部经济应具备的条件，不顾条件与可能，不管城市还是农村，一窝蜂地提出发展"总部经济"。应该明白，总部经济在具有区位优势的大都市聚集是一种世界趋势，但是这并不意味着所有城市特别是中小城市，都具备发展总部经济的条件，并不意味着发展总部经济也可以"村村点火，处处冒烟"。如果不了解本地的资源禀赋和经济发展定位，盲目地提出发展"总部经济"，就有可能因违背经济发展规律，无谓消耗社会资源，而难以收到预期的效果。

（二）发展总部经济必须重视现代服务业的基础

一些城市和地区不明白总部经济的基础是现代服务业，把工业体系完整作为发展总部经济的有利条件；对发展现代服务业存在误解，以为随着第二产业的发展，第三产业自然就会发展。其实，在具有强大经济辐射力的大城市中，对服务的需求主要来自居民的生活消费需求，其次来自第三产业本身产生的对服务型生产资料的生产需求。第二产业对第三产业的带动，通常居第三位。所以，第二产业的发展速度快并不意味着第三产业就一定会发展。实际上，总部经济以发达的现代服务业为条件，而不是以工业体系的完整为前提。许多大城市具有发展现代服务业的良好条件，但城市定位、环境保护和资源禀赋的限制，使它们越来越不具备发展制造业的条件。在这种情况下，不应再利用宝贵的资源在中心城区发展产业密度低的工业，而应按照"退二进三"的思路，将工业转移出城市的中心区域，加快发展高端服务业，关注有利于吸引总部经济发展的因素，如改善空港设施和促进信息服务业的发展、建设良好的人居环境等等。

（三）发展总部经济必须加强政府推动现代服务业发展的作用

一些城市和地区对政府在发展现代服务业方面的重要作用还认识不足，认为单凭市场力量就可以实现服务业的快速发展。其实，城市现代服务业发展，无论是硬件设施的支撑，如城市的交通、通信等大型基础设施的建设，还是软件环境的支撑，如与现代服务业发展相关的治安环境、政府效率和廉洁程度、土地政策、水电价格政策和市场准入等，都离不开政府的宏观调控职能，都会影响到现代服务业发展的速度和质量。管理型政府向现代服务型政府的转变，也是现代服务业发展的题中之意。总之，从总部经济发展的角度看，一个城市的成功来源于它的现代服务业的发展，以及由此带来的持久的城市声誉。

参考文献

李江帆：《总部经济牵引产业结构优化》，2003 年 1 月 5 日《广州日报》。

李江帆：《中国第三产业发展研究》，人民出版社，2005。

Aarland, K., Davis, J., Henderson, J. V. &Ono, Spatial organization of firms: Decision to split administration from production. *Working paper series no.* 2003 – 30. Chicago: Federal Reserve Bank of Chicago.

Alfred D. Chandler, Jr, The Functions of the HQ Unit in the Multibusiness Firm, *Strategic Management Journal* [J]. Special Issue: *Fundamental Research Issues in Strategy and Economics* [J] 1991, (12): 31 – 50.

William A. Testa, Headquarters Research and Implications for Local Development, *Economic Development Quarterly* [J]. 2006, 20 (2): 111 – 116.

Yukako Ono, What Do Census Data Tell Us About Headquarters Location? *Economic Development Quarterly* [J]. 2006, 20 (2): 129 – 141.

公司总部职能及区位分布的时空规律

贺灿飞　刘作丽[*]

一　引　　言

随着经济全球化的推进，世界市场由细分走向统一成为必然的趋势，企业为了在全球范围内实现经营资源的最佳配置，通常将其总部布置在具有较强国际影响力的大中城市。与此同时，经济全球化与区域一体化的矛盾对公司的传统组织方式也提出了挑战，公司既要适应个别市场的特殊性，又要在全球尺度上对公司的生产、销售和研究与开发活动进行统一管理，这种矛盾显著推动了公司地区总部的产生。因此，随着大量企业在全球范围内的不断扩张，为充分发挥区位比较优势和竞争优势，企业从战略角度考虑将管理职能、研发、生产和销售等不同功能在空间上分离，设立公司总部和地区总部。

跨国公司总部是国际资金的集约投资极，是资源要素的集约配置极，是有形和无形贸易的集约驱动极和高新科学技术的集约开发极，它控制着资金、技术、信息和管理等资源在全球范围内的流向和规模。因此，一个城市对世界经济的控制力和影响力很大程度上取决于其所拥有的国内外大型跨国公司的总部、地区总

---

* 作者简介：贺灿飞，北京大学城市与区域规划系副教授；刘作丽，北京大学城市与区域规划系博士生。

部以及跨国银行的数量。总部经济实际上是国际大都市的重要内涵和突出标志。认识到企业总部的战略性作用，20世纪80年代以来，很多国家和地区纷纷将吸引企业总部作为其经济发展的重要战略来抓。然而，公司总部与区域性总部具有自身发展与演化的时空规律，并非任何城市都对公司总部具有吸引力。

二　公司总部的职能及分类

（一）公司的总部职能及组织形式

通俗地理解，公司总部就是首席执行官、首席行政官、首席财务官、首席运营官以及首席知识官等企业高层管理人员所在的机构，因此，企业总部是企业的决策中心和神经中枢，是公司的最高组织结构。公司总部一般具有战略决策、资源配置、资本经营、业绩管理以及外部公关等职能。小野（Kono，1999）将日本公司总部的职能概括为公司战略策划、发展公司核心竞争力、提供总部服务三个方面。哈佛大学商学院的克利斯等人（Collis等，2003）在调查了位于欧洲、美国、日本、智利等国家和地区的600多个公司总部的规模、结构、业绩与职能后发现，几乎超过95%的公司总部包括一般公司管理、法律服务、金融控制与管理、财务与税收等职能，超过80%的公司总部履行人力资源与职业发展、内部审计、政府与公共关系、公司策划、信息处理与通信、工资福利管理等职能，另外培训与教育、采购方物流、营销服务、研究与开发等也是总部的重要职能。

企业可以根据各自的组织结构设立不同类型的企业总部，主要包括产品总部、职能总部和地区总部等。产品总部是负责协调与特定产品线相关的所有公司职能的组织机构，实施全球经营战略的大型跨国公司通常对一些重要的产品在全球范围建立产品线总部。职能总部是负责跨国公司某个特定行为的组织结构，国际性（或地区性）采购机构、协调销售机构、营销和售后服务机构都属于职能型总部，它的权限是执行地区或全球特定职能，并负责向公司总部报告。地区总部是指在总部全球经营战略框架下负责制定跨国公司区域性经营战略，并对区域内所有投资企业的生产、销售、物流、研发、培训、融资等各项活动进行统筹管理和协调的机构，具有决策中心、经营中心、管理中心、服务中心、财务中心等多种功能。

（二）地区总部的类型及职能

1. 地区总部在全球网络体系中的地位非常重要

企业面对全球性和区域性战略竞争，为实现企业战略的区域化，需要针对不同区域建立企业的区域组织结构，在这种组织结构中，地区总部作为介于跨国公司总部和分散在世界各国的海外子公司之间的中间组织形式，在跨国公司全球网络体系中居于重要地位。公司是否设立地区总部取决于公司战略与产业环境之间的关系（如图1所示），而投资国和东道国的条件也是其考虑的重要因素。图1展示了地区总部的理论分析框架。

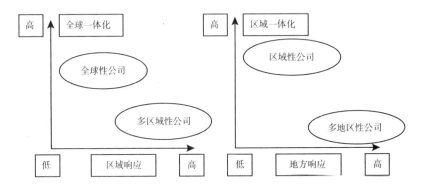

图1　全球化、区域一体化、地方响应与公司组织

资料来源：参考 Schutte（1997）、Lehrer 和 Asakawa（2001）。

来自不同投资国的公司具有设立地区总部的不同倾向（见图2）。首先是投资国与东道国之间的距离，包括空间距离和心理距离。一般情况下，距离越远，越有可能设立地区总部来管理和控制在东道国内的经营活动；其次，东道国的重要性显然也是重要因素，如果东道国对公司的发展至关重要，而且已经布置了大量的业务，公司则更有可能设立地区总部来向供应商、消费者、当地政府以及员工等表明一种长远的投资计划；最后，公司的区域化战略则是最重要的影响因素，区域一体化战略的公司通常会设立地区总部来统一协调和控制区内的各个业务部门。

是否设立地区总部还取决于一系列东道国的条件。首先是高端生产者服务业的发达程度与集聚程度。为了执行总部的管理战略功能，地区总部通常需要各种

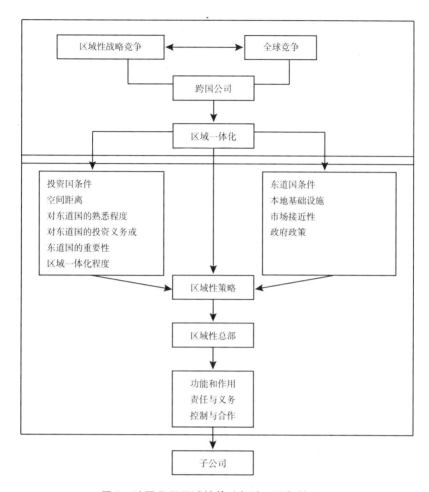

图2 跨国公司区域性策略与地区总部的设立

资料来源：Yeung 等（2001）。

高级生产者服务业，如金融、银行、交通、通讯、法律与咨询服务等，能否提供这些高端生产者服务是地区总部区位决策考虑的重要因素。其次，接近市场是地区总部基本的区位优势，尤其对于区域化经营的公司更为重要。此外，政府激励与相关政策也至关重要。

2. 地区总部的类型及职能

根据地区总部与企业总部之间的从属关系，可以将地区总部分为垂直型、水平型和虚拟型三种。其中，垂直型地区总部（Vertical Regional Headquarters）倾向于强调权威和权力，呈金字塔形结构，层级关系明显，纵向联系多于横向联

143

系，地区总部向公司总部汇报；全球化战略居主导地位，而本地响应居次要地位。水平型地区总部（Horizontal Regional Headquarters）的层级关系不明显，地区总部与各业务单位之间的横向联系多于纵向联系，彼此之间更多地依赖于信息共享；地区总部主要起协调作用；区域响应占主导地位，而全球化战略居于次要地位。虚拟型地区总部（Virtual Regional Headquarters）中地区总部没有具体的组织形式，层级关系不存在；传统意义上的地区总部的职责和功能依然存在，但被分散在现有各业务单位中；各业务单位既充当生产单位，又充当地区总部；地区响应占绝对主导地位。

公司设立什么类型的地区总部取决于全球化与区域响应压力、区域一体化与本地响应的压力（见图3）。当公司的全球化战略占主导，全球一体化的压力占主导时，公司可能会设立垂直型的总部，全球总部统领地区总部和子公司；而当区域一体化的压力占主导时，水平型地区总部是最好的选择，地区性总部的职权相应提升；本地响应压力提升时，虚拟型地区总部成为选择（Schut，1997）。

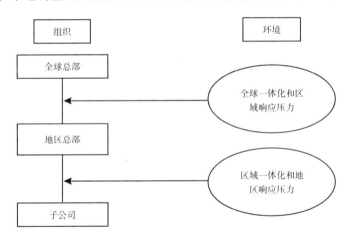

图3　跨国公司组织与环境的关系

资料来源：参考 Schutte（1997）、Lehrer 和 Asakawa（2001）。

3. 地区总部职能的演化

地区总部的功能存在一个演化过程。拉塞尔（Lasserre，1996）提出了一个地区总部的生命周期理论，他将公司地区总部概括为整合（Integrative）和经营（Entrepreneurial）两种功能，并认为地区总部在其生命周期的不同阶段对应不同的功能。刚进入一个地区时，地区总部主要是经营性功能占主导，起到业务启动者（Initiator）的作用，计划全方位进入某个区域的公司开始设立的地区总部通常属于这类。随着地区总部进入发展阶段，逐渐提升为业务推动者（Facilitator）的作用，总部在经营型功能基础上增加整合功能，这是公司希望通过战略性和运营性的协调提升其在该区域的地位。当地区总部进入巩固阶段，区域内的子公司和其他分支机构已得到充分发展，地区总部的整合性功能逐渐居于主导地位，地区总部成为协调者（Coordinator），地区总部只留下行政管理的职能，成为行政管理者（Administrator），负责税收、财务、法律等事务，最后地区总部的很多责任由子公司和其他分支机构承担（见图4）。

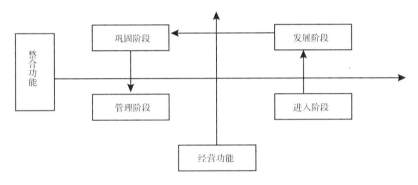

图4　公司地区总部的生命周期及其对应的功能

资料来源：Lasserre（1996）。

爱丁顿（Edgington，1993）在对日本公司的国际化生产研究中同样发现，随着时间的推移，地区总部的功能会发生变化，并将其概括为三个阶段，如图5所示。在20世纪70年代，公司总部直接控制国内外的分公司，分公司负责销售其产品，或为日本工厂提供原材料。有些日本公司可能将中间产品出口到位于东南亚国家的子公司，利用当地廉价劳动力组装和生产最终产品，跨国公司一般不设立独立的地区总部，多数是虚拟型地区总部。到了80年代，日本公司开始重组并在全球范围内组织其生产商与供应商，开发研究和技术密集型的生产活动保留在日本国内的总部，将其在日本与东南亚国家生产的产品与中间产品出口到欧美并组装成最终产品在当地销售，开始在欧美与东南亚设立一些产品或职能地区总部。90年代以来，日本跨国公司进一步加强其国际生产一体化，在欧洲、美国与东南亚等地区建立相对独立的区域一体化生产体系，设立对应的综合性地区总部，产品与技术的贸易将这些区域生产系统紧密联系，从而形成全球一体化的生产体系。

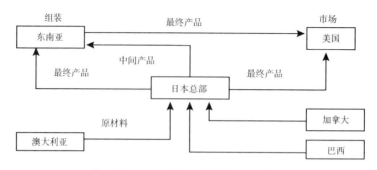

第一阶段　70 年代日本制造业的全球化战略

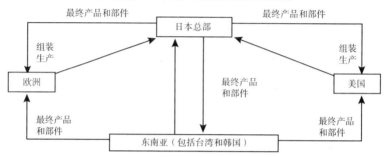

第二阶段　80 年代日本制造业企业的全球战略

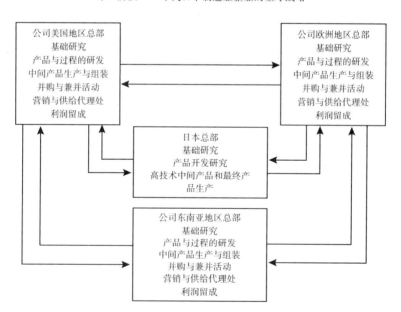

第三阶段　90 年代日本制造业企业的全球化战略

图5　20 世纪日本制造业跨国公司国际生产一体化的演变

资料来源：Edgington（1993）。

三 公司总部在不同空间尺度上高度集聚

有关学者很早就注意到了公司总部区位的特殊性，早在 20 世纪 70 年代公司总部的区位问题就得到了有关学者的关注。Semple 和 Philips（1982）提出了用"第四产业区位论"来解释公司总部的区位模式及其演变。Holloway 和 Wheele（1991）与 Horst 和 Koropeckyi（2000）研究了全球 500 强公司的总部区位。最近的研究包括 Davis 和 Henderson（2004）、Shilton 和 Stanley（1999）、Klier 和 Testa（1999）、Lovely（2005）、Henderson（2005）等各种资料表明，公司总部在不同空间尺度上高度集聚。

（一）宏观尺度：公司总部集聚在少数国家的少数地区

UNCTAD（2001）的研究发现，大多数跨国公司总部集聚在少数发达国家，美国、日本、英国、法国、德国和瑞士是跨国公司总部的主要集中区域，占所有跨国公司国外资产 1/3 的世界上最大的 100 个跨国公司大多集聚于此。与总部的集聚态势相同，跨国公司的地区总部也高度集聚，2004 年的香港集聚了大约 1098 个跨国公司地区总部，2000 年的新加坡集聚了大约 200 个跨国公司地区总部，其中包括 3M、ABB、BMW、通用、国际商用机器、摩托罗拉、诺基亚、菲利普斯和丰田等重要的跨国公司地区总部。

在一个国家内部，公司总部的分布与城市体系是对应的，大城市在吸引公司总部方面通常更具竞争优势。法国的 11 个跨国公司中有 10 个总部在巴黎，英国的 7 个跨国公司中有 6 个在伦敦；一半以上的日本跨国公司总部位于东京的千代田区；在奥地利，大约 45% 的跨国公司总部在首都维也纳，2/3 的瑞典跨国公司总部位于斯德哥尔摩。图 6 显示了美国前 50 名大都市（CMSA）的人口规模与公司总部数量的关系，两者的皮尔逊线性相关系数达到 0.92，表明了城市规模越大，公司总部越多，尤其是大中型城市吸引了较多的公司总部。图 7 展示了 2000 年美国大型公司总部的都市分布情况，可以看出公司总部高度集聚在波士华城市群，制造业带上的传统工业城市，阳光带的新产业城市，如休斯敦、达莱斯、亚特兰大以及西部南加州和硅谷等区域。

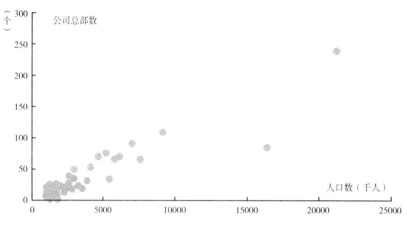

图6 美国前50名大都市区（CMSA）的人口规模与
公司总部个数之间的关系

资料来源：Klier 和 Testa（2002）。

图7 美国公司总部的空间分布（2000年）

资料来源：Klier 和 Testa（2002）。

（二）微观尺度：公司总部集聚在城市内的优势区位

公司总部不仅在全球和全国范围内集聚，在一个城市内也是高度集中的。Shilton 和 Stanley（1999）采用五位数邮政编码作为空间单元，制作了纽约都市区公司总部的空间分布图展示了公司总部在纽约都市区内部的分布情况。与其他产业活动不同，总部的向心性较强，城市的传统中央商务区是公司总部偏好的区位，一些主要的街道也是总部云集的地区。公司总部一般聚集在通达性好、中心性强、历史名声好的城市区域。

（三）时空演变：公司总部区位的迁移

公司总部区位在一定条件下会发生迁移，因此随着区域经济的发展，公司总部的空间格局将会发生规律性的变化。公司总部的迁移从 20 世纪 70 年代以来一直是学术界关注的热点问题。

研究发现，20 世纪 80 年代以来很多美国的公司总部都发生了区位迁移的现象，三个大趋势非常明显：（1）公司总部从一些专业化的较小都市区迁往纽约、芝加哥等国家级的经济中心；（2）公司总部已开始从纽约、芝加哥和洛杉矶等传统国家级经济中心向二级城市迁移，目的地主要是达拉斯、凤凰城、休斯敦等"南部阳光带"的新兴产业中心；（3）即使是在上述国家级经济中心内部，首位城市的主导地位也已显著下降，纽约财富 500 强总部数量已由 1975 年的 150 家逐渐减少至 2003 年的 80 家。上述趋势在 1980 - 1987 年财富 500 强公司总部区位的迁移（见图 8）和 1975 ～ 2003 年美国 5 大都市区财富 500 强公司总部数量的变化（见图 9）情况中都有所体现。

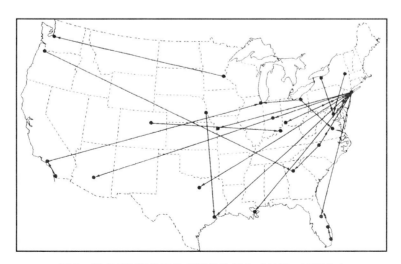

图 8　财富 500 强公司总部区位的迁移（1980 ～ 1987 年）

资料来源：Holloway 和 Wheeler（1991）。

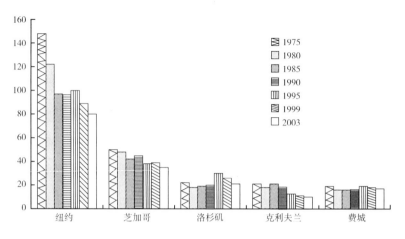

图 9 美国 5 大都市区财富 500 强总部数量的变化（1975～2003 年）

资料来源：从 Testa 等（2005）获得。

近年来，中国企业公司总部的区位也发生了上述的迁移现象，成长于小地方的民营企业"大举迁都"，走"农村包围城市"的道路，纷纷从乡镇迁往县城，或从县城迁往省城，或从小城市迁到大都市，如四川的希望集团将总部迁到了上海，长沙的远大集团将总部迁到了北京；而一些位于中西部的国有企业为了吸引人才，获取信息，也将总部与生产基地分离，总部迁到大城市，如位于十堰的东风集团的总部迁到了武汉、山西"经纬纺机"的总部迁到了北京（赵弘，2004）。

四　公司总部的区位因素及生命周期

（一）公司总部的区位因素

现有文献中有许多关于公司总部区位的问卷调查研究和模型定量研究。Heenan（1979）调查了 60 个美国跨国公司和 47 个日本跨国公司设立地区总部考虑的因素，见图 10。最重要的因素是当地市场的重要性和支持性的服务业，其次是政府对公司总部的态度、政治稳定性、接近主要国家的市场、通讯设施、教育与医疗设施和文化多元性等。对于美国公司而言，外国员工成本、生活成本和航空交通等也是重要的考虑因素。

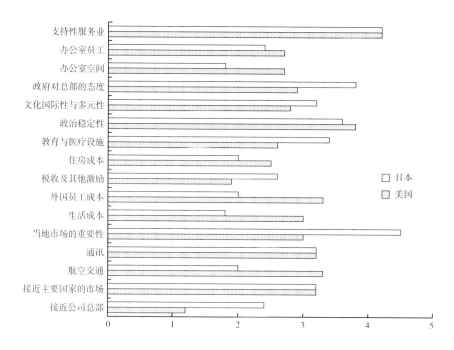

图10　美国和日本跨国公司地区总部的影响因素

资料来源：Heenan（1979）。

Ho（1998）通过调查访谈，发现跨国公司设立亚太地区总部的区位因素包括：与公司其他业务部门接近性、市场可达性、航空服务中心和信息服务中心。Yeung 等（2001）也发现，新加坡吸引地区总部的区位优势包括接近消费者、接近本地企业、接近区域内的企业、商业服务的质量以及低商务成本等。Klier 等（2002）考察了全球1000家跨国公司设立地区总部时考虑的因素，发现作为地区总部的声誉、潜在顾客、研发集中程度、管理体制、高素质员工、房地产成本、工厂基础设施、金融体系、清洁环境、生产质量与人身安全等是跨国公司主要关注的因素。Little（2003）调查了50家在瑞士的外国公司地区总部的区位决策标准，发现税收优势最为重要，其次是高素质管理人才的可获得性，生活质量和城市区位的中心性等，当地政府的支持和 CEO 的个人偏好也是重要的区位选择因素。

定量模型研究中，Henderson 等（2005）强调其他公司总部带来的信息溢出效应、总部与生产基地的地理关系、总部对于各种服务业的需求投入、总部特性等对总部利润水平的影响等。Davis 等（2004）进一步确认了服务多样性的规模效应、金融服务业的集聚效应、总部的外部规模效应等对公司总部区位的影响。Shilton 等（1999）发现了相关产业内的总部在城市间和城市内的集聚特性。Lovely 等（2005）发现，由于出口商需要国外市场的特定信息，公司总部在空间上集聚有利于相互交流信息，因此出口商总部较一般总部更为集聚。

综合上述分析和现实中我们对公司总部区位的观察和理解，可以建立一个公司总部区位的理论解释框架，如图 11 所示（贺灿飞，2007）。这个解释框架的根本出发点是认为公司总部区位是公司与区位环境相互作用的结果，一个区位能否吸引公司总部，取决于公司与区位的相互作用和区位的竞争优势，区位竞争优势体现在高端要素的供给、专业化服务业、区域市场和政府的态度等。

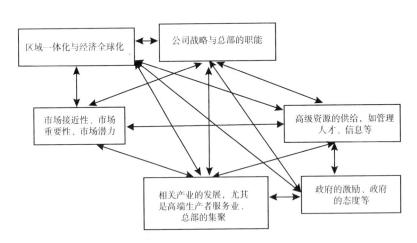

图 11　公司总部区位的竞争优势模型

1. 公司战略与总部职能

公司是否要设立单独的总部或者是否要在某个地区设立地区总部取决于公司战略与产业环境之间的关系。公司的区域响应和全球化战略都可能促使公司将总部或者地区总部布局在全球性的战略区位和一些对国际经济有重要影响力和控制力的城市（Lasserre，1996）。公司同样会针对不同的地方政策做出不同的响应。公司总部的不同职能要求有不同的资源投入，研发总部可能强调科研人才资源和通讯设施等，销售型总部需要接近市场，综合型总部重视专业化服务和其他总部的集聚情况等。

2. 区域市场

区域市场包括市场规模、市场潜力以及区域性市场的通达性及其重要性。公司总部一个重要职能就是收集和处理市场相关信息并制定策略，接近市场和消费者有利于制定本地化的公司策略，能够对市场信息做出最快的反应（Yeung 等，2001）。一个区域的市场取决于其参与全球化和区域经济一体化的程度，相关企业和高端要素的聚集进一步强化区域市场的重要性。

3. 高级资源供给

公司总部需要各种高级资源的投入，尤其是高级管理人才和信息处理人才，良好而能够聚集的办公空间也是重要因素。公司总部作为重要的决策和管理部门，为减少决策和管理过程中存在的不确定因素，需要以大量的信息为依据，尽可能准确地把握世界政治经济形势及其变化趋势，且与公司总部、子公司保持沟通，这些信息交换量大，对信息通信基础设施有很高的要求。同时，地区总部的业务活动需要一系列与人员流动和业务交流相关的基础设施作保障，对国际航空港、高速公路网、国际饭店设施、国际会议展览中心等设施要求较高。因此，交通通讯的完善是吸引公司总部的关键基础设施，有效率的航空交通便于总部人员与国内外各业务部的联系和与产业内其他公司的联系，而且便利的交通也能吸引各种供应商、采购商和会议等。高端要素的集聚吸引相关专业化服务业的集聚，创造内部市场需求，进一步扩大市场规模。

4. 专业化服务业与产业集群

专业化服务是总部的关键投入，专业化服务的集聚对于公司总部是一种成本节约，是正外部经济。公司总部的空间集聚有利于知识或技术外溢，利于面对面的信息交流，因此也会产生外部经济。相关产业集群的发展培育了专业化的劳动力，创造了市场，积累了相关产业知识，因此也是公司总部区位选择的重要影响因素。

5. 区域外部机遇

区域经济一体化和参与全球化的程度是吸引公司总部尤其是跨国公司地区总部的重要砝码。如新加坡能够成为地区总部之都固然与政府积极的态度和政策有关，但东盟的区域经济一体化发展却是重要的前提。区域能否得到外部机遇的青睐决定于区域市场的重要性、高端要素的供给以及产业集群的形成。

6. 政府政策与态度

在提升一个城市吸引公司总部的竞争力方面，政府也发挥重要的作用，大量的调查表明政治稳定、政府对总部的积极态度、优惠的公司税收政策等是公司设立地区总部考虑的重要因素。公司总部的投资实体能否得到法律保护，直接关系到其能否生存和发展；公司营运的相关政策和法规直接关系到其职能能否快速有效地实施。因而，投资地的相关法律体系与政策环境及政府公共服务水平便成了公司总部十分关心的问题。其具体内容包括以下几个方面：较低的市场准入壁垒，宽松的外汇进出限制，自由灵活的资金调度，便利的人员出入境、货物进出口，一定的税收优惠，完善的法律、司法体系，高效率的政府服务等。此外，政府制定的优惠政策可能也很重要。

一个城市是否能够吸引公司的总部取决于上述六大因素的相互作用，形成一种累积循环机制，促进公司总部的地理集聚。

（二）公司总部的生命周期

公司总部在空间上的分布模式并不是一成不变的，它存在一种集聚与扩散的发展过程，随着外部环境和内部条件的变化，为了节约成本、扩张业务（或缩小业务）或满足管理人员的区位偏好等原因，公司总部会发生上文提到了种种区位迁移现象。

公司总部迁移符合经济规律，在经济发展处于低水平阶段，企业总部通常位于区域内的经济中心。随着经济规模的扩张，企业规模扩大和影响力增加，管理层将会考虑将企业的决策活动迁移到国家级经济中心；同时这些国家级经济中心内的企业借助其区位优势发展壮大，将总部留在高等级城市，而生产基地迁到次级城市，这种向心集聚过程将持续，直到主要大型公司总部大多都集中在国家级经济中心，达到国家级中心主导阶段。随后由于区域级中心极化效应和集聚能力增强、技术基础设施的完善和国家级中心出现的一系列离心力（如商务成本高、集聚不经济、办公空间不足等），一些公司总部或地区总部将会迁移到区域级的经济中心，公司总部由国家级中心主导转变为区域中心主导。随着交通通讯技术与信息技术的进步和经济进一步发展，由国家级和区域级中心向更低层次的中心扩散，为追求成本优势，总部也随之向更低层次的城市布局，走向区域和国家成熟阶段（见图12）。

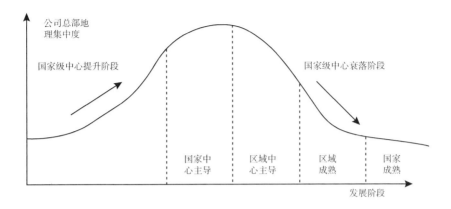

图 12 理想的公司总部空间区位的演变

资料来源：参考 Semple、Phipps（1982）、Semple（1985）。

五 对中国城市吸引公司总部的启示

近年来我国众多城市提出了吸引公司总部的发展战略。本文关于公司总部空间集聚及其变化的研究结论对于我国城市制定政策吸引公司总部具有重要的政策意义。

首先，公司总部有其内在的时空变化规律。在特定阶段，并非任何城市都有条件吸引企业总部，尤其是国家经济聚集阶段，只有那些国家级中心城市可能成为公司总部的聚集地。总部聚集需要非常苛刻的条件，如高端的资源投入、高素质的管理人才和信息处理人才、专业化并具有一定集聚程度的服务业的发展、完善的法律法规等，我国大多数城市目前还不能满足这些条件。

其次，由公司总部聚集而形成的经济形态只是城市经济的组成部分，不可能主导一个城市的经济，即使像纽约这样的"总部之都"其主导性产业仍然是其他服务业。根据 Davis 等（2004），纽约总就业人数占全国的 1.9%，公司总部就业人数占全国的 3%，但却有 5.3 的国家商业银行业，25% 的保险业，7.6% 的投资控股公司，15% 的广告业，7.2% 的律师，可见总部并非纽约的主导性产业。吸引公司总部对城市发展固然重要，但不应过分渲染公司总部对城市经济的决定性，在发展总部经济的同时应促进总部经济与其他相关产业尤其是现代服务业的良性互动。

再次，总部聚集是一个漫长的发展过程，吸引几家企业总部并不一定形成"总部经济"。况且，在一定条件下，企业总部可能会出于成本因素、政策因素或者管理者个人因素的考虑而迁移到其他城市，因此总部聚集可能会有一个发展壮大到衰退的过程。当条件不成熟时，即使暂时吸引了一些企业总部，并不意味着"总部经济"就形成了。"总部经济"形成的前提是众多大型企业总部的支撑和大量中小型企业总部的集聚，并与相关产业发生联系，产生外部经济，成为当地经济的重要组成部分。

第四，总部聚集主要依赖市场的资源配置作用，政府不能主导这一过程。企业总部聚集要充分尊重企业的独立决策，政府不应该直接干涉企业的决策，政府的角色是改善总部经济的发展环境，出台系统性的总部经济政策，避免"总部经济"成为简单的"商业地产"。

第五，"总部经济"与城市性质和主导产业相适应，"总部经济"的发展要发挥地方产业的竞争优势。美国的底特律集中了汽车及其零部件企业总部，纽约集聚了金融保险和服务业总部，洛杉矶集中了影视文化企业总部，而旧金山硅谷对电子信息和高技术企业总部有吸引力。中国的主要城市在制定总部经济发展政策时要充分考虑其产业特色才能有效地吸引企业总部入驻。

参考文献

贺灿飞：《公司总部地理集聚及其空间演变》，《中国软科学》2007 年第 3 期，第 59～68 页。

赵弘：《总部经济》，中国经济出版社，2004。

Alli L. , Ramirez G. and Yung K. , Corporate Headquarters Relocation: Evidence from The Capital Market [J]. *AREUEA Journal*, 1991, 19: 583 - 599.

Chandler A. , The Functions of the HQ Unit in The Multibusiness Firm [J]. *Strategic Management Journal*, 1991, 12: 31 - 50.

Collis, David J. , Young, David and Goold, Michael, 2003, The Size, Structure and Performance of Corporate Headquarters, Harvard Business School, *Strategy Working Paper Series*, No. 03 - 096.

Davis J. and Henderson V. , The Agglomeration of Headquarters. *Working Paper*, 2004,

Boston Census Research Data Center.

Edgington D. , 1993, The Globalization of Japanese Manufacturing Firms, *Growth and Change*, 24, 87 – 106.

Ghosh C. , Rodriguez M. and Sirmans F. , Gains from Corporate Headquarters Relocations: Evidence from the Stock Market [J]. *Journal of Urban Economics*, 1995, 38: 291 – 311.

Heenan A. , The Regional Headquarters Decision: a Comparative Analysis [J]. *Academy of Management Journal*, 1979, 22: 410 – 415.

Henderson V. and Ono Y. , Where Do Manufacturing Firms Locate Their Headquarters, *Working Paper*, Federal Reserve Bank of Chicago, 2005.

Ho C. , Corporate Regional Functions in Asia Pacific [J], *Asia Pacific Viewpoint*, 1998, 39: 179 – 191.

Holloway R. and Wheeler O. , Corporate Headquarter Relocation and Changes in Metropolitan Corporate Dominance, 1980 – 1987 [J] . *Economic Geography*, 1991, 67: 54 – 74.

Horst T. and Koropeckyi S. , Headquarters effect [J]. *Regional Financial Review*, 2000, 16 – 29.

Klier T. and Testa W. , Location Trends of Large Company Headquarters During the 1990s [J]. *Economic Perspectives*, 2002, 26: 12 – 26.

Kono, Toyohiro, 1999, A Strong Head Office makes a Strong Company, *Long Range Planning*, 32, 225 – 236.

Lasserre P. , Regional Headquarters: The Spearhead for Asia Pacific Markets [J]. *Long Range Planning*, 1996, 29: 30 – 37.

Lehrer M. and Asakawa K. , Unbundling European Operations: Regional Management and Corporate Flexibility in American and Japanese MNCs [J]. *Journal of World Business*, 1999, 34: 267 – 286.

Little D. , Benchmarking of Global and Regional Headquarters in Switzerland-insights into Headquarters Design and Location Selection, 2003.

Lovely E. , Rosenthal S. and Sharma S. Information, Agglomeration and the Headquarters of US exporters [J]. *Regional Science and Urban Economics*, 2005, 35: 167 – 191.

Lyons I. , Changing Patterns of Corporate Headquarters Influence, 1974 – 1989 [J]. *Environment and Planning A*, 1994, 26, 733 – 747.

Schute H. , Strategy and Organization: Challenges for European MNCs in Asia [J]. *European Management Journal*, 1997, 15: 436 – 445。

Semple K. , Recent Trends in the Spatial Concentration of Corporate Headquarters [J]. *Economic Geography*, 1973, 49, 309 – 318.

Semple K. , Toward a Quaternary Place Theory [J]. *Urban Geography*, 1985, 6, 285 – 296.

Semple K. , Green B. and Martz J. Perspective on Corporate Headquarters Relocation in the

United States [J]. *Urban Geography*, 1985, 6, 370 – 391.

Shilton L. and Stanley C., Spatial Patterns of Headquarters [J]. *Journal of Real Estate Research*, 1999, 17, 341 – 364.

Semple K. and Phipps G., The Spatial Evolution of Corporate Headquarters within an Urban System [J]. *Urban Geography*, 1982, 3, 258 – 279.

Shilton, Leon and Stanley, Craig, 1999, Spatial Patterns of Headquarters, *Journal of Real Estate Research*, 17, 341 – 364.

Testa W., Klier T. and Ono Y., The Changing Relationship between Headquarters and cities [J], *Chicago Fed Letter*, 2005.

UNCTAD, *World Investment Report*: *Promoting Linkages*, New York, 2001.

Wheeler O., The U. S. Metropolitan Corporate and Population Hierarchies, 1960 – 1980 [J]. *Geografiska Annaler*, 1985, 67B: 89 – 97.

Yeung H., Poon J. and Perry M., Towards a Regional Strategy: the Role of Regional Headquarters of Roreign Firms in Singapore [J]. *Urban Studies*, 2001, 38: 157 – 183.

培育高级生产要素，
助推总部经济发展

姚　莉*

"总部经济"是一个国家和地区经济社会发展到一定阶段所形成的一种特有的经济形态和经济现象，是在现代工业化、城市化、信息化和经济全球化进程中必然出现的新型经济模式，已成为区域经济增长和地方产业结构优化升级的强劲引擎，对区域中心城市的经济发展意义重大。纵观世界总部经济发展较为成功的城市，政府在总部经济的形成和发展中发挥了较为重要的作用，通过培育与总部经济相适应的高级生产要素，有力地推动了总部经济的发展。

一　影响总部经济发展的要素

总部经济不但对中心城市的经济结构、就业结构、城市发展产生深刻影响，而且也对城市的空间规划、政策体系、配套服务体系建设、环境建设等提出了新的要求：除了城市基础设施要达到适合人居的理想标准外，还要有一个完善、及时和法制的商务环境；不仅要有高度集聚的产业集群、大量高素质的人才、丰沛的资本供给以及便捷通畅的信息交流和物品流通网络，更要有高效廉洁的政府、简单透明的税收和安全诚信的秩序。这些都是总部经济发展的要素条件。

---

* 作者简介：姚莉，湖北省社会科学院经济研究所副研究员。

（一）影响地区总部选址的主要因素

1. 城市的政治环境

跨国公司地区总部作为跨国公司管理地区内子公司的核心机构，聚集了该地区优秀的管理人才、大量的资金、重要的研发部门，这些都使得地区总部成为极其敏感的部门。如果入驻城市政局不够稳定，跨国公司将遭受不可估量的损失。所以跨国公司在选择地区总部时，最看重的因素就是该地的政局是否稳定。

2. 城市的基础设施条件

基础设施条件是跨国公司地区总部选址时考虑的第二重要因素。地区总部作为跨国公司设在国外的重要决策和管理部门，为减少决策和管理过程中存在的不确定因素，需要掌握大量的国内外经济、政治形势及其变化趋势；需要与公司总部和地区内子公司保持沟通，开展业务活动等。因而对信息通信基础设施、国际航空港、高速公路网、国际饭店设施、国际会议展览中心等设施有较高要求。当母公司选派常住人员时，还会对生活环境及子女教育提出较高要求。

3. 城市的区位条件

地区总部的主要使命是管理域内子公司，为其提供经营支援服务，并协调和调整相互间关系。因此地区总部在选址时格外重视地区的中心性，即要求所选城市尽可能是：地理位置的中心，交通中心，经济中心，职能中心，子公司分布的中心等。此外，地区市场的规模及潜力也是决定跨国公司设立地区总部的重要因素。

4. 城市的政策与制度环境

跨国公司地区总部在东道国的投资实体能否得到法律保护，直接关系到其生存和发展；东道国对跨国公司营运的相关政策和法规直接关系到其职能能否快速有效实施。因而，东道国的相关法律体系与政策环境及政府公共服务水平也是跨国公司地区总部十分关心的问题。其具体内容包括：较低的市场准入壁垒，宽松的外汇进出限制，自由灵活的资金调度，便利的人员出入境、货物进出口，一定的税收优惠，完善的法律、司法体系，高效率的政府服务等。

5. 城市的现代服务业集聚水平

地区总部业务的顺利开展需要现代服务业的支持。现代服务业的集聚可以使地区总部享受外部经济效应。因此，地区总部总是倾向于建立在中心城市的中央商务区（CBD）。这样，区域内的金融业、证券业、保险业、房地产业、广告业、市场调查、会计、法律事务以及信息服务业的发展状况等也都为跨国公司所关注。

6. 城市的人力资源条件

地区总部的核心职能是促进公司各项经营资源之间的整合与创新，这必然要求地区总部拥有最出色的经营管理人才。因此，所选城市必须要有大量符合现代市场竞争要求的高素质人才供应。

总部经济需要完善的城市功能予以支撑，以上要素对于发展总部经济至关重要。而能够满足跨国公司地区总部选址基本条件的城市是极为有限的，一个区域只有少数几个国际化水平较高的特大型中心城市，为跨国公司地区总部所青睐。

（二）总部经济可使区域要素重新聚集、组合

总部经济作为高端经济，会对一个区域的发展产生立体效应。除了税收、消费、就业等明显的经济效应外，更重要的是会给区域发展带来社会资本效应。一个地区企业总部云集，必然会带来城市文化的多元和融合，提高城市开放度，改善城市基础设施，完善城市综合条件。而城市国际化水平的提升，又会吸引更多的人才、资本、信息等要素在该区域聚集，使该区域在价值链分工中占据高端，获取更高的利润回报，提升区域的产业水平，扩大区域的经济总量，提高区域的经济竞争能力。

应用经济学"中心外围理论"，总部经济形成中心区域和外围合作分工的关系，利用不同区域的比较优势，对要素重新组合和聚集。一个相对发达的中心城市一般能更多地吸引资本、技术、人才；而其外围依靠地价、劳动力成本等优势，则形成比较稳定的加工基地。中心区域可能取得更高的利润，外部区域可以取得稳定的收益。上海市社会科学院经济研究所所长左学金认为："各级政府不仅要推动基础设施建设、加强市场规范，促进要素流动也非常重要。"

在经济学"比较优势理论"、"要素禀赋理论"等理论基础上，总部经济突破了生产企业不能进行空间分离、生产要素在区域之间不能流动等假定，从以区域间商品贸易为重心转向了生产要素的区域间整合。总部经济为我国发展区域经济、解决产业同构和重复建设等问题提供了一个新思路。

（三）现代服务业是总部经济的支撑

现代服务业能为"总部经济"发展提供配套服务。现代服务业是知识型服

161

务业，不同于商业、房地产、饭店等传统服务业，它涉及会展与机构服务、现代金融服务、研发与技术服务、教育培训、文化传媒、医疗保健等，具有知识要素投入密集、增值度高、附加值高等特点。要发展总部经济就必须发展配套的相关服务业，逐步建立现代金融服务业、信息服务业、中介服务业，以及由教育、培训、会议、展览、国际商务、现代物流等组成的服务支撑体系。

但发展服务业必须建立在制造业充分发展的基础上，以制造业的繁荣带动服务业的发展。现在要发展的制造业，并不是依靠大量的物质资源消耗同时产生环境污染的传统制造业，而是要发展主要依靠技术、知识和资本要素投入对环境不会产生严重影响的现代制造业。优先发展制造业并不是延续传统发展模式，而是按照总部经济的规律，将制造业企业的总部与基地分置，并在企业总部的带动下，大力发展人才密集型商务服务业、金融业和信息服务业。现代制造业作为未来经济的主导产业，要带动第三产业向高端发展，摆脱其在低层次徘徊的状态。

二 我国发展总部经济存在的主要问题

我国大陆目前的中心城市，如北京、上海等，政治非常稳定，在硬件环境如基础设施方面也具有一定水平，而且都具备了成为跨国公司地区总部入驻城市的区位条件，但是在政策制度环境、现代服务业集聚水平、人力资源条件上，与香港、新加坡等城市相比仍有很大差距。这些不利因素不仅影响了跨国公司大陆区总部发挥其功能，更使我国难以吸引跨国公司大中华区以上的总部进入。

据有关学者调查研究，我国城市发展总部经济存在的主要问题有以下几个方面。

（一）政策与行政法规环境问题

跨国公司领导普遍认为政策与行政法规环境是我国在吸引跨国公司地区总部方面最大的不足。如我国在吸引跨国公司地区总部方面缺乏良好的政策导向，同时政策和法规在细则以及执行上缺乏严密性。这使得跨国公司在税收、外汇、业务范围等方面无法获得统一、确定的政策管理信息，进而严重影响跨国公司地区总部业务的拓展和总部职能的发挥。

1. 政策繁多

在我国大陆，公司开展业务的过程中会遇到各种各样的政策干预；并且还有一些政策存在不同程度的自相矛盾，使得不熟悉我国国情的跨国公司无所适从。很多跨国公司正是由于我国的政策风险（而且是无法预期的风险）过大而放弃在我国设立总部。

2. 政策法规透明度不够

我国的外汇、税收等政策中，有很多都是部门内部规定，在法规条款中无法找到依据，这给跨国公司带来工作中的诸多不便。

3. 政策法规执行的统一性及连续性不够

政策与法规不够严密，在具体的政策执行过程中，各个地区、各个部门甚至同一部门的不同人员对政策的解释都可能会有所不同。

4. 政策法规执行人员的素质不高

政府工作人员服务意识不够，在税收和公共服务收费上出现了一些超标或违规现象。

5. 政策法规的国际接轨不够

我国的很多法律及政策与国际惯例不能接轨，这使得跨国公司在境内境外运作时会出现一些矛盾，进而削弱我国城市对跨国公司总部入驻的吸引力。

（二）人民币资本项目管制问题与其他资金问题

很多跨国公司认为人民币资本项目管制是目前影响跨国公司总部拓展业务的主要因素之一。

（1）跨国公司无法从境内向境外投资。这限制了境内跨国公司业务的拓展，尤其是大中华区以及更高层次地区总部的功能运行。

（2）作为跨国公司的地区总部，特别是在大中华区以上层次的地区总部，它必须能进行资金在国际的灵活调拨，但我国现实中的资本项目管制使得跨国公司的这一重要功能无法实现。

（3）境内正当的资金汇出无法实现，如国外母公司的管理费、母公司或者其他公司的代垫费用。由于外汇管理局无法证实这项费用的真实性，会拒绝资金汇出。

（4）境内资金的调拨困难。人民银行规定，企业间不能相互贷款以及拆借资金。由于子公司均为独立法人，尽管都隶属于同一投资者，总部却无法实现资金在各子公司之间的自主流动。

（5）企业间的外汇平衡以及外汇调拨困难。国家外汇管理局对跨国公司企业间的外汇调剂是不允许的。

（三）税费负担问题

以下几个方面。

1. 税收水平问题

在个人所得税上，我国与新加坡、泰国等相比税收水平明显过高。再加上实行税前工资制度，这就使得跨国公司高层管理者不愿意将总部放在我国。

2. 两级财税制度所造成的税收负担以及政府行政干扰

一些政府为确保地方利益，在税收执行上税率各不相同，而且很多政府对跨国公司上缴税额规定了指标，如不达标，它们会采取诸如查账、查卫生等干扰手段。

3. 政府收费问题

在税收之外的政府收费更为混乱，收费无标准可言，且名目繁多，跨国公司无法适应。

（四）中介与服务机构问题

很多跨国公司认为我国缺乏中介与服务机构。中介与服务机构短缺使得跨国公司地区总部开展自身业务时，会遇到诸多不便，许多原本可以由服务机构代为办理的业务都要由自身来处理，原有的专业分工被打乱，公司的经营效率下降。

（五）市场准入的限制问题

跨国公司认为审批效率过低，希望减少不必要的流程，简化审批过程。在行业限制上，一些跨国公司认为有些方面限制过多，如投资性公司需要 3000 万美元以上的注册资金，需要国家有关部门批准，其后增资仍需有关部门批准。又如服务业至今不能成立投资性公司。市场准入政策过紧限制了公司业务拓展。对跨国公司在经营行业上的过多限制必然对跨国公司总部进入我国产生很大的负面作用。

（六）人才素质问题

据调查，跨国公司认为我国人才供给的缺陷依次为：管理能力、外语交流水平和专业水平。我国必须在这三方面加强人才培养，否则无法满足跨国公司总部大量进入所需的人才条件，不仅要在外语交流上，还要在经济、文化、法律、科技等诸多领域加强人才培养。

三 国外政府在促进总部经济发展中发挥的作用

（一）新加坡

新加坡是东南亚乃至全球最为著名的总部聚集地之一，号称"总部之都"，在全球贸易和国际金融业务中发挥着举足轻重的作用。统计显示，全球有 6000 多家跨国公司的区域总部设立在新加坡，仅中国就有超过 230 家企业在此投资，美国和欧洲投资的企业分别超过了 2000 家，日本企业 1800 家，印度企业 800 家，澳大利亚和新西兰企业 800 家。联合国贸易和发展会议（UNCTAD）发表的 2003 年国际投资研究资料表明，自 2002 年 1 月至 2003 年 3 月的 15 个月间，跨国公司在 52 个国家和地区内新建立或重新部署了 829 个公司总部，其中 624 个落户在英、美等发达国家，191 个分布在新加坡、中国等发展中国家和地区。由此可知，新加坡在发展中国家和地区中对于跨国公司地区总部最具吸引力，而且其发展规模已远远超过部分发达国家，成为亚太地区当前极具实力的"总部基地"。

尽管新加坡总部经济是在其天然优势基础上由市场力量作用形成的，但不可否认的是，新加坡政府在总部经济的发展中发挥了重要作用。新加坡政府创造了世界上第一流的行政工作效率，其高效行政和廉洁形象举世称道。它是增加跨国公司投资信任度和信心的重要砝码，为吸引跨国公司总部入驻，发展总部经济提供了良好的制度环境。如政府所作的贡献之一就是努力维持市场的诚实信用、优化市场环境、对跨国公司经营的便利性以及新加坡元的币值稳定提供保护等等，而亚洲其他的地方政府往往容易忽略这一问题；同时，新加坡政府是总部经济发展战略的制定者，20 世纪 70 年代，新加坡政府就通过推行金融改革措施，积极谋取新加坡在国际金融及商业上的比较优势。在新加坡金融和商业服务业发展过程中，政府不仅制定了详细的发展战略，其后还不断加以完善和具体。如成立新加坡发展银行与新加坡货币当局、对"特许经营权"立法以发展亚元市场、将新加坡建成能提供最广泛金融服务的"金融超级市场"等等。到20世纪90年代，新加坡已是继伦敦、纽约和东京之后的第四大外汇交易市场，成为亚太地区的金融中心和商贸中心，世界著名的金融机构纷纷在新加坡设立区域性总部；新加坡政府还根据不同的企业总部类别采取了各种有针对性的优惠措施，给予企业不同的免税和减税优惠政策，如特准国际贸易计划、商业总部计划、营业总部地位、跨国营业总部奖励等等。政府的积极产业政策使新加坡总部经济发展迅速，成为东南亚乃至全球最为著名的总部聚集地之一，在全球贸易和国际金融业务中发挥着举足轻重的作用，几乎所有的跨国公司都选择了新加坡作为进军东南亚的起点，也有越来越多的跨国公司在新加坡设立地区总部来实施其海外扩张战略。如果缺乏政府对投资环境的努力营造，新加坡作为亚太地区金融中心和商贸中心的地位是难以确立的，也不可能实现经济的高速发展。

（二）纽约

纽约作为世界著名的"总部中心"，也是全球发展总部经济的成功典范。这里不仅云集了全球相当数量的金融机构，特别是外国银行及其他从事金融交易的公司，而且也是世界最大跨国公司总部最为集中之地。在财富500强中就有46家公司总部选在纽约。许多全球制造企业都在这里设立了总部机构。纽约还是名副其实的国际金融经济中心，对世界经济的稳定与发展有着举足轻重的作用。

纽约市政府通过实施城市工业园区战略、区域经济发展战略、振兴纽约的外向型服务业等，使纽约世界"总部中心"的地位确定并逐步强化。曼哈顿CBD是纽约总部经济的重要空间载体，对纽约经济的发展起到了巨大的促进作用。而纽约市政府在曼哈顿CBD的形成和发展过程中发挥了重要作用。政府在改善CBD总体环境方面采取了很多积极的措施：如扩大曼哈顿CBD的地域范围，使曼哈顿地区CBD总面积从2800万平方米增加到3340万平方米；加强对曼哈顿CBD的规划。纽约市政府规划部门让规划适应不断变化的形势，并对第三产业进行研究，找出最适合该产业发展的地理位置，以及更适应纽约市经济可持续发展的规划方案；改善曼哈顿CBD原有的公共环境。除政策鼓励外，政府投入了大量资金进行环境保护和环境美化建设，并发展了世界上最先进的电讯业；支持曼哈顿区以外的附属 CBD 的建设，改善这些地区的商务设施条件，作为对曼哈顿 CBD 的补充等。纽约的经济发展为美国确立全球经济中心地位立下了汗马功劳。

四　政府要积极培育与总部经济
相适应的高级生产要素

虽然总部经济是在区域之间存在资源禀赋差异条件下，市场对区域间的资源进行再配置的表现形式，但一个有效的政府却能对市场经济起到催化和促进作用。总部经济的发展，有市场的手也有政府的手，政府有所为有所不为，关键是按市场经济规律，积极培育与总部经济相适应的高级生产要素，引导和推动总部经济的发展。

（一）转变政府职能，为总部经济提供制度环境

制度作为经济主体的行为规则涉及方方面面，市场经济需要政府为企业自由参与市场竞争提供充分的制度保证。企业总部的经济活动，由于其自身特点，对于区域的制度环境有极高的敏感性，所以政府转变职能，建设公平、合理、良好的制度环境，对于总部经济的发展至关重要。

首先，政府要制定适合总部经济发展的政策和经济主体行为规则。我国在经济转轨过程中，仍存在相当多的歧视性政策，表现在市场开放度不够、行业垄断、对不同所有制企业的不同政策等方面，这些都制约了社会资金、民间资本的进入，阻碍了生产要素的合理流动和集聚，影响了经济发展的活力。政府必须制定适合总部经济发展的相应政策和经济主体行为规则，如平等对待不同经济主体的游戏规则，以法律制度保障企业享有经营自由，在无歧视、公平的环境下自由竞争，在所有领域放宽准入政策、降低民营企业的进入门槛，提高市场的透明度，维护和增进市场的有效性等等。充分发挥市场机制作用，完善市场竞争机制，才有利于该区域总部经济的形成。

其次，政府要努力营造一流的投资发展环境。在发展总部经济的过程中，政府要不断提高服务水平和办事效率，加快政府职能转变，增加政府的透明度，清

理并大幅减少政府行政性审批，打破地方保护主义，加快法律法规与国际通行法则接轨，加强知识产权保护；还要建设良好的城市社会服务体系、有序的市场秩序、高效的诚信体系、高度的社会治安状况和城市文明程度等，努力营造一种经济开放、市场公平、体制先进、服务完善和社会文明的软环境，使城市的综合商务环境最佳。

（二）加强公共投资，催化总部经济的形成

政府公共投资是总部经济的"催化剂"。政府在发展总部经济中的首要角色就是通过一定的公共投资，改善区域基础设施，提升城市的综合功能，为企业利用区域比较优势合理配置资源创造条件，使总部经济随规模的扩大和时间的延续不断扩张的正反馈机制得以形成。

发展总部经济，首先要加强政府对公共领域的投资。政府对公共基础设施的投入，包括文化医疗教育设施、城市基础设施等的投入，会对企业总部的区位选择产生很大影响。政府可以通过对特定区域基础设施的率先投入，打造硬环境，鼓励和促进企业总部入驻这些地区，以引导企业总部在特定区域的聚集，催化总部经济的形成。

但加强政府公共投资，并不代表政府要包揽城市公共投资。政府除了直接投资部分公共设施外，更重要的是开放公共设施投资领域，引入市场机制。我国大多数城市的基础设施建设都跟不上城市的发展需要，制约了城市发展的步伐，其重要原因就是在这些领域引入市场机制不够，运用市场化手段不多。目前我们的城市基础设施建设、市政工程改造、园林绿化、公共卫生医疗服务等公共项目和公共服务，主要是依靠财政投资和国有企业垄断经营，这种单一的投资方式和管理方式，不利于城市建设和经济发展。发展总部经济对城市公共领域提出了更高要求，我们应开放市场，充分发挥市场机制作用，拓宽投资渠道，实现投资主体和投资渠道的多元化，吸引更多的社会资金积极参与城市公共基础设施建设。

（三）制定产业政策，促进总部经济的发展

政府的产业政策是总部经济的"孵化剂"。产业政策是政府对经济进行宏观调控的三大手段之一，在促进总部经济发展的过程中，政府实施适当有效的产业政策，可以促使总部经济在这一地区兴起和发展。

政府作为有效制度供给的主体，可以在产业的发展过程中起到非常关键的作用，特别是产业集群发展到上台阶的时候，政府的政策倾斜有时至关重要。政府可以确定产业结构调整的目标，确定重点扶持的产业和加以限制的产业，并综合运用立法、行政、财政、金融等方面的措施促进产业发展目标的实现。如对于优先发展的产业或投资方向，政府可以赋予更为优惠的税收条件。目前，在地方经济竞相发展的形势下，进行政策倾斜，提供个性化、差别化的税收政策已成为地方政府吸引外来投资的重要手段。政府通过适当的税收优惠及财政补贴等经济政策，来影响企业所获得的收益和承担的成本。当政府产业政策客观上起到了增加总部的收入或降低总部的经营活动成本的作用时，就能在地区竞争中显现本区域的相对比较优势，提高对企业总部的吸引力。

（四）营造良好环境，为总部经济发展创造条件

总部经济涉及的第一要素是营商环境，也就是中心城市的基础设施、市容环境、法制基础、人才积累，要积极发展总部经济，就必须重视营商环境的优化和提升。政府为企业总部营造一个良好的工作和人居环境，能增强该区域对企业总部的吸引力，为总部经济的发展创造有利条件。

总部经济是人力资源指向型的经济。由于企业总部主要履行的是战略决策、资源管理、资本运作、研究开发、市场推广等重要职能，企业总部所需的生产要素资源是以知识密集型为特点的。充足的高素质商务人才和研发人才供给，是总部能够聚集并形成总部经济的最主要因素之一。这就决定了企业总部的入驻选择，会定位于具有高素质的人力资源和丰富科研教育资源的区位；同时，优越的工作环境和文化生活环境是构成这一区域与其他区域比较优势的一个重要因素。区域内规划配套的交通、通讯、网络设施可以大大提高工作效率，齐全的教育、体育、娱乐设施可以为企业总部的高级员工提供高品质的生活服务，国际化特色和文化的包容性可以营造一种开放融合的氛围。可见，总部集群需要的是一个系统、完善的总部环境，这种总部环境是总部生存和发展所需的基础条件和制度条件的统一。因此，政府加强环境建设，努力为企业总部提供一个良好的工作人居环境，既可以强化该区域的人力资本和积累社会资本，也能为企业总部创造一个良好的软环境，吸引企业总部在该区域的聚集，二者都将有利于总部经济在该区域的形成和发展。

总部经济为企业国际化经营带来新契机

王分棉　丁　岚[*]

随着经济全球化及新经济革命的深入，国际化经营已成为各国企业发展的必然趋势和战略选择。目前，西方跨国公司发展呈现咄咄逼人的态势：子公司广泛分布于发展中国家和发达国家；规模越来越大，资本越来越雄厚；结构高度化和多元化。相对于西方发达国家的大型跨国公司，我国跨国经营的企业呈规模较小、资金匮乏、实力较弱等特点。加入世贸组织后，中国作为世界未来最大的市场，在跨国公司实施全球化战略中的地位日趋重要，跨国公司纷纷将总部从香港、新加坡、东京等地迁到中国。西方大型跨国公司的大量涌入中国，给我国企业的发展带来了较大的威胁和挑战，然而总部经济的形成又给我国企业开展国际化经营带来了新契机：一方面总部经济效应可以提高我国企业的自主创新能力，为提升本土企业的国际竞争力提供了一条新途径；另一方面在海外市场设立地区总部，为我国企业经营战略升级为全球战略提供了新模式和新思维。

一　跨国公司总部经济效应

（一）跨国公司地区总部的内涵

有关跨国公司地区总部的界定尚未有统一明确，但国内外学者一致认可的

＊　作者简介：王分棉，对外经济贸易大学北京企业国际化经营研究基地研究员；丁岚，对外经济贸易大学国际商学院副教授。

是：跨国公司地区总部相对于跨国公司总部而言，是跨国公司组织结构中较次一级的机构设置。而跨国公司总部的内涵是指跨国公司的母公司所在地的最高决策中心，统领整个跨国公司的所有业务，管理协调各个产品部门或地区部门的各项活动，把握公司发展方向，策划公司的发展战略，是整个跨国公司的神经中枢。跨国公司地区总部的内涵则是指代表总部执行管理、协调该地区范围内的本公司各项业务，实施资本控制、战略实施和运营整合的决策机构。[①]

许多跨国管理理论认为地区总部是企业跨国经营过程中采取的一种组织形式。Yeung etc（2001）认为跨国地区总部是跨国公司为处理全球化和本土化矛盾而设立的一种组织结构。郑京淑（2002）认为随着越来越多的跨国企业在全球进行业务发展，地区总部的组织形式将被更多的跨国企业所采用。Sullivan（1992）以美国跨国公司欧洲地区总部为例，探讨了跨国公司在经营过程中如何管理全球标准化相对于当地反应的平衡关系。Mori（2002）从定义地区总部入手，从理论和实证两方面探讨了日本跨国公司欧洲地区总部的作用。随着全球市场竞争的加剧，技术不断升级，市场细分要求越来越高，跨国公司为了快速洞察市场需求并在第一时间推出新产品，提高决策速度、管理效率，在全球范围内实现资源的最优化配置，就需要考虑设置地区总部。

跨国公司地区总部是经济全球化发展的产物。随着跨国公司全球化战略的实施，地区需求尚存在差异化，而且全球战略与地区差异之间矛盾的压力不断增加，同时跨国公司总部的管理幅度不断增大，加大了总部直接管理的难度。为了实现在全球范围内有效配置资源，并有效利用、整合各区域内部的经营资源，以抢占竞争优势，跨国公司进行重新调整组织结构，设立跨国公司地区总部，进而降低跨国企业的管理成本。地区总部比总部更了解东道国的运营环境和运营状况，在某种程度上，地区总部的决策会比总部更加准确，同时也提高了跨国经营的效率。

（二）总部经济效应

总部经济的形成源于西方跨国公司地区总部的集聚。不同于以往传统的生产

---

① 转引自朱欣民《论跨国公司地区总部》，硕士论文，中国优秀博硕士学位论文全文数据库，2002，第5页。

布局模式，总部经济将资源有效整合为完善的产业链，开创了一种新的合作模式，具有内聚效应和扩散效应，能够实现企业、总部所在区域、生产加工基地三方得益。[①] 同时企业总部如果在一个地方积聚，必然会产生积极的经济效应，即总部经济效应。根据各位学者对总部经济效应的研究，笔者认为以下总部经济效应可以促进中国企业加强学习、模仿、消化吸收跨国公司先进的技术和管理知识，不断提升企业自主创新能力，进而提高企业的国际竞争力。

1. 技术溢出效应

研究表明，技术和知识是不停地相互流动的。跨国公司总部及其研发机构在中国的设立，可以为当地企业带来巨大的技术溢出效应。这种技术溢出效应可分为直接作用和间接作用，前者是技术扩散和适度的技术转让，后者为刺激作用，从而可以促进国内企业通过对外企新技术、新产品、生产流程的模仿和学习而提高自身的技术水平；同时，外资企业通过与国内企业上、下游产业链接效应而带动当地企业的技术进步。

2. 管理溢出效应

由于总部聚集区是跨国公司的"司令部"，具有先进的和科学的管理理念和手段，因此企业总部的设立将不可避免地通过示范、压迫等途径使旧的经济运行机制实行脱胎换骨的全面改造。政府管理机制、企业经营机制将随之发生深刻的变革和创新。从而当地企业可以通过近距离学习其先进的管理理念和手段，提升自身管理水平。

3. 社会效应

总部经济的发展可以促使区域加快基础设施和投融资机制改革，不断改善外商投资的环境，从而提升区域的价值、知名度、美誉度和国际地位。同时，总部经济推动了当地产业结构和资源重组与升级，加快了城市的国际化步伐，为本土企业的快速发展创造了一个良好的外部环境。另外跨国公司总部进入后，会加剧本土公司与跨国公司在中国市场上的竞争，可推动我国市场体系的发育与市场机制的发展，进而推动投资环境的改善。

4. 人才效应

跨国公司在东道国地区总部的员工通常本地化，以降低其营运成本。这些本

---

① 赵弘：《总部经济：拓展首都经济发展新思路》，《投资北京》2004 年第 5 期，第 18～19 页。

土员工通过工作可以更好接触到跨国企业的企业文化、学到先进的管理知识和市场运营流程，掌握先进的工作技能。因此，总部经济的发展必然加速对知识型人才的培养，尤其是对管理人才、研发人才的培训，提升当地人力资本存量。从长远来看，总部经济为本土企业的发展培养了大量的管理人才和技术人才。

二 总部经济为企业国际化经营带来新契机

企业国际化是指企业由国内市场向国外市场发展的经营活动。国内市场是促进产业进步和结构优化的基地，是培育中国自己跨国公司的基地，同时也是企业进行技术升级，培养企业自主创新能力的基地；海外市场则是企业参与国际竞争、参加国际分工的战场，企业只有不断进行技术改造升级和提高自身国际竞争力，才能获得更多的海外市场份额。

总部经济为中国企业国际化经营带来的新契机基于两个维度：一是跨国公司总部经济效应提升了企业国际竞争力；二是在海外设立地区总部为中国企业实施全球战略提供了新思维和新模式。

（一）总部经济促进企业提升国际竞争力

上述总部经济和研发基地的技术溢出效应、管理溢出效应、社会效应和人才效应，为我国本土企业加速企业国际化经营带来了巨大的发展机遇。本土企业应当借助总部经济产生的各种效应，加强自身的学习消化和吸收能力，实现引进→消化→吸收→再创新，培育企业自主创新能力，获取自主知识产权，形成企业核心竞争力，进而可以获取持续的国际竞争力，如图1所示。我国企业应该抓住这一契机，推动企业技术升级与创新，加强企业自主创新，不断提升国际竞争力，

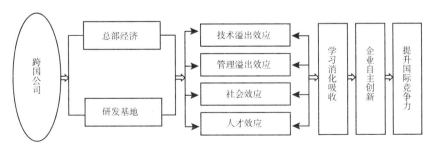

图1　总部经济促进企业提升国际竞争力

推动企业快速健康地开展国际化经营。

1. 跨国公司地区总部的积极作用

跨国公司地区总部的设立会给所在城市带来许多有形的和无形的收益，比如为当地雇员提供更高层次的管理岗位、引进与高层决策功能相配套的管理经验和知识、带来大量的研发机构、提高城市在国际上的知名度和参与世界经济的能力等。[①]

同时在经济全球化过程中，越来越多的跨国公司已经不仅仅局限于在海外设立研发机构来保证当地的生产和销售，而是在全球范围内通过一切可能的形式配置研究与开发资源，为公司全球经营活动提供有效的知识与技术支持。中国经济的持续高速增长和改革开放的不断深化，使中国市场的战略地位在全球凸显，跨国公司开始对华进行战略性投资。北京和上海由于人力资源和研发方面的基础条件，正在成为跨国公司重要的研发投资地。研究表明，跨国公司中央实验室和其海外 R&D 分支机构之间的技术和知识是相互流动的，这种知识和技术的外溢与辐射效应会给我国高新技术企业的发展带来巨大的机遇。[②]

2. 跨国公司研发基地的积极作用

跨国公司的研发基地能够直接把先进技术带入中国，跨国公司在中国的开放式研究，对中国企业具有很强的带动效应。尤其重要的是，知名跨国公司的 R&D 机构已经成为重要的知识源，在全球知识创新中占有重要地位，我国应当借鉴欧美等国家的经验，重视跨国公司的研发基地，采取多种方式吸纳其技术和知识，促进我国高新技术企业提升自身的研究开发能力和研究开发管理水平，大大提高科技转化能力，加速与国际市场的接轨。[③]

（二）设立跨国地区总部为中国企业国际化跨越式发展提供了新思维和新模式

跨国公司地区总部是企业国际化经营发展到高级阶段的产物，而我国企业

[①] 侯鸣：《总部经济引发中心城市角逐》，《中国投资》2004 年第 4 期，第 76～79 页。

[②] 韦肖：《跨国公司地区总部：北京的又一张国际牌》，《时代经贸》2004 年第 7 期，第 83～87 页。

[③] 北京市统计局计算中心社会科技处：《2005 年北京企业国际化经营研究报告》，同心出版社，2005，第 279 页。

尚处在国际化经营的初级阶段，但随着中国企业自主创新能力的增强，中国国际化经营的先锋企业已在国际市场初露锋芒，如截至 2004 年，同仁堂国际化经营已连续 5 年以 20% 以上的速度增长，主营利润已超过 10 亿元，出口创汇突破 2000 万美元，其海外合资公司分布在马来西亚、泰国、英国、美国、加拿大、澳大利亚及港澳地区；华旗集团最初以新加坡为国际化战略根据地，随后又进军法国、加拿大等国家，把爱国者的移动存储产品及 MP3 推广到国际市场。这些高新技术企业国际化先锋在国际市场取得了瞩目成绩，为国内企业开拓国际市场起到了示范作用。但相对于西方跨国巨头，"走出去"的中国企业短时间内在国际市场难以与之直接对抗，因此中国企业的国际化经营还任重道远。

中国企业在有足够内部资源保障的前提下，欲加速其国际化进程，实现跨越式发展，可以借鉴西方发达国家的经验：随着企业海外业务的发展，为了解决价值链活动在全球空间上的"集中"与"分散"的区位问题以及"全球化"和"本地化"的压力，为了更好地支持企业在海外市场的巩固和扩大，设立地区总部，从其全球战略考虑，进行有效配置资源，合理安排研发、生产、销售、物流等系统，以达成成本最小化和效益最大化的目的。[①]

三 中国企业在海外设立地区总部取得了初步成绩

如前所述可知，总部经济为中国企业开展国际化经营，提升企业国际竞争力带来了新机遇。当前，中国企业已经掀起了国际化经营的新浪潮，一些国际化经营的排头兵开始尝试在海外市场设立地区总部和研发中心，并取得初步成绩，其国际化进程向前迈进了一大步。

（一）华为设立欧洲地区总部→全球研发中心

华为最初开拓海外市场时实施"农村包围城市"战略，先在俄罗斯、泰国、南美等市场有所获，并积累一些品牌知名度和成功的销售经验。在具有较完备的

---

① 张静：《跨国地区总部区位因素研究》，硕士论文，中国优秀博硕士学位论文全文数据库，2005，第 1 页。

技术能力后，华为开始频繁地以 OEM 方式获得占据国际市场的机会。2004 年，是华为实施国际化战略取得突破成绩的一年，华为在英国设立欧洲地区总部，此举标志着华为海外拓展的重点逐渐从亚非拉转向欧美主流高端市场，全面登陆欧洲主流市场。为了贴近当地市场，华为在班加罗尔、莫斯科、硅谷、斯德哥尔摩等多个地区建立了研发机构，华为实施本土化战略，利用当地的科技人才，打造自己的核心竞争力。

到 2006 年，华为已完成亚太、欧洲、中东、北非、独联体、拉美、南非、北美八大区布点，在东欧、独联体、中东、亚太等地已进入主流运营商，并跻身英国电信、法国电信、德国电信、荷兰 KPN 等全球顶级通信运营商的供货商行列，服务世界电信运营商 50 强中的 22 家。[1] 华为在亚太、南非等新兴市场以超过 50% 的市场份额位居第一，华为 2006 年海外销售收入额为 426.4 亿元，占总收入的 65%。由罗兰·贝格和《环球企业家》联合发布的《2007 年最具全球竞争力中国公司》20 强中，华为位居榜首。目前，华为已经建立起全球研发、制造和营销体系，能够在全球范围内整合资源，具备了强大的全球竞争力。

（二）联想集团总部移师纽约

联想集团实施国际化战略经历了四个阶段：①在发展时期建立海外贸易公司，开展国际化经营活动；②成熟时期的国际化经营战略——在香港成功上市，转向资本市场；③扩张时期，跨国并购 IBM PC 业务，跻身全球第三大 PC 厂商；④全球化战略——集团总部移师纽约。

相比华为设立的欧洲地区总部和全球研发中心，联想的行动更是彻底，将公司总部移师纽约，很明显的折射了联想打造一个高利润的全球化品牌的决心。汤敏（2005）认为联想移师纽约得到了三大平台：一个是国内比较缺乏金融平台，纽约有世界先进的金融市场、股市和银行，这个对企业的发展至关重要；第二是信息平台，在那里全世界先进的技术信息和商业信息都汇聚一起；第三是非常国际化的政策平台，联想是在政府的支持下成长起来的，但是在纽约会有不同的政治平台。由此可见，联想总部移师纽约，为其实施全球战略向前迈出了一步。

---

① 郑磊：《韬光养晦看华为》，《新财经》2007 年第 2 期，第 102 页。

（三） 惠威集团两次移师集团海外总部[①]

与华为和联想设立地区总部及集团总部移师有所不同，惠威集团为了寻求新的市场增长机会和利润增长点，在创立两年后就开始全球化战略布局，于1993年将总部移师加拿大。惠威集团移师为的是更好地利用北美强大的电声研发能力，密切关注最新科研成果，从而进一步丰富和完善技术支持。1997年惠威收购美国著名高级音响制造商 Swans Speakers System Inc.，Swans 公司总裁 Frank Hale 成为惠威集团首席设计师；2000年，惠威集团正式将总部迁移到美国加州洛杉矶，Swans Speakers System Inc. 公司成为惠威集团的管理中心，技术研究中心和高级扬声器零部件生产中心。虽然，惠威扬声器、箱体等部分的设计主体都在国内完成，但最后的技术升华环节大多在国外完成。美国的设计资源和本土的制造资源让惠威找到了一个"性价比"最高的结合点。惠威走向全球市场的步伐越来越快，越来越有实质意义。

四　抓住契机的对策建议

目前，很多跨国公司地区总部在我国已经取得一定的成果，总部经济效应已初具规模。因此，我国企业应当充分利用国内的资源优势以及跨国公司在中国设立的研发基地，总部转移带来的技术溢出效应、管理溢出效应、社会效应和人才效应等，来加强企业的自主创新能力，提升自身的国际竞争力，立足国内市场资源，苦练内功，壮大后再走出去。我国企业应如何充分运用跨国公司形成的总部经济效应促进其国际化经营呢？可以从以下两个层面着手。

（一） 政府层面

总部经济发展的主体是企业，政府的作为应该是有限的，应主要作用于不断改善外部发展环境，创造有利于总部发展的产业配套环境，最大限度地发挥总部经济的正面效应。因此政府应该致力于以下几个方面：加快基础设施投融资体制改革，进一步改善外商投资环境；提供良好的金融服务环境；健全与改善市场经营环境；

---

① 袁茂峰等：《"全球中国化"还是"中国化全球"》，《Twice china》2007年第3期，第23页。

加强对总部经济发展的宏观指导和空间规划，处理好总部集群布局与分散布局的关系；提高金融服务、现代物流、信息咨询等附加价值高的现代服务业的比重；重点强化国内主要城市现代化中央商务区的建设；继续优化城市生态环境和生活环境。

（二）企业层面

要使在华跨国公司研发机构有效带动本土企业技术创新能力的提高，一是要建立与技术转移有关的技术交易市场和产权交易市场；二是要加强研发密集型产业的对外开放力度，通过与跨国公司之间的竞争机制促使其向本土企业转移核心技术和高端技术；三要创造条件吸引更多的跨国公司来华，支持和鼓励跨国研发机构扩大对本地的业务外包量，开展面向这些跨国公司需求的研发出口能力的培养，真正把外资企业和中国本土企业的研发活动纳入全球研发分工体系。[①] 我国企业应充分利用中心城市的战略资源，加大自主创新力度；改进生产流程，提高产品档次和质量；加快培养和引进国际化高级专业人才；提升产品的科技含量，提高生产技术水平；跟踪国际技术发展动向；利用外商资金、技术、市场和信息；进一步发挥加工基地的成本优势。

另外，中国企业欲加速其国际化进程，可以借鉴跨国公司和我国国际化经营排头兵的发展模式，在海外设立地区总部和研发中心，在全球范围内有效配置资源，并有效利用、整合各区域内部的经营资源，形成企业的竞争优势。企业结合对企业资源和外部发展环境的分析，根据企业的国际化发展战略，可以在海外市场设立战略生产型、金融型、研发型、商业型和综合服务型的地区总部，具体在哪里设立，设立哪一种性质的地区总部，就需要结合企业自身情况及国际化战略来考虑了，而不能为了单纯地为设地区总部而设地区总部。

参考文献

侯鸣：《总部经济引发中心城市角逐》，《中国投资》2004 年第 4 期。
课题组：《2005 年北京企业国际化经营研究报告》，同心出版社，2005，第 279 页。
林文俏：《发展总部经济阔步走向国际》，2003 年 7 月 22 日《南方都市报》。

---

① 林文俏：《发展总部经济阔步走向国际》，2003 年 7 月 22 日《南方都市报》。

韦肖：《跨国公司地区总部：北京的又一张国际牌》，《时代经贸》2004 年第 7 期。

张静：《跨国地区总部区位因素研究》，硕士论文，中国优秀博硕士学位论文全文数据库，2005。

赵弘：《总部经济：拓展首都经济发展新思路》，《投资北京》2004 年第 5 期。

郑京淑：《跨国公司地区总部职能与亚洲地区总部的区位研究》，《世界地理研究》2002 年第 1 期。

郑磊：《韬光养晦看华为》，《新财经》2007 年第 2 期。

朱欣民：《论跨国公司地区总部》，硕士论文，中国优秀博硕士学位论文全文数据库，2002。

Yeung etc，towards a regional strategy：the role of regional headquarters of foreign firms in Singapore，*Urban studies*，2001 年 1 月。

总部经济的基本概念与发展路径研究

王 军 魏 建[*]

　　总部经济成为一种现实经济形态由来已久，它不仅是城市经济的一个具体体现，是在经济分工中逐渐形成的体现城市优势和特色的经济形态，而且是一种城市经济的发展模式，通过总部经济可以有效提高城市竞争力和发展水平。但是，对总部经济的理论阐释还有待于进一步深化。本文针对既有研究[①]，试图从一个更宽泛的层面上对总部经济的基本概念进行阐释，并着重研究总部经济的发展路径，使之能更好地指导城市经济的发展。

一　总部经济的概念——三层次界定法

（一）总部经济的概念

　　根据既有研究，所谓"总部经济"，是指某区域由于特有的资源优势吸引企业将总部在该区域集群布局，将生产制造基地布局在具有比较优势的其他地区，

---

　　* 作者简介：王军，山东省委党校经济学教研部副教授，博士；魏建，山东大学经济研究院教授，博士。

　　① 所谓"既有研究"，主要是北京市社会科学院经济研究所副所长赵弘研究员的研究，其研究成果集中于专著《总部经济》（中国经济出版社，2004）中。

而使企业价值链与区域资源实现最优空间耦合，以及由此对该区域经济发展产生重要影响的一种经济形态。

从概念本身考察，首先体现了总部经济所研究的企业主要是指制造业企业，是有将总部与制造基地进行空间分离内在需要的大型制造业企业；其次，企业内部分工外部化为区域分工，即在企业自身发展到一定阶段之后，基于企业进一步的成本—收益考虑，将自己的决策中心和制造基地进行"脑体分离"；再次，这种分离在空间上又体现为区域之间的分工与合作，即各个区域基于自己的资源和要素优势所实现的互补性的分工与合作；最后，在这种分工与合作中，企业居于主动一方，根据自己发展的需要选择总部和制造基地所在区域，而城市及合作区域一般处于被选择的地位。

进一步从深层次考察，总部经济首先是一种城市经济，是城市经济利用自身优势而形成的一种形态（既定资源基础上的经济形态）；其次是一种合作经济，是中心城市与城市圈的分工合作的结果（关键是区域分工）；最后是一种高端经济，是城市经济和企业成长到一定阶段后才生成的经济形态。

（二）概念的局限性

由上述分析可以看出，这个概念的界定是非常严密的，也非常具体，但这个概念界定也存在一些缺陷：第一，研究对象仅仅局限于制造业企业，不能涵盖现实中其他产业（尤其是第三产业）的企业总部聚集于某一城市的现象，也不利于进行针对不同资源禀赋的城市发展总部经济的研究，因为能够符合该定义发展总部经济的城市实在是少之又少；第二，该概念界定总部经济的研究内容既包括总部所在城市的经济形态，也包括制造业基地所在区域的经济形态，从概念本身来说是严密的，但这无形中淡化了总部经济研究的主要方面——企业总部所在城市的经济，尤其当研究的出发点立足于城市，从城市本身考虑发展总部经济的战略和策略时，概念的局限性显得更为突出。因此，总体上来讲，既有研究关于总部经济概念的界定从理论上讲是严密的，具有理论的原创意义。但是，如果把这个概念用于指导一般城市总部经济发展的研究和实践，需要对概念进行改造，扩大其内涵和外延。

（三）新概念的界定——总部经济的三层次含义

基于上述分析，新的总部经济概念应该至少能够涵盖非制造业企业总部，尤其是第三产业企业总部；同时，又要体现出下一步城市发展总部经济的方向。因而，笔者在此提出了总部经济概念的三层次界定法：第一个层次是最广义的概念，是指所有单位的总部或者区域性总部对所在城市产生的经济效应；第二个层次是指所有的企业（包括第二产业和第三产业的企业）总部或者区域性总部对所在城市产生的经济效应；第三个层次也就是最狭义的层次，是指大型制造业企业出于发展需要实施的"脑体分离"式的区域分工对企业总部所在城市产生的经济效应①。

在这三个层次中，第一层次构成了发展第二层次和第三层次总部经济的重要因素，是提升城市功能的重要方面；第二层次至少把第三产业尤其是现代服务业企业的总部发展问题考虑进去，从产业结构演变的一般规律来讲，第三产业的比重不断提升是一种趋势，是经济发展和结构调整到一定阶段的必然产物，因而总部经济的概念必然要反映这种发展趋势；第三层次的概念实际上指出了大城市和特大城市发展总部经济的方向——尤其是中国在争做世界制造业基地、充分利用国际产业梯度转移的历史机遇面前，大城市引进大型制造业企业总部，或者现有的大型制造业企业实施"脑体分离"实现价值链的最优化是建设制造业基地的必然选择。

第二和第三层次的企业总部是未来发展总部经济的重要着力点，二者之间有内在联系，因为一则从产业发展的角度而言，一般情况下第二产业的充分发展是第三产业发展的基础，世界产业发展的一般趋势证明了这一点；二则从总部经济发展的角度看，无论哪种企业总部的设立、迁移都要考虑所选择城市的产业基础，尤其是第三产业的发展程度，因为良好的产业基础和城市功能构成了总部经济发展的两大支柱。

二 总部经济发展的一般路径和一般逻辑

（一）总部经济发展的一般路径

作为一种高端的城市经济，总部经济一方面是世界领先城市发展实践的总

---

① 这里重点强调对企业总部所在城市的经济效应，而淡化了对制造业基地经济效应的分析，并不意味着"脑体分离"对制造基地的作用不重要，而是基于研究的目的，因为本文认为，总部经济是城市发展的一条路径。

结，另一方面指示了城市经济的发展方向。那么，形成总部经济的内在机理是什么？总部经济具有什么样的发展路径和发展逻辑呢？根据纽约、香港、新加坡等国际著名城市和国内北京、上海、广州等城市的发展经验，大致将发展总部经济的一般路径总结如下。

1. 第一阶段：所在城市的兴起

纵观世界上总部云集的大城市，它们的兴起都是有一定原因的：

（1）基于良好的地理位置，或是有天然的良港，或是交通枢纽，或具有重要的战略意义；

（2）基于丰富的自然资源；

（3）基于相当规模的人口和深厚的文化底蕴；

（4）基于一国的政策因素和其他一些人为因素。

基于上述原因的共同作用或者某一原因的单独作用，城市集聚了一定的人口，积累了一定的知名度，建设了一定水平的基础设施，形成了初步的产业和发展基础，构成了城市经济最为基础的部分。

2. 第二阶段：以制造业为主导的发展阶段

条件：主要是相对廉价的生产要素、广阔的市场和其他一些影响因素。

表现：制造业发展迅速，形成了一些规模较大的企业，制造业占国民生产总值的比重较大，并开始带动第三产业的发展，但是由于处在起步阶段，第三产业在经济中所占比重较小。

集中了较多的制造基地，成为所在区域的工业中心，基本是劳动密集型和资源密集型的发展方式，这样的发展与城市的进一步大规模发展是不相协调的（比如带来环境的污染和交通的拥挤等等），高附加值、高技术含量、有竞争力的产品较少。

结果：形成了一定水平的产业基础，吸引了更多的人口来到城市，成为区域中心。

3. 第三阶段：第二、三产业协调发展阶段

条件：形成了一定规模的工业基础，人力资源和资金的供给有了很大改善。

表现：制造业所占比重有所下降，结构由粗放型向集约型发展，由劳动密集型向知识密集型和技术密集型发展，与此同时第三产业尤其是餐饮、交通运输等一般性服务业发展迅速，所占比重逐步上升，并逐渐超过第二产业，在区域经济中占主导地位。随着城市的进一步发展，土地资源和能源相对稀缺，给传统制造业的发展造成瓶颈。

结果：主导产业基本形成，产业集群初步形成，城市经济独有的构成要素发展更为充分。

4. 第四阶段：总部经济的形成

条件：第二产业发展到一定阶段，高端服务业发展比较成熟，人才和资金供给丰富，城市出于自身发展的需要，有发展总部经济的内在要求。

表现：工业集中发展高附加值的产业，服务业居于主导，特别是知识型服务业的发展比较成熟。出于自身发展壮大的需要，大型企业根据资源要素的比较优势，将制造基地与总部进行分离布局，实现价值链与区域资源的空间耦合。随着城市中心商务区的形成与发展，企业总部相对聚集。各工业园区相继出现，形成了城市高新科技发展的中心，形成了以企业总部、研发机构、营销机构等为核心的增长极。

结果：企业总部集聚，总部经济效应突出。金融业、商务服务业发达且成为主导产业。

（二）总部经济的发展逻辑

从上述大致的发展路径，我们可以总结出以下总部经济发展的基本逻辑。

1. 总部经济是城市经济发展到一定阶段的产物，也是企业成长到一定阶段的产物

总部经济不是凭空出现的，是城市经济和企业成长到一定阶段后才产生的。对于城市来说，不仅人口、基础设施、交通、知名度和影响力等各个基础因素方面发展到一定水平，产业、智力、文化、行政资源等也需要集聚到一定程度后，才有可能发展成为总部经济形态。因此，不是所有城市都有条件发展总部经济，总部经济也不是所有城市的发展方向。总部经济只是部分发达城市、中心城市的发展方向，不是所有城市的发展方向。例如德国的法兰克福是德国的金融中心，许多著名企业的总部集聚在此，具有总部经济的特征。但是德国人却不认为法兰克福是他们心目中最理想的城市，反而因为这个城市的商业文化过于浓厚而看不起法兰克福。德国的柏林等城市虽没有显著的总部经济形态，却是众多德国人心目中的理想城市。

同时，总部经济也必须是企业发展到一定阶段后的产物，是在企业分区域布局的成本小于因此而产生收益后的产物。企业总部与制造基地或分支机构分区域

布局的成本，包括通讯、运输、管理控制等多种成本，而企业的管理能力在降低这些成本上具有重要的影响。显然如果企业的管理能力不足以克服分区域产生的成本，企业一般不会选择总部与制造基地或分支机构分离的组织模式。

2. 总部经济的形成，不仅需要中心城市经济发展到一定水平，也需要支撑区域发展到一定水平，且二者形成明显的资源禀赋和成本差异

不同区域之间存在显著的资源禀赋差异是总部经济形成的一个重要前提。对于中心城市来说，禀赋优势在于一定的产业基础、良好完善的商务服务环境、通畅且低成本的融资渠道、快速而准确的信息传递、高素质的人才、雄厚的科研基础、高水平的教育体系等等。并且这些资源禀赋优势不能是简单的、低水平的优势，不应仅是超出非中心城市和支撑区域的优势，更重要的是超出其他中心城市的优势。这样才能有效扩大覆盖范围、有效吸引更多的关注、形成不可复制与超越的禀赋优势，才能形成最为纯粹的总部经济形态。对于支撑区域来说，优势在于丰沛的自然资源、充足和廉价的劳动力（尤其是具备特种技能的劳动力）、便捷的交通、良好的生态环境、一定的产业基础等。这些资源性优势和中心城市的智力优势结合在一起能够形成强大的协同效应，才有可能使企业自觉选择"总部－基地"分置的组织模式，城市经济才能呈现出总部经济特征。

3. 总部经济形成的两个基本支柱：产业基础和城市功能

良好的产业基础和完善的城市功能是总部经济的两个形成基础，也是构建总部经济的两个着力点。所有城市都是建立在一定的产业基础上的，否则城市就失去了生存基础和聚集人才、信息、资金、资源等的载体。也只有在产业发展到产业内部分工细致化、价值链条独立化的水平后，产业继续发展到了向城市之外寻求空间的程度，总部经济才会产生。产业内部分工细致化说明产业内部出现了低端和高端的区分，价值链条独立化说明产业运作成本最小化已不能局限于企业内部。尽管主流产业随着经济发展有着更替现象，但是每一个产业的充分发展都将留下坚实的产业基础，借助于这个基础，就有将这个产业发展到高端的可能，因为过去的繁荣给这个产业带来了专业化的人才、技术、科研投资和专有的商务环境。例如纽约过去曾是服装业制造中心，如今服装生产早已不是纽约的主导产业，但是纽约的服装设计却凸现为主导产业。没有过去的产业辉煌，根本谈不上产业的高端阶段，更不会形成总部经济形态。

城市功能是总部经济的另一条"腿"。总部经济是高端经济，要支撑这样的高端，就需要有完善的城市功能。不仅基础设施要达到适合人类居住的理想标准，更重要的是有一个完善、及时、法制的商务环境。完善是产业发展、企业进步需要的商务服务的完善，及时是商务信息获取、商务纠纷解决的及时，法制则体现为商务运作规范有序、透明度高、人性化。城市不仅有着高度集聚的产业集群，有着大量的高素质、高知识的人才，有着丰沛的资本供给，有着便捷通畅的信息交流和物品流通网络，而且规划有序、布局有致、有张有弛，更有着高效、廉洁的政府，简单、透明的税收，安全、诚信的秩序。

产业基础决定着城市的产业选择方向，城市功能决定着企业的选择方向，二者有机结合才能产生总部经济。同时产业基础和城市功能又同时决定着城市的禀赋优势，尤其是城市功能是使其与支撑地经济相区别开来的关键所在。

4. 产业高端、高端产业、企业高端集聚是总部经济的内在发展规律

总部经济是高端经济，主要体现为它是三个高端的聚集的结果。这三个高端是：产业高端、高端产业和企业高端。产业高端指的是产业链条是价值增加幅度最大的环节，主要是研发和营销环节。高端产业主要是指资本密集、智力密集等高增加值的产业。产业高端和高端产业又是通过企业高端联结在一起的，企业高端是企业的各种总部，包括决策总部、资本总部、研发总部、营销总部等种类。一方面，企业高端代表着和引领着产业高端，另一方面企业高端的有效运作又需要高端产业为之提供支持，企业高端将三者有机统一在一起。总部经济就表现为三者的结合和统一，缺一不可。

三 总部经济发展的现实路径——以济南市为例

具体来看，"总部经济"的发展可以总结为：基于主导产业的总部经济发展模式、基于城市功能的总部经济发展模式、基于政策优势的总部经济发展模式和基于特定资源禀赋的总部经济发展模式。下面以济南市为例，分别解释各种具体发展路径。

（一）基于主导产业的总部经济发展模式

区域内的主导产业支撑是形成和发展总部经济的一个重要因素。一般情况下，城市的发展都是通过一个或几个优势主导产业奠定自己在国内外经济发展中的地位，并以这些产业为中心带动人、财、物的流动，形成大流通格局，加速相关产业的聚集，从而吸引更多相关公司和集团安家落户。总的来看，济南工业基础比较雄厚，工业门类齐全，特别是在这些年的发展中，形成了三条比较清晰的产业主线：一条是以"家电（松下、小鸭）－摩托（轻骑）－服装（元首）－食品（趵突泉、佳宝）－烟草（将军）"为主的轻工业链条；另一条是以"汽车（重汽）－钢铁（济钢）－设备制造（二机床、试金）－石油化工"为主的重工业链条；第三条是以"软件（中创等）－计算机（浪潮）－生物制药（齐鲁）"为主的高技术产业链条。以重工业链条为例，钢铁生产和汽车生产是重工业链条中非常重要的两个环节。济南钢铁集团作为全市最大的工业企业，依托济南市拓展发展空间，充分利用省会城市的优势，实现了健康快速发展，已经发展成为全国最大的中厚板生产、出口龙头企业，主导产品中厚板的产量、成本、市场占有率、出口量等多项指标居全国第一。2004年6月份，"济南钢铁"股票在上海证交所正式挂牌交易，融资近14亿元，成为全省A股首发募集资金最多、流通股最大的上市公司，也是在国家实行宏观调控政策情况下发行的第一支钢铁股，济钢集团现在正处在建厂以来发展最快、效益最好的时期。重汽集团经过三年的改革重组，企业的竞争力大幅度提升，连续4年产销增长60%，从2002年到2004年10月，申报技术专利350余项，专利开发速度在汽车行业中名列第一，在国内重型汽车行业的技术领先地位已经确立。

（二）基于城市功能的总部经济发展模式

城市功能是总部经济形成的另一条路径和手段。作为一种高端经济形态，总部经济的发展需要有较为完善的城市功能，不仅要求城市有较完备的商务配套设施与商务发展环境，而且要求有高效、廉洁的政府服务和公平、公正的制度环境。济南市有着自己的特色城市功能：一是济南是山东省的政治中心，政府资源丰富，具有信息快捷、省市交融的政治优势；二是济南是山东省的科技教育中心，拥有大量的高等院校和科研院所，能为总部经济的发展提供强大的智力支持；三是济南是全省的文化中心，历史资源丰富，文化产业发达；四是济南还是区域性金融中心，金融机构相对集中，融资条件比较便利；五是济南还具有良好的区位交通优势，是交通物流中心。正是基于济南这种特色的城市功能，在济南形成了大量依赖城市功能而发展起来的企业总部。

（三）基于政策优势的总部经济发展模式

良好的政策环境，是总部经济得以发展的重要保证，政府以有利于总部经济的发展为原则，增加市场的开放度，维护市场秩序并加强管理，都将促进总部经济的发展。政府通过适当有效的税收优惠及财政补贴等经济政策，可以改变该区域企业所能获得的收益和所承担的成本，当政府政策客观上起到增加总部在该地区的期望收入或降低总部在该地区的经济活动成本时，将能充分发挥本区域的比较优势，使得总部经济在该地区兴起和发展。济南，作为山东省的省会城市，在政策方面具有不可多得的优势。第一，济南处在山东省经济发展政策的制定区域，能最先获得省政府政策决策的信息，可以顺应政府下一步的政策动向，抢先做出合理的决策，这一优势吸引了外地企业将总部迁入济南，如在 2003 年，山东工程机械集团有限公司为了扩大融资，吸引人才，靠近决策中心，更多地获取信息，加快企业发展，将总部迁到了济南。第二，近年来济南市为了大力发展"总部经济"，制定了一系列政策，科学规划和大力发展园区和商务区建设，实施优惠政策，吸引企业总部入驻。例如，位于济南高新区的齐鲁软件园，目前已入驻 200 多家企业，园内 10 家企业被科技部认定为"国家软件产业基地骨干企业"，4 家软件企业被列入国家规划布局内重点软件企业，5 家企业通过 CMM3 认证，山大齐鲁软件学院为齐鲁软件园提供了强大的智力支持，齐鲁软件园已成为济南软件产业集聚中心。再例如，山大路科技商务区一直是济南市信息产业人才、资讯、交易的最大的集聚区，并逐渐成为了国内外著名 IT 公司的山东总部所在地。2005 年，山大路推出了特区数码港项目，着力为 IT 企业打造一个"IT 总部基地"。

（四）基于特定资源禀赋的总部经济发展模式

不同城市有不同的特定资源禀赋，城市应该充分利用自己的特定资源禀赋，大力发展基于本市特定资源禀赋的总部经济。济南是山东省的省会，南依泰山，北临黄河，有 2600 多年的建城史，是中国历史文化名城和首批中国优秀旅游城市，位于我国"山水圣人"、"齐鲁民俗"两条黄金旅游线的重要枢纽，旅游资源十分丰富。而济南市高度重视旅游业的发展，把旅游业作为重要的支柱产业来抓，不断加强旅游资源开发和旅游基础设施建设，优化旅游发展环境，强化旅游宣传促销与行业管理，基本形成了以泉水景观为特色，人文景观相映衬，观光旅游和特色旅游共同发展的大旅游格局。

参考文献

郝寿义、倪鹏飞：《中国城市竞争力研究——以若干城市为例》，载《经济科学》1998年第2期。

"济南市总部经济发展问题调查研究" 课题组：《济南市总部经济发展问题调研报告》。

饶会林：《城市经济学》，东北财经大学出版社，1999。

王军、王凯：《对总部经济几个基本理论问题的思考》，载《理论学刊》2005年第11期。

赵弘：《总部经济》，中国经济出版社，2004。

跨国公司地区 R&D 总部的
投资区位选择[*]

——研究新进展及其评述

戴贵芬　郑胜利[**]

一　R&D 和跨国公司地区 R&D 总部的
概念及研究意义

R&D 是英文 Research and Development 的缩写形式，是一个国际通用的科学技术术语。在我国 R&D 通常被译为"研究与开发"、"研究与试验性发展"或简称为"研发"。R&D 的概念有多种表述，联合国教科文组织对 R&D 下的定义是为了增加知识总量（包括人类、文化和社会方面的知识），以及运用这些知识去创造性应用而进行的系统性的创造工作。[①] 国际经济合作与发展组织（OECD）关于 R&D 的定义是：R&D 是一种有系统的创造性工作，其目的在于丰富人类文化和社会知识宝库，并运用这些知识去进行新的创造。[②] 我国的权威出版物《中

---

 * 本文受 2005 年福建省科技厅"青年创新基金"项目（闽台总部经济发展比较）和 2006 年国家统计局科研项目（台商大陆研发投资的调查与统计分析）的资助，在此表示感谢。

 ** 作者简介：戴贵芬，女，福建漳州人，厦门大学经济学硕士，集美大学财经学院教师；郑胜利，男，福建漳州人，清华大学台湾研究所博士后，福建师范大学经济学院副教授，硕士生导师。

①　张仁侠：《研究与开发战略》，广东经济出版社，1998，第 23 页。

②　OECD，Main Definitions and Conventions for the Measurement of Research and Experimental Development（R&D）；A Summary of the Frascati manual 1993 ［R］. Paris，1994。

国科学技术指标》将 R&D 定义为：为了进行知识创造和知识应用而进行的系统创造性工作，是人们不断探索、发现和应用新知识的连续过程。[①] 虽然大家对 R&D 的定义在表述上不是完全相同，但其基本含义是一致的。在我们今天的学术研究中，R&D 更多的是将"研究"与"开发"视为一个整体概念，通常指人们进行的技术创新，生产知识产品的活动。广义的 R&D 是指科学研究、技术研究、技术开发和创新，包括基础研究、应用研究、开发研究及技术产业化、商品化和社会化的各个环节和过程；狭义的 R&D 则专指企业为了经营性目的而进行的应用研究和开发研究。本文主要以后者为基础进行有关问题的探讨。R&D 作为跨国公司的核心职能之一，在跨国公司的整体经营战略中占据重要的地位。

所谓的跨国公司地区 R&D 总部（R&D Headquarters）是指跨国公司为了实现经营的全球化和充分利用各地的资源而在某一区域设立的，以技术研究和开发为主要职能，进行与研发相关的战略决策和生产活动，同时与组织外部进行资源协调等一系列活动的企业组织，它是跨国公司在华的各类研发中心、技术发展有限公司、实验室、研发总部、研究院等的总称。地区 R&D 总部与其生产基地、营销总部、行政总部等机构之间借助先进的通讯手段进行沟通，从而更加有效地利用和控制外部的知识和技术资源，保持自身的竞争优势。由于 R&D 活动具有规模经济和技术溢出特点，长期以来，跨国公司的 R&D 活动都是集中在母国进行。但随着跨国公司国际化战略的进一步深入，同时也为了应对日益激烈的国际竞争，跨国公司一改以往将 R&D 活动集中于母国的传统，根据不同东道国在人才、科技实力以及科研基础设施上的比较优势，在全球范围内有组织地安排 R&D 活动，从而促使跨国公司的 R&D 活动日益朝着分散化、国际化的方向发展。在跨国公司 R&D 国际化、全球化的滚滚浪潮中，随着我国市场经济和对外开放的发展，中国以其庞大的市场规模、高速增长的经济与丰富的资源成为吸收利用跨国公司直接投资的重要东道国，20 世纪 90 年代中期以来，在实现对华销售网络布局和生产设施布局之后，跨国公司纷纷到中国设立地区研发总部从事产品开发、实验和科学研究活动，积极谋划其在中国的 R&D 布局。由于各个地区的经济发展水平、科技资源分布、科研环境、基础设施等不同，跨国公司地区 R&D 总部在进行区位选择时也具有不同的倾向。

[①] 傅家骥：《技术创新学》，清华大学出版社，1998，第 331 页。

跨国公司在中国的 R&D 投资，为中国带来了 R&D 资金、先进技术、知识和 R&D 管理经验，从而有利于提高国家和地方的创新能力。然而目前中国在利用外商 R&D 投资的过程中还存在不少问题，其中最为常见的问题是由于对跨国公司 R&D 投资区位选择的因素把握不够或理解片面，加之地方保护意识的作祟，各地纷纷使出"政策比拼"的杀手锏，力图在这场新型的竞争中取得胜利。由此导致在实际中往往难以吸引到具有真正实效的外资 R&D 机构。因此，总结跨国公司海外地区 R&D 总部投资区位选择的一般规律，研究跨国公司在华地区 R&D 总部投资区位分布的特征和影响其投资区位选择的因素，有利于我国更好地应对和引导跨国公司在华 R&D 投资的分布，为各地政府吸引跨国公司 R&D 机构的政策制定及投资环境的改善提供参考。

二 跨国公司地区 R&D 总部投资区位选择的相关理论

关于跨国公司地区 R&D 总部投资区位选择的研究主要涉及两个方面的理论：一方面是区位论，另一方面是对外直接投资理论。区位论是研究经济活动地域布局的理论，具有漫长的发展历史，本文主要从韦伯和廖什的传统工业区位论到全球区位论对区位论进行阐述。对外直接投资理论，本文主要从邓宁的国际生产折中理论到波特的战略投资理论进行阐述。

（一）区位论：从传统工业区位论到全球区位论

工业区位论起源于 19 世纪 20、30 年代，其主要内容是探讨人类经济活动，尤其是工业活动的空间分布规律。德国经济学家韦伯（A. Weber）第一次提出了区位因子的概念，并认为区位因子体系包括运输成本、劳力成本和集聚因子，确定工业区位的程序首先是根据运费最低点初步确定工业区位，然后根据劳动力成本对该区位进行修正，再根据集聚因子最终确定合理的区位。[①] 韦伯之后的许多学者对工业区位论进行了补充和修正，例如，胡弗改进了运输费用的计算方法，使其更加接近实际；艾萨德则用现代数学方法来解释区位理论，并用市场区位代替消费地作为变量来研究市场对区位的影响。以上区位理论的核心思想都是根据

---

① A. Weber（1909）：《工业区位论》，李刚剑译，商务印书馆，1997。

成本最低化来确定区位，尽管有许多学者批评他们考虑的区位因素过于单一，并且运费在企业成本中的作用不断减弱，但成本最小仍是包括跨国公司在内的企业选择区位时必须考虑的重要因素之一。

韦伯理论的缺陷之一是没有注意到市场对工业布局的影响，在韦伯之后，廖什主张将生产和市场结合起来，强调市场对工业布局的影响。他认为最佳区位不是费用最低点也不是收入最大点，而是能够获取最大市场利润的区位。在此基础上他把区位因子划分为以下 5 类：①经济因子，包括价格的地区差、供求关系、技术进步等；②自然因子，包括自然资源、气候、交通便利程度等；③人的因子，包括个别企业主和一般性的国民性等；④政治因子，包括关税、政治制度、民族语言等；⑤其他因子，包括销售费用、商业风险、贸易障碍、消费者偏好、行政手续等。① 随着世界经济的发展，市场因素在企业区位中的作用越来越显著。对于跨国公司来说，市场规模大、消费水平高以及生产和管理成本低的目标区域具有更大的吸引力。

综合韦伯和廖什的理论，可以看出他们概括了工业布局的一般规律和区位选择的科学方法，即不同产业因其有不同的生产、消费和销售特点，在布局上应选择不同的策略。总的来看，运费、工资、聚集和市场因素是工业布局应考虑的基本因素。

但是，长期以来传统区位论对于跨国公司对外直接投资的解释实际上只涉及投资国环境因素的某些方面，对其他诸如企业本身的因素、投资动机等较少提及，同时也无法解释对外直接投资随时间而变的关系，从而影响了区位论的完备性。进入 20 世纪 90 年代，世界经济全球化逐渐成为一种世界性的潮流，跨国公司的对外直接投资活动上升为经济全球化实现的动力。许多跨国公司开始向全球性公司转变，产业网络遍撒全球，其全球战略对区位的选择有了新的理解，区位因素的重要性日益突出。根据传统区位论对经济全球化形势的不适应性和总结跨国公司生产力布局的经验，华东师范大学西欧北美地理研究所师生在完成汤建中教授主持的国家自然科学资金课题"我国对外直接投资的产业选择和区域战略"的基础上，于 1999 年提出了一个全新的区位理论——全球区位论（Global Location Theory）。全球区位论主要是研究在全球化的背景下，以跨国公司为主体

---

① A. Lösch（1940）：《经济空间秩序》，王守礼译，商务印书馆，1995。

的现代化企业对投资区位的选择问题。对于特定地域而言，全球区位论就是从动态的角度，研究构成不同区位特性的区位因子，根据首位因子和区位因子的显著性来分析地域的空间分异规律，并以此指导企业选择适宜的投资区位。对于特定类型的企业来说，其对外投资不局限于特定的地域，而是在全球范围内选择不同的区位，通过该区位的投资环境分析来确定适宜的投资区位。从这个角度看，全球区位论又研究特定类型企业投资区位的全球分布规律。①

（二）对外直接投资理论：从国际生产折中理论到战略管理理论

西方国家有关跨国公司对外直接投资理论的研究成果很多。Jones 1993 年在评述西方跨国公司理论发展状况时，从经济学的观点出发，认为在跨国公司的研究中，称得上主流学派的有维农（Vernon）的国际产品生命周期理论、巴克利（Buckley）和卡森（Casson）等人的市场内部化理论以及邓宁（Dunning）的国际生产折中理论。其中邓宁（Dunning）的国际生产折中理论被认为最具概括性和代表性，许多文献都将其称为国际直接投资的"通论"。

邓宁（Dunning）继承了海默等人的垄断优势论的观点，又吸收了内部化优势论的概念，运用区位理论，构建了"三优势模式"（OLI Paradigm），他把跨国公司拥有的优势分为三个方面的特定优势，即所有权优势（O）、区位优势（L）和内部化优势（I）。其中，资产所有权优势（O）是指一国企业拥有或能够获得的别国企业所没有或无法获得的特定优势；区位优势（L）不是企业所拥有的，而是东道国所拥有的，企业只能适应和利用这项优势；内部化优势（I）是指企业将拥有的所有权优势在内部使用，以节约或消除交易成本的能力。在这三个要素中，区位优势是最有价值的一部分，邓宁把区位优势因素归为四类：①市场因素，包括市场规模、市场增长、同顾客密切联系的程度、现有市场布局；②贸易壁垒，包括贸易壁垒程度（关税高低）、当地顾客喜爱本国产品的程度；③成本因素，包括接近供应来源、劳动力成本、原料成本、运输成本；④投资环境，包括对外国投资的政策法规和政局稳定程度。区位因素直接对跨国公司选择投资地点产生重要影响，跨国公司总是把资金投向那些具有区位优势的国家。不过，在实际中由于区位因素通常是不明确的，因而有时无法应用。

---

① 唐礼智：《东南亚华人企业集团对外直接投资研究》，厦门大学出版社，2003，第 36～38 页。

国际直接投资理论在 20 世纪 90 年代最重要的进展是哈佛大学学者波特 (Michael E. Porter) 提出的战略管理理论。波特指出，以往的国际直接投资理论只注重对外投资的成因和动机，解决的仅仅是跨国公司存在机制问题，而战略管理研究所关注的是跨国公司发展机制问题，即国际竞争对跨国公司的战略影响以及对现有跨国公司管理的战略含义。波特对以上的战略管理理论的思想作了更为细致的分析，用价值链的概念去描述跨国公司的战略形成过程和竞争优势的来源。具体来说，跨国公司在进行国际竞争的过程中，必须考虑两个重要的战略变量。一是其在世界各地经营活动的整合态势 (Configuration)，即跨国公司在组织价值链上各个环节的经营活动时，这些活动在世界各地的区位布局；二是跨国公司的协调态势 (Coordination)，即跨国公司在不同国家开展价值链各环节的经营活动时，彼此之间的协调情况。跨国公司战略实际上是上述两个战略变量的不同组合。跨国公司能利用这些不同组合，形成一种"新"的"战略优势"（Strategic Advantages)。基于波特提出的战略优势，Mucchielli 在 1992 年的研究中对邓宁的折中范式进行了修改。在 Mucchielli 的框架中，OLI 优势分别变成了竞争优势 (Competitive Advantages)、比较优势（东道国）(Comparative Advantages) 和战略优势，并在活动方式中增添了国际合作安排方式（ICAS）一项。[①] 战略管理理论的提出具有十分重要的意义。它以当今跨国公司经营的发展态势为依归，突破了传统跨国公司的理论范畴，促使跨国公司的重点由存在机制逐步向发展机制转移，从而大大激发了对有关理论问题如跨国公司的定义、组织结构、战略活动等的重新认识，显示了新的理论发展空间。

三　国外学者关于跨国公司地区 R&D 总部投资区位选择的研究

（一）研究回顾

跨国公司海外 R&D 投资区位选择研究是国际投资区位研究的重要领域，而跨国公司海外 R&D 投资区位选择问题，实际上也是跨国公司在海外设立地

---

① 唐礼智：《东南亚华人企业集团对外直接投资研究》，厦门大学出版社，2003，第 31～33 页。

区 R&D 总部的投资区位选择问题。20 世纪 70 年代以来，随着跨国公司 R&D 全球化浪潮的兴起，跨国公司海外 R&D 投资区位选择问题一直是学术界研究的热点和焦点。这些国外学者虽然是采用不同的研究样本和研究方法，从不同的角度出发来研究跨国公司海外 R&D 投资区位问题，但得出的结论具有一定的共同点。国外学者关于跨国公司海外 R&D 投资区位的研究方法和研究结论，对于研究跨国公司在华地区 R&D 总部投资区位选择具有一定的借鉴意义。

在跨国公司海外 R&D 投资区位选择的研究中，有相当多的学者从不同的角度分析了影响跨国公司海外 R&D 投资区位选择的因素。Mansfield、Teece 和 Romeo 对 1970~1974 年间 55 家美国制造业公司进行了研究，发现海外子公司销售额占跨国公司销售额的比例与跨国公司在该子公司的 R&D 支出占公司整个 R&D 支出的比例呈正相关，而与出口呈负相关，[1] 也就是说跨国公司对海外子公司的 R&D 支出与海外子公司的销售额是相关的；Lund 1986 年在对 158 个拥有 R&D 机构的美国企业调查的基础上得出，企业在选择 R&D 区位时主要考虑以下几个方面的因素：最好接近公司总部、保证科技人员的供应稳定、社区内具有"较好的生活质量"和合适的 R&D 配套设施、接近制造业生产部门、接近大学或研究中心等。[2] Zejan（1990）通过对瑞士跨国公司的海外 R&D 投资的研究发现：东道国的市场规模和人均收入对跨国公司在该国进行 R&D 投资具有重要的决定作用，为东道国市场进行生产活动的海外子公司从事 R&D 活动的可能性更大。[3] Kumar（1996）通过美国公司对印度的 R&D 投资的研究，得出东道国的研发成本和科技人才、科技水平是跨国公司进行 R&D 投资区位选择的重要决定因素。[4] Kuemmerle（1997）发现美国跨国公司海外 R&D 区位的选择除了受子公司生产规模、经营性质和东道国技术资源等因素的影响外，还与东道国政策环境，

---

[1] Mansfield, E., Teece, D, Romeo, A., Overseas Research and Development by U. S [M], Based Firms, *Economics*. Vol. 46, pp. 187 – 196. 1979.

[2] Leonard Lund, Locating Corporate R&D facilities, *Report No. 892*, *the Conference Board*, New York.

[3] Zejan, M. C. (1990), R&D Activities in Affiliates of Swedish Multinational Enterprises. *Scandinavian Journal of Economics*, 92 (3), pp. 487 – 500. 1986.

[4] Nagesh Kumar, Intellectual Property Protection, Market Orientation and Location of Overseas R&D Activities by Multinational Enterprises [J]. *World Development* Vol. 24, No. 4, 673 – 688. 1996.

尤其是知识产权保护状况有很大关系。[①] Kumar（2001）通过对美国和日本跨国公司海外 R&D 区位决策的影响因素进行研究，发现与东道国的市场规模、低成本 R&D 人力资源的丰富程度、国家技术成果规模与跨国公司海外 R&D 投资正相关，而政府的优惠政策和知识产权保护对跨国公司进行 R&D 投资具有重要影响。缺少足够的专利保护或限制贸易边界并不影响一个国家的吸引力，但如果在这两个方面进行改进有利于吸引 R&D 活动。[②] Tony Frost 和 Chang Huizhou（2000）曾以 1977～1990 年间外国企业在美国的 R&D 机构为样本，对跨国公司在美国内部的 R&D 投资的区位选择模式进行了研究，发现跨国公司在东道国内部特定区位的 R&D 活动强度与当地国内企业的 R&D 规模、当地大学的科研实力、当地科技资源的增强潜力呈正相关关系，而且随着跨国公司在东道国 R&D 投资的增加，其新建 R&D 机构的区位选择趋于更加合理化。[③]

（二）文献评述

综上所述，上述研究主要是以下三类国家为研究对象。第一类国家是美国，如 Mansfield、Teece 和 Romeo（1979）、Lund（1986）、Kumar（1996）、Kuemmerle（1997）、Kumar（2001）、Tony Frost 和 ChangHui zhou（2000），美国是经济和科技强国，在许多领域都处于国际领先地位，美国既是对外 R&D 投资较多的国家，也是世界上吸引外国 R&D 投资最多的国家。美国跨国公司对外 R&D 投资主要是为了更加充分地利用自己的技术优势，获得其他国家廉价的 R&D 资源；跨国公司在美国进行 R&D 投资的最主要目的是获取先进的技术、跟踪技术发展和利用美国有利的 R&D 环境。第二类国家是瑞士，如 Zejan（1990）的研究表明：瑞士拥有一批大型的公司，但由于国家较小，不具有广泛的研究基础，为了对产品和技术进行改造，适应当地市场的要求，同时为了综合利用东道国的政策因素和环境因素，瑞士积极进行海外 R&D 投资。第三类国家是日本，

---

① Kuemmerle W. , Building Effective R&D Capabilities Abroad ［J］. *Havardl Business Review*, Jan-Feb pp. 71 – 70, 1997.

② Nagesh Kumar, Determinants of location of overseas R&D activity of Multional enterprises: the case of US and Japanese Corporations ［J］. *Research Policy*, Vol. 30, pp. 159 – 174. 2001.

③ Frost, T. and Changhui Zhou, The Geography of Foreign R&D Within a Host Country: An Evolutionary Perspective on Location-technology Selection by Multinationals, *International Studies of Management and Organization*, Vol. 30, pp. 10 – 43, 2000.

如 Kumar（2001）的研究中提出，日本是后起的世界经济强国，日本企业对外进行 R&D 投资是为了紧跟世界科技发展潮流，获取国外新的信息。

以上国外学者主要应用统计调查研究、大规模的样本研究和概述性的研究方法，对影响跨国公司海外 R&D 投资区位选择的因素进行实证分析，这些研究方法和研究结论对于研究跨国公司在华地区 R&D 总部的区位选择具有一定的借鉴意义。

四　国内学者关于跨国公司地区 R&D 总部投资区位选择的研究

在跨国公司 R&D 投资国际化、全球化的浪潮中，中国作为一个发展中的大国，政治稳定，经济持续高速发展，市场庞大，基础设施优良，劳动力资源丰富且成本不高，成为跨国公司设立海外地区 R&D 总部的热点区域。因此，对跨国公司在华地区 R&D 总部投资区位进行研究具有较强的理论和现实意义。然而，国内学术界目前还没有真正关于跨国公司地区 R&D 总部投资区位选择的文献。而与跨国公司地区 R&D 总部投资区位选择相关的关于跨国公司海外 R&D 投资和跨国公司在华 R&D 投资的研究也是从 20 世纪 90 年代末期才开始的，起步相对较晚。目前国内学术界对跨国公司 R&D 的研究主要分为两个方面：一方面是借鉴国外的一些研究成果和方法，以美国等其他一些国家的数据为基础，对跨国公司海外 R&D 投资区位选择进行实证研究；另一方面是研究跨国公司在华 R&D 投资，由于这方面的数据获取较为困难，所以目前这方面的研究主要以定性研究为主，关于跨国公司在华 R&D 投资区位选择的实证研究也主要侧重于问卷调查和案例分析。

（一）研究回顾

国内学术界直到 20 世纪 90 年代末才开始关注跨国公司海外 R&D 投资区位的研究。郑京淑（2000）探讨了跨国公司 R&D 职能的海外区位特征，对我们研究各国各地区在跨国公司全球战略中的位置以及在跨国公司技术转移中所处的地位具有重要意义。[①] 清华大学的薛澜等人（2001）通过电话访问、问卷调查和案

---

① 郑京淑：《跨国公司海外研发机构的区位研究》，《世界地理研究》2000 年第 1 期。

例分析的方法，对《商业周刊》1000 家企业中在华跨国公司设立独立 R&D 机构的情况进行实证研究，侧重从需求、供给、效率以及环境因素四个方面对影响跨国公司在华设立独立 R&D 机构的区位选择因素进行分析，从而得出现阶段吸引跨国公司在中国设立 R&D 机构的主要因素分别是：①中国部分领域高质量研发人才的供应以及相对成本优势；②中国的市场规模与潜力及本土化需要。① 华东师范大学的杜德斌（2001，2005）采用 1997 年美国跨国公司在各东道国的 R&D 支出数据，从跨国公司在当地生产的规模和特性、东道国技术资源状况和东道国政策法规三个方面来考察影响跨国公司 R&D 投资区位选择因素之间的相关性。作者从这三个方面设计了 12 个因子为自变量，以 1997 年美国跨国公司 R&D 支出数据为因变量进行一元线性回归分析，考察各因子与 R&D 支出的线性关系。研究表明：跨国公司 R&D 投资流向主要受公司本身的 FDI 流向、东道国的市场规模、科技人才的供应、技术设施的发展水平和知识产权保护的完善程度等因素的影响。② 邱立成（2001）通过对跨国公司海外研发机构类型的划分与分析，讨论了影响跨国公司海外研发机构区位选择的因素：研发的导向、国外当地市场的规模、当地研发的基础设施、市场当地化的需要、东道国的相关政策、文化心理距离、竞争对手在当地进行的研发活动水平。③ 河南大学李小建（2002）从不同阶段的 R&D 活动对区位的不同需求出发，将跨国公司 R&D 布局的区位条件归结为"三接近"：接近于科研机构（如大学、科学院所等）和贸易组织，以获取市场需求信息和科技支持；接近数量充足、高素质的劳动力（科学家、工程师、技工）供应地以满足研究、开发和试制生产等对劳动力的需求；接近新产品的使用者，以便及时对样本及新产品的性能、消费者偏好提供反馈意见，并引导消费。④ 长城战略研究所（2002）通过对跨国公司在华设立的十多家研究机构进行的案例调研，分析了跨国公司在华 R&D 投资的原因、现状及区位分布特点。⑤ 何淑明（2002）认

---

① 薛澜、王书贵、沈群红：《跨国公司在中国设立研发机构影响因素分析》，《科研管理》2001年第 4 期。

② 杜德斌：《跨国公司 R&D 全球化的区位模式研究》，复旦大学出版社，2001。杜德斌：《跨国公司海外 R&D 的投资动机与区位选择》，《科学学研究》2005 年第 3 期。

③ 邱立成：《跨国公司研究与开发的国际化》，经济科学出版社，2001。

④ 李小建：《公司地理论》，科学出版社，2002，第 76 页。

⑤ 长城企业战略研究所：《R&D 拥抱中国：跨国公司在华 R&D 的研究》，广西人民出版社出版，2002。

为跨国公司在选择设立海外 R&D 分支机构时，主要考虑区位的人才环境、信息集聚环境及科研辅助设施、政策的自由开放度等因素。[1] 潘弈（2003）把中国各省 R&D 机构的数量与各省的社会经济指标进行回归分析，回归的结果说明：一个地方的经济文化水平和社会经济发展的总体规模是吸引跨国公司 R&D 机构的决定因素。[2] 喻世友、万欣荣、史卫（2004）采用美国跨国公司 1997 年海外 R&D 投资的数据，对影响跨国公司 R&D 国家选择的因素展开了实证研究，研究结果表明：外商直接投资规模、东道国的国内生产总值、东道国的知识产权保护力度是影响跨国公司 R&D 投资国家选择的关键因素，文章在实证分析的基础上，分析了跨国公司在中国 R&D 投资的区位现状，提出了中国进一步吸引跨国公司 R&D 投资的政策建议。[3] 李安方（2004）通过对 140 多家跨国公司在华 R&D 投资的调研，用实证分析的方法分析了跨国公司在华 R&D 投资的特征和动机，并从跨国公司、母国、东道国和国际环境四个方面分析跨国公司 R&D 区位选择的决定因素。[4] 王建华（2004）认为跨国公司海外 R&D 投资的区位选择取决于东道国的投资与市场环境因素、东道国的 R&D 资源及供给环境因素和东道国的政策环境因素。[5] 李蕊（2004）认为跨国公司在我国建立的研发机构主要分布在以北京为中心的环渤海地区、以上海为中心的长江三角洲地区和以深圳为中心的珠江三角洲地区，并且近年来跨国公司在我国西部的研发机构的数量日渐增多。[6] 李洁（2005）总结了跨国公司在中国 R&D 的区位分布的特征，在此基础上用我国 31 个省市区（港、澳、台除外）跨国公司 R&D 机构的分布数量与各省市区有关科技经济情况的数据进行回归分析，得出跨国公司在中国 R&D 区位决策与当地的科研技术人员比重、科研专利和技术成果产出情况、FDI 规模呈线性正相关。[7]

（二）文献评述

国内学者关于跨国公司在华 R&D 投资区位选择的研究可以分为定性分析和

---

① 何淑明：《跨国公司设立海外 R&D 分支机构的区位分析》，《重庆商学院学报》2002 年第 6 期。

② 潘弈：《跨国公司 R&D 机构中国区位研究》，《现代管理科学》2003 年第 2 期。

③ 喻世友、万欣荣、史卫：《论跨国公司 R&D 投资的国别选择》，《管理世界》2004 年第 1 期。

④ 李安方：《跨国公司 R&D 全球化——理论、效应与中国的对策研究》，人民出版社，2004。

⑤ 王建华：《跨国公司海外 R&D 投资的内在动因与区位选择》，《中国科技论坛》2004 年第 4 期。

⑥ 李蕊：《跨国公司在华研发投资解析——对其现状、趋势及与中国工业增长之间关系的实证分析》，《财贸经济》2004 年第 12 期。

⑦ 李洁：《跨国公司在中国 R&D 投资区位选择的实证分析》，《商业研究》2005 年第 8 期。

定量分析两个方面。郑京淑（2000）、邱立成（2001）、李小建（2002）、何淑明（2002）、王建华（2004）、李蕊（2004）等主要是从理论阐述方面对影响跨国公司在华 R&D 投资区位选择的因素进行定性研究。薛澜（2001）、杜德斌（2001，2005）、潘弈（2003）、喻世友、万欣荣、史卫（2004）、李洁（2005）等主要运用统计、计量等方法对影响跨国公司在华 R&D 投资区位选择的因素进行实证分析。杜德斌（2001，2005）的分析方法具有一定的开创性，但作者只是采用一元线性回归的方法，忽视了各变量间的相互作用机制，因而难以从总体上说明东道国的社会经济因素对跨国公司海外 R&D 区位决策的影响。潘弈（2003）应用一元线性回归的方法对每个影响因素进行分析，只是探讨了每个影响因素与 R&D 机构个数的相关性，没有探讨每个影响因素在整体方程中的影响程度。喻世友、万欣荣、史卫（2004）选取美国跨国公司 1997 年海外 R&D 投资数据作为检验样本，采用逐步回归的方法进行分析，方法值得借鉴。李洁（2005）运用多元线性回归的方法建立模型，考虑了各经济变量之间的相互影响，但当检验出模型的某些变量之间存在多重共线性时，直接剔除存在多重共线性的变量，这样可能会造成一些数据信息的丢失。

五　结　　论

综观现有的研究成果，可以发现，学术界对跨国公司 R&D 直接投资的研究主要是沿着三条路线展开：①采用公司实地调查法分析跨国公司海外 R&D 投资的动因和影响其海外区位选择的因素，②从管理学角度研究跨国公司 R&D 机构的空间组织形式和中央 R&D 机构与海外 R&D 机构之间的组织协调，③从地理学角度研究跨国公司海外 R&D 机构的空间分布，利用经济计量方法解释这种空间分布的影响因素，探讨不同类型和不同需求的跨国公司在海外 R&D 区位选择方面形成的区位模式。① 可以说，现有的研究成果还较少关注来自后发国家和地区的新兴工业经济体（如"亚洲四小龙"等）跨国公司的地区 R&D 总部投资选择的问题，尤其是从全球价值链角度区分这些地区的品牌企业和代工企业，其

---

① 楚天娇：《跨国公司在发展中国家 R&D 投资的区位模式研究》，上海社会科学院出版社，2004，第 4 页。

R&D 投资全球化的特殊性和异质性，这成为该领域研究的一个新方向。

本文所采用的影响跨国公司地区 R&D 总部进行投资区位选择的因素主要包括：样本区域的市场因素（外商直接投资规模、样本区域的地区生产总值）、样本区域的研发实力和研发成本（样本区域科技人才的多寡、样本区域科技人才的平均工资水平）、样本区域的环境因素（当地政府的政策支持力度、知识产权保护力度、通讯设施水平和生活环境质量等因素）。

根据上述结论，站在地方政府的角度，未来吸引跨国公司地区 R&D 总部进驻的着眼点为：一是加强对外资的引导，提升投资的质量和规模，以促进跨国公司地区 R&D 总部的设立；二是重视专业技术人才和科研后备力量的培养，为 R&D 活动的开展提供坚实的人才保障，提升在 R&D 引资争夺中的竞争优势；三是完善以现代通讯设施为主的各项基础设施建设，以达到降低 R&D 机构运营成本和提高研发效率的双重目的，进一步增强区域的吸引力；四是健全知识产权保护制度，强化知识产权意识，营造良好的 R&D 竞争环境。①

---

① 唐礼智、戴贵芬：《跨国公司在华研究与开发投资区位选择的实证研究》，《国际贸易问题》 2007 年第 6 期。

实践篇
Practice Chapter

飞跃发展的北京朝阳区总部经济

洪继元　张　瑾[*]

　　总部经济是伴随着信息技术的充分发展，全球经济一体化和区域经济一体化进程不断加快而出现的新的经济现象。总部经济的发展对增加区域财政收入、促进就业和消费、推动城市升级具有深刻影响，其产生与发展是企业内外部各类资源优化配置的结果。

　　北京市朝阳区作为北京面积最大、人口最多的城区，在《北京城市总体规划（2004～2020年)》中，被定位为城市功能拓展区，日渐成为国际交往的重要窗口，中国与世界经济联系的重要节点，对外服务业发达地区，现代体育文化中心和高新技术产业基地。作为北京商务中心区（简称北京CBD）和2008年奥运会主场馆所在地，朝阳区国际化商务氛围浓厚，基础设施完善，经济快速发展，已经逐渐成为北京市总部经济规模最大、发展最成熟的区域之一。

一　朝阳区总部经济发展现状及主要成效

　　《朝阳区国民经济和社会发展第十一个五年规划纲要》中明确提出，大力发展总部经济是朝阳区促进产业结构优化升级、转变经济增长方式的主要工作和任

＊　作者简介：洪继元，北京市朝阳区投资促进局局长；张瑾，北京市朝阳区投资促进局科员。

务之一。目前，朝阳区已成为北京最适合跨国公司设立地区总部的城区之一。截至 2006 年底，已有 160 多家世界 500 强跨国公司在朝阳投资，其中经商务部认定的跨国公司地区总部有 28 家，占全市跨国公司地区总部总量的 77.8%，投资性公司 103 家，占全市的 69%。朝阳区已经成为全国世界 500 强企业最密集、商务活动最活跃、商务氛围最浓厚的区域之一。

朝阳区内的北京 CBD、电子城功能区已经成为北京总部经济快速发展的标志性区域，引领着朝阳区经济转型和城市发展的方向。随着北京 CBD 市政基础和配套设施建设的全面加快，该区域已成为全国重要的总部经济聚集地，也是朝阳区经济发展的重要引擎。到 2006 年底，入驻 CBD 的企业达到 4385 家，其中世界 500 强企业 102 家、跨国公司 600 余家。其中，金融业发展较为突出，有经营性金融公司 104 家，外资金融机构代表处 109 家。为向金融企业总部提供更优质的后台服务支持，朝阳区还在金盏地区建立了金融后台服务园区，包括金融后台处理中心区、银行卡业务中心区、金融外包及离岸外移集聚区、研发与培训区、管理及综合服务区等五大功能区域。北京 CBD 国际金融业发展势头迅猛，已经成为北京国际金融企业最集中的地区。

电子城功能区空间拓展和产业发展实现新突破，初步形成了电子通信等高技术产业和跨国公司研发中心聚集发展的良好态势，正由生产基地逐步向国际化经营性总部基地转变。目前，电子城功能区已经入驻各类企业 401 家，其中包括摩托罗拉、北电网络、索尼爱立信、朗讯、三星中国服务总部、西门子等 9 家具有国际竞争力的跨国公司地区总部及研发中心。龙头企业总部对电子城功能区经济的带动作用显著，索尼爱立信、爱慕制衣、双鹤药业、三星电子等十大企业完成增加值及营业收入等指标约占电子城功能区总量的 90% 左右，电子城功能区总部集聚效应进一步加强。

朝阳区经济的持续发展，北京 CBD、电子城功能区等区域商务氛围的日益浓厚和配套设施的不断完善，将会吸引更多跨国企业在朝阳区设立地区总部和研发中心。

二 朝阳区发展总部经济的优势

朝阳区作为北京市面积最大、人口最多的城区，其经济总量位居全市前列。改革开放的大环境和北京城市化建设进程的加快，为朝阳区经济的发展提供了重要的战略机遇，也使国际知名的跨国公司纷纷把目光聚集朝阳，为朝阳区发展总部经济提供了动力。同时，朝阳区的自身优势也为总部经济的发展提供了坚实的基础。

（一）良好的区位优势和基础设施

现代的交通、便捷的通讯和丰富的外向性经济元素使朝阳区成为中国与世界的商品、资源、要素汇聚之地，经济全球化背景下的人口、资金、物资、技术、信息在此高度渗透，与世界的联系不断强化。

朝阳区拥有三星级以上酒店 77 家，国贸、嘉里中心、京广中心等高档写字楼 90 余栋，拥有工人体育场、奥林匹克体育中心、首都图书馆等文化娱乐设施场所 600 余家，高等院校 25 所，科研院所 114 家，国家、部及北京市重点实验室 20 多个，工程研究中心 50 多个，其中国家级工程技术研究中心 10 个，占北京地区总数的 21.95%，医疗卫生机构 1200 余家，以及人民日报、中国日报、北京青年报等知名新闻机构和众多国际交流活动场所，成为国际友人办公、居住的首选之地。正在建设中的中央电视台和北京电视中心也坐落在朝阳区。

（二）专业化服务支撑体系

专业服务支撑体系覆盖金融、保险、会展、商贸、航运、物流、旅游、法律、教育培训、中介咨询、公关、电子信息网络等诸多领域。高度发达的服务业、连贯性的鼓励竞争制度、完整的服务业发展战略，成为提高城市经济效益与经济实力的必然选择，也是发展总部经济的重要条件之一。

朝阳区对外服务业发达。由于世界知名企业和跨国公司总部、投资公司的纷纷入驻，为企业管理服务业的发展提供了机遇，并以产业链的形式对商务服务业产生了连带效应，商务服务业已经成为朝阳服务业的核心产业。此外，CBD 国际金融业发展势头迅猛，近期又有一批金融企业涌入北京 CBD 及周边地区，包括法国人寿保险公司、世界第二大再保险公司瑞士再保险公司、京能财务公司、苏黎世保险公司等。北京 CBD 国际金融产业发展已经从金融企业代表机构云集阶段进入金融企业总部聚集发展的新阶段。

（三）良好、高效的政府服务环境

发展总部经济，除城市建设等硬件设施要达到较高标准外，更要求在政府服务、城市管理等软件方面达到较高水平。朝阳区一直努力营造一流的投资发展环境，不断提高政府的服务、办事效率，增加政策的透明度，为投资商创造了良好的法律环境。

近几年来，朝阳区政府已不再满足于简化审批手续、提供一站式服务等初级手段，而是不断创新服务体制和机制。完善了全程办事代理和网上审批制度，加强了政民互动平台和企业信用平台建设，组建了区行政投诉中心。朝阳区还率先实现了政府全程代办信息系统。这些举措的推出，意味着朝阳区优化发展环境的创新举措正在发生质的飞跃。

三 朝阳区三大领域为总部经济提供广阔发展空间

朝阳区将充分利用丰富的涉外资源等独特优势，发展总部经济，在金融产业、文化创意产业和高新技术产业三大领域为总部经济的发展提供广阔空间。

（一）国际金融业

朝阳区发展国际金融业有其先天优势。自2001年中央和北京市政府启动北京CBD建设后，特别是2004年12月1日，北京正式向外资银行开放人民币业务以来，CBD及周边地区已日渐成为各大国际金融机构的聚集区域。多年来经过市场自发聚集与选择，北京CBD已然形成了国际金融产业相互补充、共同促进的环境和氛围。

国际金融业区域性总部的不断进入，对金融后台数据处理和存储、中转等服务的需求也全面增加。为了进一步发展总部经济，为更多的入驻金融企业总部提供优质的后台服务支持，完善北京市的金融服务体系，促进北京金融业的持续发展，北京市政府已于2006年10月18日批复，在朝阳区金盏地区建立金融后台服务园区。金盏金融服务园区规划面积3.38平方公里，建成后将具有金融后台处理、银行卡业务、金融外包及离岸外移、研发与培训、管理及综合服务等五大功能，可为国际金融机构提供全方位、高效优质的服务。

金融服务业是朝阳区今后发展的重点产业，建设金盏金融服务园区，旨在进一步优化区域产业发展环境，提升产业竞争力。为此，朝阳区对前来设立总部或地区性总部的金融机构，给予政策和服务上的大力支持。近期，朝阳区出台了促进 CBD 金融产业发展的一系列优惠政策。落户朝阳的机构，除享受北京市政府发布的《关于促进首都金融业发展的意见》及实施细则给予的优惠政策外，还将享受《朝阳区关于促进北京商务中心区金融产业发展的实施意见》中相应的优惠。同时，朝阳成立了专门的投资促进机构和园区管理机构，以便为企业的入驻和发展提供一系列的优质服务。

（二）文化创意产业

朝阳区在发展文化创意产业方面具有许多得天独厚的优势。在北京市确定的10 个文化创意产业聚集区中，朝阳区的潘家园古玩艺术品交易区、高碑店传统民俗文化区、大山子文化艺术区榜上有名。北京市正在培育建设的 8 个文化区域中，北京欢乐谷和朝阳公园也名列其中。朝阳区还聚集了 CNN、VOA、BBC 等国际知名传媒在华机构和人民日报社、北青传媒公司、北广传媒集团、网易、搜狐等国内文化传媒企业。

"十一五"期间，朝阳区文化创意产业将根据功能定位，形成产业集聚、国际特色、充满活力、获取高端的发展格局，力争 2010 年成为有世界影响的版权投资中心、版权交易中心和展示体验中心。今后几年，朝阳区将重点发展传媒产业、古玩艺术、演出及展示、时尚消费、设计与咨询、版权服务等六大产业。未来五年，朝阳区将全力打造文化创意产业的九大投资区域：传媒文化中心区、三里屯时尚文化街区、奥林匹克现代体育文化中心区、朝阳公园国际演艺文化交流中心、潘家园古旧文化品交易中心、高碑店古旧家具及民俗村落、大山子文化艺术园区、三间房动漫产业基地、大环现代文化创意产业园区。

目前，落户朝阳区的文化创意企业和机构除了可以享受《北京市促进文化创意产业发展的若干政策》（京办发［2006］30 号文件）外，还将享受朝阳区的一系列政策和优质服务。朝阳区专门成立了文化创意产业领导小组，协调解决发展中的重点项目引进、服务功能完善、重点课题研究等问题。在资金引进、项目引进、人才引进等方面给予充分的政策支持，在经营模式、合作模式、分配模式等方面灵活多样，拓宽产业融资渠道，解决产业发展的资金问题。

朝阳区文化创意产业将在政府引导下，推动相关要素聚集，打造创意产业聚集区，最终形成特点突出、相互促进的文化创意产业集群。

（三）高新技术产业

朝阳区现已形成以电子城东区、电子城西区、健翔园、金盏现代制造业园区等园区组成的高新技术产业集群，高新技术产业已初具规模。

在朝阳区的"十一五"规划中，高新技术产业被列为重点发展的产业。电子城功能区将大力吸引以电子信息类为主的国内外企业研发中心及跨国公司地区总部入驻，着力打造具有国际化特征的企业总部和研发中心聚集地，带动高新技术服务业发展。

未来五年，朝阳区将倾力打造电子城功能区。电子城功能区将以电子城科技园区为核心，强化国际研发总部聚集、技术创新转化等功能，促进电子城东区、西区、北区一体化统筹发展，东区重点建设高新技术产业发展区，西区重点建设国际电子通讯企业总部及研发中心聚集地，北区重点建设以电子通讯产业研发为主、高端制造业为补充的产业发展新区。在电子城的高新技术企业总部除可以享受中关村科技园的相关政策外，还可以得到朝阳区政府的优质服务和规划指导。

四 总部经济对区域经济社会发展的主要贡献

（一）跨国公司总部是全区经济社会发展的推动力之一

总部经济促进了地区经济和投资的快速发展，外资企业投资明显加快。在跨国公司及其他地区总部和投资性公司的带动下，三资企业纷纷入驻朝阳。目前，朝阳区共有三资企业 4316 家，其中世界 500 强企业 160 多家，地区总部和投资性公司分别达到 28 家和 103 家，占全市总量的 77.8% 和 69%。2006 年，全区实现地区生产总值 1380.8 亿元，比上年增长 10.2%；地方财政收入 106.6 亿元，比上年增长 25.0%。实际利用外资 19.3 亿美元，同比增长 35%，实际利用外资额遥遥领先于其他城区，稳居全市首位。

（二）总部经济促进经济结构调整和产业升级

跨国公司和地区总部以市场为导向，以盈利为目的，自主经营、自负盈亏，适应国内外市场日益激烈竞争的要求，因而在一定程度上促进了区域经济结构的调整和优化。外商投资企业带来的大量资金和大批具有国际先进水平的机器设备和高新技术，国内企业在与外商合资、特别是与来自欧美发达国家跨国公司的合资中，不断地引进和吸收外方提供的先进机器设备和技术，既加快了产品的更新换代，也带动了区域内产业的升级和一大批为总部服务的金融、保险、法律、会计、咨询等相关产业的发展，初步形成目前以现代服务业为主体的结构优化、多支柱、多增长点的产业体系。

（三）总部经济带动区域专业服务业体系的完善

世界知名企业和跨国公司总部、投资公司纷纷入驻，对企业管理服务业产生强大需求，同时以产业链的形式对商务服务业产生了连带效应，基本形成了覆盖金融、保险、会展、商贸、航运、物流、旅游、法律、教育培训、中介咨询、公关、电子信息网络等诸多领域的专业化服务支撑体系，商务服务业已经成为朝阳区服务业的核心产业。

（四）总部经济促使区域影响力日益加深

总部经济的发展有力地推动了区域资本、信息、技术、人才、物流等要素市场的快速发展，同时扩大了朝阳区与国内外的合作与交流。朝阳区知名度和影响力的扩大，进一步拓宽了区域发展的空间和渠道。

（五）总部经济促进高素质人才的引进

企业总部的聚集也伴随着人才资源的集聚和创新要素的集聚。跨国公司地区总部的入驻发展为朝阳区增加了就业，更为朝阳区吸引和造就了一大批国际化高新技术人才和高级经营管理人才，使朝阳区的高管、高知和高技能人才的数量得以不断增加。

五 对朝阳区发展总部经济的几点建议

朝阳区将紧紧围绕国际金融产业、文化创意产业和高新技术产业，充分发挥区域独特优势，进一步促进区域总部经济的发展。

（一）合理规划，有序发展

目前，朝阳区CBD、电子城功能区等地区的总部聚集效应已经显现，根据区产业规划和功能区定位已形成了一定程度的产业分工。应进一步加强规划和引导，建成各具特色的总部聚集功能区，避免重复建设和资源浪费。

（二）制定政策，鼓励发展

发展总部经济，需要相关配套的、针对性强的政策措施支持。为吸引国内外企业在朝阳区设立总部，应在清理整合已有政策措施的基础上，进一步在教育、居住、融资、人才、税收等方面设立相关优惠政策，并努力落实。加强措施的规范性、时效性和可操作性，鼓励企业总部在朝阳区的发展。

（三）优化环境，扶持发展

优化发展环境涉及硬环境、软环境等方方面面，是一项长期而艰巨的任务。既要积极改善道路交通、信息等基础设施状况，大力加强生态环境建设，为企业总部创造良好的工作、生活和发展环境；又要切实提高政府服务水平和行政效率，提高对跨国公司和企业的服务力度，协调解决企业在生产经营过程中遇到的困难和问题，努力实现硬环境和软环境的提升，营造一流的投资和发展环境，增强区域引资竞争力。

（四）创新招商，持续发展

深入分析世界各国和地区产业发展态势，把握资本流动趋向，充分结合朝阳区的产业定位和功能区划分，针对世界产业集中的重点地区、重点产业和重点企业开展多种形式的招商工作，吸引企业到朝阳区设立地区总部、研发中心和投资性公司。

总之，朝阳区要通过切实有效的工作，使本区成为中外企业设立总部的首选之地，为总部经济的发展开辟美好前景。

上海陆家嘴生产性服务业、总部经济和"楼宇经济"的实践

杨周彝*

人们把一个城市通过创造和优化各种服务环境，吸引跨国公司和国内外大型企业集团总部在该城市的特定地域入驻，促进该城市经济和社会发展的现象称为"总部经济"。

一 楼宇经济是生产性服务业、总部经济的载体

（一）作为载体的楼宇经济

吸引总部集聚的城市一般需要具备以下基本条件：区位优势、完善的城市服务体系、发达的金融服务业和科教事业；市场辐射面广、投资软硬环境优越；人才、资金、信息、技术、物流等要素通过该城市集聚和辐射。

总部以及相关配套服务企业的集聚和运行需要物质载体，即商用办公楼宇。商用办公楼宇通过企业集聚产生的经济效益，在浦东区被称为"楼宇经济"。"楼宇经济"是指在城市特定的功能性地域（通常在 CBD 地区），以发达的基础设施建设、集群化的现代商用办公楼宇和完善的服务业为配套，通过楼宇租售，

---

* 作者简介：杨周彝，浦东改革发展研究院秘书长、副研究员。

引进各种企业和机构。入驻企业通过经营创造税源、带动就业、推进城市经济发展，形成以服务业为主体的新的经济形态。

从这个意义上说，楼宇经济可称为"载体经济"，在楼宇经济这个平台上，它承载了金融经济、要素市场经济、总部经济、中介经济、信息经济、酒店经济、餐饮经济、白领服务经济等构成的现代服务业产业链，因此楼宇经济又可喻为"龙头经济"，楼宇经济能够带动百业兴旺。

（二）生产性服务业是支撑楼宇经济发展的动力

支撑楼宇经济生存发展的动力和基础，是生产性服务业。1966 年美国经济学家 H. Greenfield 在研究服务业及其分类时，最早提出了生产性服务业（Producer Services）的概念。生产性服务业又称生产者服务业，在理论内涵上是指市场化的中间投入服务，即可用于商品和服务的进一步生产的非最终消费服务。生产性服务业是生产者在生产者服务业市场上购买的服务，是为生产、商务活动而非直接向个体消费者提供的服务。生产性服务也可理解为服务生产的外部化或者市场化，即企业内部的生产服务部门从企业分离和独立出去的发展趋势，分离和独立的目的是降低生产费用，提高生产效率，提高企业经营的专业化程度。

生产性服务业是社会化分工的结果，理解生产性服务业的基础是了解现代服务业或服务部门的分类和演变。典型的服务业分类大致有两种，一种将服务业分为三部分，另一种将服务业划分为四部分。

前一种分类的代表是美国经济学家格鲁伯和沃克 1993 年在其名著《服务业的增长：原因及影响》中的分类，他们从服务的对象出发，将服务业分为三部分：为个人服务的消费者服务业、为企业服务的生产者服务业和为社会服务的政府（社会）服务业。

后一种分类的代表是美国经济学家布朗宁和辛格曼 1975 年在《服务社会的兴起：美国劳动力部门转换的人口与社会特征》中的分类，他们根据联合国标准产业分类（SIC）把服务业分为四类：生产者服务业（商务和专业服务业，金融服务业，保险业，房地产业等）、流通型服务业（又叫分销或分配服务，包括零售业、批发、交通运输业、通信业等）、消费者服务（又叫个人服务，包括旅馆、餐饮业、旅游业、文化娱乐业等）和社会服务业（政府部门，医疗、健康、教育、国防等）。这种分类方法得到了联合国标准产业分类的支持，按照联合国标准产业分类，服务业的四大部门是消费者服务业、生产者服务业、分配服务业，以及由政府和非政府组织提供的公共服务。辛格曼和艾尔福瑞分别在1978年和1989年也采用了类似的分类。

如果将四分法的前两类合并起来，那么这两种分类方法大体是一致的。上海市经济委员会的一项研究认为，生产性服务业总体上可以划分为：资本服务类、会计服务类、信息服务类、经营组织类、研发技术类、人力资源类、法律服务类等七大类别。在这七大类别下，又可以分出43个行业（见表1）。

表1 生产性服务业的分类

序 号	类 别	基 本 行 业
1	资本服务类	银行、信托、保险、典当、评估、投资、融资、拍卖、资信、担保等
2	会计服务类	会计代理、审计事务、资产管理、信用管理、财务公司等
3	信息服务类	会展、电子商务、战略咨询、信息咨询、品牌代理、公共关系、广告等
4	经营组织类	企业托管、物流、配送、产品批发、商品代理、监理、经纪、租赁、环保等
5	研发技术类	产品研发、技术转让、软件开发、知识产权交易服务等
6	人力资源类	人才招募、人才培训、人力资源配置、岗位技能鉴定等
7	法律服务类	律师事务、涉讼代理、公证、调解等

生产性服务业具有以下几个基本特点。

1. 生产性服务业与制造业互为依存、互动发展

生产性服务业必须依托周边或毗邻发达的制造业产业集群而发展，没有制造业作为基础，生产性服务业就不具备发展空间；同样，如果没有生产性服务业支撑，制造业就难以实现人才集聚、产业升级、结构转型、技术创新和市场拓展的目标。

近几年，随着跨国公司制造业大规模向中国转移，许多跨国公司把亚太总部甚至母公司以及研发中心陆续迁往中国。这显示了跨国公司通过把生产性服务功能向制造业基地靠拢，从而实现管理最优化、研发本土化、效益最大化的意图。

2. 生产性服务业能够形成地区生产要素集聚，推进城市化进程

国内的大多数传统制造业工业园区，由于生产流程难免会形成包括噪音、废气、污水、工业废弃物等环境污染，因此园区往往设在远离城市的郊区，低收入的流水线工人，其打工收入多数转为存款，他们通常不会进入园区所在城市的主流消费。

因此，国内尽管很多城市工业园区遍地、制造业产值较高、打工者人数超过户籍居民人数，但城市化程度、产业结构中的第三产业比例和服务业水准以及社会商品零售总额始终难以大幅度提高，这就是许多城市发展面临的主要问题之一。

而生产性服务业的发展，通过要素集聚，能够推动城市工业发展以后面临的现代化进程问题。

3. 生产性服务业以产业集群形式构成要素集聚

生产性服务业需要把通过各种不同职能的服务企业和机构集聚在一起，形成服务最优化和效率最大化。在许多城市出现的中央商务区（简称 CBD），就是生产性服务企业集聚的地域载体。而楼宇经济为生产性服务业的生存和发展提供了平台。

4. 生产性服务业和楼宇经济能够为政府带来巨大的经济效益

生产性服务业和楼宇经济为所在地政府带来的经济效益十分明显。浦东陆家嘴金融贸易区是我国唯一以"金融贸易"为功能定位的开发区。区内集聚的企业，绝大部分为生产性服务企业，形成了金融、保险、证券、期货、产权等各类要素市场，聚集了许多跨国公司地区总部和门类齐全的商贸、中介、会展、现代物流等生产性服务企业和机构，生活性服务环境配套完善。浦东新区 2005 年缴纳的国税和海关税高达 980 亿元，其中 50% 以上是生产性服务业企业缴纳的；陆家嘴金融贸易区所在的浦东梅园街道，面积 5.5 平方公里，该街道 2004 年自留的财税收入就超过 8 亿元，2005 年达到 10 亿元，号称"中国第一街道"；金贸大厦占地 2.3 公顷，2005 年入驻企业缴纳的税收达 12 亿元，约合每平方公里产出 470 亿元税收，这比国家级工业类开发区的每平方公里产出税收要高出百倍以上；在陆家嘴金融贸易区工作的 5 万多白领员工，2005 年人均缴纳个人所得税为 12000 元。

5. 生产性服务业和楼宇经济能够有效地推进所在城市产业升级和产业结构优化

20 世纪 80 年代中后期，上海在研究浦东开发开放功能定位时，一度曾考虑将浦东作为浦西传统制造业的转移地。当时的背景是浦东地区生产总值中服务业比重仅占 28.9%，低于全国平均水平，而制造业的比重则高达 65% 以上。上海全市 GDP 中的服务业也仅占 38% 左右，如果继续片面强调发展高新技术制造业，浦东将成为"产品高科技、劳动简单化"的跨国公司生产车间。

后来上海的专家学者和政府官员经过反复研究讨论，提出了把浦东建成"外向型、多功能、现代化新城区"的发展目标，即在全力发展高新技术制造业的同时，浦东要快速发展服务业。对浦东四个国家级开发区的功能定位中，把陆家嘴定位为我国第一个也是唯一的以"金融贸易"功能定位的国家级开发区。

1990 年中央宣布开发开放浦东。上海市政府与浦东新区政府通过大规模改善道路、交通、电信等基础设施条件，建造大批高等级商用办公楼宇，出台一系列吸引国内外投资者的政策，迅速优化了浦东的服务业投资环境和发展环境。

浦东通过出台与实施一系列促进服务业发展的功能性、扶持性的政策，包括 20 世纪 90 年代中期出台的允许外资银行在浦东经营人民币业务、引导浦西的国家级要素市场入驻陆家嘴、允许在浦东建立中外合资外贸公司和保险公司、允许内地外贸公司到浦东设立子公司等等，在浦东形成了生产性服务业的要素集聚，使得浦东在地区生产总值连续保持二位数高速增长的同时，服务业以更快的速度发展，浦东服务业实现的生产总值从 1993 年的 33.05 亿元跃升到 2006 年的 1165 亿元，13 年翻了 5 番多，三次产业结构也发生了明显变化，第三产业比重从 28.9%跃升到 49.3%，制造业比重则降为 50.5%，初步实现了产业结构转型。

与此同时，上海浦西则充分利用浦东开发开放的良好机遇，通过东西联动，以东促西，退二进三等一系列战略举措，使全市的产业结构实现了根本性转型，2006 年上海第三产业在 GDP 中的比重已经超过制造业，达到 50.2%。

二 对陆家嘴金融贸易区楼宇经济的调研

陆家嘴金融贸易区是浦东楼宇经济最发达的功能区，为了解近年来楼宇经济对浦东经济发展的贡献情况，我们对陆家嘴具有代表性的 28 幢商务楼宇经济情况进行调查，楼宇名单如下：

金茂大厦、中银大厦、汇丰国际大厦、招商局大厦、中保大厦、浦发银行大厦、证券大厦、国家开发银行大厦、新上海国际大厦、京银大厦、华能联合大厦、信息大厦、港务大厦、船舶大厦、金穗大厦、世界广场、华都大厦、汤臣金融大厦、裕安大厦、众城大厦、宝安大厦、江苏大厦、嘉兴大厦、一百杉杉大厦、通贸大厦、期货大厦、浦项广场、时代广场。

调查对象分为楼宇业主、楼宇物业、入驻企业 3 种。

（一）陆家嘴地区楼宇经济的特点与现状

1. 陆家嘴楼宇经济的特点

陆家嘴金融贸易区是中国唯一以"金融贸易"命名的国家级开发区，截至 2005 年末，累计建造 8 层以上楼宇 909 幢，建筑面积 2099 万平方米，商业用房和办公楼宇总面积达 779 万平方米，其中办公用房面积 539.9 万平方米。约占上海市区办公楼宇总面积的 30% 左右。

陆家嘴金融贸易区办公楼宇主要有以下几个特点。

第一，高档写字楼分布相对集中。浦东的高档写字楼主要集中在以小陆家嘴中央商务区为核心的 1.7 平方公里内，据统计，这里已建成高档写字楼 56 幢，总面积超过 160 万平方米，占浦东新区全部高档写字楼总面积的 30%。

与上海市区其他几个高档写字楼集中的地区，如虹桥开发区、徐家汇、南京西路、外滩、淮海东路相比，小陆家嘴高档写字楼的总面积最大，楼宇集中度最高，楼宇经济的集聚效应也最明显。

统计数据显示，仅 2005 年陆家嘴金融贸易区就引进外资现代服务业项目 339 个，合同外资 20.44 亿美元；引进国内大企业 308 个，注册资本 42.91 亿元。

第二，推进"四个中心"目标的实现。浦东开发开放十七年来，上海市和浦东新区政府以构筑"四个中心"（即经济中心、金融中心、贸易中心、航运中心）地域载体为目标，通过制定各种优惠性、功能性政策和营造一流投资环境，吸引大批国内外投资者在陆家嘴金融贸易区进行大规模基础设施和商用办公楼宇建设，同时以楼宇经济为发展现代服务业总部经济的载体，吸引大批国内外企业和要素市场入驻，并由此形成了国内最大的要素市场集群。截至 2006 年底，各类金融机构突破 400 家，经上海市政府认定的跨国公司地区总部 83 家，占全市的 53%。中国人民银行上海总部落户浦东，新成立的中国金融期货交易所、上海石油交易所等开始运作，全国首家货币经纪公司、全国首家信托登记机构在浦东注册成立。金融市场体系更加完善，要素市场能级显著提升，各类服务业企业近万家，商用办公楼宇租售率达 92.5%。

统计数据显示，2005 年，位于陆家嘴期货大厦的上海期货市场的成交金额达 65402.03 亿元，占全国总量的 70%；位于陆家嘴证券大厦的上海证券交易所交易金额达 49775.61 亿元，占全国份额的 60% 以上；位于良友大厦的产权市场则以 4002 亿元成交额继续占全国首位。

在各类要素市场周边，吸引和集聚了一大批现代服务业和传统服务业企业，形成了较为完整的服务产业集群。

2. 楼宇经济产生的经济效益

我们调查了位于陆家嘴金融贸易区的 28 幢商用办公楼宇，总建筑面积 224.13 万平方米，其中办公面积 129.76 万平方米。2005 年楼宇业主的收入达 16 亿元，物业管理费收入达 15.03 亿元。

28 幢楼宇入驻企业的纳税总额达 42.28 亿元，同比增长 19.8%；楼均纳税 1.51 亿元。其中，浦东地税为 26.47 亿元，占总额的 62.5%；属浦西的纳税额为 2.96 亿元，占总额的 7.1%；属外省市及中央税为 12.85 亿元，占总额的 30.4%。税收超过 2 亿元的楼宇有金茂大厦、汇丰国际大厦、中保大厦、宝安大厦、浦项广场，这 5 幢楼宇的税收合计为 26.63 亿元，占 28 幢楼宇纳税总额的 63%；入驻楼宇企业员工缴纳的个人所得税为 6.59 亿元，占被调查楼宇纳税总额的 15.6%，人均缴纳个人所得税达 12000 元。

本次调查证实了媒体对陆家嘴地区平均每幢写字楼税收贡献超过一个亿的估算。28 幢楼宇平均每平方米产生近 4000 元税收，照此推算，陆家嘴金融贸易区全部商用办公楼宇产生的税收高达 190 亿元左右。

同时，6.59 亿元的个人所得税和人均 12000 元的纳税额，证明入驻小陆家嘴商务写字楼的多为金融机构，跨国公司地区总部，国内有实力的大企业，经济效益好、员工收入高的服务业中小企业，总部经济和楼宇经济对浦东经济发展的推动效应已经显现。

3. 强大的财富集聚效应

2005 年在 28 幢楼宇入驻的企业共有 2740 户，企业注册资金总额达 882.64 亿元；楼均 32.21 亿元；其中金茂大厦的注册资金总额最高，为 290.4 亿元，占总数的 32.9%；该大厦入驻企业平均注册资金为 2.62 亿元。2005 年末入驻企业和机构的资产总计为 3520 亿元，入驻企业资产超过 100 亿元的楼宇见表 2。

表 2　入驻企业资产超过 100 亿元的楼宇

单位：亿元

楼宇名称	资产量	楼宇名称	资产量
汇丰国际	603	金穗大厦	219
金茂大厦	587	众城大厦	168
船舶大厦	327	证券大厦	105
华都大厦	321	世界广场	100
京银大厦	286	楼宇平均	114.3

2006 年上述楼宇营业收入合计为 1505.36 亿元；楼均为 48.85 亿元，同比增长 32.6%。其中，金茂大厦入驻企业的营业总收入为 291 亿元，该楼宇入驻企业平均营业收入为 1.75 亿元，占总数的 20.3%。

据统计，上述楼宇入驻的中外企业中，跨国公司全球地区总部 9 家、《财富》杂志全球 500 强企业 115 家。入驻企业行业分类见表 3。

表 3　入驻企业行业分类

单位：%

行业	比例	使用办公用房比例
商贸	31.1	18.5
金融	11.7	28.5
中介	11.3	6.7
投资	5.7	4.9
房地产和建筑	5.1	7.7
IT	3.6	4.2
会展旅游	0.85	6.8
其他(含业主自用、酒店经营等等)	29.7	15.9

4. 值得关注的"金茂模式"

在 28 幢楼宇中，金茂大厦入驻企业的营业收入、纳税总额均名列榜首，形成了独特的"金茂效应"。其成功之处在于以下两个方面。

第一，高投资带来高回报。金茂大厦的总投资高达 10 亿美元，无论外观还是内部设施和装潢，在国际国内都数一流，吸引了大批国内外实力雄厚的企业入驻。高投资产生了高回报，据金茂大厦业主透露，经营 15 年左右即可收回投资。

第二，金茂大厦打破了纯写字楼不提供配套服务的惯例，大楼内部的服务功能相当完善，形成服务产业链效应。金茂大厦除了写字楼以外，55 层～88 层的超五星级的君悦酒店，88 层的旅游观光平台、多家豪华餐厅、风格各异的酒吧和各种高档服务设施如美容健身、购物休闲等等，为入驻企业提供了完善的配套服务。这在浦东乃至上海都是罕见的。"金茂模式"已引起国内外大房地产开发商的普遍关注，目前在建的由日本森株式会社投资的环球金融中心和香港新鸿基投资的新鸿基大厦，均借鉴并采用了"金茂模式"。

三　陆家嘴金融贸易区发展面临的问题

陆家嘴金融贸易区经过 17 年的开发建设，已经形成强大的现代服务业集聚优势。但是，陆家嘴金融贸易区的进一步发展面临来自外部环境的竞争和自身的挑战。

从外部环境看，由于上海中心城区已经实现由制造业向服务业的产业结构转型，因此各区都把发展楼宇经济作为重点，几乎每个区都在构建 CBD 和投资建造写字楼，虹桥开发区、徐家汇、南京路、淮海路大批商用办公楼宇的陆续投入使用，以及上述地区配套服务业的不断优化，对陆家嘴发展楼宇经济构成了强有力的竞争。

（一）商业服务布局滞后

1. 陆家嘴金融贸易区商业形态的现状

陆家嘴金融贸易区在商业服务设施的建设、合理布局和经营方面，情况不尽如人意。由于小陆家嘴的规划定位于 CBD，在规划时一度强调 CBD 必须以集中建造高档写字楼为主，相对忽视了配套商业零售和餐饮、娱乐设施的布局与建设，因此大规模基础设施建设和商用办公楼宇的开发均集中在小陆家嘴及其周边地区。20 世纪 90 年代中后期陆续布局建成的大型零售商业呈点状分布，包括正大广场、陆家嘴美食城、新上海商业城等。这些大型零售商业的布局和经营情况明显欠佳，原因如下。

（1）通行不便。

世纪大道纵贯小陆家嘴，规划建设时过于强调通衢大道景观效应，因此，除了地铁通道以外，未能设计便于行人通行的地面人行通道，主干道两侧的行人穿越世纪大道非常困难，同时，由于道路交通组织欠佳，机动车进出小陆家嘴也非常不便，加上自行车不能进入小陆家嘴，这些因素直接影响了对购物人群的吸引力。

（2）体量过大，分布过于集中。

以新上海商业城为例。新上海商业城占地面积仅 14.4 公顷，却集中建造了 18 幢单体大楼，建筑面积达 80 万平方米。其中商业零售面积达 24 万平方米。按照当初的设想，新上海商业城的目标是建成"世界一流水平的集购物、贸易、金融、旅游、餐饮、娱乐、休闲于一体的现代化、多功能、国际化的商都"。但是，10 多年过去了，原先规划的目标并没有完全实现。

据了解，进入或经过新上海商业城的消费者以浦东居民为主，约占 70% 以上，多数为常客，每周都来的占 40%，来过几次的占 45%。他们在新上海商业城逗留的时间以 30 分钟以内为多数。

位于小陆家嘴的正大广场于 1997 年开始兴建，建筑面积达 24 万平方米。号称"中国第一 MALL"，由于市场定位、选址、组织交通、人流等多种问题制约，造成未能实现原设计的日 10 万人次流量的目标。

2. 未能进行市场细分和错位经营

正大广场和新上海商业城等没有进行市场细分和明确的消费群体定位。新上海商业城为提高商业设施的利用率，目前主要利用大规模的场地进行摊位招商。入场企业经营方式比较简单，主要以价格进行竞争。除第一八佰伴外，高品位、高规格的商家太少，主要以中低档产品为主，无法满足已经发生变化的浦东地区市场的需要，更无法同浦西争夺市场。

由于迎合了低层次的消费群体，无形中排斥了中高层次的消费群体。不细分市场和区分消费群体所造成的最终后果是，在小陆家嘴工作和居住的白领们，除了生活必需品消费在浦东以外，中高档消费大部分到浦西。陆家嘴地区除了正大广场和八佰伴有一些名品专卖店以外，缺少形式多样的高档消费专卖店。与外滩、淮海路东段、南京西路、徐家汇、虹桥开发区等浦西 CBD 相比，在小陆家嘴密集的办公楼宇内外，几乎没有能够满足白领群体不同消费需求的商业和服务网点分布，使大批白领倍感不便。

3. 中小商业网点和服务设施分布不均，配套不完善

在小陆家嘴和新上海商业城以外的陆家嘴金融贸易区，包括世纪大道东端地区,住宅小区和新建楼盘鳞次栉比,除了小型超市,几乎没有相对集中、配套齐全的商业零售网点和服务设施,写字楼员工和居民就近购物依然相当不便。

世纪公园周边地区,包括新区政府大楼—通茂大厦—期货交易所一带,基本没有商业零售网点分布,行人连买瓶装水和冷饮的小店几乎都找不到。

著名跨国公司"科尔尼有限公司"的员工撰文指出,"我们公司位于陆家嘴的一座临江写字楼。必须承认那是一幢具有上海最优良硬件设施的写字楼之一,这样的办公环境几乎是无可挑剔的,但是,我却不止一次地听到我的同事抱怨——我相信至少有60%的同事希望把我们的办公室搬到浦西。我发现大家的感受惊人的一致——陆家嘴确实正在建成高现代化水准的商业中心,但却缺乏最基本的生活和娱乐等配套设施。每天中午,你会看到数十人游荡在并不宽敞的写字楼大厅,当然还有人在街头散步,因为他们无处可去——周围几乎没有任何休闲场所可以让他们在午休时稍微地放松。而到了晚上,写字楼的景象正好相反,你会有一种'人去楼空'的错觉,因为整个陆家嘴的办公楼区仿佛一下子进入了休眠——生活设施的缺乏让大家不愿在其中多呆半分钟。这样的环境使我的同事们超过80%都居住在浦西,原因很简单,他们需要丰富的休闲场所。为此,他们宁愿每天在出租车和地铁之间辗转。"[1]

综上所述,陆家嘴金融贸易区商业服务业的现状可概况为:分布不均、体量过大、交通不便;定位模糊、档次偏低、经营困难。

(二) 交通问题

1. 道路交通

陆家嘴主要的商用办公楼宇均在世纪大道的两侧。由于世纪大道是东南和西北走向,不是像常规的道路那样是东西或南北走向,因此几乎与陆家嘴及周边所有的干道都形成45度夹角和很多六岔路口,由于小陆家嘴内部道路纵横交错,机动车道通行设计不尽合理,经延安路隧道越江的机动车进入小陆家嘴,如入迷魂阵。

同时,世纪大道的机动车道全封闭,阻隔了大道两侧的行人往来。在小陆家嘴,由于地铁陆家嘴站未能规划建设像徐家汇地铁站一样的地下广场,因此,在

---

[1]　孟凡辰、石磊、朱永磊:《上海还缺少什么?》,《环球企业家》2003年4月总第85期。

小陆家嘴世纪大道两侧，行人穿越世纪大道成为心理障碍，这是小陆家嘴商业配套设施始终难以生存发展的主要原因之一。

2. 越江交通

陆家嘴连接浦西的越江交通已有两座桥和三条隧道，延安路隧道由于机动车流量设计滞后，现在已经成为浦西城市中心到陆家嘴的交通瓶颈，高峰时段交通拥堵严重；复兴路隧道通车不久，浦西的道路配套还未完善，过江以后张扬路和复兴东路均形成较严重的堵塞，所以通行依然困难，平时堵塞严重；南浦大桥上下班高峰时段塞车同样严重。

3. 公共交通

在小陆家嘴，公共交通线路和站点布局不尽科学，各种交通工具之间缺乏合理的衔接，换乘不便。

（三）来自浦西 CBD 的竞争

浦西各区，频频推出发展"楼宇经济"的新方案、新规划。静安区已在南京西路划出地块，再添 170 万平方米的高品位商务楼；卢湾区"新天地"附近将崛起 400 万平方米甲级商务楼，这一地段将成为浦西规模最大、能级最高的中心商务区；黄浦区正在兴建世茂国际广场、明天广场、来福士广场；徐汇区不仅在徐家汇建设两座 54 层的"双子塔楼"，还将在大宇基地、广元路基地新建一批高档写字楼。随着新一轮商务楼建设的启动，浦西的"楼宇经济"将越做越大。这将直接构成对浦东发展楼宇经济的竞争。其表现主要为以下两个方面。

1. 悉心打造服务软环境发展"楼宇经济"

各区正进一步加大行政审批制度改革步伐，减少审批环节，完善服务功能。最近，静安区的税务机关又有新动作，他们已着手建立 50 幢楼宇的税收数据库，对楼宇中的企业，尤其是超千万元、超亿元的纳税大户进行重点服务。此外，各区还加大各项服务的配套力度。例如，黄浦区对高档商务楼周边地区的市容环境进行了大规模改造整治；卢湾区则依托区内人文优势，大力发展继续教育、培训产业，为商务楼内的专业人士营造终身培训的平台；各区还纷纷与电信服务商签约，大力发展数字化 CBD，为这些现代服务企业与世界各地的信息交流提供最快捷的通道。

2. 拥有竞争优势

浦西楼宇经济对浦东最大的竞争优势是拥有完备的服务产业链，就"上海六大商圈"而言，人民广场、虹桥、徐家汇、淮海东路、南京西路等，都拥有极为发达的商品零售、餐饮、休闲娱乐等配套齐全的服务产业链，这一点是陆家嘴目前最为欠缺的。

四 陆家嘴楼宇经济发展前景

（一）陆家嘴是"五个重点，一个聚焦"的地域载体

2007 年 2 月 27 日举行的上海市金融工作会议指出，今后几年是建设上海国际金融中心的关键时期。今后一个阶段，上海国际金融中心建设要突出"五个重点"，实现"一个聚焦"。

上海市市长韩正在会上指出，建设上海国际金融中心是一项具有全局意义的国家战略，是党中央、国务院交给上海的历史重任。我们要按照胡锦涛总书记的要求和全国金融工作会议精神，以科学发展观为统领，把全面落实、自觉实践科学发展观贯穿于上海国际金融中心建设的全过程，以浦东综合配套改革试点为契机，坚持先行先试，坚持改革开放，在更高起点上加快推进上海国际金融中心建设。

全国金融工作会议进一步明确了上海国际金融中心建设作为国家战略的地位，是对上海国际金融中心建设的一次再动员、再部署。当前，要围绕贯彻全国金融工作会议精神，思源奋进，开拓创新，推动上海国际金融中心建设不断取得新进展、新突破。

"五个重点"包括：

第一，积极发展金融市场，不断增强金融市场服务功能，完善金融市场体系，促进各种市场联动发展；推动金融创新，着力增强市场功能；支持和配合金融基础设施体系建设。

第二，支持金融机构做优做强，夯实国际金融中心建设的基础，加大支持具有行业影响力的骨干金融机构发展的力度；加大支持外资金融机构发展的力度；加大支持专业化金融机构发展的力度。

第三，集聚金融人才，为上海国际金融中心建设提供智力支持。

第四，优化金融环境，提高金融服务水平，着力完善工作机制，形成推进合力。着力优化金融法治环境，规范金融秩序；着力提升信用环境，提高全社会信用服务水平；着力健全中介服务环境，提高专业化服务水平。

第五，支持强化金融监管，加强风险防范，切实维护金融稳定和安全。

"一个聚焦"，就是要进一步聚焦陆家嘴金融贸易区。陆家嘴金融贸易区是上海国际金融中心建设的主要载体，是上海中外资金融机构以及证券、期货等全国性金融市场的聚集地。要抓住浦东综合配套改革试点的契机，加大金融改革创新突破的力度；要进一步优化环境，提供服务，不断强化陆家嘴金融贸易区的聚集和辐射功能，努力把陆家嘴建设成为环境优美、生活舒适、设施齐全、功能完善的国际一流的现代化金融贸易区。

（二）小陆家嘴东扩和金融城建设

陆家嘴金融贸易区总面积 28 平方公里，由于小陆家嘴 1.7 平方公里的土地储备已基本用完，写字楼也已供不应求，而国内外跨国公司和大企业对入驻小陆家嘴的热情不减，要实现"一个聚焦"的目标，继续发展，只能外延小陆家嘴 CBD 空间，进行"东扩"。

据悉，小陆家嘴东扩的位置为：浦东大道以南、浦东南路以东、东方路以西、世纪大道以北，总面积为 0.64 平方公里，占小陆家嘴现有面积的 38%，可新建超过 200 万平方米的商用办公楼宇和配套建筑。到 2015 年左右，小陆家嘴将比现有规模扩大一倍。

从 2007 年初开始，小陆家嘴东扩工程结合浦东世博会和地铁 6 号、9 号线工程，已经全面展开居民动迁工作。东扩的地域，将以"陆家嘴金融城"命名，陆家嘴功能区域管委会有关负责人表示，金融城扩展空间将为企业的发展提供更有序、更完备的硬件环境，重点发展金融、创意产业、会展业及相关服务业、各类功能性机构等产业集群。同时，还将建设以行政、文化、商业为主的花木、洋泾、塘桥等 3 个地区性中心，完善滨江、联洋 2 个国际化社区，推进世纪大道城市设计和城市景观建设。

根据我国的入世承诺，2006 年我国金融业已全面对外开放。上海作为中国最主要的金融中心，相关的基础服务实施建设还面临着很大的挑战，而"皇冠上的明珠"陆家嘴金融贸易区肩负的责任之重可想而知。

（三）打造陆家嘴特色商业圈，进一步优化和完善商业服务环境

浦东新区商业发展"十一五"规划对陆家嘴地区的商业发展定位是打造陆家嘴特色商业圈。将针对陆家嘴的功能特征，针对特定的目标顾客需求而进行商业、旅游、文化、休闲娱乐综合开发，形成与区域功能相配套的商业业种业态相对集中的商业圈。

1. 小陆家嘴都市观光旅游区

充分利用中央商务区和毗邻黄浦江的优势资源，针对区域内商务办公人员、游客、高档住宅楼密集的特点，率先开发和完善浦东的服务功能，积极推进现代服务聚集区建设以及精品商业、水岸商业、旅游商业的发展，使小陆家嘴成为旅游、商贸和休闲等功能齐全并且互相交融的，凸现新时代特征的服务区和景区。

2. 商业集群

（1）以东方明珠电视塔、正大广场、国际会议中心及近期将要建设的新鸿基与平安保险项目为主体，结合二层及地下步行系统的建成，围绕陆家嘴环岛形成兼容商业零售、旅游会展、文化娱乐、餐饮服务等功能于一体的综合商圈。

（2）位于芳甸路西侧、龙阳路北侧，规划占地面积约为17公顷，主要为大型会展配套，以商业、商务和宾馆设施为主体的商业集群，包括2家五星级酒店、4家以上四星级酒店，以及会议中心、梅花路商业街、商务办公大楼等和部分临时配套商业设施。同时，在特色商业圈中，还有一些近中期需推进的重点和亮点商业项目，主要有：亚太盛汇购物广场、张江地铁广场、证大大拇指广场、96广场等风情广场和张家浜创意街、崂山东路休闲街、梅花路商业街、银城南路极品街等等。

3. 花木行政文化区

注重充分利用世纪公园、文化公园、东方艺术中心、张家浜、行政办公中心等旅游、文化和行政资源，商旅文相结合，提升和挖掘文化内涵，力争形成能与人民广场并肩的、具有鲜明文化特色和商业配套完善的特色商圈。

4. 新国际博览中心会展商贸区

结合博览中心项目的建设，依托轨道交通，推进博览中心周边宾馆、餐饮、商务会展服务设施建设，形成辐射力较强的会展商贸区和区域商业中心。

五　结　束　语

2007 年初，由《东方早报》、中智公司、仲量联行完成的"全球 500 强精英理想办公环境调查"中，小陆家嘴被最多的受访者认为是上海未来最具发展潜力的超甲级商务区。

仲量联行发布的"陆家嘴办公楼市场研究报告"指出，今明两年内，陆家嘴地区甲级办公物业的租金水平还有 27% 的上涨空间。而未来五年，租户对陆家嘴市场的办公楼需求保持强劲，预计平均每年的租售量将达到 27.7 万平方米，比过去十年中浦东陆家嘴甲级写字楼每年的平均 16.5 万平方米的入驻量增加 68%。

优先发展现代服务业是浦东新区的基本战略，而现代服务业包括生产性服务业的物质载体就是集群化的商用办公楼宇，现代服务业的发展需要完善的配套设施和服务环境，包括政府服务和楼宇内外的服务。

可以预计，通过上述举措，陆家嘴金融贸易区到 2015 年基本建成亚太区域性国际金融贸易中心的目标将不难实现。

激活总部经济　提升广州竞争力

庄伟光　詹青青[*]

从经济方面看，广州在工业化、市场化和国际化方面走在全国的前列；从城市方面看，广州也是中国城市化和信息化水平最高的地区之一。广州作为珠三角经济圈的中心城市，区域功能和辐射带动作用凸显，为总部经济的发展提供了广阔的发展空间。不言而喻，总部经济的发展将为广州经济发展创造一个前所未有的机遇，也能为企业家打造一个史无前例的未来，从而进一步推动广州经济的持续发展，极大地提升广州的竞争力。

随着投资环境的日益改善，广州已成为跨国公司巨头抢占中国市场的首选城市之一。近年来，国际财团与跨国巨头纷纷在广州抢滩登陆。在广州安家的全球500强跨国公司已有100多家。来广州落户的金融、保险、物流、旅游、零售、律师、会计、中介服务等领域的跨国企业也络绎不绝。

一　打造广州总部经济聚集区

（一）中心外围理论的应用

中心外围理论最早是由弗利德曼（J. Fridmann）在1966年提出的，他认为

---

* 作者简介：庄伟光，广东省社会科学院旅游研究所所长、研究员；詹青青，亚太经济时报报社记者。

地区的发展不可能是均衡的，要利用独有的地理优势或者历史传统把某个区域首先发展起来，要素不断向这个区域聚集，其结果是这个地区的成本相对提高，而把不适应的地区排挤出去，这个理论后来被广泛应用在各个领域。在总部经济当中同样可以用到这个理论。总部聚集区的建设，要将总部经济理论与自身的区位优势相结合。

按照中心外围理论，广州市区之外的或者更远的地区是其发展总部经济的外围，如此会形成中心区域和中心区域外合作分工的关系。在以广州为中心的区域里，一般能够更多地吸引资本、技术、人才，形成战略资源优势，而在外围区域由于地价、劳动力成本低，资本比较富余，能够形成比较稳定的加工基地，中心区域可能取得更高的利润，外部区域可以取得稳定的收益。因此，必须打造广州总部经济聚集区。

（二）区域中心城市地位奠定总部经济聚集区基础

目前，作为珠江三角洲地区的区域中心，广州的带头和辐射作用日益显现，城市地位日益凸显，为广州发展总部经济、打造企业总部聚集区奠定了基础。

广州是全国性的中心城市之一，并且是珠江三角洲地区最大的中心城市，目前广州的区域定位是华南地区最大的中心城市。从广州的现有优势来看：广州这个千年文化古城，已经逐步成为华南经济区的交通、商贸、旅游、金融科技和信息中心，这些都说明广州的发展已经具有一定的规模和档次，并且广州与香港、澳门唇齿相依，与海外血脉相连，港澳同胞、海外侨胞纷纷在广州投资，这也将进一步增加广州的辐射力和内聚力，为打造广州总部经济聚集区奠定坚实的基础。

二 发展总部经济是提升广州竞争力的方向

（一）广州具备发展总部经济的有利条件

1. 发达的交通和通信网络

广州是华南地区的交通枢纽，铁路、高速公路和一级公路网将广州与全国各地联成一体。以广州为中心的"4 小时交通圈"和"珠三角"城际间"1 小时交通圈"已经形成；新白云机场的投入使用进一步提升了广州在国内外航空市场的地位：从广州市内穿越而过的珠江把广州的内河和远洋运输联结起来，可直达香港、澳门等沿海、沿江地区；广州是华南地区的信息开发、交流、处理和传输中心，已实现了与国内 1000 多个城镇及港澳、国际上 200 多个国家和地区的直拨，国际特快专递可通达 178 个国家和地区，移动通讯、声讯服务和可视图文业务等现代通讯手段也相当发达。

2. 经济实力雄厚，第三产业发达

改革开放以来，广州经济年均增速在 10% 以上，经济实力大幅增加。2006 年广州全市实现地区生产总值 6068.41 亿元，按可比价格计算，比 2005 年（下同）增长 14.7%。按照现行汇率和户籍人口计算，人均 GDP 将超过 11000 美元，在国内大城市中位居前列。广州市第三产业发达，2006 年第三产业的增加值占 GDP 的 56.3%，成为国民经济的主体。广州经济的高速发展和实力的大大提高，带来了产品服务和资本技术流量的快速增加及市场容量的急剧扩大。发达的第三产业，既可降低公司总部的运行成本，又能充分吸纳总部经济蕴涵的经济利益。

3. 拥有"珠三角"的产业支撑

"珠三角"地区已成为中国乃至世界制造企业的群集地区，形成了汽车、电子、信息、石油、家电、建材、玩具、服装、家具等各类生产基地，汇集了一大批大型企业，许多跨国公司在广州周边都设有生产、采购或销售中心。随着他们在"珠三角"业务的扩大，就可能在此设立研发中心以形成一个完整的产业链，进而就需要一个对信息、公关、产业及发展战略进行系统管理和协调的地区总部。当地的许多加工贸易型企业，经过多年的发展后已成为具有占领广阔市场意愿和能力的公司，同样需要实现运营总部和生产基地的空间分离。而广州作为广东省的政治、经济、文化、科技、信息中心和交通枢纽，理应成为这些企业总部落户的首选之地。

4. 市场经济体系较为完善

广州地处我国改革开放的前沿，市场开放度高，市场经济运作秩序较为规范，平均交易成本较小，在目前国内大部分地区市场秩序尚不规范的情况下，形成集合海内外各种经济要素的"势能"，可降低企业总部的营运成本。

（二）广州发展总部经济的效应

总部经济的"经济效应"是显而易见的，一方面是产业和税收的乘数效应。一个城市汇集众多制造业巨头，可以带动现代服务业的发展，同时也能获得企业税收贡献和高薪白领阶层的个人所得税贡献。跨国公司总部投资将给广州带来经济总量和规模的提升，总部经济的发展将使投资项目的产品（或服务）市场更为广阔、竞争力更强，它们所创造的产值将成为广州 GDP 增量的重要组成部分，如宝洁系列项目的年产值超过 60 亿元人民币。放眼世界，现在总部经济的发展也是一个国家或区域经济增长的重要引擎。例如，广州开发区商业零售业总部经济增长迅猛。目前，地区总部管理机构设在广州开发区的连锁零售企业有广州百佳超市、屈臣氏个人用品商店和广州市国美电器等，均为著名连锁零售企业，它们的经营业绩在 2004 年表现不俗，2005 年更是突飞猛进；"屈臣氏"2004 年纳税总额 351 万元，2005 年 1～2 月税收收入已达到 168 万元，同比增长462%，增长势头迅猛。而随着新店的不断开设，店面总量的成倍增加，员工人数也会大幅增加，这必将促成税收有力增长。随着上述连锁零售企业规模不断扩张，广州开发区商业零售业总部经济也将不断发展，并可望成为税收增长的中坚力量。

另一方面就是就业和消费的带动效应。总部经济无疑能为所在城市提供相当数量的高知识就业岗位，也能为生产基地所在欠发达地区提供众多的蓝领就业岗位。而就业率的提高，无疑能够刺激消费的增长，这主要包括企业商务活动、研发活动消费，以及白领阶层和蓝领工人的个人消费等。公司总部对其员工进行语言、质量管理、专业技术、营销技巧、沟通能力等全方位培训，从而培育出一批企业管理者、技术人才和产业工人，这些培育成果不断向外扩散，成为带动相关产业发展的重要力量。

此外，大批国内外企业总部"迁都"入驻，还能够提高广州市的区域知名度，加快城市国际化进程。总部经济的发展能促进广州和其他发达国家的交流，增进与一些跨国公司所在国的友好合作关系，既开阔了我们的国际视野，也让世界更加了解广州。

（三）广州总部经济的发展现状

至 2006 年上半年，世界 500 强中已有 142 家进入广州，投资总额累计 96.12亿美元，一大批跨国公司已在穗设立行使总部或地区总部全部或部分职能的企业或机构。从最初的环市东商务区地段，到天河体育中区，再到珠江新城地段，广州市总部经济的三大板块已明显呈集群式发展，在"此消彼长"的总部经济争夺战中，广州不甘人后。

目前在广州的企业总部可以分为三大类，一类是国内外大型企业集团的总部或地区总部，国有企业主要有中国移动广东公司、广东省电力集团、广东省烟草公司集团、工商银行广州分行等；外资企业有西门子、伊莱克斯、肯德基、ADIDAS 等；第二类是营销类公司总部，这类总部最灵活，占地面积小，营业额巨大，如广东国际大厦内的一知名服饰企业，办公室面积不到 100 平方米，五六个人工作人员，但一年的营业额却近 10 亿元；第三类是贸易类企业总部，主要是进出口贸易、大型成套设备贸易等。

在政策方面，广州继设立专项资金奖励进珠江新城设立金融机构的总部后，又出台《广州市鼓励外商投资设立总部和地区总部的规定》，对外资来广州设立总部和地区总部实行一系列优惠政策。

一是对外资来广州设立总部的将奖励 500 万元，设立地区总部的将奖励 200 万元；如对广州经济发展有特殊贡献，还可获额外奖励。

二是新设立机构并被认定为总部或地区总部，其本部购置、自建自用办公用房（不包括附属和配套用房）的，按建筑物办公用途部分的建筑面积计算，给予每平方米 1000 元人民币补贴；其本部租赁自用办公用房的，在 3 年内每年按市场租金参考价的 30% 予以租金补贴。已设立的机构被认定为总部或地区总部，新购建或新租赁自用办公用房的，按上述标准的 50% 给予补贴。

三是总部或地区总部新建或购置的房产，实行 3 年免征城市房地产税；总部或地区总部外籍员工还可享受住房补贴、探亲费、子女教育补贴等方面的个人所得税优惠政策。

四是总部或地区总部在广州设立跨国采购中心和物流中心，经批准可以取得进出口经营权，出口货物可以享受退税政策。

五是总部或地区总部可享受行政事业性收费限额封顶或缴费比例下浮优惠。

六是鼓励和支持总部或地区总部以参股、收购、兼并、承包、租赁、托管等方式参与广州企业的改革、改造和改组。重组后的企业达到有关外资企业标准的，可享受外商投资企业待遇。

七是总部或地区总部的外籍高级管理人员和技术人员需多次临时入境的，可申请办理 6 个月至 1 年多次入境有效的访问签证；外籍人员要在广州长期居留的，可申请办理 1~5 年有效的外国人居留许可；需临时来广州的，可向公安部门申请口岸签证入境。

八是广州市外经贸主管部门对经认定的总部和地区总部进行监督管理，对不再具备总部和地区总部条件的，取消其认定证书，并终止所享受的相关政策；《规定》自颁布之日起施行，有效期 5 年。

三　广州发展总部经济的机遇与挑战

（一）抓住发展机遇

总部经济为广州发展金融、商贸、咨询和信息服务产业和高新技术产业，提供了良好的机遇。同时也为提升城市功能，吸引更多企业总部进驻奠定了基础。

抓住总部经济的机遇发展广州经济，将催化南中国工业中心的傲然崛起。跨国公司总部选址广州，双方共赢发展。日本三大汽车集团、三菱重工、美国杜邦、法国道达尔集团、德国拜尔公司等世界 500 强企业纷纷进驻广州。通过与跨国公司总部开展战略性合作，广州市的汽车及零部件、电子信息、石油化工、钢铁、机械等产业迅速崛起，与之配套的现代服务业发展加快，有效地推动了广州市经济结构的调整和产业竞争力的提升。

同时，广州应发挥航空、港口、铁路、公路运输枢纽优势，增强辐射、集聚能力，带动总部经济的发展。近年来，为增强城市服务功能，广州加快了交通运输基础设施建设，综合运输体系不断完善。形成了以内环路、环城高速路为标志的城市快速道路网，以广州为中心，以广深、京珠等高速公路为主骨架，以等级公路为纽带，辐射广东省、连接全国的公路网；2004 年 8 月投入使用的新白云国际机场是我国三大国际枢纽空港之一；广州通过京广、京九、广九、三茂等铁路干线与中国铁路网相连，成为华南地区最重要的铁路运输枢纽；广州港口吞吐量位居世界十大港口之一，2004 年 9 月投入使用的南沙港 4个 5 万吨级泊位，使珠江水系航运与海运乃至远洋运输一起构成高度互动的港口枢纽。

广州拥有良好的地理环境、齐全的交通运输设施和一流的优质服务，定能抓住总部经济发展的良好机遇，吸引更多的跨国公司总部。

（二）地区总部多元地区选择格局的形成使广州的发展面临严峻挑战

由于总部经济可以推动区域产业水平的提升，扩大经济总量，提高城市的综合竞争力，带动城市转型，加快城市经济的服务化和总部化，在经济全球化大趋势下，总部经济已成为许多国家和地区中心城市所追求的新经济形态，这些国家和地区积极采取措施争夺跨国公司地区总部，对总部资源的争夺如火如荼，异常激烈。

在国内，随着经济的不断发展，许多城市已经具备了发展总部经济的基础条件，例如开放、高效、便捷的市场化区域环境，较强的制造研发能力、完整的产业链、密集的企业群等等，对总部经济的发展给予高度关注，吸引跨国公司的投资，以及吸引其区域总部进驻，成为各地考核外经贸官员业绩的重要指标。在我国对总部资源的争夺已从单体竞争发展为群体竞争。目前，从全国区域布局来看，总部经济形态在长三角、珠三角及环渤海经济圈三个经济发展领先区域率先发展，中部地区总部经济的发展也已经初具规模。从全国城市布局来看，总部经济现象从主要集中于北京、上海、广州，发展到全国各主要中心城市，如深圳、厦门、成都、青岛、西安、大连、杭州等地。全球500强在中国设立的各种有总部功能机构中，北京占58%，上海占36%，其他地方占6%；而跨国公司在中国设立的研发机构，北京占55%，上海占17%，苏州占13%，深圳6%，西安占3%，成都占2%，广州占2%，杭州占1%，青岛占1%。据美国《财富》杂志的调查显示，跨国公司在中国设立地区总部，首选城市依次是上海、北京、广州、深圳。

北京、上海、香港是我国实力最强的三个城市，也分别是我国三大经济圈（京津唐都市经济圈、长三角都市经济圈、珠三角都市经济圈）的中心城市。三个城市的金融业、信息业、交通业、制造业在全国都具有重要地位，对大型企业及跨国公司总部、地区总部、研发中心和营销中心的吸引力较强。以上三大城市利用人才供给、政府效率、法制环境、国际化环境、文化的包容性、金融环境和专业化配套体系、区域配套条件、城市基础设施和人居环境等优势在发展总部经济上领先了一步。

国内城市特别是上海、北京总部经济的发展势头已对广州发展总部经济构成了竞争之势。

四 战略创新打造广州总部经济

广州市应以技术创新为主动力，全力推进工业化、信息化、国际化，提高城市综合竞争力，大力发展总部经济，把广州打造成广东乃至全国的经济中心，进一步把广州建成带动全省、辐射华南、影响东南亚的现代化大都市。

（一）高新技术产业启动集群发展

20 世纪 90 年代末，广州高新技术产业进入加速发展阶段，以发展高新技术产业和运用高新技术改造传统产业为重点，启动集群发展、扶优扶强的发展策略，使广州高新技术产业在起步较晚的条件下，呈现出迅速发展的势头。

广州市发展高新技术产业有着较优越的物质基础与地理条件，在国内外高新技术产业迅速发展的背景下，20 世纪 90 年代广州高新技术产业发展如火如荼，取得了良好的经济效益和社会效益。

目前，广州高新技术产业保持着高速增长的态势。科技投入稳步增长，科技进步对工业经济增长的贡献率逐年提高，创新已成为广州经济发展的主要动力；广州技术交易十分活跃；产业结构不断优化，逐步趋于合理，电子信息产业发展迅速，生物技术产业发展进入新阶段。

广州总部经济的打造首先应以高新技术产业的集群发展为基础，重视吸引跨国公司的地区总部，逐步形成大总部经济区的发展思路。

（二）完善总部经济产业结构

广州要发展总部经济，将面临消费需求增长与资源紧张对经济发展约束作用增强、城市间的竞争压力加大等问题。目前，我国已进入重化工业加快发展、经济快速增长的阶段，北京、天津、青岛、大连四市均在加速本地的重化工业和整体经济的发展，广州亦不例外。发展重化工业，加快经济发展，引致能源、土地等资源的需求量大幅增加，全国性的经济发展中的资源和环境压力日趋增大。为缓解资源紧张尤其是能源和土地资源紧张对广州经济发展的约束，实现经济持续快速健康发展，就要树立科学发展观，转变经济增长方式。

发展总部经济应以科学发展观为指导，完善产业结构，加大调整优化产业结构的力度，重点发展低消耗、高附加值的资金技术密集型高精尖产业，以实现降低资源消耗的目标。总部经济产业结构主要包括现代服务业总部、现代制造业总部、研发总部以及农产品综合加工总部。产业结构的升级将为"总部经济"的发展提供了更为优越的空间区位。

1. 大力发展现代服务业，为企业总部提供配套服务

发达的现代服务业，可以为"总部经济"提供各类所需的配套服务。广州发展现代服务业具有优势和基础。现代服务业包括由银行、证券、信托、保险、基金、租赁等组成的现代金融服务业；由通信、网络、传媒、咨询、策划等组成的信息服务业；由会计、审计、资产评估、法律服务等组成的中介服务业；以及由教育、培训、会议、展览、国际商务、现代物流等组成的新型服务业。由此可见，较为发达的服务业产业结构，为广州发展总部经济提供了一个重要条件。

进一步发展服务业，关键在结构上做好文章。一方面，要利用现代技术手段，改造提升传统服务业水平和效益，进一步巩固优势；另一方面，要抓住有利时机，扩大开放，加快新兴服务业发展，如：顺应居民生活需求的发展趋势，大力推进社会服务业的发展；大力发展现代物流业，将物流业培育为第三产业的先导行业和支柱行业，使广州尽快成为区域物流中心，为总部经济的发展提供平台。

随着服务行业全面入世的临近，服务业市场竞争将日益激烈，谁抢得先机，谁就可能率先实现新一轮的跨越式发展。广州已经具备这样的条件和可能，本身服务业发展又有好的基础，加之中心城市地位进一步巩固、城市规模不断拓展以及重要制造业基地功能大为增强等，在新一轮发展期，广州完全可以实现服务业的快速发展。

2. 提高广州制造业竞争力

广州已形成工业门类齐全、综合配套能力强、轻工业较发达、重工业有一定基础、科研技术力量和产品开发能力较强、各种经济成分互补的现代工业体系。改革开放以来，广州制造业从"调整中发展"转向"发展中调整"，工业整体呈现生机和活力，以制造业为主的第二产业对经济增长的贡献率在50%左右。随着以计算机和网络技术为代表的现代信息技术的飞速发展，企业的生存和竞争环境已经发生了根本性变化，市场瞬息万变，产品的研制、开发、生产、上市、服务节奏日趋加快，产品生命周期大幅度缩短，企业的生命周期也随之发生变化，企业尤其是企业总部已经到了不使用先进的信息技术来进行管理和商务运作就无法立足市场的地步。制造业信息化也对广州企业管理、信息技术、制造技术、设计研发、现代物流等服务业提出了更高需求。

（三）促进城市功能多样化，增强总部经济的战略意识

纵观国际经济中心城市，无一不拥有数量众多、实力雄厚的企业总部，它既是国际控制决策中心，又是科技研发中心和教育人才中心。国际经济中心城市，实质上就是大银行、大财团、大跨国公司和著名科技研发中心及大学最集中、最发达的聚集地，它们通过金融、产业、科技、教育控制了世界经济的发展走势，从而造就了它们举足轻重、无与伦比的国际地位。因此，广州要实现自己的战略目标，除不断增强经济、科技实力外，就要大力吸引更多的总部机构进驻，同时培植自己的总部机构，积以时日，方能跻身世界城市之列。

广州在对总部聚集区或 CBD 进行规划建设时，不仅应强调为企业总部提供大量商务、金融、交通、通信、法律、财务等商业运行基础条件以及总部政策、总部文化等相关总部发展的软环境，而且不能忽视城市功能的多样性和城市生活的整体性。由于中央商务区（CBD）除了发挥其总部聚集区的商业办公功能之外，还发挥了其作为国际化大都市中心区域的消费、娱乐等生活配套功能。因此总部经济发展应重视城市功能的多样性。

对于总部经济而言，生活环境的完备是吸引更多总部人才向总部所在区域流动的物质基础，有利于强化该区域发展总部经济比较优势；城市功能多样化直接关系到该区域关联产业链条的完整性，是总部经济产业乘数效应发挥更大作用的机制条件，由此为该区域带来更多的 GDP、税收及就业增长；城市功能多样化及其结构的合理性是城市形象的重要体现，能够维持总部经济的可持续发展。

对此，广州要顺势而为，一方面要以优惠的政策法规，吸引跨国公司及时地抢滩登陆；另一方面要进一步创造多功能的城市环境，推动总部经济茁壮成长。

参考文献

陈彦川：《与跨国公司牵手——世界 500 强在广州的投资研究》，http：//www．gzboftec. gov. cn/articles/2002－10/243. jsp，广州市对外贸易经济合作局，2002 年 7 月。

广州市统计信息网：《2006 年广州市国民经济和社会发展统计公报》，http：//www. gzstats. gov. cn/TJFX/GZTJFX/2007330111604. htm，2007 年 5 月。

罗艾桦、李刚：《广州：新型工业化提升竞争力》，《华南新闻》2005 年 3 月 4 日。

赵弘：《总部经济》，中国经济出版社，2004。

武汉市服务业总部经济发展研究

陈继勇　盛杨怿[*]

　　现代服务业的发展是现代经济的基本特征，也是经济中心城市的显著标志。伴随着城市变革和产业集聚，现代服务业已成为引领城市发展的新契机。21世纪头20年，是武汉全面建设小康社会、加快推进现代化建设的重要战略机遇期，也是武汉向现代化国际性城市目标迈进的关键时期。加速发展现代服务业，尽快形成与特大中心城市和现代制造业基地相对应的现代化综合服务体系，是武汉目前乃至以后较长时期的经济发展目标。

　　总部经济符合现代大都市经济发展的基本方向，"总部经济"与"现代服务业"是相伴相生的共同体。一方面，现代服务业的发展是总部经济赖以形成和发展的重要条件；另一方面，城市的总部集群能够为现代服务业的发展提供更充分的空间。发展服务业总部经济，应以商务楼宇为载体，吸引众多知名的企业总部及其销售中心、采购中心、结算中心等落户，形成服务业产业的聚集。同时，企业总部的集聚必然又带动相关服务业，特别是知识型服务业的发展，形成为企业总部服务的知识型服务业产业链，进而加速现代服务业的成长和发展。因此，依托总部经济的平台，引进、发展服务业企业总部，对武汉市大力发展现代服务业，实现产业升级和城市功能提升有着十分重要的意义。

---

　　* 作者简介：陈继勇，武汉大学经济与管理学院院长、教授、博士生导师；盛杨怿，武汉大学经济与管理学院博士研究生。

一 武汉市服务业总部经济的发展环境

《2006～2007 年：中国总部经济发展报告》① 对全国 35 个主要城市总部经济发展能力进行了综合评价，武汉位列第九，中部第一，具有发展总部经济的优势和潜力。近几年来，武汉市相继建成了一系列的总部聚集区，服务业总部经济布局已初具雏形。

（一）武汉市发展服务业总部经济的主要优势

武汉作为华中地区的特大城市，作为武汉城市圈的首位城市，作为实现中部崛起的湖北龙头城市，发展总部经济具有如下优势：独有的承东启西、连接南北的国内区域经济中心的战略地位；雄厚的经济实力与发展潜力；深厚的文化底蕴和丰富的外交资源；较完善的基础设施建设；丰富的管理和技术储备人才；较发达的信息经济与商业体系；武汉和周边城市产业体系存在差异性、互补性等。这些优势决定了武汉将成为华中地区企业总部的重要汇聚地。

同时，武汉作为特大中心城市，产业结构具有明显的高度，即较高附加值的制造业和高科技产业、较高层次的消费品市场和服务业。"十五"期间武汉市的经济实力明显增强，经济增长质量明显提高，产业结构不断优化，三次产业结构由 2000 年的 6.7∶44.2∶49.1 调整到 2005 年的 4.9∶45.5∶49.6。② "发展现代服务业"被列入武汉"十一五"乃至今后一个时期经济发展的目标。在此期间，武汉市将巩固发展商贸会展、金融、房地产三大主导产业，突出发展现代物流、信息传输与计算机服务及软件、旅游、文化、社会服务等五个新兴产业。在"十一五"期末，武汉市将初步形成体系完整、布局合理、特色突出、聚集力强、辐射面广的现代服务业中心。

发展服务业总部经济，既是武汉市加快现代服务业发展的内在要求，也是提升武汉市城市综合功能和竞争力的客观需要。武汉市高素质的人力资源、良好的

---

① 北京市社会科学院中国总部经济研究中心 2006 年 12 月 21 日发布。

② 数据来源：武汉市国民经济和社会发展第十一个五年总体规划纲要，http：//www. wuhaninvest.com/Publish/2007 - 1 - 8/2006 - 4 - 7135921. shtml。

交通组织、完善的商务环境、标准化的信息交流平台都有助于现代服务业集聚区的形成。

（二）武汉服务业总部经济的空间布局

目前，武汉市初具规模的总部聚集区有武昌高新技术企业总部区、江汉商务型企业总部区、盘龙城"第一企业社区"①、沌口开发区②。由于武昌、江汉一直以来都是武汉市繁华的中心城区，区内经济繁荣、商贸发达、交通便利、设施完备，集中了省、市主要的经济、文化、科研、金融、保险、房地产等企事业单位和中介服务机构，人流、物流、信息流、资金流高度集聚，具有比较全面的经济结构，第三产业发达，因此这两区重点引导发展的总部经济应定位于现代服务业。

1. 武昌高新技术企业总部区

武昌高新技术企业总部区以洪山广场为核心，以中南路、中北路为纵轴，以武珞路、八一路、新民主路和中山北路为横轴，并逐步延伸到光谷等区域。该区重点引导发展金融证券、文化传媒、高新科技、中介服务、商贸休闲等产业，以吸引高科技企业总部、相关服务业总部为主。

2. 江汉商务型企业总部区

江汉区商务型企业总部区依托王家墩中央商务区，拓宽新华路，使之与建设大道构成"金融十字形骨架"，形成以西北湖商务板块、王家墩 CBD 为轴心的总部经济圈。由于区内现代服务业发达，金融、交通、通信、旅游以及商务休闲等优势明显，江汉商务型企业总部区重点引进和发展国内外金融、商贸、物流等现代服务业企业总部。

二　武汉市发展服务业总部经济的实践探索

基于武汉市优越的外部环境，以及各总部聚集区自身发展服务业总部经济的

---

① "第一企业社区"定位于优势企业的总部集聚地，主要包括湖北乃至华中地区发展势头良好、潜力巨大的优秀民营企业的公司总部；一些具有技术创新优势和资本优势的新兴公司；国内一些著名品牌企业在湖北乃至华中地区的区域性总部等。

② 沌口开发区是以东风集团总部等多个制造业企业总部为核心逐步兴建新的总部基地。

比较优势，通过政府调控和市场机制的作用，武汉市发展服务业总部经济的思路日益清晰，效果日益明显。

（一）两区发展服务业总部经济的区域优势

1. 武昌区

首先，武昌作为省委、省政府的所在地，基础设施的完善性、政策资源的可获得性、行政支持与政府公共服务的便捷性、社会秩序的可保障性都明显高于其他城区。独特的省会资源不仅给武昌带来大量省直机关的驻扎，还带来了大量金融机构、文化产业、大型企业的集聚。金融管理部门的一行三局（即中国人民银行武汉分行、省银监局、省证监局和省保监局）吸引了87家金融、证券、保险机构聚集，全省传媒、出版行业基本以武昌为基地，省会驻地吸引了华电集团、省电力集团、市电信集团以及省国资委直管的60家企业中的28家国有大中型企业，将总部设立在武昌。

其次，武昌区智力资源密集，拥有武汉大学等11所高等院校、中科院武汉分院等48所省级以上科研院所，拥有15万专业技术人才，其中中科院院士22人，在校大学生、研究生达10万人；咨询、律师、会计等中介服务业发达。具有企业总部运作所需要的资源条件。

再次，武昌还拥有优良的生态环境资源和历史、人文资源，武汉市6处国家4A级旅游景区有5处在武昌。

2. 江汉区

服务业一直是江汉区的优势产业，早在20世纪末期，江汉就是武汉市现代服务业的中心，商贸业的核心，金融业的硅谷。

目前，区内有武商、武广、世贸、中百、新世界、沃尔玛等国际国内商业巨鳄，万松园品牌街、江汉路步行街等精品商业街，龙王庙商贸广场、恒隆广场、华中数码城等大型商贸项目正在建设中，现代商贸业发达。而以建设大道和新华路金融十字架为核心，面积10多平方公里的区域聚集了工、中、建、农等省级国有商业银行，人行武汉营业部，招商、中信、民生、交通、广发、浦发等区域性商业银行，汇丰、兴业、陆澳等外资银行，合众人寿中部地区唯一的全国性总部，信诚人寿外资保险等260多家金融机构，以及与之关联的一大批商务、会展、信息中介等现代服务业企业，金融产业生态优势明显。

此外，武汉市根据"十一五"规划布局，启动了总投资超过 1000 亿元的武汉王家墩中央商务区（简称王家墩 CBD）建设。武汉王家墩 CBD 的主体就位于江汉区，其功能定位是发展金融、贸易、保险、咨询等现代服务业。王家墩 CBD 的建设，必将大大改善江汉区的"入驻环境"，形成企业总部更好利用外部资源的良好氛围，增强江汉区的吸引力。

（二）两区发展服务业总部经济的实践

两区根据国内外总部经济理论和实践发展，结合区域实际，采取了一系列举措，为服务业总部经济的发展提供了良好的氛围和基础。

武昌区委、区政府根据经济社会发展的实际，提出要"建设武汉江南金融商务中心和历史文化名城"，打造城市的个性魅力和优良发展环境，致力于为公司总部落户创造优良的外部环境。从 2003 年开始，武昌区政府采取了一系列有效措施。一是在全区抽调精兵强将，成立了武昌公司总部区工作领导小组和工作专班，全面负责公司总部区建设，并在公司总部区核心区购买了办公用房集中办公；二是编制了《武昌公司总部区发展规划》，明确产业和区域发展重点；三是加大基础设施建设力度，先后累计投入 4.9 亿元，实施了中南路等 6 条城市主干道黑色化和环境综合整治，新建了中山北路等 3 条城市主干道，优化了城市功能，改善了城市环境面貌，提升了城市整体形象；四是努力改善投资软环境，完善了区级领导对口联系重点企业和重大项目制度，制定和落实了总部经济发展的各项优惠政策，建立了武昌公司总部区企业办事"绿色通道"，实行了代理服务、现场办公联动制度，协调和帮助企业解决实际问题，降低了企业营商成本；五是拓展发展空间，促进公司总部区内商务楼宇开发建设、土地储备和规划控制，包装、策划和推介了世纪广场、龙源广场、科技大厦等一批专业楼宇和科技楼宇，不断拓展总部经济发展空间；六是强化武昌公司总部区的宣传力度，对发展总部经济不断进行策划、宣传、推介，塑造公司总部区的整体形象，努力将其打造成为武昌区经济发展的"亮点"和区域名片。

江汉区结合武汉市的中部崛起战略，明确了"依托楼宇发展总部经济"的经济战略。为了吸引更多服务业企业总部落户江汉区，江汉区政府推出了一系列政策措施。一是精心策划推出"新世纪国贸"、"福星惠誉"等一批精品写字楼，"楚宝片"、"CBD 启动区"等一批房地产和旧城改造项目，并收集物流、房地产、高新技术、商贸旅游、金融和专业服务等五大类60多个项目，制作《江汉区招商项目库》。二是建立政府专项引导调控资金渠道；出台优惠政策，规定凡将占有资源大、财税贡献小的单位和企业调出的业主，将得到政府物业补贴；凡引进公司总部以及高投入、高产出的企业和单位，将得到分成奖励；对年纳税超过一定数额的机构总部租赁商务楼宇，实行租金补助。另外，2007年江汉区为促进服务业总部经济的发展又推出新举措：制定了《关于支持楼宇经济发展的若干财政政策意见试行草案》等相关政策；江汉区财政拿出4000万元调整产业结构；投资1000多万元打造新华路金十字金融总部街区；聘请国内外知名咨询机构制作现代服务业发展规划等。

（三）武汉市发展服务业总部经济的成效

1. 两区服务业总部经济发展现状

（1）武昌高新技术企业总部区。

经过近四年的建设，武昌区总部经济发展初见成效。武昌公司总部区内已集聚各类规模企业3300余家，其中世界500强企业区域总部17家，国内500强企业及民营企业500强总部或区域总部25家，公司总部区内年纳税1000万元以上的税收大户已达30多家。法国阿尔斯通、美国百安居、华夏银行武汉分行、兴业银行武汉分行、浦发银行武汉分行、中铁十一局、联谊集团等一批大企业总部、分支机构落户武昌。同时，由于该区是高校集中的地区，目前区域内聚集了科研设计机构189家，信息技术和计算机软件企业278家，中介咨询服务业企业1365家。

（2）江汉商务型企业总部区。

近五年来，江汉区成功引进了沃尔玛、时代华纳等十多家世界500强企业，利用外资1.76亿美元，引进内资142.48亿元人民币，实现出口创汇2.44亿美元，年均递增84.9%。以建设大道、新华路为骨架的"金十字"金融一条街，已集聚建银大厦、招银人厦、民生银行大厦、国贸大厦、瑞通广场等高楼30余栋，入驻企业1500多户，涉及行业有金融、房产、通讯、机电、软件、纺织、食品、中介等，以建银大厦为例，至2005年底，大楼入驻企业50多户，产生税收3000多万元。2006年以来，武汉经发投、长航凤凰、艾维通信、畅鑫物流、美克美家家居、新百丽鞋业等一批商贸物流、研发中心、品牌营销等总部型公司，天平汽车保险、都邦财险、阳光财险3家省级法人保险分公司，美国安永会计师事务所，上海易居物业顾问公司等先后落户江汉区，不断优化该区服务业的产业结构。

该区规划，未来 5 年要基本形成建设大道、新华路一带的金融总部经济圈，王家墩中央商务区一带的商务总部经济圈，解放大道武汉商场、中山大道万达商业广场一带的商贸总部经济圈，以及常青路、江北民营科技园一带的制造业和高科技企业总部经济圈。

2. 武汉市服务业总部经济发展的成效

随着本地重点企业对外扩张和大量外地企业总部的迁入，总部经济正成为武汉经济持续增长的新亮点和产业结构优化升级的引擎。服务业企业总部的集聚在自身创造大量产值和税收的同时，通过产业的前后关联效应加速了武汉市现代服务业的发展壮大。

（1）总部经济的集聚效应已初见成效，入驻企业数量和资金总额呈加速发展的趋势。同时，武汉作为特大中心城市，其聚集、辐射功能得到显著提升，武汉本地的一些大企业、大集团加速向外扩张，譬如武汉铁路分局、华中航运、长江航运、武汉邮政等交通邮电企业，武商、中商、中百等商贸企业等纷纷在周边设立子公司、连锁店等。武汉市作为"8 + 1"城市圈乃至华中地区的金融商贸中心、交通通信中心、物流中心、文化科教中心的地位凸显。

（2）随着服务业总部经济的发展，武汉市政府"退二进三"政策的加快实施，武汉市的产业结构、服务业的内部结构进一步优化。目前武昌、江汉两区内第三产业比重均达到 80% 以上，尤其是以金融、保险为代表的专业服务业发展迅速，文化、会展、中介服务等以知识密集型为特征的新兴服务业已成为新的经济增长点。

（3）企业总部聚集，税源增加、税收结构优化，提高了总部区的区级财政收入。总部经济建设近四年来，武昌区全口径和区级财政收入均翻一番。2006年，武昌、江汉区的全口径财政收入均突破 31 亿元，其中区级财政收入分别达到 9.7 亿元、8.9 亿元，雄厚的财力支撑为总部经济的发展和层次的提升提供了新的契机和巨大空间。

三　武汉市服务业总部经济发展存在的主要问题

虽然武汉市发展服务业总部经济有较好的基础和潜力，发展速度也相当快，但必须看到，武汉发展服务业总部经济还面临着一系列亟待解决的问题。

（一）各区域总部经济发展规划与武汉市整体城市发展规划在宏观层面上缺乏进一步的统一协调

武汉市有 3 家区级政府和企业纷纷打出"总部经济"的招牌，面向省内、全国乃至跨国企业"招兵买马"，吸引其将总部或区域总部设在武汉。虽然从目前的实际发展情况看，武昌定位为高新技术企业总部区、江汉定位为商务型企业总部区，两者定位存在一定的差别，但从引入企业总部的性质看，这两大服务业总部聚集区对同类型企业引入的竞争始终存在，特别是金融、保险、商贸这类产业领域。企业总部资源毕竟有限，各区不顾自身环境条件，竞相介入，势必造成资源浪费和恶性竞争，并影响武汉市各区之间的区域关系，也会直接减慢总部经济的发展速度。

（二）服务业总部经济发展空间受到限制，商务楼宇建设滞后

作为武汉市的中心城区，武昌和江汉都面临着土地资源稀缺、发展空间受限的问题，而商务楼宇作为带动总部经济延伸和发展的核心和载体，具有变平面发展为立体发展、变实体经济为虚拟经济、向空间求发展的优势。但目前，两区房地产开发特别是划属发展总部经济地域内的地产开发绝大多数是住宅，属商务楼的为数不多。譬如江汉区 2000 年以后开发的写字楼主要有民生银行大厦、南达大厦、添地大厦、宏远商务楼等，这些楼宇的面积大约只占房地产开发总面积的5％。商务楼建设滞后，必将影响总部经济的发展。

（三）引进的企业总部数量多，质量效益不高

尽管武汉市引进的服务企业总部数量多，但行业相对分散，档次不够高，而且大企业较少，高新技术开发、知名企业的地区总部和核心机构更是凤毛麟角。

（四）发展总部经济所需的一些硬件设施、服务配套等有待改善

在硬件设施上，目前武汉市的商务楼宇大多数项目规模较小，现有商务楼宇中超过 3 万平方米办公空间的不多，而且部分楼宇存在电梯、停车位等配套设施不足、楼宇层高较低、实际使用率不高等问题。同时，在商务楼宇的服务配套

上，也存在着严重不足，主要是物业管理不到位、对入住企业的专业化商务服务不够、智能化弱电系统配置缺乏等。

四 发展武汉市服务业总部经济的对策建议

根据武汉市整体和各服务业总部聚集区的基础条件和比较优势，针对当前面临的困难和挑战，我们提出武汉市服务业总部经济发展的思路和措施如下。

(一) 政府应宏观规划与科学引导服务业总部经济的发展，使总部聚集区布局具有整体性、科学性

建议由市政府确定和相关部门牵头，结合武汉 "8 + 1" 城市圈的建设制定武昌、江汉等总部聚集区发展的总体规划和政策措施，以协调各区域发展。同时，各区政府也要制定合理的发展规划，构建更为清晰的总部经济发展思路。

1. 两区总部经济的发展要与武汉市其他项目协调发展

譬如要将武昌总部区与东湖高新区、武汉经济开发区三者进行统筹协调发展，形成"企业总部（武昌）——高新科技研发、制造基地（东湖）——制造业生产基地（沌口）"的良性互动机制，从而让武昌公司总部区的发展能够融入武汉的整体经济发展之中。而江汉总部区的规划、建设应与王家墩中央商务区项目相配套，互相促进、协调发展。

2. 科学分析形势，明确发展领域

武汉市政府、各区政府要充分认识新形势下总部经济发展的重要战略地位，创新发展思路，加快建设各具特色的产业总部集群，从整体战略布局上助推总部经济的发展。通过加强产业规划，确定产业定位，选准发展重点，形成符合本区域功能要求、体现资源比较优势的支柱产业，进而引进这些产业的企业总部。

尤其要注意各区域之间加强沟通、协调，进行统一规划和协调发展，突出各区特色和优势产业，防止出现重复建设和争夺资源的现象。而且规划一旦确定后原则上不允许改变。

除了传统的金融商贸、休闲娱乐产业，武昌总部区有较好的发展文化传媒

业的产业基础。全省的传媒、出版行业基本上以武昌为基地，2005 年，武汉市纳税前 15 名文化传媒企业中，武昌区占据 11 席，而且前 5 名均在武昌。2006 年，武昌公司总部区内文化传媒企业纳税额占区内纳税总额的 17.9%，位居第二。另外，武昌通过打造"辛亥首义文化区"的文化精品工程，将进一步确立其"首义之城"现代文明之都的文化地位，文化事业和文化产业发展潜力巨大。

同时，武昌作为"科教集聚"地，也具有发展高新技术产业和中介咨询等高端服务业的潜力。特别是在武昌区内有中科院武汉分院等 48 个市级以上科研单位，集聚了铁四院、中南电力设计院、中南建筑设计院等 20 家设计单位，具有设计产业集群的天然优势，可以规划发展成为"中部设计之都"。

金融、商贸、物流等现代服务业一直都是江汉区的优势产业，引进公司总部时要优先有针对性地组织、策划引进这类产业的国际、国内有影响力的大型企业总部或华中区分部，通过这些"龙头"企业，来吸引大批的金融保险、商贸物流、信息服务等现代化服务企业的集聚。同时，要通过有针对性的引进企业群，逐步形成一批区域性金融楼、外贸楼、科研楼、中介服务楼等特色楼。

（二）细分总部层次，实施多种优惠政策吸引更多知名企业总部入驻

作为处于总部经济发展能力第二能级的城市，在吸引企业总部时武汉市应主要以引进国内外大型企业的地区总部，或湖北省内以及周边诸省大企业的公司总部为主。因此，武汉市服务业总部经济的发展可按照武汉城市圈企业总部——湖北省及华中区企业总部——国内 500 强企业总部或区域总部——世界 500 强地区总部的思路，坚持重点突破，同步推进。重点跟踪研究跨国公司、国内 500 强企业和同行业知名企业，有针对性地组织、策划引进一批国际、国内有影响力的大型企业总部或华中区总部，通过这些"龙头"企业，着力吸引一批金融保险、商贸物流、法律会计、信息服务等现代化服务企业，逐步形成产业聚集态势。

省、市政府要把知名企业总部聚集区建设纳入湖北省、武汉市政府工作重点之一，并在项目用地、税费减免、政策贴息、政务一条龙、一个窗口服务等方

面，给予总部基地建设足够的支持。各区政府要进一步提高楼宇招商、以商引商等市场化招商的作用和成效，建立政府、中介机构、企业"三位一体"的招商引资新机制。政府部门要主动协调各方面关系，运用价格、投资、财税、金融等杠杆进行调节，形成支持楼宇经济、企业总部的政策导向，清理消减阻碍楼宇总部经济发展的政策和制度。另外，政府部门应积极组织各类招商引资推荐活动，譬如根据本区产业发展方向加强与有实力的财团与企业的联系，特别是与协会、商会组织等建立互动沟通、双赢发展的关系；通过新闻报道、广播电视等媒介对总部区的商务楼宇、地方特色、配套服务、物业管理、优惠政策等进行宣传、推介；召开楼宇业主或企业主参加的政策宣传活动等。

（三）市政府、区政府要加大土地储备力度，实施规划控制，为总部经济的发展营造良好的条件，提供必要的发展空间

在发展房地产业过程中，要规划一定的土地资源来建造商务楼；在总部集聚区内部和附近适当限制住宅房的开发，尤其是对已停产的企业或者企业外迁腾出的土地予以严格控制。

同时，要制定对商务楼宇开发建设的鼓励政策，推动商业楼宇的建设步伐；制定对商务楼宇招商的鼓励政策，鼓励企业总部入驻并在本区登记、注册，提高楼宇利用率，鼓励商务楼宇招商主体引进同行企业，形成企业集群。

（四）加强配套设施建设，优化总部经济发展环境

在硬环境建设上，按照"突出滨江滨湖特色、体现现代风格、富有楚文化底蕴、着眼可持续发展"的武汉市城市发展要求，尽快完善现代城市基础设施建设。重视环境治理和保护，把武汉逐步建成碧水蓝天的清新家园。完善城市公共交通，加快城市道路、轨道系统的建设，确保交通便捷，把交通系统同周边建筑、城市功能布局结合起来。加快"数字城市"建设，努力建成超大容量、覆盖全市、联通全国和世界的高速宽带骨干传输网络，为各种信息业务提供高速便捷的通道。另外，总部区内除了布局商务楼宇外，要适当布局酒店、商店、娱乐场所等，以促进总部区域内办公功能和其他功能的融合。

在软环境建设上，一是政府要创造和维护公平竞争的环境，加大服务意识，建立起政府对企业、项目全过程服务的长效机制。要建立健全法律法规与道德规

范，打击经济领域的各种违法行为，有效保护企业的正当权益，制止不正当竞争；同时要创造优良的信用制度环境，塑造安定的社会生活环境，为企业总部长期入驻创造良好的外部条件。二是政府要培育与总部经济相适应的高级生产要素。譬如成立专业的招商管理公司，利用专门人才开展招商活动；将商务楼宇分布、功能结构、环境、物业管理、租赁情况以及各片区规划和配套政策等信息资源，制作成楼宇电子地图和数字化管理系统，为有意来投资的企业总部提供便利。三是政府要调整有关政策，促进总部经济和地方经济发展的良性互动。要处理好企业与政府，政府与市场的关系，坚持"政企分开"、"政资分开"、"利税分开"原则，保障资本流动的合理性。

成都市总部经济发展战略研究

章继刚 *

成都市总部经济发展目前仍处于起步阶段，还存在着诸多问题，特别是与国内北京、上海、广州等大城市相比，尚有很大差距。成都市发展总部经济要不断改善投资创业环境和生活居住环境，发挥聚集和辐射作用，进一步提升成都市在国内外的知名度，增强地区的综合竞争力和辐射力。

一 成都市总部经济主要优势及发展现状

20世纪80年代，发达国家和地区已经出现总部经济现象，如美国的纽约、日本的东京，新加坡和我国的香港也是著名的总部聚集地，总部经济形态发展方兴未艾。

总部经济是指通过营造良好的外部环境，吸引企业总部入驻，以发挥集聚效应和扩散效应的新型经济的统称。发展总部经济能够形成总部产业价值链，充分整合利用人力资源、科技资源、金融资源、政策资源，带来国内外大型企业集团的研发中心、销售中心、采购中心、营运总部或分支机构的集聚，能够带动更多的人流、物流、资金流和信息流，形成具有较强支撑带动作用的都市工业集群、

* 作者简介：章继刚，民革四川省委参政议政委员，工商管理学博士，研究方向为中国西部中小企业发展战略、中国上市公司发展战略以及战略资本，就职于四川省工商局。

现代服务产业集群，对企业发展的软硬环境建设起到巨大的推动作用，从而增强地区的经济集聚效应、税收贡献效应、产业辐射效应、消费带动效应、劳动就业效应、社会资本效应。

（一）成都市总部经济发展优势

大力发展总部经济是成都深化发展内涵，优化产业结构的必然选择。成都目前正处在产业结构调整和经济发展转型的关键时期，发展总部经济将对成都进一步提高信息、资金、人才、服务、管理、技术等方面的质与量发挥积极作用。总部经济产生的资源集聚效应，有利于促进成都经济、成都中小企业、社会各项事业的发展；总部经济的带动作用，有利于促进成都产业结构的优化升级；总部经济的品牌效应，有利于增强成都经济的综合竞争力，加快西部大开发；总部经济的国际化水平，有利于成都经济与国际接轨。

成都作为全国信用服务体系建设五个试点省市之一，把解决中小企业融资难、促进中小企业发展摆在重要位置，在构建中小企业信用、担保和社会中介服务等方面已经有了成功的经验。成都中小企业信用服务已涵盖了征信、评级、信息、管理、财务、培训等方面，初步形成了中小企业信用服务专业队伍。

为了更加充分地发挥中小企业对城乡一体化的产业支撑作用，成都引导全市中小企业以工业集中发展区为载体，以主导产业为龙头，以完善和延伸产业链为纽带，以培育特色产业集群为目标，走集约化、特色化发展道路。成都市对已具有一定规模的中小企业产业集群，包括武侯的鞋业、双流的汽摩配件业、新都和崇州的家具业、青白江和龙泉的新型建材业、邛崃的白酒业、蒲江的特色食品业，以及有聚集发展趋势和潜力的新津的精细化工业、金堂的乳制品加工业、锦江区的印刷业等，进一步加大了推进的力度。各区（市）县把发展中小企业产业集群纳入当地国民经济和社会发展规划，积极制定配套政策，加强协调服务，取得了明显的成效。

目前中小企业已成为推动成都经济发展的主要动力，成为全市国民经济和社会发展的重要力量，而政府在促进中小企业发展的过程中发挥了重要作用。据统计，2004～2006年，成都市私营企业的新增户数每年都以30%左右的速度高速增长，而外商投资额则以每年50%左右的速度高速增长。2007年，成都市市委、市政府决定市财政安排2.4亿元设立市中小企业发展专项资金，今后每年视财力情况安排 2000 万元，专门用于支持中小企业技术创新、担保体系建设、服务体系建设、人员培训、专业化发展、与大企业协作配套以及与国家发展专项资金配套等。国家发改委确定成都市为"中英中小企业扶持政策合作项目"试点城市，试点工作启动以来，得到了各区（市）县中小企业管理部门和相关企业的大力支持配合，已取得一定的进展。2006 年，崇州、邛崃、彭州、蒲江、大邑等区（市）县中小企业增加值占 GDP 的比重达到 80% 以上；金堂、新津、郫县、都江堰、彭州、龙泉等区（市）县中小企业工业增加值占县域工业的比重达 90% 以上，崇州、邛崃、蒲江、大邑等区（市）县的县域工业都是中小企业。2006 年，成都市中小企业从业人员约 230 万人，占全市从业人员的 65% 以上，新增就业岗位的 90% 以上是由中小企业提供的。成都市积极实施"中小企业成长工程"，全力抓好优化政策环境，壮大产业集群，培育优强企业，为缓解就业压力、保持社会稳定发挥着极其重要的作用。

成都市青羊工业集中发展区针对市场需求，将工业集中发展区的业态调整为培育发展工业总部经济，吸引民营企业共同开发。青羊区以中央商务区核心区建设为重点，大力引进国内外知名企业总部入驻，大力发展金融、保险、咨询、信息、中介服务为主的现代服务业，到 2010 年，中央商务区核心区内外资机构和国内知名企业总部或地区总部聚集度将达到 35% 以上，建设成为国内一流的西部区域性金融中心；强化航空制造业的产业集聚功能，逐步形成以飞机制造为龙头的集航空装备生产、航空技术研发、航空人才培养和航空零部件加工为一体的航空工业集群，逐步建成产业发达、功能配套、环境优美、全国一流的现代航空工业城。

成都市锦江区实现合理功能分区，在沿河商务经济带全力打造中央酒店区（CHD），与成都市中央商务区（CBD）实现功能互补、产业互动、资源共享的无缝对接，建设全国知名的酒店业集中区；在东大街商务经济带主要发展以金融服务业等为主的现代服务业，力争建成四川省品种最齐全、环境最优良的金融服务区；在春熙路、盐市口两大商圈周边建设总部经济区，该区域要突出中心城区的商务区位优势，吸引大公司、大企业、大集团的总部、办事处入驻，巩固和增强成都（锦江区）作为西南地区科技、商贸、金融中心和交通、通信枢纽的地位。

成都市武侯区把加快商务配套设施建设和引进总部经济作为重点，紧抓成都地铁工程机遇，提出高标准规划、高起点引进、大气魄建设，将人民南路科技商务区打造成"立足成都、辐射中西部、影响全国"的中央商务区。同时重点引进国际国内大企业、大集团在区域内设立营销总部、研发总部、行政总部，使人南科技商务区成为总部经济聚集发展区。加快西南物流中心建设，打造现代物流园区，建设现代物流业企业总部经济集中区；发挥"中国女鞋之都"品牌优势，打造鞋业交易国际国内平台，推动商务经济快速发展；依托浆洗街、科华路等区域写字楼相对集中的优势，形成商务经济相对聚集区。

成都市金牛区对全区进行功能分区，明确其功能定位，形成"五区五带"即商贸商务中心区、专业市场集中发展区、宜居环境发展区、工业集中发展区、城市游憩区和北新大道城市经济综合发展带、羊西线餐饮娱乐业经济带、沙西线旅游休闲房地产业经济带、川陕路商贸旅游经济带、成灌公路商业汽车汽配产业带的发展格局。为提高土地价值和经济、社会效益，推动产业可持续发展，金牛区在金牛高科技产业园西区规划建设工业总部经济园，打造"金牛工业总部基地"，由园区和有实力的公司合作建设地区总部基地，大力引进企业集团总部及功能性中心，努力将该区域建设成为土地高度集约利用的典范。同时，充分利用总部经济的辐射和带动作用，促进园区研发、生产、销售等相关产业的发展，有效延伸产业链，发挥引擎效力。

成华区实施"大房产、大商贸、大总部"战略，将龙潭都市工业集中发展区建成总部经济基地，实行企业化管理，实现"资本+市场+人力"连锁效应的发展模式，2007年将新建上万平方米以上规模的总部楼宇14个以上，引进企业总部30个以上，总部企业销售收入达到60亿元以上。其中"成都·浙江天一产业园"总规划用地2000亩，一期工程"多元总部国际一号"为总部基地示范区，将建造"浙江大厦"和独栋企业总部，总建筑面积约60000平方米；二期工程"多元总部国际二号"为总部基地核心区，将形成集办公、科研、营销、贸易为一体的西南区域性总部集群；三期规划为企业生产、物流、仓储、培训、配套服务区，同时筹建西南精密模具城和包装印刷文化城。在川浙商从此有了一个集生产、物流、贸易、科研、办公、营销等多种功能于一体的区域性总部基地。

成都高新区规划面积约82.5平方公里，由南部、西部园区组成，共有各类企业6000多家，有外商投资企业近500多家，有英特尔、摩托罗拉、康宁、住友、阿尔卡特等世界500强投资的企业24家，初步形成电子信息、生物制药和精密机械制造三大产业，形成了全国规模最大、以8个国家级孵化器为骨干、以企业和社会力量创办的孵化器为主体的孵化器群体。其中南部园区重点建设以科技创新、软件孵化、现代知识服务、国际金融以及市政中心为主体的现代化科技园区，西部园区建成空间信息化、生产自动化、园区生活化、环境优美化、社会安全化、科技与人文协调统一的一流综合产业园区。四川成都出口加工区实行"境内关外"的管理模式，为订单在国外的加工企业、有零库存要求和采用网上订单的企业及出口产品龙头企业和研发中心提供 24 小时报关的便利服务。

成都市龙泉驿区将建成西部一流的以汽车制造为主的机械制造产业集群、全国领先的新型材料产业集群、优势明显的钢铁深加工产业集群、具有规模效益的食品加工及医药产业集群和具有较强综合竞争力的电子电器产业集群。阳光城总部经济园采用政府投入土地，企业投资建设的合作方式进行建设，园区由企业总部大楼、科技孵化大楼和都市工业大楼三大部分构成，计划 2 年内吸引 50 家以上的西南地区企业总部和 100 家以上的规模都市工业项目进入园区创业。

在成都市 2170 户规模以上工业企业中，只有 17 户大型企业，其余全部是中小企业，中小企业数量占全市规模以上工业企业总数的 99.2%，实现工业增加值约 255 亿元，占全市规模以上工业增加值的 60%。康弘制药、川开集团、国嘉制药、瑞云集团、恩威集团、蜀玻集团、国腾电讯等一大批上规模、上档次、管理好、机制新、在国内和省内享有一定声誉的企业，成为成都中小企业发展的亮点和中小企业竞争力的代表，这些企业都带有很典型的总部经济特征。

（二）成都市总部经济发展形式

成都总部经济的快速发展，带动了更多的人流、物流、资金流和信息流，大大增强了成都城市经济实力、核心竞争力和发展后劲。成都总部经济发展形式主要有激活存量资源、本土企业向外扩张和外地企业迁入等三种。

从激活存量资源看，成都市不同历史时期发展起来的大企业、大集团（尤其是制造业）具有一定的基础实力和竞争优势。以成都国腾实业集团为例，该公司是国家认定的"国家级重点高新技术企业"和"国家重点新产品项目企业"，长期致力于开发、生产、销售拥有自主知识产权的高新技术信息产品。集团拥有国家 863 成都 IC 设计基地、国家 863 软件孵化基地、西部大学生科技创业园。国腾集团始终围绕着加强和保持自己的创新能力和核心竞争力来不断拓展和积累技术及市场资源，使集团通过持续的创新精神进一步强化和巩固经营优势，建立起自己独特的资本、技术、市场有效结合的持续发展模式，总部经济的优势得到了发挥，开始对成都市经济发展和产业的调整产生辐射与带动作用。

从重点企业的扩张来看，近几年来，成都市部分重点企业积极抢占市场，加快发展，不失时机地向外扩张，从而成长为跨区域经营的大企业、大集团，为发展成都市的总部经济做出了很大贡献。如康弘药业集团成立于 1994 年 8 月，现在已经发展成为以中西药、生物制药和基因药物研发、生产、销售为主的高新技术企业集团，拥有三个总占地面积达 400 亩的药品生产基地，是四川省首家通过国家 GMP 认证的企业。康弘药业集团本着以市场为导向的经营理念，视商业信誉和服务质量为生命，按 GSP 标准进行规范化管理，并积极开拓建设专业化营销网络，营销网络全部覆盖全国各省、直辖市。借我国加入 WTO 的契机，集团积极拓展国际市场，建立了"新加坡余仁生——康弘植物药私人有限公司"等公司，逐步在东南亚及欧美地区建立办事机构和销售网络。成都地奥集团是 1988 年 8 月 18 日借款 50 万元创办的高新技术企业，经过地奥人 16 个春秋的不懈努力，已成为集天然药物、基因工程药物、合成药物、新型制剂研制为一体的大型骨干制药企业，是国内实力最强的药物研制、中试、生产基地之一，是世界上最大的高纯度甾体皂苷和高纯度胸腺肽生产企业。地奥集团已拥有成都地奥制药集团有限公司、成都药业股份有限公司等共计 11 个下属企业和控股企业，占地面积近 400 亩。又如成都万贯（集团）置业股份有限公司的前身系成都万贯福利皮带制造厂，始创于 1986 年，历经 17 年拼搏奋斗，迄今已发展成为一家以多种产业为一体的集团化企业。集团公司自有资产 5 亿元，控有资产 12 亿元，使用土地 100 多平方公里，各类用房面积 9 万平方米以上，其中酒店拥有客房 1718 间，床位 4180 个；商场拥有 3 万平方米的营业面积，员工 1600 余名，各类专业人才 800 余名。1997 年，万贯通过了"第二次创业"的决定，并逐步调整产业结构和经营方式，以旅游业作为支柱产业，通过资本运营实现企业的迅速扩张，成立了"四川雅安万贯碧峰峡有限公司"、"四川什邡万贯蓥华山有限公司"，完成了以旅游为支柱的产业调整，奠定了万贯成为中国大型旅游企业集团的基础。

从外地企业迁入来看，很多外地企业尤其是省内企业集团为寻求更快发展，逐步呈现出总部向省会迁移的态势。如四川宝光药业科技开发股份有限公司经过几代创业团队的不懈努力，到今天已发展成为一家以城市管道燃气、制药、商业零售为主要业务的综合性上市公司，旗下涉及三个产业，五家子公司：上饶市博能管道煤气工程有限公司、大连新世纪燃气有限公司、四川宝光药业股份有限公司、成都华联商厦有限责任公司、成都华商科技发展有限责任公司，原先总部设在泸州，企业为了扩大融资，挖掘更大的利润空间，吸引人才，靠近决策中心，更多地获取信息，加快企业发展，下决心将公司总部搬迁到了成都。又如通威集团总裁、通威股份有限公司董事长刘汉元 1986 年在家乡四川眉山县永寿镇创办西南地区第一家集约化鱼饲料工厂——渔用配合饲料厂（通威饲料厂），1992 年春天，刘汉元自筹资金 1000 多万元在县城里建立通威饲料有限公司，1993 年，刘汉元正式组建了四川通威集团有限公司，1995 年，刘汉元将总部迁到成都，通威集团顺利完成北上的战略转移，发展势头十分迅猛。集团总部迁入成都十一年来，通威集团已发展成为由通威集团有限公司控股，以饲料工业为主，同时涉足水产研究、水产养殖及动物保健领域的农业科技型上市公司。目前，公司拥有北京、天津、重庆、四川、广东等近五十家分、子公司，年饲料生产能力愈 400 万吨，是国内最大的水产饲料以及重要的畜禽饲料生产企业。公司的"通威"牌系列饲料先后被评为四川省著名商标和中国驰名商标。

东电集团是中国最大的发电设备制造和电站工程承包特大型企业之一，是中央确定的 53 户国有重点骨干企业之一和国家首批创新型试点企业，其发电设备产量已连续多年位居世界第一。在国内市场竞争中不断崛起壮大的同时，在成都市委、市政府的积极支持下，东电集团决定在蓉建设研究院，并在蓉扩大发展其高科技核心产业，把成都作为其发展总部，积极开拓国际市场，充当中国发电设备走出国门的排头兵，推动我国发电设备产业国际竞争力的提高。

（三）成都市服务业发展现状与机遇

"十五"期间，成都市围绕建设西部创业环境最优、人居环境最佳、综合实力最强的现代特大中心城市的奋斗目标，全面实施统筹城乡经济社会发展、推进城乡一体化的发展战略，大力发展现代服务业，增创第三产业新优势，突出了成都作为西南地区科技、商贸、金融中心和交通、通信枢纽的地位，对成都市的经济增长起到了重要的推动作用（见表1）。

表1　成都市服务业"十五"期间发展状况一览

在国民经济发展中的作用不断增强	"十五"期间，成都市服务业总体规模不断扩大，发展速度较快。增加值由2001年的681.0亿元稳步增加到2005年的1181.05亿元，"十五"期间年均增长11.9%。三次产业的结构由2001年的9.1:45.3:45.6调整为2005年的7.7:42.5:49.8，2005年服务业对全市经济增长的贡献率达到36.9%，服务业在国民经济发展中的作用日渐突出
初步形成比较完整的服务业体系	"十五"期间，形成了以交通运输仓储和邮电业、批发零售业、金融保险业、住宿和餐饮业为主要支撑，房地产业、信息和中介等行业竞相发展的格局。2001~2005年，交通运输仓储和邮政业、批发零售业、金融保险业、住宿和餐饮业增加值占整个服务业的比重分别达到52.80%、52.20%、51.90%、51.24%、47.2%。与2001年相比，房地产业的比重由5.5%上升到10.8%，租赁和商务服务业由1.6%上升到3.1%，其他行业也保持了稳定发展的态势。零售业、餐饮业、旅游业特色突出，逐步形成了一批优势品牌
就业吸附力增强	"十五"期间，服务业从业人员占全市比重由2001年的34.1%上升到2005年的36.9%，就业结构逐步与产业结构发展同步，2005年三次产业就业结构32.3:30.8:36.9，服务业的发展正在带动从业人员的同步增长，成为成都剩余劳动力转移的主要产业

　　2006年，成都市服务业稳步发展，实现增加值1343.6亿元，增长11.2%，在三次产业中的比重为48.9%，对全市经济增长贡献率达40.2%。2007年，成都服务业将深入实施旅游带动战略，持续推进中国最佳旅游城市建设，加快服务业向国际化、信息化、现代化转变，做大做强旅游、金融、商贸、会展和物流业，积极拓展软件、服务外包和信息服务业，培育提升会计、审计、法律、咨询等中介服务业，大力发展总部经济和生产性服务业，努力增创服务业发展新优势，实现服务业发展新突破。

　　与此同时，"十一五"期间，成都市加快发展服务业面临着前所未有的新形势、新机遇和新挑战。对外开放的进一步扩大为服务业发展带来新的机遇和挑战。随着国内服务市场的开放度越来越高，特别是金融、保险、电信、旅游、外贸、中介服务机构等服务业领域的对外开放进一步扩大，使这些领域的竞争国际化，行业发展面临着严峻挑战。经济结构的战略性调整为成都市服务业发展开辟了广阔空间。成都建设现代特大中心城市的战略目标将加快全市经济结构战略性调整步伐，以完善城市功能为目标的服务型经济将得到全面发展。特别是中央商务区建设的全面启动、总部经济的打造、城区危旧房改造步伐的加快，将为发展信息咨询、金融保险、商业餐饮、房地产开发、邮政电信、社区服务、文化体育业等服务业创造更广阔的发展空间。人民生活水平的不断提高为服务业发展提供了有力支撑。"十一五"时期，随着城乡居民收入水平的不断提高、消费观念的更新和消费结构的升级，汽车、住房、教育、旅游、信息等消费需求将加速增长，成为消费的新热点和拉动经济增长的新亮点。以信息技术为核心的高科技迅猛发展为服务业加快发展创造了条件。现代信息技术在服务业各行业的应用范围进一步扩大，应用水平大为提高，新的服务方式不断涌现。

（四）中外企业选择成都作为总部所在地的主要原因

如今，花旗银行、渣打银行、香港汇丰银行、荷兰银行、纽约人寿保险、中英人寿保险、加拿大宏利保险等知名金融机构在成都设立区域总部，法国安盟保险公司更是将中国区总部设在成都，英特尔、摩托罗拉、爱立信、微软等在成都设立研发中心，国内企业如中国东电集团、中国五冶集团、新希望集团、正大（四川）公司、联想、中芯国际、华为等纷纷在成都设立区域性总部、发展总部、研发中心，以微电子为主导的 IT 产业集群正加速形成。来自美国、日本、法国、德国、英国、荷兰、韩国、芬兰、丹麦和中国香港、中国台湾等 15 个国家和地区的世界 500 强企业已有 108 家在成都设立了分公司或研发中心或分支机构。

在纽约证券交易所上市的国际知名房地产服务及投资管理公司仲量联行发布对中国二级城市调查的研究报告，在被调查的 80% 为世界 500 强的 200 余家跨国企业扩展城市排行榜上，成都位居二级城市之首，这 200 余家跨国企业中有22% 在成都设有分支机构。成都将成为会计、咨询、房地产顾问、律师事务所首选目标城市，成为在未来几年中跨国公司拓展的重要目的地。

这些中外企业选择成都作为总部的所在地，主要原因有以下几个方面。

第一，从本土成长起来的企业对成都有着深厚的感情，立志扎根成都。

第二，成都作为西部特大中心城市，大力建设人居、政策、服务及基础设施全方位与国际接轨的创业和生活环境，不断优化投资软硬环境，相继获得了"中国最具经济活力城市"、"中国最佳商务城市"等称号，颇具发展总部经济的区位优势、信息资源优势、文化优势、市场环境优势。中国总部经济蓝皮书《2006～2007 年：中国总部经济发展报告》对全国 35 个主要城市发展总部经济的能力进行了评价，结果显示，成都总部经济发展能力位居全国第八，仅居于北京、上海、广州、深圳、天津、南京、杭州之后。在《四川省商务发展第十一个五年规划纲要》中，成都被赋予重任，扮演起了挑大梁的角色。根据地理条件、投资环境、产业基础和今后的发展方向，四川将全省外商投资的空间布局分为四个区域，其中以成都、德阳、绵阳、乐山为主的高新技术产业和现代服务业聚集区，使成都逐步成为跨国公司的区域总部和研发中心。这表明成都已成为中国西部投资、创业、工作和生活环境最好的区域之一，发展总部经济可谓天时、地利、人和。

第三，成都有深厚的文化底蕴，集中了全省的高端智力人才。成都不仅在四川省工作中占有十分重要的位置，还在国家实施西部大开发战略中，扮演着重要的角色。

第四，成都是西部地区实力最强的两座特大型中心城市之一，与重庆一道将成为成渝经济区的龙头。成渝经济区到 2020 年 GDP 可以达到 4.8 万亿元，占全国的 7.8%，仅次于"长三角"、"京津冀"、"珠三角"地区。成渝双方将通过紧密合作，构建互利共赢、平等多赢的合作机制，使成渝经济区成为国家发展战略梯度转移的承接平台。

第五，成都市提出的到 2010 年在四川省率先基本实现现代化的目标，反映出成都市现有的工作基础和发展水平很高，成都市拥有众多的科研院所、科研人员和上档次的企业，尤其是拥有一支奋发向上、力争上游的干部队伍，发展前景非常广阔。这些因素使企业认识到把总部设在成都能有长远的发展前景。

第六，成都市金融业已在西部地区占据了重要地位，成为西南地区的金融中心。成都是西部地区金融机构种类最齐全、数量最多的城市，全市现有国内金融机构 2500 多个。此外，证监会、保监会也在成都设立了区域性的管理总部。成都市提出的金融业"十一五"发展目标见表 2。

表 2 成都市金融业十一五发展目标

总目标	具 体 说 明
基本建成高效开放、服务优质、运行协调、与成都经济相互促进，共同发展的成都现代金融体系。	2010 年金融业实现增加值 200 亿元（2005 年价格）左右，年均增长约 12%，占第三产业增加值的 10%，占全市地区生产总值的 5%
	2010 年各银行存款本外币余额超过 10000 亿元，各项贷款本外币余额约 6000 亿元，年平均递增分别为 18% 和 14%
	2010 年保险业务收入超过 150 亿元，年均递增 15% 左右；保险深度达到 3.75%；保险密度达到 1270 元/人
	建成股票、债券、基金等证券种类齐全、各类证券机构发达的证券市场体系和有效的证券监管体系

总部经济的发展，将为成都市的经济发展带来强劲的税收贡献效应、GDP贡献效应、产业聚集效应、产业乘数效应、消费带动效应、劳动就业效应，还将产生明显的城市形象效应和城市发展效应，对于提升成都市在国内外的知名度和经济社会地位、进一步扩大成都市的招商引资规模产生不容忽视的作用。

二 成都市发展总部经济存在的问题及原因分析

成都市总部经济的发展仍处于起步阶段，特别是与国内先进城市（如北京、上海、广州）相比，尚有很大差距。当前在成都市的企业总部主要是原来驻蓉企业或省内的企业集团，跨国公司或外省企业的总部入驻较少；真正意义上的企业总部仍然较少，还没有形成有规模的总部经济，对外部企业集团形不成很强的吸引力；有些企业已经或正准备将总部或主要分支机构外迁，比如某企业集团已将其研发营销中心迁往北京。存在这些问题的原因主要有以下几个方面。

（一）主导产业优势不明显，总部经济发展缺少产业支撑

总部经济的形成和发展除了与交通、信息、资本、人才等因素密不可分外，也离不开区域内产业的支撑。归纳起来，成都工业发展存在以下突出问题：产业门类齐全但过于分散，没有形成集中度较高的优势产业；产业发展之间的关联度偏低，没有形成规模较大、分工细致的产业链和产业群，许多配件要到外地采购，加大了产业发展的成本；企业集团规模普遍不大，大多数对成都市产业发展起不到龙头带动作用。

（二）经济发展环境不尽如人意，总部经济发展运行成本较高

一是个别职能部门服务意识差，态度粗暴。政府的门难进、事难办，是制约成都经济的一个重要原因。二是多头多级管理，办事拖沓，效率低下，上有政策，下有对策。三是观念陈旧，工作方式落后。

（三）人才不足问题比较严重，总部经济发展面临人才制约

一是高层次、复合型人才十分紧缺。总部经济的运行不仅需要大量的高级专门人才，也需要大批的跨学科的复合型人才，这类人才在成都市十分缺乏。比如

既懂业务又精通外语的人才在成都很难找到，项目经理等具备国际水准的管理人才也很缺乏，已成为影响总部经济发展的一大制约因素。二是业务熟练的蓝领人才缺乏。发展总部经济既需要高级人才，也需要大批精通业务的蓝领工人，这有利于集团拓展业务，并降低成本。企业反映，成都的蓝领人才也较为缺乏，如在成都很难招聘到大量的普通编码人员。

（四）现代服务业发展相对滞后

成都市服务业结构近年来发生了一些变化，现代服务业虽然正在兴起，但在服务业中占的比重都不大，经济潜能尚未充分发挥出来。2005 年服务业内部构成中，交通运输仓储和邮政业、批发零售业、住宿餐饮业三大传统服务业占据了整个第三产业的 37.6%，处于绝对优势地位。而现代服务业的增加值比重总体偏小，尚未形成规模，同时，成都服务业知识密集程度与发达国家水平相比差距十分明显。服务业知识密集程度可用服务业投资中信息与通讯技术设备投资的比重来衡量。1980 ~ 1990 年，加拿大和美国的信息与通讯技术设备投资占服务业总投资的比重从 13% 上升到 15%，而成都市 2002 年这项投资的比重才达到 5.2%，大大低于加拿大和美国 1990 年的水平。

（五）金融发展环境有待优化

成都金融业发展不平衡，银行业、保险业相对发达，但证券市场发展相对滞后，创新力度不足。成都地方金融机构实力相对较弱，核心竞争力、风险防范能力有待进一步提高。产融结合不够紧密，金融对经济社会发展的支撑带动作用有待进一步增强。金融业空间布局有待进一步优化，高层次、国际化的金融人才仍相对缺乏。中小企业融资难问题突出，一定程度上成为制约中小企业生存发展的瓶颈。

三 成都市发展总部经济的总体思路与战略建议

近年来，在北京、上海、广州、深圳、重庆、南京、青岛、沈阳、大连、杭州、厦门、武汉、西安等国内各大城市争相发展总部经济的情况下，成都市不应将目光局限于世界 500 强企业，应当有更开阔的眼界。成都市发展总部经济的总体思路应该是，以科学发展观为指导，深入研究和正确把握总部经济发展的一般规律，立足成都优势，以产业结构调整为重点，以产业布局、产业链建设和重点企业发展为突破，大力优化发展环境，加强城市综合服务功能建设，促进世界500强企业与成都市进行贸易、技术合作，设立采购中心、研发中心、物流中心、营运中心、培训中心等，逐步将成都建设成为立足四川、面向西部的总部经济集聚中心，和具有较强带动、辐射能力的现代制造业强市。

《成都市国民经济和社会发展第十一个五年规划纲要》提出，"大力发展总部经济。科学规划，合理布局，建立科技商务、现代商贸、金融服务、现代制造、产品研发等不同类别的总部经济区"。"采取政府与企业合作、以市场运作为主的方式，加快总部经济区基础设施配套建设，提高承载能力。积极创造条件，制定优惠政策，营造有利于总部经济发展的环境，争取更多外国领事馆和跨国公司、国内大企业的总部（地区总部）、分支机构、研发中心、销售中心、采购中心、生产基地等入驻成都。"

成都市应把发展总部经济当作社会经济发展战略的重要组成部分。要通过加大宣传力度，充分认识发展总部经济的重要性和紧迫性，增强危机感和责任感，努力将成都市总部经济发展推上新台阶。

为了更好地推动成都市总部经济发展，结合成都实际，提出如下建议。

（一）加强产业发展规划，大力培植优势主导产业和产业群

搞好成都市的城市产业布局规划，明确产业发展空间，形成分工合理、功能突出、配套完善、优势互补的产业空间布局。进一步调整理顺高新区、经济开发区等重点园区管理体制，明确功能定位，突出园区主导产业特色，明确重点支持行业及限制与禁止项目，加速重点产业成片聚集。

目前，成都市已经正式将食品、医药、机械和电子信息产业四个产业确立为主导产业。当前，要集中力量打造中国西部六大产业基地：电子信息产业基地、机械（含汽车）产业生产基地、医药产业基地、食品（含烟草）加工工业基地、冶金建材工业基地、石油化工产业基地；逐步形成三大工业经济区域：高新技术产业集聚区、现代制造业集聚区、特色产业集聚区；以此构建成都未来工业发展的新格局。通过发展优势产业，在内可以培养出跨区域、甚至跨国的大企业集团，对外可以吸引相关企业总部或分支机构来蓉落户，从而为总部经济的发展奠定坚实的基础。

（二）健全公共服务体系，进一步优化总部经济发展环境

按照以人为本、经济社会协调发展的要求，以强化政府公共服务职责、增加政府投入、创新服务模式和提高服务效率为手段，健全面向基层、覆盖城乡、功能完善、分布合理的社会公共服务体系。

1. 优先发展成都教育

走内涵式的教育发展道路，统筹全市教育资源配置，有序推进办学体制改革，从以数量普及为主向以质量提升为主转变，从规模扩张向结构优化转变，从以学历教育为本向以素质教育为本转变，从学校教育体系向终身教育体系转变，建成学习型城市，为市民提供公平的受教育机会。

2. 完善公共卫生和基本医疗服务体系

切实加强公共卫生体系建设，健全突发公共卫生事件应急机制，加强公共卫生信息系统建设，构建新型基本医疗服务运行体系，优化医疗服务资源配置，建立社会医疗服务监管体系。加快政府职能转变，强化公共卫生职责。

3. 推进公共文化和体育建设

健全公共文化服务体系，提升公共文化传播水平，建立全民健身服务体系，加强群众体育健身场地和设施建设。

4. 完善公共安全体系，构建城市公共安全应急机制，预防和减少重大安全事故发生，创造和谐稳定社会环境

加强公共安全体系建设，完善系统化的交通组织管理体系，扩展智能化的交通科技体系，构建社会化的交通安全防范体系，建立现代化的交通应急处突体系，建立规范化的交通执法办案体系和正规化的交警队伍保障体系，严格交通管理，创造有序、安全、畅通、和谐的道路交通环境

5. 建立联席会议制度

具体负责总部经济发展的协调工作，研究解决总部经济发展中遇到困难和问题。

6. 加强政府与企业的沟通联系

建立领导干部联系重点集团企业制度；定期举办政府与企业间的各种形式的座谈会、沙龙、论坛和俱乐部活动，由政府牵头举办各种类型专题推介会。

7. 改革调整市、区、街三级行政管理体制

进一步明确城市街道办事处职能分工，理顺管理体制，强化服务职能，发挥好街道办事处的服务、协调作用，更好地为企业发展和经济建设服务。

8. 提高政府服务效率

加强公务员队伍建设，提高干部综合素质，强化服务意识；加大对政府机构工作人员尤其是重点职能部门工作人员的监督力度，完善考核机制，提高工作效率。

（三）大力发展现代生产性服务业

1. 要把服务业放在优先位置发展

加快建设一批关联度高、支撑能力强的现代服务业重大项目，增强辐射带动能力。引导各类资本投向现代服务业，加快发展服务外包业务，促进服务业经营理念、管理体制、服务品牌创新。

2. 突出发展生产性服务业

积极顺应国际服务业发展趋势，紧密结合成都实际，突出抓好现代物流业、金融业、信息服务业、科技服务业、商务服务业、产品市场服务业等与先进制造业配套的生产性服务业发展，着力推进现代服务业与先进制造业互动并进、协调发展。以建设全国重要的生产、生活资料市场为目标，培育壮大一批大型产品批发交易市场。

3. 突出培育现代服务业集聚区

积极利用存量土地和老厂房，按照中央商务区、创意产业园、科技创业园、软件园、现代物流园、产品交易市场等六种形态重点培育建设一批省级现代服务业集聚区，增强集聚效应，形成集约发展，促进服务业快速发展和功能提升。

4. 围绕相对完善的基础设施和完备的产业体系、产业优势，大力发展加工贸易

在以电子信息、重大装备制造、生物医药、高新技术为代表的先进制造业和以金融、物流、会展为代表的现代服务业等领域积极开展对外合作，积极承接国际国内产业转移，建成中国西部环境优、效益佳、后劲足的外资密集区域。

（四）提升城市功能，为总部经济发展提供有效的环境支撑

工业企业是成都经济发展的核心，而工业企业的发展不仅需要良好的内生环境，还需要良好的基础性环境。只有不断地提升和完善城市功能，才能为总部经

济发展提供有效的环境支撑。

1. 大力发展文化产业

推进广场文化建设，打造标志性的文化广场。挖掘文化历史内涵，加快历史资源的开发利用，以加强经济与文化的互动。

2. 积极推进城市环境综合整治，改善生态环境

减少城市噪声、大气、水污染，提高城市可持续发展水平。制定科学合理的市内交通规划，加大市区道路建设力度，缓解交通拥挤状况。

3. 完善服务配套设施

建设一批休闲娱乐配套设施，规范一批商业建筑外观、广告和招牌设置，塑造一批高水准的标志性景观，完善特色商贸旅游指引、绿化广场和光亮工程建设，多渠道筹集资金，建设一批立体停车场。

4. 建设"数字成都"

大力发展电子政务、电子商务，推进教育信息化，构建多层面信息体系，为总部企业提供方便、快捷、全面的资讯服务。

5. 积极创新招商模式

通过推行专业公司招商、行业招商、主题招商、以商引商、政企联动等多种形式，拓宽招商渠道，提高招商质量和效果。积极培育行业协会，支持有条件的行业协会制订行业质量标准和服务规范，维护行业合法权益。发展中介组织，健全市场服务体系。进一步完善政务公开体制，强化服务意识，简化办事程序，提高行政效率。重视发挥新闻媒体和社会舆论的监督作用，逐步建立健全社会信用体系。

6. 明确招商引资重点

重点吸纳年营业额超 5000 万元或纳税总额超 200 万元的国内外企业，以及拥有中国驰名商标的企业；优先吸引国内外的上市公司总部或区域性总部、中小企业总部进驻成都。吸引国内外尤其是港澳台地区有一定规模和实力的金融、会计、法律、物流等服务业巨头在成都设立分支机构。

（五）制定综合配套政策，吸引大型企业集团总部入驻

1. 对成都总部经济发展进行科学论证和规划，有效整合资源，完善基础设施

充分利用成都公共基础设施和商务配套设施完善，资金流、信息流、技术流、人才流和物流密集，金融、法律等服务业发达，科技、教育科技资源丰富等

优势，吸引各大企业、中小企业总部进驻，发展西部区域性总部经济。鼓励技术创新和科技创业，每年安排一定的应用技术研究与开发资金，用于支持技术创新性强、市场前景好、符合产业发展方向的重点科技新项目。

2. 建议成都市尽快制定出台《成都市鼓励国内外大型企业集团设立地区总部的规定》，对入住成都的外来集团总部提供一系列完善配套的政策

对有可能把总部迁入成都的大公司、大集团和中小企业，要列出单子并组织力量、遵循规律，有的放矢地做工作，直至吸引他们把总部迁来成都。应当发挥成都市作为中国西部"三中心、两枢纽"（科技、商贸和金融中心，交通和通信枢纽）的综合优势，吸引更多的跨国公司设立制造中心、采购中心和研发中心，使成都市成为跨国公司在西部的总部基地。

3. 构筑成都人才高地，为发展总部经济提供智力支持

加快推进人才培养、引进、选拔、使用和管理等环节的市场化运作，提高人才资源的配置效率。切实落实成都市委、市政府出台的一系列有关人才的支持政策，加大宣传力度，为人才队伍的成长创造良好的社会环境。要采取有效措施，尽快使成都市成为区域性的人才集聚中心、人才信息中心和人才配置中心，为总部经济发展提供源源不断的人力资源。

（六）加快发展成都现代服务业优化发展区

1. 要运用现代经营方式和信息技术改造提升传统服务业，大力发展高附加值的现代服务业，全方位提升成都市服务业的总体发展水平

对服务业进行合理布局，引导不同功能区域重点发展各具特色的服务业，形成配置合理、功能清晰、相对集中的服务业空间组织体系。要优化服务业行业结构和空间布局，建立健全服务标准体系，提高服务业的产业化和集约化水平，巩固和增强成都作为西南地区科技、商贸、金融中心和交通、通信枢纽的地位。

2. 建议将发展基础好、服务业比重大、辐射带动范围广且土地开发密度已经很高、资源环境承载能力开始减弱的区域规划为成都现代服务业优化发展区

要着力提升该区域服务功能和竞争能力。鼓励和引导现代服务业集聚，提升传统服务业档次，大力发展投资型和决策型总部经济，积极发展文化产业，鼓励发展绿色休闲产业。鼓励和引导高新技术研发机构聚集，提高科技服务和成果转化水平。形成成都市中央商务区（CBD）、休闲商务区（RBD）、科技商务区

（SBD）、文化旅游休闲中心、会展中心、商贸中心和信息服务基地。

3. 建议在成都现代服务业优化发展区着力发展以大型百货和大型超级市场为主的商贸流通业，打造西南的商贸中心

合理设置若干个市域性专业型的物流服务站，为现代物流业的集约化和可持续发展提供空间载体，建设城市商贸配送中心。发展现代化品牌化的餐饮业，成为"美食之都"的核心区。发展以金融业、会展业和中介服务业为主的专业服务业，巩固和提升金融中心地位，打造"会展之都"。依托丰富的历史人文资源，发展城市文化旅游。注重商业地产和住宅地产并行发展。

（七）打造成渝总部经济带，推进成渝经济区快速发展

（1）建议建立中国最大的总部经济带——成渝总部经济带，即依托资源条件和产业基础，承接悠久的合作渊源，以成都、重庆两个特大城市为龙头，以成都及绵阳等14个沿高速公路、快速铁路、黄金水道的市和重庆1小时经济圈的23个区县组成的成渝经济区为载体，互动互惠、协同发展，使总部经济成为成渝经济区经济发展的重要战略选择，将成渝经济区打造成为中国最大的总部经济带。目前，成渝经济区面积约15.5万平方公里，常住人口8000多万人，2005年GDP近9000亿元，分别占川渝两省市25%的面积、65%的人口，积聚了两省市经济总量的六成多。成渝经济区在发展总部经济、建设总部经济带方面，已具备足够的基础条件，发展成渝总部经济带具有独特优势。

（2）建议四川、重庆两省市分别成立成渝总部经济带领导小组，主要负责总部经济决策方针政策、发展规划、合作项目以及需要共同争取的国家相关政策支持等重大问题。建立日常工作机制，两省市设立总部经济办公室，具体实施成渝总部经济带合作有关事项。共同召开成渝总部经济带区域内区市县长联席会、开展成渝总部经济带沿边区市县合作共建试点等合作。每年进行一次高层互访，共同召开成渝总部经济论坛。

（3）建议加快发展重庆市和成都市之间的快速客运专线铁路等点对点快速通道、区域环型快速通道建设。完善公路、铁路、内河航运、民航、管道综合交通运输网络，畅通对外交通，共同加强电网通道、水利、物流基础设施建设，实现互相支持、合作共享。进一步加快建立开放、规范、竞争、有序的市场体系。破除行政壁垒，加强交通、物流合作，降低产品跨区域销售成本。建议取消两地

的就业户籍限制，建立流动人口"便参保、易转移"的社会保障体系；构筑企业合作的绿色通道，进一步放宽民营经济投资领域，消除民营经济进入市场的障碍。立足现有产业基础，共建五大基地引导产业布局，即共同培育和建设国家重大装备制造业基地、高技术产业基地、清洁能源基地、国防科研产业基地、优势农产品生产加工基地。在区域内产业整合，优化产业布局，构建分工合理、各具特色的产业集群。

（4）建议在分别构建和完善成、渝两个单核城市群基础上，充分发挥成、渝两大中心城市的核心带动作用，加快培育绵阳、德阳、内江、资阳、遂宁、自贡、泸州、宜宾、南充、广安、达州、眉山、乐山、永川、江津、合川、涪陵、长寿、铜梁、荣昌、大足、南川、綦江、璧山、双桥、潼南、万盛等若干紧密相连的大中小城市，共同构建西部最大的城市连绵带，促进成渝总部经济带快速发展。成渝经济区区域条件独特，资源积聚好，产业基础好，发展潜力大，应尽快争取将成渝经济区列为国家重点开发区，争取国家编制成渝经济区发展规划，努力将成渝经济区建成继珠三角、长三角、京津冀之后的中国第四个增长极。

（八）创建成都总部经济金融改革实验区

（1）国家设立成都市"全国统筹城乡综合配套改革试验区"，是成都发展的重大历史机遇。成都作为"全国统筹城乡综合配套改革试验区"，金融改革是其中最主要的改革之一。成都应该成为中国金融改革的先行先试实验区，自主发展作为"新特区"润滑剂和催化剂的金融业，为中国金融业与国际接轨，探索一条简捷可行之路。成都应该围绕高新技术产业的总部经济发展趋势，做大、做实金融产业，从而具备"特殊资源优势"，成为能够吸引企业设立总部的中心城市。建议以成都国家级高新技术产业开发区为载体创建成都总部经济金融改革实验区。成都国家级高新技术产业开发区 1991 年被批准为首批国家高新技术产业开发区，2000 年被批准为中国亚太经济合作组织（APEC）科技工业园区，2001年成为中国西部第一个通过 ISO14001 中国认证和英国皇家 UKAS 国际认证的区域。在科技部历次综合评比中，均被评为全国先进高新区。成都国家级高技术产业开发区共有各类企业 6000 多家，注册资本 240 亿元，有年销售收入过 10 亿元的企业 7 家、过亿元的企业 50 多家、过 1000 万元的企业 100 多家；高新技术企业占成都市的 64.8%、四川省的 52.7%；共有外商投资企业近 500 多家，其中英特尔、摩托罗拉、康宁、住友、阿尔卡特等世界 500 强投资企业有 24 家。初步形成了电子信息、生物制药和精密机械制造三大产业，电子信息产业和生物医药产业实现产值占全部工业总产值的 70%，约占成都市同行业的 51% 和 63%。

（2）在成都总部经济金融改革实验区，可比照上海浦东、天津滨海新区的政策标准进行总部政策实验。在成都国家级高新技术产业开发区内的符合条件的跨国公司总部，可以在现行委托贷款的法律框架下，以外汇头寸每日集中的方式，对境内成员公司的外汇进行集中管理；允许在成都国家级高新技术产业开发区内设立财务中心或者资金中心的跨国公司总部，在境内银行开立离岸账户，用于集中管理境外成员公司的外汇资金和境内成员公司经外汇局批准的用于境外放款的外汇资金；允许在成都国家级高新技术产业开发区注册的符合条件的外资跨国公司购汇向境外放款，外国投资者已分配未汇出的人民币利润与外国投资按投资比例享有人民币未分配利润购汇从事境外放款，允许进行该境外放款项下的人民币远期结售汇和人民币与外汇的掉期交易；允许在成都国家级高新技术产业开发区注册的符合条件的中资跨国公司，适度放宽外汇资金境外放款的资格条件限制，扩大企业境外资金运作，支持企业"走出去"；允许在成都国家级高新技术产业开发区注册的符合条件的中、外资跨国公司，受境内子公司和关联公司委托，集中办理与境外母公司资金管理中心的进出口收付汇手续；允许在成都国家级高新技术产业开发区注册的符合条件的中、外资跨国公司，简化非贸易购付汇手续；允许成都国家级高新技术产业开发区注册的符合条件的中、外资跨国公司进入银行间外汇市场，允许合并计算其境内各成员公司上一年度经常项目跨境外汇收支或货物贸易进出口总额。

（3）建议以成都国家级高新技术产业开发区为载体创建中国西部金融企业总部基地，打造中国西部华尔街。应当鼓励金融机构落户成都国家级高新技术产业开发区，支持银行、证券公司、基金管理公司、保险公司、信托投资公司等具有法人性质的机构设立金融机构总部，支持银行、证券公司、基金管理公司、保险公司、信托投资公司的分公司（分行），以及直接隶属于法人机构单独设立的业务总部、营运总部、资金中心、研究中心等金融机构地区总部。对在中国西部金融企业总部基地新设立金融机构总部的，一次性奖励 500 万元，办公用地还可以返还地价 30%；新设立金融机构地区总部的，一次性奖励 200 万元，其办公用地经规划国土部门审核并报市政府审批后，以协议方式出让，并由市财政根据实际情况返还地价（含配套费等）的 30%。购买办公用房，可以按照每平方米 1000 元标准获得一次性购房补贴。对金融机构高级管理人员从住房到子女入学全部给予优待，给予金融机构高管人员住房补贴；组织评选和奖励金融创新奖，金融创新奖由市金融办接受申报和组织评选，以市政府名义颁发。

（4）建议支持引进国内外战略投资者，以成都市商业银行为核心，通过收购兼并省内其他城市的商业银行机构，整合省内城市商业银行资源，联合成都证券、衡平信托等地方金融机构，组建"成都银行金融控股集团有限公司"，设立"成都银行"，支持建立成都产业投资基金和创业风险投资基金，提供股权与债权相结合的多种融资服务，增强地方金融机构的实力，创新中小企业融资渠道。作为四川省第一家和成都市唯一的城市商业银行，成都市商业银行已从一个实力较小、管理薄弱的城市合作银行，逐步发展成为一家初具规模、运行稳健的股份制商业银行。相关资料显示，截至 2006 年末，全行存款余额由成立时的不到 40 亿元增长为近 340 亿元；贷款余额由成立时的不到 30 亿元增长为近 220 亿元；总资产由成立时的不到 50 亿元增长为 370 多亿元。经营规模比成立时增长了 7 倍，在西部城市商业银行中名列第一。

（5）建议设立成都证券交易所，建立城乡统筹投融资平台，推进多层次资本市场体系建设。作为"全国统筹城乡综合配套改革试验区"，早在 20 世纪 80 年代，成都即被国务院定为西部的金融中心。金融、证券、保险业机构密度和从业人员比例均较大，营业额较高，金融秩序稳定。世界银行、国际金融公司和日中经济协会的评估报告认为，以成都为核心的成都平原经济圈已经成为外商投资中国内陆的首选地区，其投资环境已接近长江三角洲和珠江三角洲的水平。

"十五"期间，成都证券市场获得迅速发展。截至 2005 年底，注册地在成都的上市公司有 32 家，其中在上海证券交易所上市的 18 家，深圳证券交易所上市的 11 家，香港联合交易所上市的 3 家；证券年成交金额 1952 亿元。根据《成都市金融业发展第十一个五年规划》，到 2010 年，金融业实现增加值 200 亿元（2005 年价格）左右，年均增长约 12%，占第三产业增加值的 10%，占全市地区生产总值的 5%，基本建成高效开放、服务优质、运行协调、与成都经济相互促进、共同发展的成都现代金融体系；建成政策性银行、国有商业银行、股份制商业银行、地方性金融机构以及外资银行等构成的结构合理、竞争比较充分、运行高效、支持成都经济建设有力的银行体系。到 2010 年，各银行存款本外币余额超过 10000 亿元，各项贷款本外币余额约 6000 亿元，年平均递增分别为 18%和 14%。建成由中资保险公司、外资保险公司、中外合资保险公司和保险中介机构并存的主体多元化、竞争差异化的开放有序的现代保险市场体系，力争设立 1~2 家保险公司法人机构。到 2010 年，保险业务收入超过 150 亿元，年均递增15% 左右；保险深度达到 3.75%；保险密度达到 1270 元/人。建成股票、债券、基金等证券种类齐全、各类证券机构发达的证券市场体系和有效的证券监管体系。其中债券和股票市场保持均衡发展，本地企业国内（外）上市直接融资渠道比较顺畅，地方资本市场建设有实质性进展，债券、股票种类多样化，国内债券融资和利用国际资本市场融资有较大增长，建成了比较完备的金融中介体系，金融中介结构种类齐全，金融中介业务多元，监管有序有力。其中，金融会计、法律、评估、证券投资顾问咨询等高效发达，投资银行业务比较发达，风险投资中介、信用调查征集、资信评级等新兴金融中介业务迅速发展或基本发育成熟。在上海和深圳之后，成都应该成为第三座设立证券交易所的城市。

参考文献

《成都市国民经济和社会发展第十一个五年规划纲要》。

《成都市人民政府关于印发成都市金融业发展第十一个五年规划的通知》。

《成都市人民政府关于印发成都市服务业发展第十一个五年规划的通知》。

《成都市委、市政府关于贯彻落实省委、省政府实施工业强省战略决定的实施意见》。

孔丽频：《北京应创建总部经济金融政策实验区》，《中国改革报》2007 年 3 月 13 日。

明林：《成都家具产业园开始入驻预约》，《中国绿色时报》2007 年 5 月 11 日，http：//www.greentimes.com/。

张亮：《民革四川省委参政议政委员章继刚博士建议创办西部中小企业总部基地》，《证券日报》2006 年 12 月 24 日。

章继刚：《中国西部中小企业发展战略研究》，知识产权出版社，2005。

章继刚：《中国西部商机报告》，《高科技与产业化》2003 年第 11 期。

《中共成都市委成都市人民政府关于加快推进新型工业化实现工业新跨越的意见》。

务实、前瞻的产业思维是杭州发展总部经济的基础

成 军[*]

近年来，特别是进入 2007 年以来，杭州市发展总部经济的呼声越来越高，各方面都在积极努力，一批新的政策和建设项目有望出台。但如何发展总部经济，甚至能否发展总部经济，各界的争议也颇多。笔者有幸以企业管理人员的身份参与激动人心的产业实践，其间深深体会到，总部经济的提出为构建城市产业生态结构提供了很好的视角，应当把务实、前瞻的产业思维作为杭州发展总部经济的基础，更多地从配合和引导产业发展的角度来研究和制定政策；应当借助总部经济顺势推进现代服务业和先进制造业的发展。

一 把握产业升级机遇，推动全省商贸和制造业总部的再布局

在发展总部经济方面，杭州从来没有将目光集中到跨国公司身上，因而上海所热衷的旨在方便跨国公司运营的政策并不在杭州所关注的视野范围内。围绕民营企业总部和中小外资企业总部的实际需求，制定相关政策吸引这类企业总部入驻，是推动杭州总部经济发展的一个难题，也是政策落脚点。

---

* 作者简介：成军，浙江传化江南大地发展有限公司副总经理。

尽管情况有所不同，上海发展总部经济的经验仍可以带给杭州一些启示。上海之所以能够吸引到大量的跨国公司地区总部，一个重要的原因是上海至今仍是中国多种产业的中心，是"全能型运动员"。与上海相比，杭州的产业类型显得比较单调，不少产业的层次相对较低。

因此，合乎逻辑的结论是，一旦杭州成功地在产业转型和升级上有所建树，建立起一批新型的块状经济，势必可以吸引一批这些领域的优势企业将它们的总部落户在杭州。换个角度说，杭州发展总部经济的政策应当着眼于推动建立新的产业集群。事实上，目前杭州发展总部经济的几个成功案例，不仅是企业总部的空间迁移，更体现了城市产业内涵的演变。

产业变迁正在浙江地区和"长三角"各地上演，作为区域中心城市的杭州，现实的机遇已经摆在面前。从商贸产业来看，专业市场不仅是整个浙江的亮点，也是杭州的亮点，全国交易额排名前 20 位的专业市场有 3 个在杭州，2 个在绍兴紧邻杭州的乡镇。南北方向，从绍兴柯桥沿 104 国道北上，直至杭州九堡，已经初步形成一条气势很大的商贸走廊；东西方向，国际机场二期、钱江世纪城、国际博览中心等项目的建设，将共同造就一条新型物流业和商贸展示的走廊。两条走廊恰呈十字交叉。与此同时，随着电子商务、电子结算、物流信息技术的日趋成熟，商贸利润日益摊薄，已经迫使商贸企业群体重新思考它们的商业模式和空间布局。因此，随着杭州打造会展城市、国际空港城市的努力进一步显现出成效，全省商贸企业总部的功能设计和空间布局完全可能发生变化，向对外交流更加便利的中心城市集中，向应用信息技术靠拢。这是一个可以期待的结果，而催生这个结果的前提是能否准确理解和认识商贸产业转型的方向，为可能到来的转型提供空间平台、技术平台和政策条件。萧山区依托杭州完善的空间平台和电子化平台，已经聚集了一大批第三方物流企业。

从制造业来看，生物技术产业的高端环节已经在上海逐步实现了集聚发展，留给杭州的机遇并不多。但生物技术的众多应用领域，例如食品、农业、水产、化工、仪器等领域，是杭州和省内不少地方的优势产业。这些产业迫切需要通过应用生物技术来实现改造和升级，通过以创新为导向的集群来实现快速发展，从而跻身"先进"行列。纵观全省乃至整个华东地区，杭州是除上海之外少数有条件形成以应用生物技术为特色的产业集群的城市之一。2005 年秋以来，笔者及同事们走访了上述行业分布在杭州、上海、江苏、安徽、江西、福建等地的

200 余家企业，这些企业大多数都对集群化发展表达了强烈的愿望，不少企业还表示有可能重新布局一个或多个功能总部。

因此，从推动形成新型产业集群的意义上说，杭州发展总部经济的着力点应当是为产业转型和升级提供机会和条件。为此，就服务业而言，应当充分认清现代服务业的发展模式与创新方向；就制造业而言，应当充分领会产业技术创新的路径。把握住产业变迁的机遇，也就是把握住了总部经济的发展机遇，有助于促进企业总部集群的形成。正如杭州的信息产业一样，五年前人们还在因为 IT 泡沫散去而对建设"信息港"将信将疑，而现在，人们差不多快要称杭州为 Cyber City，已经习惯于看到 IT、通信行业的本土上市公司和跨国公司们忙着在杭州设立一个又一个研发中心。

二 创造研发集聚条件，使研发成为杭州总部经济的突破口

吸引企业研发中心是杭州发展总部经济的一个比较现实的突破口。研发中心是企业总部功能体系的重要组成部分，而那些从事委托研发、研发外包、技术转移等活动的研发型企业则是现代服务业发展的一支重要力量。

研发活动需要的不是摩天大楼，而是优美的环境、充裕的人才、便利的国际交流和优越的工作空间。这使杭州获得了得天独厚的机会。

研发活动对环境的要求比较高，嘈杂、生硬的环境里很难实现真正的技术创新。在综合环境方面，国内能与杭州媲美的城市并不多，大概只有大连、青岛、厦门、深圳等，这是杭州很有优势的卖点，不把环境这篇文章做足会非常可惜。

杭州在人才和国际交流方面有一定的基础，但还有所欠缺和不足。杭州的劣势在于高校在校生人数、大型科研机构数量明显不如其他省会城市和直辖市。但人才资源的丰富与否不仅涉及高等教育、科研机构的数量，更涉及有没有足够多的科技型中小企业，有没有便利的国际交流环境。高级技术人才往往会跟着国际潮流走，国际交流的顺畅程度直接影响到一个地区能否集聚大量人才。只要有便利的国际交流环境，人才就会集聚起来。

国际交流是否顺畅包含许多要素。一是产业氛围，积极传播城市的产业理念，就可能吸引国内外的产业注意力，强化业内人士前来交流的意愿。这方面杭

州还有待加强。二是让留学生、外商、外国专家不仅进得来，而且愿意停留下来。他们不停留下来，就难以形成良好的交流空间和交流氛围。吸引留学生、外商、外国专家停留，不仅需要高星级酒店等配套设施，更重要的是要有合适的工作空间和服务平台。这些都是现代服务业的题中应有之意。

就工作空间而言，国内外的经验表明，以科研活动而非规模化生产为导向的科技园区是制造业企业总部、科技型企业总部、企业研发中心的主要落脚点，也是科技会议、论坛的主要举办地。在科技园区、技术创新功能区建设上多下一些工夫，把工作空间建设得现代化一些，服务平台建设得高效一些，就一定能够吸引国际人才。目前，随着国务院批准设立江东和临江两大工业区，杭州将有更为充足的空间用于规模化生产，但给予科技企业、科技人才的工作空间几乎仅限于信息产业，这是值得关注的一个问题。杭州在集聚信息产业领域企业研发中心、研发型企业方面已经取得了一定的成功，现在应当向更多产业领域迈进。

三 推动区域合作与国际合作，做大总部经济外延

总部经济这枚硬币的另一个侧面大概是腹地经济。上海总部经济的腹地是全中国乃至全亚洲，杭州总部经济的腹地在哪里？不能很好地回答这个问题，杭州总部经济的发展就会缺乏必要的动力。硅谷给我们提供了很好的借鉴。硅谷是什么？是人才、技术、资本从国际来，再到国际去的桥头堡，于是那里形成了企业总部云集、蔚为壮观的发展景象。虽然发展的层级、量级不一样，但是杭州仍有机会成为一个桥头堡。

早在数年前，在浙江省内发展空间不足的形势下，浙江省委、省政府就及时提出了"走出去"战略。走出去意味着做大做强，而推动和帮助杭州乃至全省和周边企业走出去，意味着有可能在杭州培育和吸引更多、更强的企业总部。"走出去"战略不仅应当坚持，更应采取具体措施，进一步加以推动。

企业"走出去"并不容易，但从历史经验中可以得到一些启示。"台商"、"温州人"已经成为两个概念，两个标志。台商和温州人纷纷走出去是起步于20世纪70、80年代，那时，台商的整体水平并不比现在的浙商强，温州人则几乎还是草民。他们的成功，很大程度上源于他们以家族、朋友结伴的方式走出去，这使他们能够更好地应付陌生市场的种种风险；还源于他们或带去或创建了当地

所缺乏的产业。因此，如何引导异地拓展的产业方向，如何创建能够让业者相互提携，共同征战的新的市场联盟，应当成为制定措施的主要取向。

首先，应当通过扎扎实实地进行投资目的地调查研究，帮助企业发现资源和机会。这个调研应当是系统和全面的，以企业个体的力量，或者即使是企业协会组织的力量，都很难应付全面调研的人力、财力和精力支出。从许多案例可以看到，发达国家政府和公营事业机构在这些调研上做了大量具体而细微的工作，例如，数年前，荷兰政府出资，委托专业机构对中国花卉产业做了翔实调研，推出当时最为详尽的中国花卉产业报告，有效帮助了荷兰花卉业者抢占中国市场；日本协力银行连年组织对各主要日企投资目的地国家的投资环境进行调研；日本贸易振兴会建立了庞大的资料库，汇集了极其丰富的各国情况的纸质资料和电子数据资料。

其次，深入研究杭州及全省产业在全国乃至全球拓展空间和搭建平台的思路。从杭州和浙江的产业结构看，不少行业最初从给跨国公司做代工起步，现在，一方面本土企业开始具备品牌意识，另一方面，跨国公司也在逐步放弃一些传统产品，使一些产业日渐掌控在本土企业手中。在周边一些国家，一些当初为迎接跨国公司而设立的工业园区，正由于跨国公司的产业转移到中国而逐渐衰落。为此，一些国家对我国颇有微词。在这个形势下，在巨额国际贸易顺差导致诸多问题的背景下，浙江企业是否有必要重新回到那些曾经产业结构相似、如今劳动力成本日益趋近的市场，去进行"销地产"，值得深入探讨。

因此，正如当年"珠三角"各地"港商工业城"、全国各地"台商投资区"和"台商工业园"曾经星罗棋布，在一些国家，不仅应当有"中国小商品城"，更应当有"浙商工业园"、"浙商科技园"。由于教育、环境和制度等方面的差异，与台湾、香港商人相比，浙江商人比较缺乏国际经营经验，这使得强化杭州的桥头堡功能，在一些国家建设"浙商工业园"、"浙商科技园"，加强海外投资服务，显得十分重要。

四 建设一流的人才环境与营商环境，
培植总部经济沃土

企业总部是否愿意在一个城市落脚，与这个城市的人才环境和营商环境密切相关。一方面，亲朋好友不敷支撑企业日益庞大的躯体，高薪礼聘不足以吸引大批人才远赴中小城市和广袤的乡间，这已然是众多正在走向规模化的浙商的切肤之痛；另一方面，商业模式快速变迁、技术发展日新月异，为寻求商界人脉、行政资源和技术伙伴，众多企业家终日奔波于家乡和大城市之间。这是企业向中心城市迁移总部，或在中心城市设立新的功能性总部的重要动因。因此，如何创造一流的人才环境和营商环境，通过满足企业需求来培植总部经济，是摆在杭州面前的重大课题。

就人才环境而言，尽管杭州市已经采取了降低落户门槛、给高级人才提供安家补贴、建立高级人才俱乐部等举措，但仍存在一些显著制约人才环境竞争力的因素。一个尤其值得探讨的情况是，与先进、发达城市相比，杭州的城市环境比较缺乏产业内涵，产业理想没有得到大力传播，在一定程度上制约了产业高端人才的集聚，这与深圳、上海、北京以及海外先进城市形成明显的反差。杭州的资源禀赋、文化渊源在很大程度上没能烘托，反而遮蔽了产业语境的崛起。例如，在历经多年打拼、信息产业颇有建树的有利形势下，整个城市不是乘胜追击，而是齐齐地转向"动漫"这个相对狭窄的领域，气氛上已经将"动漫"与"天堂硅谷"并列起来。又如，作为全省的经济中心，杭州仍基本集中于本土的产业领域，没有将这个城市与广阔腹地联系在一起。这与上海、深圳把自己融入全国乃至亚洲的大背景是完全不一样的。

就营商环境而言，杭州已经得到世界银行、《福布斯》杂志、台湾机电公会等众多机构的好评，但那些评价大多基于局部比较。从经验感受层面上看，杭州的营商环境仍有大幅度改善的空间和余地。营商环境做好了，还可以形成又一块现代服务业的大蛋糕。

一是产业信息集聚不足。作为全省的经济和文化中心，"长三角"的重要中心城市，全省和"长三角"的信息还没能在杭州充分集聚，因而也缺乏充分的扩散。其表现是，媒体和网络都缺乏对全省和"长三角"信息的采集，甚至杭州自身的产业信息也仍然高度分散，缺乏规划、缺乏中心。

二是产业组织发育不足。作为政府、公众与企业群之间的桥梁，各类产业组织的发育直接关系到企业群的发育。在缺乏产业组织的状态下，城市事件明显缺乏来自各行业的活动和声音。一个正在先进城市日益流行的英文词 Workshop（研讨会）似乎与杭州无关。

三是产业推介视野不宽。杭州打造会展城市的战略已经提出多年了，但至今，一方面由于场馆建设滞后，无法举办大型会展活动；另一方面，缺乏产业推介规划和展览运营商培育环境。作为公认的全国最有条件发展会展业的城市，这个局面十分可惜。所幸的是，国际博览中心建设已经提上议事日程。但是，国际博览中心的建设周期较长，且展览场馆"一主多副"的发展格局尚未形成，制约了会展业的生机和活力，毕竟，不是什么展会都适合在大型场馆举办。

四是空港经济力度不大。作为年增长位列全国前茅的国际机场，杭州萧山机场的效用并没有充分发挥出来。最显著的情况是，空港经济缺乏具体项目，显现出比较单纯的物流思维。国际国内的情况已经表明，空港经济是一个涉及科技研发、高端加工、分销配送、供应链服务、免税零售、休闲娱乐等众多产业的集合体。尽管土地指标匮乏是个障碍，但更大的障碍是缺乏产业认识，使得有限的土地资源不能加以合理利用，丰富的招商资源不能充分发挥作用。

五　合理布局城市功能区，满足制造业总部经济发展需要

如果说上海的总部经济在很大程度上是依托 CBD 发展，那么杭州的总部经济与 CBD 的发展交集则少得多。在规划杭州总部经济的空间布局时应关注这个问题。

国内外先进城市的经验表明，城市大多分圈层布局企业，以获得资源配置的高效率和低成本。核心圈层是中心城区的 CBD。需要注意的是，CBD 其实并非主要服务于企业总部。CBD 是用来集聚和扩散各类城市资源，包括信息资源、财务资源、商业经验资源和交易条件资源的，所以 CBD 主要是集聚那些提供城市资源的服务业，包括金融、法律、财务、广告和咨询服务等等，以及依赖城市资源的企业运营环节，包括企业的销售、公共关系、融资等环节。

对于那些并不特别依赖当地城市资源的企业运营环节，落户 CBD 除了增加成本，没有多少意义。制造业企业出于对成本的考虑，一般不会把整个总部系统都放在 CBD，所以，很多大企业是双总部甚至多总部，在 CBD 的往往是企业总部的那些对外联系与攻关等窗口功能。各地 CBD 的写字楼里主要还是服务业企业，以及少量制造业企业的办事处和营销机构。

第二圈层是在市郊结合部或近郊。这一层通常会集聚企业的控股总部、运营

管理总部、研发中心、国际贸易总部等。这些机构或是管理整个集团的内部事务，或是面向外埠或海外，需要但不完全依赖当地的城市资源；需要比较好、比较宽敞的环境，以展现有利的外观形象；出于提高交易效率、结成产业链、改善交通的考虑，可以与其他企业扎堆发展。上海的漕河泾、张江等区域，北京的上地、望京等地就属于这样的圈层。香港、新加坡的近郊也有不少这样的区域。

在先进城市，这个圈层通常以城市组团的方式发展，组团内部再以园区或者密集区的形式发展。国际上这类园区通常叫做研发园（Research Park）、科学园（Science Park）、商务园（Business Park）、办公园（Office Park）或企业园（Corporate Park），与工业园区有很大区别。在城市发展理论里所谓"新市镇"（New Town），指的不仅仅是郊区的居住区，也包括这些企业密集区。在发达国家的大中城市，郊区办公楼面积与城区办公楼面积的比例大约为0.8∶1，说明了这个圈层的重要性。这个圈层是总部经济发展的重要空间，可以让企业的那些不完全依赖当地城市资源的总部功能找到符合自身成本要求的集聚场所，降低企业运营成本。这个圈层也是城市发展不可或缺的组成部分，可带动网络型城市的形成与发展。

第二圈层的发展需要公共交通系统的跟进，比如轨道交通，因而需要综合考虑周边现有的条件，例如优先发展机场附近区域，通过合并人流，强化公共交通的收益。先进城市通常会选择在机场和城区的中间地带布局科学园区、办公园区。这个圈层的发展还需要通过一些特殊项目来带动，比如会展。会展不仅产业带动作用强，与"总部经济"有很强的伴生关系，而且，由于会展人流大进大出，不适合放在中心城区，而适合靠近机场。新加坡、东京、上海的主要场馆都在机场和城区中间。香港的会展中心尽管在城市中心，但周边几乎没有居民，加上地铁和轮渡就在旁边，人流疏散很快。

第二圈层在杭州还没有形成，甚至在城市规划里也缺乏系统的描述，因而是杭州在发展总部经济过程中需要高度重视的。

第三圈层是远郊的工业区。这些区域通常集聚企业的生产部门。以往人们讲引进世界500强，主要是在这些区域里实现的。通常，企业的总部不宜设在这里，因为离城市资源、交通资源太远，环境又比较差。已经设在这里的，有许多已经陆续地迁了出来，这也是发展总部经济的一个内容，像杭州这样工业布局比较分散的城市尤为如此。

六 催生真正意义的城市运营商，
补足现代服务业的门类缺失

如何构建起总部经济的空间平台和服务体系，是杭州和其他发展阶段相似的城市需要思考的重要命题。这个命题既关乎如何有效地推进总部经济，还关乎对现代服务业内涵的认识与理解。

前些年，我国曾流行"城市运营商"这个概念，意指那些比一般房地产商水平更高一些的房地产商。笔者赞赏"城市运营商"的提法，但不认为这与人居环境有很大关系。尽管人居环境很重要，但对于城市发展来说，产业更是命脉。从这个角度，城市运营商应当是那些为产业发展提供空间和服务的发展商。

企业总部通常分布在 CBD 和近郊各类园区，且随企业发展可能进一步迁移。为充分利用土地资源，先进城市通常不给占用房屋设施规模不大的企业提供自建房屋用地，而是由发展商来投资建设，然后租售给企业。发展商为降低入驻门槛、提高入驻率，常常不分割出售房屋，而是分割出租，例如，香港中环的楼宇几乎没有分割出售的。同时，为帮助企业合理选址，帮助企业赢得市场和技术竞争优势，优秀的发展商要能够提供十分丰富的商务服务，甚至专业要求很高的技术创新服务。

变售为租，提供多种常规的甚至非常专业的服务，这不仅对发展商的融资能力和投资技巧有很高要求，还要求它们通晓甚至精通产业发展规律。因此，一流的发展商就成为总部经济的托盘者，成为真正的"城市运营商"。可以看到，凡是总部经济发展非常活跃的城市，一定有一批真正意义上的"城市运营商"，它们是现代服务业的重要组成部分。

对于发展总部经济，如果没有优秀的城市运营商来配合总部的空间选址和设施建设，来提供周到的服务，总部经济大概会变质。杭州缺乏这样的城市运营商，使杭州在营造总部空间时过多依赖于企业自建。正如城市新区某个总部区块已经出现的现象，十余家企业出于多种考虑购地自建十余幢总部大厦，但事实上企业总部并不需要占用这么多建筑面积，部分甚至大部分建筑面积被用来出租。在缺乏统一运营、所有楼宇都已被企业冠名的情况下，进一步招徕其他企业总部以填补空置的建筑面积就变得很困难。

在普遍热望总部经济的形势下，杭州培育优秀城市运营商的任务已经十分紧迫。不仅钱江新城、钱江世纪城建设需要这样的运营商，各类园区、基地也需要这样的运营商。早在若干年前，人们在讨论江东工业区、临江工业区建设时已经提出要创新投融资体制。从今天的眼光看，就是要培育起一些有能力从资本市场借力，具有产业经验，能够为产业发展托盘的城市运营商。已经签约管理新加坡杭州科技园区的新加坡腾飞集团就是一个优秀城市运营商的代表，它在新加坡和亚洲多国投资和管理着大批园区，包括著名的苏州工业园区。

然而，一旦缺乏政府与企业的共同思考，培育这样的城市运营商将成为不可能的任务。因为，城市产业功能区建设存在投资者利益和公共利益这两类既相互交织，又截然不同的诉求，偏废一方，将导致建设思路的偏颇，导致另一方甚至双方的利益都受损。如何理清两类诉求之间的分工与协作，需要政企双方共同讨论，以合理合法的形式确定下来。

大连市发展总部经济的
战略重点与对策措施

王文清[*]

近些年来，总部经济已经逐步成为全国各地在加快区域经济发展建设过程中普遍关注的一种经济现象和经济模式，甚至是一种经济形态的概括化和形象化的称谓。国内外许多城市对总部经济的新理论和发展实践都进行了广泛而深入的探讨和研究，总部经济已成为各地区十分重视并极力发展的新的经济形态。大连市发展总部经济是十分正确的战略选择，且正面临着一个大力发展总部经济的良好机遇期。

一 大连发展总部经济的条件分析

（一）发展总部经济的基本条件分析

总部经济的发展，一般需要具备以下几个基本条件。

1. 政治环境稳定

一个公司的地区总部作为公司管理地区内子公司经营管理的核心机构，聚集了该地区优秀的管理人才、大量的资金、重要的研发机构等，这些都使得地区总

---

* 作者简介：王文清，大连市政府发展研究中心开放研究室主任、副研究员。

部成为极其敏感的部门。如果入驻国家和城市政治环境不够稳定，出现政治动乱或战争威胁，那么公司所遭受的损失将是巨大的。有关调查显示，跨国公司在选择地区总部时，最看重的基本因素就是该地区的政治环境是否稳定。

2. 基础设施完善

有关调查显示，基础设施条件是地区总部选址时考虑的第二重要因素。地区总部作为公司设立的重要决策和管理部门，为减少运营过程中存在的不确定因素，需要时时保持总公司与子公司的信息畅通，掌握大量国内外经济、政治形势及其变化趋势。

3. 区位条件优越

地区总部的主要使命是管理区域内子公司，为其提供经营支援服务，并协调相互间的关系，因此地区总部格外重视所在城市的中心性。即要求所在城市尽可能是地理位置的中心、交通中心、经济中心、职能中心及其子公司的分布中心等。

4. 人力资源和科研教育资源充沛

发展总部经济需要国际化人才和开放式的知识创新氛围。拥有高素质的人力资源，同时制定优惠政策吸引更多优秀人才到该城市创业发展，是一个城市发展总部经济的重要条件。丰富的高素质人力资源和科研教育资源，可以满足公司总部知识密集型价值创造活动的特定需要。

5. 法律制度社会环境良好

发展总部经济，除了城市建设等硬件要达到较高标准外，更重要的是要具备良好的城市管理水平、文化氛围等软环境。发展总部经济需要有适应现代化城市管理的制度，并为投资商创造良好的法律环境。同时，城市的社会服务体系、市场秩序、通关秩序、诚信体系、社会治安状况、城市文明程度等等也要达到相当高的水平。

6. 专业服务支撑体系初步形成

地区总部的业务开展需要现代服务业的支持。从国外城市的发展经验来看，无论是"万国之都"的纽约，还是"东方之珠"的香港，这些城市在成为企业总部聚集地的过程中，都形成了发达的服务业尤其是发达的知识型服务业的配套体系。

从发展总部经济理论方面进行分析，发展总部经济的一般性条件可以概括为：区域拥有高素质人力资源和科研教育资源，能够使公司总部以较低的成本进行知识密集型价值活动的创造；区域拥有良好的区位优势和良好的交通运输网络设施；区域必须具有便捷的信息获取以及良好的同异地沟通的信息渠道，在基础性资源条件方面能够同周边地区形成较大差异；区域必须具备良好、高效的法律制度环境，具有多元化的文化氛围；区域应逐步形成围绕企业总部服务业的专业化服务支撑体系。

（二）大连市发展总部经济的优势条件分析

1. 区位优势明显

大连地处欧亚大陆东岸，辽东半岛最南端，东濒黄海，西临渤海，靠近朝鲜半岛、日本列岛以及俄罗斯远东地区，南与山东半岛隔海相望，相距只有89海里，北依辽阔的东北平原和内蒙古东部广大腹地，是东北、华北、华东以及俄罗斯远东地区的海上门户，国际和国内两个交通辐射面的聚集点。东北地区70%以上的海运货物和90%以上的外贸集装箱都经由大连出口到世界各地。

2. 城市基础设施完善

近年来，大连不断加大力度抓城市规划、建设和管理，提升城市服务功能，取得了令人瞩目的辉煌成就。信息通讯基础设施先进，交通运输发达，商务设施完善，人居环境优美，具备发展总部经济的基础条件。

3. 产业基础雄厚

大连是中国重要的工业城市，规模以上工业产值、国有大中型企业数量在东北地区主要城市中列第一位，工业企业门类齐全，几乎涵盖国民经济所有行业，中国第一艘万吨轮、第一座海上钻井平台、第一台大功率内燃机车、第一套核工业轴承都出自大连。目前，大连的石油加工、造船、机车、大型机械、轴承、制冷设备等行业在全国同行业名列前茅，并形成了以石油、化工、造船、机械、电子、冶金、建材、食品、医药等行业为主的工业体系。

4. 对外开放程度较高

大连作为全国首批对外开放城市之一，外向型经济起步早、起点高、发展快、成效好，是东北地区唯一拥有经济技术开发区、保税区、高新技术产业园区、旅游度假区和出口加工区等5个国家级对外开放先导区的城市，是东北地区及内蒙古东部地区经济发展的龙头。截至2006年底，大连市累计批准外商直接投资企业11962家，实际使用外资222.4亿美元。外向型经济对大连新增生产总值的贡献率接近50%，外商投资企业对大连税收贡献率约为35%，已成为拉动大连经济的主导力量。

2003 年中央 11 号文件中进一步明确了大连建设东北亚重要国际航运中心的发展目标，确立了大连在东北振兴中的开放龙头地位，国办发 36 号文件又进一步提升了大连对外开放在东北地区的战略地位。目前，大连正紧紧抓住东北振兴和沿海开放的双重机遇，充分利用国内外两个市场、两种资源，大力吸引外资参与国有企业改组改造，加快建设大连东北亚国际航运中心，大力发展临海、临港工业空间，形成沿海与腹地互动的对外开放新格局。

5. 人力资源和科研资源较为丰富

大连是全国科研院所和高等院校集中的城市之一，科研实力雄厚。大连有市级以上科研院所 33 家、科技人员 3127 人；拥有普通高等学校和高等职业技术院校 18 所，普通本专科在校生 11.8 万人，研究生 1.1 万人。

6. 专业服务支撑体系基本建立

大连是中国北方金融业最集中的城市之一，是加入 WTO 后首批金融开放城市之一，也是东北地区的金融中心和外汇结算中心，已有各类金融机构 39 家，其中外资金融机构 19 家，7 家外资银行获准经营人民币业务。东北地区现有的 2 家外资保险公司、8 家外资银行均设在大连，其业务覆盖整个东北地区。目前，大连与 150 多个国家和地区的近 4000 家银行建立了业务联系，国际结算量占东北的 50% 以上。现代物流业发展迅速，目前大连有仓储、运输、货代服务、外贸公司等企业 1000 余家，其中各类物流公司 200 余家，日通、金门、宝集、中海、中远、中铁快运、邮政、环东等一批知名物流公司迅速发展，成为大连专业物流市场的主体。

7. 优惠的政策配套支持

大连在发展战略上非常重视总部经济的发展。早在 2003 年发布的《建设"大大连"规划纲要》中就制定了"发展总部经济"的战略措施。2005 年 3 月颁布的《大连市关于进一步扩大对外开放的若干政策意见》中，出台了发展总部经济的相关支持政策。

（三）大连市总部经济发展的制约因素分析

虽然大连基本具备了发展总部经济的良好条件，但从目前的经济发展水平看，离全面发展总部经济还有一段距离。制约大连市总部经济发展的因素主要有以下几个方面。

1. 发展总部经济的战略意识有待增强

目前，大连正在全力以赴建设东北亚重要的国际航运中心，因此成为东北亚地区重要的国际经济中心城市实乃形势发展所必需。纵观国际经济中心城市，无一不拥有数量众多、实力雄厚的企业总部，它们既是国际金融中心，又是国际控制决策中心、科技研发中心和教育人才中心。以伦敦、纽约、东京三个世界城市为例，早在20世纪80、90年代，它们就拥有为数众多的外资银行，拥有众多的国际组织、非政府机构，还拥有许多知名跨国公司及数以千计的科技研发中心和一批世界著名大学。可见，国际经济中心城市，实质上就是大银行、大财团、大跨国公司和著名科技研发中心及科研机构最集中、最发达的聚集地，它们通过金融、产业、科技、教育控制了世界经济的发展走势，从而造就了它们举足轻重、无与伦比的国际地位。因此，大连要跻身于国际经济中心城市，就必须想方设法大力吸引更多的企业总部来大连聚集发展，同时培植本土大型企业总部及研发机构等。

2. 大连对内对外辐射能力亟待提高

大连虽然坐拥优越的地理位置，理论上讲可以辐射到我国东北、华北乃至日本、韩国，以及俄罗斯的远东大部分地区，但实际上，大连的经济辐射力远未覆盖到这些区域。有专家对大连周边地区的若干中心城市进行了分析，结果发现，在最有效的经济辐射半径内，大连市周边地区的经济总量最小。以大连为圆心，以200公里为半径，圆内地域面积约2万多平方公里，人口约1000万人，2003年GDP 2300亿元左右；以300公里为半径，圆内地域面积也只有5万多平方公里，人口约2000万，GDP 3000亿元。如果按照200公里、300公里的经济辐射半径测算，青岛、天津、沈阳，甚至长春、哈尔滨所辐射和带动的区域面积、人口规模及经济总量都比大连大很多，青岛、天津、沈阳应该是大连的1倍以上。对于大多数中心城市来说，半径超过300公里，对周边地区的集散作用明显递减。以物流活动为例，沈阳是东北地区区域性物流一级中心城市，而大连在发展区域内物流方面很难辐射到300公里以外，竞争力大打折扣。同时，大连对外辐射范围也应在日、韩两国基础上，向欧美等国家进一步扩大。

3. 环渤海经济圈、东北经济圈的区域分工合作关系尚待建立

香港有全球跨国公司设立的总部或者具有部分总部功能的办事处、事务所一类的机构3000多家，承接来自全球的制造业订单，然后与香港发达的资本结合，安排在深圳、顺德、东莞等地区进行加工制造，形成"总部－加工基地"分工模式。同样，上海总部经济的发展也有其作为总部资源密集的中心城市和江浙一带作为加工制造资源密集的腹地之间的"总部－加工基地"功能分工作为依托。但是，同为国内三大经济区域的环渤海经济圈，虽具有很大的发展潜力，区域的经济合作关系却远远不如"珠三角"和"长三角"。环渤海经济区和东北经济区观念较为落后，很大程度上各城市停留在从自身利益出发的招商引资，彼此之间是一种对完整企业、完整项目的争夺关系，区域之间摩擦多，难以形成类似于"珠三角"、"长三角"内部出现的"总部－加工基地"的功能分工关系，使大连作为环渤海地区和东北地区的窗口城市，虽拥有丰富的发展总部经济资源，却没有很好的发挥出来。"转变经济合作观念，实现区域经济发展的互动和共赢"这句话仅仅停留在口头上是远远不够的。

4. 现代服务业尚需进一步发展

虽然大连在改革开放后实施了优先发展第三产业的政策，成为东北地区主要的航运中心、商贸中心和金融中心之一，以及中国重点旅游城市和会展中心之一，2004年三次产业的结构比例也达到了 7.8：50.1：42.1，第三产业的比重比改革开放初期提高了 15 个多百分点，但是与世界城市服务业占 GDP 的 70%～80% 相比，大连第三产业发展的差距仍相当大，即便与北京等国内大城市相比，差距也在近 20 个百分点左右。因此，大连应加快第三产业发展步伐，使第三产业所占比重尽快达到 50% 以上，为总部经济在大连的发展创造良好的服务支撑条件。

5. 人才集聚和供给能力尤其是国际化人才储备尚需加强

被誉为"头脑产业"的总部经济，在一定意义上也可谓"人才经济"。虽然与东北其他城市相比，大连市对人才有一定的吸引力，但与"长三角"和"珠三角"地区相比，大连创业成本较高、收入水平较低等问题表现明显，导致大连人才优势不强，尤其是高端人才短缺现象相当突出。由于跨国公司和机构大多实施"本土化"人才战略，越来越多的跨国公司地区总部机构的建立必然对高层次、复合型的国际化人才产生大量需求。因此，大连要审时度势，加快建立包括国际策划师、国际会计师、国际律师和高层管理人才在内的国际化人才储备，以应总部经济发展之需。

6. 服务型政府等软环境建设尚需加强

总部经济是一种对政策、环境的敏感性极高的经济形态，一个高效廉洁的政府对吸引各类总部聚集发展有着非常重要的作用。虽然近年来大连市委、市政府狠抓了服务型政府等软环境建设，全市体制环境有很大转变，但由于东北地区的长期体制惯性作用和多年形成的强势政府的影响，政府管得过多、过细，有审批和执法权的部门滥用权力的事情仍有发生，一些部门服务意识尚未完全到位，缺乏快速有效的反应机制，及时解决企业困难的能力有待提高。

二 大连市总部经济发展现状

（一）大连市总部经济雏形已现

据统计，至 2005 年 10 月末，大连市共有美国通用电气、罗宾逊全球物流、瑞典爱立信、日本戴尔、荷兰首创安泰保险和日本财产保险等 6 家跨国公司建立的地区总部，松下电器、美国埃森哲、阿尔派电子等 9 家跨国公司设立了研发中心，东芝物流、大九国际、爱丽思欧雅玛等 9 家企业建立了物流中心，总部经济的雏形已基本显现。

（二）大连先导区、中山区成为总部经济发展的主要载体

从目前大连市各类公司总部的分布情况看，大连市先导区已经成为承载总部经济发展的主要载体。截至 2004 年 12 月，先导区已有毕博全球研发中心、SAP北亚研发中心、IBM 北亚研发中心、爱立信中国结算中心、索尼北亚研发中心、戴尔北亚研发中心、埃森哲全球研发中心、GE 北亚研发中心、欧姆龙北亚研发中心等近 20 家跨国公司区域性研发机构进区入驻。地处中山区的人民路区域作为大连市著名的金融、商务、航运中心区，通过资源整合，积极打造大连的CBD 中心区，现已初步形成了具有一定规模效应和集聚效应的总部经济带。目前，世界 500 强企业中国区、东北区总部及分支机构共有 21 家进驻人民路，全球 20 大集装箱运输班轮公司的分支机构有 16 家已进驻人民路。

（三）大连公司总部主要集中于三大领域

从目前情况看，来大连发展的公司总部主要集中于金融保险、物流以及计算机软硬件开发、通讯产品开发、网络技术开发等领域。据统计，跨国公司在大连建立的研发中心和技术中心已经达到 12 家。目前，东北地区第一家中外合资的

首创人寿保险公司已经开业；日本财产保险公司在大连设立了中国区域总部；世界三大金融组织之———国际货币基金组织（IMF）在全球的第四个也是中国唯一的培训基地也落户大连。

三　发展总部经济的主要思路

（一）大力加强对总部经济的学习和研究

大连发展总部经济的视角需准确定位，发展总部经济可能要长时间的努力才能达到相应的规模。我们应当通过组织专题讲座、研讨会、座谈会、业务培训会等多种形式，切实提高对总部经济自身特点、发展规律、主客观要素的认识，提高在新形势下对发展总部经济重要意义的认识，掌握总部经济的基本知识。学习与借鉴国内外其他城市发展总部经济的经验，充分认识发展总部经济的重要性和紧迫性，将大连市发展总部经济推上新台阶。

（二）狠抓发展总部经济的硬件建设

实践表明，中央商务区对于强化中心城市的综合商务功能，形成商务活动的集中区域，产生集聚、辐射效应，有着十分重要的作用。因此，发展总部经济往往需要有自己的中央商务区（英文简称CBD）作为空间支撑。大连市中山区已构成了传统CBD的基本要素，发展的各项硬件条件已基本具备。从空间上来说，星海湾金融区、先导区也是发展的总部经济重要空间载体。要把重点项目建设与总部经济发展紧密结合起来，有计划、有引导地扩大总部经济空间载体建设，尽快制定完整的、合理的、可操作性的实施规划。

（三）重点引进跨国公司投资总部、制造业总部和研发机构

应组织力量对大连市商务楼宇功能和使用情况以及在建情况等进行全面调查，分门别类地掌握基本情况，合理有效地配置资源。在此基础上，对中山区等重点路段新建成的写字楼，应积极鼓励和引导企业总部入驻。根据当前跨国公司总部落户大连的特点，应注重两个吸引领域。首先，要重点引进欧美发达国家的跨国公司地区总部，以有利于大幅提高研发与投资的规模、质量与本土化水平。

其次，要继续重点引进日本、韩国的跨国公司地区总部。尽管日、韩企业在技术开发能力及管理创新上均不及欧美国家的跨国公司，但在大连仍然是举足轻重的合作伙伴，亦应作为引进的重点之一。

四　发展总部经济的对策与建议

（一）　制定科学的发展规划

发展总部经济是一项长期性的系统工程，必须有科学、统一的规划纲要和实施方案作指导。要有计划、有步骤地全面整合现有资源，盘活有关楼宇资源，为发展总部经济提供有力的支撑。应根据地区总部人员的级别和租赁房屋的习惯和特点，利用大连东港区等区域的搬迁改造，依山傍海地建设别墅式生活区，并且建设与其相配套的生活服务设施。

（二）　制定优惠的政策和便利条件

发展总部经济必须要制定相应的优惠政策来予以扶持，应借鉴北京市政府早在 1999 年就发布的《关于鼓励跨国公司在京设立地区总部若干规定的通知》，以及上海市政府于 2002 年出台的《上海市鼓励跨国公司设立总部的暂行规定》和发布的实施细则，加快制定符合大连城市经济发展实际的总部经济有关优惠政策和便利条件。

（三）　继续优化投资环境

大连不仅要提升电信、道路、港口、机场、市政和居住环境，更要在进出口通关、项目审批、法律政策、办事效率等方面进一步加以改善，以达到国际先进水平。应切实加强以改善和优化政府服务为核心的软环境建设，进一步扩大政务公开，优化办事程序，提高办事效率。要采取积极有效的措施，进一步清理和削减各项行政事业收费项目，降低企业运营成本。

（四）　根据跨国公司需求，培养和引进高端人才

高端人才是指跨国公司地区总部在投资、研发、采购等活动中的"核心人

才"。从目前的国内甚至是国际的情况看，这类人才相当紧缺，由此引起了甚为广泛的竞争。在这个大背景下，作为推进"一个中心、四大基地"建设的大连，由于同类产业集聚程度更高，跨国公司之间对紧缺人才的竞争就更趋激烈，以至于大连高端人才的使用成本已经国际化，这一情况如不改善，在很大程度上将影响对跨国公司投资的吸引力。因此，迫切需要通过创新机制来解决当前所面临的高级人才紧缺问题。

（五）创新招商模式，积极吸引跨国公司总部入驻大连

经验表明，吸引跨国公司地区总部落户，必须建立一支专业化并按照市场化运作的招商队伍。专业化的招商队伍具有丰富的经验和信息，同跨国公司以及投资者群体保持密切的联系，比较了解投资者的需求特点，能够及时掌握跨国公司和一些企业决策层的投资意向和动态，使得吸引跨国公司地区总部工作更有针对性和富有成效。大连市应通过公开招聘等途径，形成一支具有一定数量且懂外语、懂专业、善公关的高素质人才组成的招商队伍。对招商引资的运行机制应探索创新，掌握和了解总部经济发展规律与走向，对有投资意向和在谈的地区总部，要集中力量，专人负责，确保招商成功。

发展总部经济:
青岛市南区现代服务业彰显活力

中共市南区委、市南区人民政府

市南区是青岛市的政治、经济、文化和旅游中心,区内聚集了众多国内外知名企业,产业发展水平高,集约性特点明显,经济规模和效益在全省大中城市的中心区中居于前列。2006年,全区实现生产总值276亿元,其中,三产增加值达236亿元,占全区生产总值的85.5%,全口径财政一般预算收入、辖内地方财政一般预算收入、区级地方财政一般预算收入分别达到70.02亿元、40.22亿元、15.2亿元,均比2002年实现翻番。在占青岛市0.3%的土地上,创造出了约占全市8.6%的生产总值、13.7%的财政收入和14.9%的外贸出口总额。

近年来,在青岛市委、市政府的正确领导下,市南区委、区政府不断提升完善区域经济发展理念,面对青岛及周边工业发展和城市化进程加快对服务业发展越来越高的要求,顺应区域内制造业逐步退出、服务业加速进入、现代服务业正在兴起的趋势,从市场需求、发展趋势、区情实际三个方面破题,不断完善区域特色经济发展的内涵,探索并选择了一条因地制宜的科学发展道路,按照楼宇经济和金融业、软件业、商贸旅游业、文化创意等"一楼多业"的区域经济发展模式,大力推动区域特色服务经济发展。其中,市南区将总部经济作为特色经济中重要的组成部分和高端形态,着力推进发展,通过科学规划、优化布局、完善机制、改善环境、强化招商等有效措施,众多区域性企业总部加快聚集,成为推动市南区服务业特别是现代服务业向更高层次和更高水平发展的重要力量。

一 总部经济——现代服务业的一种高端形态

相对于传统服务业而言，现代服务业主要是为生产提供服务的服务业，因此，现代服务业又经常被称为生产性服务业，其核心本质体现在为生产者服务这一特性。总部经济是基于信息网络技术、通讯手段的快速发展和区域间资源禀赋差异形成的新的经济模式，其特点是承担决策、投资、营销等环节的企业总部与生产环节在空间上实现分离，但本质上服务于生产。从这个特点看，总部经济属于现代服务业的范畴，但总部经济与通常意义的现代服务业相比，又有其自身的特征。

（一）企业形式不同

一般性的企业大多集中了本企业主营业务的各个环节，是一个"完整"的组合，而企业总部往往只设置整个企业业务流程中的部分职能，比如管理性总部一般是设置一些相关的决策管理部门，主要负责整个集团的战略目标、经营策略、政策制度等方面的制订和监督以及集团整体经营状况的宏观调节与控制、各下属机构经营管理策略的审核与协调及对外合作与发展等。还有一些企业总部，只承担整个企业的某一单项职能，有财务核算的财务总部、研发开发的研发总部等，如刚刚入驻市南区的中石化财务公司山东分公司，是只承担融资功能的区域性财务总部，负责为整个山东省内的中石化企业提供融资服务。无论是承担多项职能的综合性管理总部还是只承担某一项职能的专业性总部，企业总部往往承担着企业的核心环节和关键职能，起到"首脑"和"心脏"的作用，不同于机构设置完整的一般性企业，也因而实现了更多人才、智力、信息的聚集，更具有效率、效益等方面的优势和更高的集约性。

（二）服务对象不同

一般性企业的主要服务对象是外部客户，企业内部则是各个部门间协调运营。对企业总部来说，在服务于企业外部客户的同时，还要服务企业内部承担生产、运营等功能的分支机构，为企业内部其他环节提供决策管理或资本运营、财务核算、技术支持等服务，总部和分支机构间存在着大量的资金、信息、人员往来。因此，相对于一般的现代服务型企业，企业总部的业务活动更加活跃和高效。

（三）服务的范围更广

企业总部可以通过大量的下级公司或分支机构服务更广的地域和更多的领域，产生更多的效益和更大的影响力，如入驻市南区的青啤集团总部，包括行政管理中心、投资决策中心均设在总部，这些部门的决策和部署，通过国内 18 个省、市、自治区内的众多营销服务网络辐射到全国绝大部分地区，是产生服务行为的"中枢"。

（四）集约性更强

企业总部虽然承担了整个企业的核心职能，但往往机构设置更加紧凑，人员少但综合素质较高、办公资源消耗不多但产出惊人，是高度集约的经济形态。以 2006 年市南区总部经济的产出为例，企业总部全年实现税收 32.8 亿元，超过全区总税收的 48%。而 2006 年市南区企业总部共有 392 家，办公面积约为 36 万平方米，税收集约度在 9100 元/平方米左右，以此计算，如果市南区所有楼宇（105 座、334 万平方米）平均产出能达到这个水平，则楼宇税收约是同期的 10 倍。这充分显示了总部经济通过各种资源的最有效配置带来的巨大效益，也凸显了楼宇经济未来巨大的增长空间。

（五）社会效益更大

总部经济能渗透到经济社会生活的各个方面，既是发展经济、创造财富的一个重要途径，也是提升一个国家或地区形象、增强城市综合服务能力以及展现人文精神、提升生活品质的一个重要方面。众多企业总部在为区域经济发展做出直接贡献的同时，也极大地提升了城区的知名度和美誉度，并且成为城区不断吸纳高知性人才的重要渠道，统计显示，目前在市南区企业总部工作的人员中，约有博士 280 多名，硕士 2100 名，其中 82% 为外来人才，高素质人才通过总部滞留，有效改善了城区的人才结构和整体素质。

因此，总部经济可以称为现代服务业皇冠上的一颗明珠，是区域现代服务业发展到相对高水平、逐步实现经济效益最大化的表现形式，是现代服务业发展追求的目标。

二 市南区总部经济、现代服务业发展现状

截至 2006 年底，市南区企业总部达到 392 家（见图 1），占青岛市企业总部数量的 90% 左右，全年实现全口径税收 32.8 亿元，占全区税收收入的 48.31%，税收增量占到全区税收增量的一半，成为拉动财政收入快速增长的中坚力量。

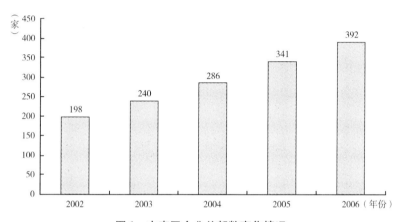

图1 市南区企业总部数变化情况

在市南区，制造类企业总部比例较小，仅占 6%，服务业企业总部数量较多，占企业总部的 94%。在服务业企业总部中，金融保险、物流、房地产开发、对外贸易、中介咨询、软件信息等现代服务业企业总部占据主导地位，所占的比重达到 66%（见图 2）。2007 年上半年，兴业银行青岛分行、中石化财务公司山东分公司等 13 家区域性总部企业入驻，企业总部的总数达 405 家，实现税收 19.59 亿元，同比增长 24%。

随着企业总部的大量入驻，市南区总部经济效应逐步显现，对服务业特别是现代服务业的带动作用日益增大，对区内现代服务业的发展起到了明显的推动作用。一是总部作为企业的决策、管理中心和资金、信息集散地，为其他现代服务业的发展创造了巨大的市场，调查显示，仅市南区某集团总部每年对各类服务业的支出就达到 1.2 亿元左右，因此，大量企业总部的发展促进了为企业总部服务的金融、保险、会计、法律等现代服务业的聚集。二是现代服务业企业为企业总部服务的成果，可以通过总部管理运作，输出到经营地以外更广大的区域，从而

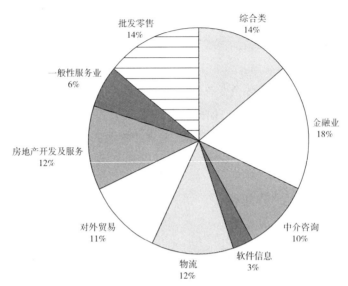

图 2　2006 年市南区服务业总部行业构成情况

间接地拓展了发展空间。三是总部经济的不断发展壮大，切实推动区域经济增长方式的转变，全方位调整、优化了区域产业结构，增强了区域经济实力和发展潜力，为现代服务业的发展营造了良好的发展大环境。

　　依托于总部经济的快速发展，2006 年市南区区域总税收突破 70 亿元，每平方公里税收密度为 2.3 亿元，四年内实现了翻番，第三产业占生产总值的比重显著提升，2006 年市南区第三产业增加值比重比 2002 年上升了 4.21 个百分点（见图 3）。

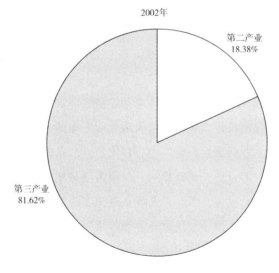

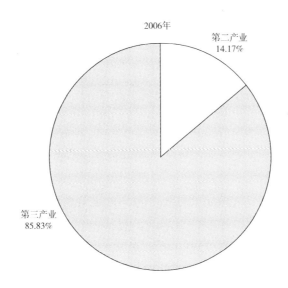

图3　2002年和2006年三次产业比重比较

同时，在第三产业内部，金融、保险、会计、法律、咨询、会展、信息等现代服务业迅速发展，马士基航运、新韩银行、美国纽约人寿、微软、民生银行、普华永道会计师事务所、毕马威会计师事务所、杜斯曼物业管理公司等国内外著名的现代服务业企业先后落户，推动了市南区"一楼多业"特色经济的发展。

（一）楼宇经济规模不断扩大

楼宇经济是市南区的特色经济之一，近几年，市南区立足自身区位特点，坚持向"空间"和"高度"要效益，科学集约利用土地资源，按照"建设现代化、推介市场化、功能专业化、服务精细化、企业总部化、税收属地化、发展全面化"的原则着力推进楼宇经济加快发展，取得了明显成效。目前，市南区拥有5000平方米以上的商务楼宇105座，总建筑面积334万平方米，聚集了各类企业7600多家，楼宇税收达到30.58亿元，比2003年增加了20.78亿元，占到区域总税收的45%。全区税收过千万楼宇达到44座，其中有亿元楼7座，5000万～1亿元楼14座，1000万～5000万楼23座，先后培育了青岛国际金融中心、数码港旗舰大厦、青岛世贸中心等特色楼宇，全区金融、物流、外贸、软件等专业特色楼宇达到18座。2007年上半年实现税收18亿元，同比增长20.8%。商务楼宇是总部经济发展的重要载体和平台，全区75%的企业总部入驻楼宇内，企业总部加快聚集也极大地推动了楼宇经济的发展（见图4）。另外，为适应发展的需要，市南区自2003年以来建设的楼宇全部为高中档商务写字楼，并加快对楼宇资源的储备，目前，有在建拟建项目32个，设计建筑面积达200万平方米，楼宇经济的加快发展为壮大总部经济提供了有形的物质载体。

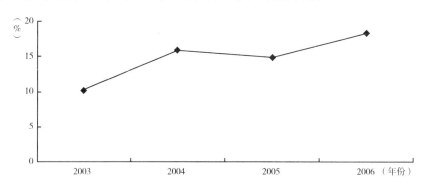

图4　写字楼占市南区房地产开发总量趋势图

（二）金融保险业加快聚集

市南区将金融业作为全区主导特色产业之一，充分利用金融业扩大开放的机遇，着力引进国内外金融、保险、证券、融资担保机构、风险投资公司和金融保险企业总部，金融业发展速度明显加快。目前，全区有国内外包括分行级银行、保险公司和投资性金融公司等各类金融保险证券机构60家，占全市金融机构的98％，几年来先后有恒丰银行、兴业银行、新韩银行、民生银行、金鼎担保、永安保险、恒安标准人寿、海尔纽约人寿、中海投资担保等众多金融、保险、投资类企业入驻，全省9家外资银行机构均落户在市南区，如渣打、东亚、山口、新韩、韩国中小企业银行等，各类金融营业机构达200多家。2006年，金融业全口径地方税收实现9.2亿元，其中，金融保险企业营业税保持了40％以上的增长速度。以香港中路为金融业走廊，聚集了70多家金融机构和营业网点，形成了汇融广场、光大国际金融中心等多座金融业聚集的楼宇，金融中心的标志——"青岛金融街"初具规模。

（三）软件业实现了跨越式发展

自2003年以来，市南区把发展软件业作为一项特色产业着力促进，高起点建设软件信息产业区，通过打造"嵌入式、数字动漫、外包、互联网应用、行业软件、管理软件、终端显示技术"七个产业链条，积极完善软件产业办公、政策、技术、商务、人才五个产业平台。市南软件从无到有、从小到大，实现了跨越式增长。2006年，全区软件企业由"十五"初期的21家增至2006年底的242家，完成技工贸收入70亿元，连续四年实现翻番增长，产业规模达到了全市软件业整体规模的一半。微软、IBM、RP公司、LINKSNET、创迹、韩国全州信息、海信信芯科技等软件企业先后进驻，嵌入式软件、数字动漫、软件外包、集成电路设计等特色产业集群逐步形成。目前，青岛慧谷软件园建设招商进展顺利，已竣工软件研发楼20万平方米，交付使用10.2万平方米，入驻软件企业100多家，先后荣获"国家火炬计划软件产业基地管理先进单位"、"全国先进科技创业园"称号。通过加大对产业带动作用明显的重点企业的扶持和引导力度，区内软件企业自主创新能力、市场开拓能力不断提高，中天国际信息技术有限公司成功在香港主板上市，以中加科技、易科德、高敏视等为代表的一批企业快速成长，部分企业销售服务市场已经拓展到美国、加拿大、香港、台湾等国家和地区；以创迹、海尔、软脑离岸等为代表的外包企业聚集，形成了上千人的外包团队，市南区成为全市外包企业、技术、人才最为集中的区域。

（四） 商贸和现代物流业发展取得突破

市南区商贸物流业发展基础较好，香港中路、中山路是青岛市级商业中心，其中，香港中路将被打造成为高端商业服务业集聚区，全区商业覆盖面将达到80%以上。青岛肯德基有限公司作为区域性总部，业务已经涉及山东、河南两省的多个城市和地区。商贸物流业在市南区总部经济的发展中占有重要的地位，据统计，2006年市南区392家企业总部中，贸易物流类企业有80余家，其中航运物流企业总部有45家，包括马士基等国际著名企业的区域总部。

（五） 文化创意产业方兴未艾

企业总部加速聚集为文化创意产业的发展提供了丰富的营养。2006年以来，市南区把发展文化创意产业作为区域特色经济新的增长点加以推进，以园区建设作为推动发展的突破点，着手启动了"创意100"、"127创意坊"、"南京路122号"等产业园区建设。其中，创意100产业园是山东省首家创意产业园，是青岛市"十一五"创意产业重点项目，是以广告、设计、服装、影视等创意产业为中心，集办公、交易、展示、文化等功能为一体的创意产业园区，意大利、韩国及"天马广告"等30多家国内外创意企业已落户园区。优越的地理位置、独特的发展模式以及优惠的产业发展政策，也将形成对各类文化创意企业特别是创意企业总部的巨大吸引力。

三　市南进一步壮大总部经济、推动现代服务业加快发展的思路和措施

市南区总部经济的发展有效推动了区域内现代服务业的发展。下一步，我们将加快企业总部的引入和扶持，发挥企业总部的聚集效用，不断加大在发展现代服务业、高新技术产业和集约利用土地、提高对外开放水平等几个方面的工作力度，大力发展金融服务业、软件信息服务业、旅游商贸服务业、文化创意产业、中介服务业、现代物流业和教育培训业等各类服务经济，采取有效措施加强现代服务业发展，做好总部经济的配套服务。

（一）抓好规划引导

针对当前发展的新形势和新要求，将发展总部经济作为中心城区产业结构调整和功能提升的重要战略之一，编制市南区总部经济发展规划，进一步完善现代服务业发展的意见，研究制定金融业、文化创意、现代物流以及教育培训等各个产业发展的专业规划，建立完善、系统的区域经济发展规划体系，为加快经济发展提供科学的依据和指导。

（二）抓好载体营造

充分考虑产业发展需求，在完成区域楼宇资源尤其是香港中路及周边地区营业网点调查的基础上，进一步加大楼宇、园区、特色街区等发展载体的建设和开发力度，为总部经济营造发展平台。着力推进市、区两级重点项目，抓好万邦国际中心、远洋大厦、乾豪国际广场等32座在建、拟建写字楼和南海路六号、海军运动广场、法制博物馆、海军博物馆、软件产业基地一期、二期和创意100、中联创意广场等重点工程建设，结合积极推进中山路商业（旅游）区改造和西部旧城改造，加快引导和发展与该区域建设形态、发展趋势相匹配的经济业态，以此为依托推动区域经济规模加快扩大，发展质量和水平不断提升。

（三）抓好招商促进

进一步加强对招商工作的组织领导，完善招商引资分工负责制，不断创新招商思路和方式，通过加强同国外政府、行业协会、知名企业和著名学府的沟通合作，联合国内外代理机构、专业部门、社会中介组织，建立多层次、开放式的立体招商体系，突出金融、芯片研发、软件外包、现代物流、文化创意、精品旅游商贸和企业总部等招商重点，切实加大招商引资工作的力度和成效。重点抓好花旗银行、日本三菱银行、瑞穗银行、三井住友保险、安永会计师事务所、日本NEC 等金融、会计、软件项目的跟踪服务，挖掘拓展新的招商资源和招商渠道。

（四）抓好政策扶持

在正确把握全国、省市各项政策措施的基础上，进一步抓好区内制定的《关于进一步加快楼宇经济发展的（试行）意见》、《关于进一步促进民营经济发展的实施意见》、《关于加快软件产业发展，推进软件信息产业区建设的意见》中有关扶持政策的贯彻落实，按照科学性、完整性、延续性和可操作性的原则，确保对民营经济、高新技术等一些重点领域政策扶持落实到位。开展区域银行、证券、期货、保险、租赁、信托等行业发展调研，研究推进金融业的服务创新。

（五）抓好服务保障

加快完善健全环境、技术、人才等服务体系，积极为驻区企业营造宽松、稳定、公正的营商环境。密切政企联系，完善加强直通车服务，随时了解企业在经营过程中存在的困难，努力为企业在注册、选址、税收、资金、人员流动、户口办理、子女入学、出入境审批等各个方面提供支持。强化科技创新，继续完善软件公共技术服务平台、大型集成电路设计平台、动漫制作平台以及软件成果转化中心、英特尔实验室等技术服务项目的建设。做好楼宇经济地理信息系统启用工作，建立市南区品牌出口企业数据库。加大各类人才尤其是高级专业技术和管理人才的引进和培养力度，健全和完善人才交流体系。

加快发展总部经济
加速推进重庆解放碑 CBD 建设

——渝中区总部经济税源分析报告

何　健[*]

区域经济的发展既要整体推进又要有"极核"带动。近年来，渝中区以打造西部商贸中心、建设西部区域经济中心为目标，率先启动解放碑 CBD 建设，大力发展总部经济，通过五年的不懈努力，解放碑 CBD 建设初具规模，总部经济发展不断壮大，对拉动"十五"期间区域经济快速增长，丰富地方税源起到了"引擎"作用。因此，加强对总部经济税源的研究，探讨 CBD 总部经济建设的有效模式，对发掘渝中区经济"十一五"期间新的增长点、创新渝中区发展模式具有很强的现实意义。

一　渝中区总部经济税源概况及特征分析

（一）税源规模不断扩大，税收贡献日益突出

"十五"期间，渝中区总部经济发展迅速，税收规模不断扩大，总部经济效益逐步体现，到 2005 年，渝中区总部企业缴纳地方税收合计 70541 万元，占全区税收收入比重达 38.50%，其中，区级税收收入 2.5 亿元，占到区级财政总

---

* 作者简介：何健，重庆市渝中区地方税务局。

收入比重的两成（见图1、图2）。同时，"十五"期间企业总部年均税收增长速度达24.84%，高于全区税收平均增速7.86个百分点，高于GDP年均增速13.64个百分点。可见，总部经济已成为近年来渝中区经济增长的亮点，成为地方税收快速增长的"引擎"和政府财力不断增强的重要力量。

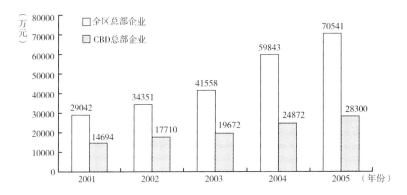

图1　企业总部各年纳税情况

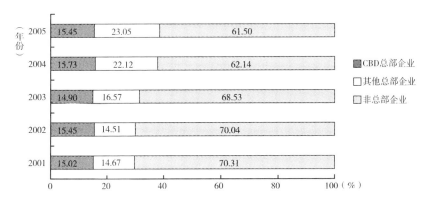

图2　企业总部各年纳税比重情况

（二）国有及国有控股经济占主体地位，涉外经济成长迅速

从总部经济地方税收结构来看，渝中区总部企业主要由国有、股份制及涉外经济三部分构成，其中，国有集体经济和国有控股经济是总部经济的绝对主体部分，占到纳税总额比重的80%以上，其他所有制经济纳税比重则不足20%，在CBD区域情况也大致相当（见图3、图4）。

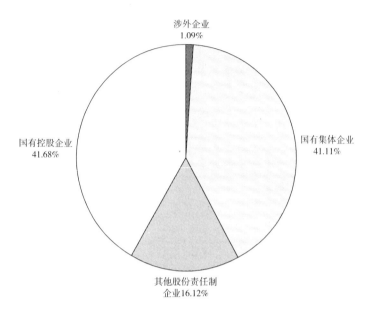

图 3　全区企业总部各经济类型税收平均贡献率（2001～2005 年）

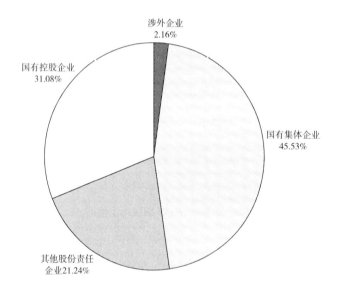

图 4　CBD 企业总部各经济类型税收平均贡献率（2001～2005 年）

　　从渝中区企业总部分经济类型的税收增长情况看，发展最快的为涉外企业和国有控股企业，"十五"期末其纳税总额分别比"十五"期初增长了 6.8 倍和

2.65 倍（见表1），年均增幅分别达到67.24% 和38.23%，远远高于全区税收增长总体水平，特别是国有控股企业，占税收总收入的比重高达45.03%，是支撑渝中区经济、税收快速增长的核心动力和总部经济发展的"中坚"力量，如：中冶赛迪工程技术股份公司、中国民生银行股份有限公司重庆分行等企业年均地方税收增幅均达到50%以上。此外，其他股份责任公司也保持了较快增速，和全区总休税收增长水平大致相当；国有集体企业则由于改组、改制原因增速缓慢，税收主体地位逐年下降。CBD 区域总部经济也和全区总部经济结构及增长趋势基本一致。

表1　渝中区总部经济分经济类型纳税增长情况比较

单位：万元，%

项目	年份	国有企业			其他股份有限责任企业			国有控股企业			涉外企业			收入合计
		税收收入	比重	年均增幅	税收收入	比重	年均增幅	税收收入	比重	年均增幅	税收收入	比重	年均增幅	
全区企业总部	2001	15499	53.36		4395	15.13		8700	29.96		448	1.55		29042
	2005	24710	35.03	12.37	10566	14.97	24.52	31760	45.03	38.23	3505	4.97	67.24	70541
CBD 企业总部	2001	7634	51.96		3242	22.06		3520	23.95		298	2.03		14694
	2005	11560	40.84	10.93	6182	21.84	17.51	9930	35.09	29.6	628	2.23	20.49	28300

（三）主体税种地位突出，各税种呈现较大成长差异

营业税、企业所得税、个人所得税三大税种构成总部经济税收的主体，占到税收总额的80%左右，纳税比重呈逐年提高的趋势（见表2）。其中：营业税和个人所得税表现出很强的成长性，具有税源稳定、集聚突出、增长迅速的特点。企业所得税则呈逐年萎缩趋势，税源具有很强的不确定性和流动性，此状况和该税种易受宏观调控和政策影响有关，同时该税种也是纳税人采取避税策略的重点，税收征管难度较大。地方各税增长相对平稳，和全区税收总体增长水平相当，但由于国家地方税收政策措施较涉税经济活动有一定滞后性，以及此类税种税基相对稳定，同 GDP 增长关联较小，故增速慢于主体税种，总部经济税收积聚效应也未充分体现（见图5）。

表2 2001～2005年企业总部各税种纳税比重变化情况表

单位：%

项目 年度	营业税		企业所得税		个人所得税		地方各税	
	全区总部	CBD总部	全区总部	CBD总部	全区总部	CBD总部	全区总部	CBD总部
2001	32.84	28.87	22.04	30.91	21.80	15.58	23.32	24.64
2002	34.90	35.35	18.19	23.74	19.71	16.36	27.20	24.55
2003	35.88	36.40	12.90	19.56	28.21	18.19	23.01	25.85
2004	47.19	41.66	10.11	14.64	22.00	21.46	20.70	22.24
2005	46.18	45.36	8.95	11.00	25.62	22.33	19.25	21.31
2001～2005	41.33	38.83	12.90	18.38	23.82	19.40	21.95	23.39

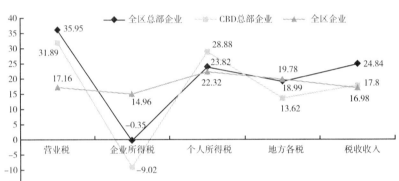

图5 2001～2005年各税种年均增幅比较

（四）经营型总部占主导，金融集聚地位突出

渝中区的总部经济按价值链分工分类主要涉及金融型总部、经营型总部、行政管理型总部、投资型总部和中介型总部五大类，其中以金融型总部和经营型总部构成了总部经济的实体部分，共计占到总部企业总户数的85.72%（见表3），纳税总额的90.23%，其他类型总部比重很小，在CBD区域该情况大致相同。

从近年来企业总部增长情况看（见表4），发展最快的为金融型总部，2001～2005年间，其纳税户数增加了25户，增长近一倍，税收年均增幅高达32.41%，特别是CBD区域税收增幅高达43.18%，其纳税户数增长和税收增速均为各类总部之冠，表现出极强的总部集聚性，是渝中区培育发展得比较成功的一项产业。

表3　2005 年企业总部纳税户数及税收收入结构情况表

单位：户，万元，%

总部类型	全区企业总部				CBD 企业总部			
	户数	占总户数比重	纳税额	占税收收入比重	户数	占总户数比重	纳税额	占税收收入比重
金融型总部	53	50.48	22909	32.48	36	58.06	15195	53.69
经营型总部	37	35.24	40736	57.75	20	32.26	11313	39.98
行政型总部	9	8.57	1583	2.24	5	8.06	1325	4.68
投资型总部	5	4.76	4846	6.87				
中介型总部	1	0.95	467	0.66	1	1.61	467	1.65
小　计	105		70541		62		28300	

表4　2001～2005 年企业总部纳税户数及税收收入增长变化情况表

单位：户，万元，%

总部类型	年度	全区企业总部					CBD 企业总部				
		户数	纳税额	增长户数	增长金额	税收年平均增幅	户数	纳税额	增长户数	增长金额	税收年平均增幅
金融型总部	2001	28	7453	25	15456	32.41	17	3615	19	11579	43.18
	2005	53	22909				36	15194			
经营型总部	2001	26	17383	11	23353	23.73	16	10385	4	928	2.16
	2005	37	40736				20	11313			
行政型总部	2001	6	720	3	863	21.77	4	690	1	635	17.72
	2005	9	1583				5	1325			
投资型总部	2001	3	3482	2	1362	8.60					
	2005	5	4844								
中介型总部	2001			1	467				1	467	
	2005	1	467				1	467			
小　计				42	41501				25	13609	

二　总部经济发展中的主要问题

（一）总部税源规模小，聚辐能力不强

从总体上看，渝中区总部经济建设仍处于起步和初期建设阶段，总部经济税

源不但规模较小，而且聚集辐射能力不强。到2005 年，渝中区企业总部总计105 户，地方税收总额不超过 8 亿元，而且绝大部分都是重庆市内的区域性企业总部，具有辐射西南地区的企业总部户数较少，具有较高知名度的企业总部仅有重庆百货、商社集团、重庆书城、和平药房、大都会、美美百货等几家，辐射全国性的企业总部及世界500 强企业的区域总部寥寥无几。而反观北京、上海等总部经济发展较快的城市和地区，其 CBD 区域国内外企业总部上千余家、世界 500 强企业上百家，税收贡献额以百亿元计算，而且形成了商务、商贸、金融、高科技等各具特色的总部经济集群。

（二）总部税源类型单一、产业结构层次不高

渝中区总部税源类型单一，产业结构层次不高，主要表现在两方面：一是经济结构单一，多元化总部经济格局并未形成。在总部税源经济类型分析中，我们可以发现，"国有"（含国有控股）仍是渝中区总部经济的"扛大梁"角色，非国有股份制企业总部和涉外企业总部比重较小，纳税贡献额不足 20%，而且作为本应最具吸引外资优势的 CBD 并未体现出其区位优势，其涉外税收贡献仅为 2%，而民营经济性质的企业总部更是不见踪影。二是从总部经济产业构成来看较为单一，产业层次不高，经济的产业结构提升效应和产业乘数效应并未体现。目前，渝中区总部经济基本上还处于传统的粗放型商贸经济模式阶段，金融、商贸和水电气垄断行业占到税源比重的80%，而代表现代服务业发展方向的房地产、设计、文化、信息、投资等总部企业税源比重不足 20%，新型的生产性服务业、物流业、管理、咨询机构总部企业几乎为空白；而在北京、上海及沿海地区城市，服务业税源比重占到了 50% 以上。然而，总部经济的壮大发展在"硬件"方面很大程度上又依赖于现代服务业的成熟发展所形成的专业化服务支撑体系；由此可见，渝中区目前滞后和薄弱的现代服务业状况是阻碍总部经济进一步发展的主要障碍因素之一。

（三）政府宏观规划与引导滞后于总部经济发展的需要

在现实发展中，由于政府宏观规划的滞后，总部经济发展更多地表现为投资商、开发商的积极性高于政府，对总部集聚区的开发建设快于政府、先于政府，造成总部集聚区布局缺乏整体规范性，总部经济发展盲目性多于自觉性，政府意

图与商业机制的有机结合较差。渝中区 CBD 总部经济建设也存在类似的问题，由解放碑中央商贸区演变而来的 CBD，其初期功能定位以商贸、购物为主，商务功能较弱，产业的引进也以商贸型企业为主，高技术、高知识含量的商务企业较少，因此，近年来解放碑 CBD 区域房地产业虽然发展比较旺盛，但楼盘设计、环境布局也均以商贸业服务为主，商务楼宇档次不高，服务功能、环境配套功能缺乏，不能满足大型企业总部的要求。另一方面，本应成为渝中区产业支柱、总部经济重要支撑的现代服务业，由于规划的滞后贻误了最佳发展时机，还处于"四处游击"的初级发展阶段，未形成有实力的区域性总部，没有能力进驻商务成本较高的总部楼宇，因此，渝中区的许多总部楼宇的招商进入了"进退"两难的境地，要么为追求短期利益降低档次，要么空置，许多总部楼宇成了缺乏企业入驻的空心楼宇，总部经济也成为缺乏产业支撑的"总部地产"。到 2005 年，渝中区空置房面积达 87 万平方米，占重庆全市的 14.95%，位于全市第一。

（四）地区间的利益与矛盾制约了总部经济的发展

企业总部按照总部经济模式重新进行空间布局，不是简单的企业行为，企业总部与生产基地在迁移过程中都面临着一定的障碍，该障碍主要来自两个方面，一是税源的转移和当地经济的 GDP、税收直接关联，对政府考核有影响；二是搬迁成本的制约。渝中区总部经济发展过程中也存在这类问题，一方面，由于渝中区环境规划没有明显优势，加之商务成本较高，许多有意来渝企业望而止步；另一方面，"十一五"期间，随着各商业副中心功能的进一步成熟完善，而渝中区传统商贸、服务业等功能定位和其他主城区趋同，特色不突出，以致其在商贸、金融、服务等行业的招商竞争中日渐丧失优势地位，加之政府间对总部重点税源的争夺日益激烈，手段多样化，不少来渝的国内外知名企业纷纷将总部绣球抛向了其他主城区，而原本已在渝中落户的企业总部也因其他区优越的引资、税收及环境条件而向其他区转投绣球。此外，渝中区周边各区汽车、摩托车、机械、化工等现代制造业虽然近年来取得了较大发展，产业集聚日益明显，但这部分企业拓展初期均采取"前店后厂"模式，总部与基地分离的现代生产模式并未形成，加之地方政府保护主义，使这部分企业对外发展受到一定限制，使渝中区的总部楼宇招商也失去了一块大市场。

三 壮大总部经济税源，加快 CBD 总部经济建设的对策思考

（一）明确定位，加快 CBD 的再开发进程

世界上许多城市的老城区都曾经或者正在面临着城市郊区化的问题，它们的共同措施是对老城区进行再开发。如 1960～1984 年间，美国 30 个最大的城市中心增加了 1300 座办公建筑，从而实现中心城区的继续繁荣。当前，发展空间和土地的制约已成为了渝中区总部经济壮大和经济发展的最大制约因素，面临周边各区新兴的城市面貌，优越投资环境的挑战，渝中区的"旧城旧貌"已不具备竞争优势，急需通过环境综合治理、整合资源、切实推进"渝中半岛形象设计规划方案"的建设实施来缩短竞争差距。而且在新一轮旧城开发中应注意三个问题。首先，要积极获得市政府的支持，进一步明确渝中区 CBD 的总部经济地位，通过市政府协调各区间发展总部经济的分工与合作，力避无序的恶性竞争。其次，在新一轮开发中要力避走原来"开发商在前，政府规划在后"的规划老路，政府应以明确的发展思路参与规划、设计和引导开发。再次，在开发项目上力求有创意、有新意，要大手笔，从引领全市发展的高度去考虑，同时要注意弥补原有 CBD 商务功能较薄弱及交通、信息等基础配套设施跟不上等问题。

（二）大力发展与总部经济关联密切的产业部门

在总部经济发展的一般性条件中，"区域内是否形成了围绕企业总部服务的专业化服务支撑体系"是制约总部经济发展的一项重要因素，而且第三产业专业化水平的高低与城市国际化程度的高低、对企业总部吸引力的强弱呈现互动的正相关关系。就渝中区而言，第三产业占到 GDP 总额、地方税收总额比重的85% 以上，且第三产业门类较齐全，商贸和金融业还有了一定的集聚规模，应该说具备了发展总部经济较好基础条件和专业化服务体系的基本框架，我们当前的任务应是在提升"三产"级次和弥补发展空白上做文章，针对不同的产业制定差别性发展战略。例如：商贸业和金融服务业是 CBD 总部经济发展的优势产业和成熟产业，这块的发展任务应是在"创新"上做文章，商贸业要创新业态和

销售方式，和国际先进的营销方式接轨，坚决走差异化路线，避免和其他区走低等级的粗放式竞争；金融业要创新服务方式和"金融产品"，真正和国际金融市场接轨，这两块要把"亮点"做足，规模扩大，招商门槛要高，扶持上注重以服务为主。又如：体育、文化产业在渝中区发展较为缓慢，但在以后的城市建设规划中是一块发展潜力较大和具有发展创意的"处女地"，而这块，其他区目前还涉及较少，我们具有发展的先机，对于此类产业政府应在产业政策发展的制定和营销宣传上做好文章，积极吸引多元化的投资主体。再如：设计、中介、咨询、信息、广告等产业，在渝中区属于新兴的现代服务业门类，行业内发展级次参差不齐，但总体水平较低，对于此类行业，政府应注意在人才资源的储备上做文章，并积极提供和搭建该类行业对外学习、技术交流的平台，积极吸引外资参与该类行业的重组和结构调整，加大产业优惠政策的实施力度，如：实施高级技术人才个人所得税方面的政府补贴、返还等。此外，对于发展中尚处空白的服务门类领域，如新型生产性服务业、物流业等，政府要在引入和培育上下工夫，建立创业风险基金等。

（三）打好"文化"牌，提升城市品位

发展总部经济，除了城市建设的硬件设施达到标准、专业化产业体系完备，具有文化氛围也是一项很重要的软件素质。宽容的多元文化、多元梦想的城市性格是一个城市发展总部经济的必备基础，因为它能降低企业空间成本，有助于信息的沟通、情感的交流。渝中半岛作为拥有三千年灿烂文化历史的重庆的母城，两江环抱、山水相依、风景秀丽，有较丰富的文化资源，较深厚的文化沉积和多种文化汇融的雏形，具有打"文化"牌的优势和潜力。通过进一步发掘历史文化内涵、打造文化名都，一方面可以极大地提升渝中区解放碑 CBD 的知名度，进一步完善适应 CBD 的总部经济发展所需的"包容性"多元化氛围；另一方面，可以以此为契机，大力促进渝中区相对滞后的文化科技产业的发展，培育渝中区新的产业增长点。在打好"文化"牌上应注意以下几个问题：一是在设计规划上要有超前性、有新意，既要有历史文化风味又要有现代高科技技术的支撑，要站在引领全市甚至西部的高度上进行大手笔的规划设计；二是要注重各项产业与文化产业的有机融合并积极培育"文化"产业链向纵深发展，要用"文化"这条线将相关联的传媒、旅游、创意、娱乐、餐饮等前后向产业有机联结，并与

"文化"产业形成互动板块；三是要注意文化资源的有机整合，不能成为孤立的景观点，而要形成线、面和"文化创意产业园"，打造渝中区文化创意区的品牌；四是要有税收和政府财政的适度支持为保障。

（四）增强政府服务职能，规范完善市场体系

政府服务职能的强弱是一项衡量城市竞争能力的重要指标，在东西部引资的优劣势比较中，除了基础设施、人才、经济水平等劣势因素外，政府服务能力弱，市场体系不规则也是很大的制约因素。因此，要适应未来总部经济发展的新趋势，渝中区政府必须深化行政管理体制改革，增强服务意识，努力完善服务职能，提高服务效率，形成行为规范、公正透明、廉洁高效的行政管理体制，健全现代政府管理制度与管理方式，要由"行政型"政府转变为"服务型"政府。同时，在法律、法制环境上要积极与国际通行准则接轨，规范市场体系，加快制定和实施行业技术标准与技术规范，积极建立社会诚信系统。

（五）运用组合营销策略，吸引总部进驻

渝中区引资条件与其他区比较，最大的劣势在于没有土地资源优势，吸引力度不够，因此我们应在政策的灵活性、透明度、兑现落实力度上下工大，可以考虑如下措施。

（1）对新注册登记企业及法人给予奖励，可以考虑按其当年上缴地税额的一定比例给予一次性奖励。

（2）对本地区投资的主导产业或重点扶持产业和纳税大户给予一定奖励。在奖励上可以建立灵活的税收调节体系，如：以总部贡献的年均产值、年上缴税额、年资本性再投入额、就业人数等指标，建立差异性税收政策，一方面吸引企业总部入驻，另一方面鼓励企业总部在当地合并纳税，扩充税源，并在资金上积极获得市政府的支持。

（3）对社会中介机构或个人为本区引进企业给予奖励，可以按照三个财政年度内纳税额最高一年的一定比例给予一次性奖励。

（4）招商服务机构为总部免费办理投资手续。

（5）重视社会营销。政府制定的政策不能仅涵盖企业总部，还应包括辖区内落户的企业，特别是中小企业、居民、周边政府以及其他地方政府，否则会产

生巨大的区域壁垒成本和歧视成本；同时，通过与其他区政府建立战略联盟，取长补短，合作发展总部经济，也是可以尝试的。

参考文献

图表数据来源：《渝中区统计年鉴》（2000～2005 年）、《渝中区地方税务局统计年鉴》（2000～2005 年）、渝中区财政局提供数据。

渝中区府办公室编《重庆市渝中区国民经济和社会发展第十一个五年规划纲要（草案）》。

赵弘主编《2005～2006 年中国总部经济发展报告》，社会科学院文献出版社，2005。

广州市越秀区总部经济再创新辉煌

越秀区经济贸易局

位于我国南大门——广州市的越秀区素有"古城商都"的美名誉，自古以来就是广州市的政治、文化、商贸中心。城区面积32.8平方公里，户籍人口115万人。自2005年底，行政区域调整后，新越秀区在区委、区政府的正确领导下，坚持以邓小平理论和"三个代表"重要思想为指导，坚持以发展为第一要务，以科学发展观统揽全局，积极实施越秀区"十一五"规划确定的"总部带动、文教先导、科技创新、和谐发展"的发展战略，以发展总部经济为主攻方向，推动现代服务业、新兴商贸业、高新技术产业协调发展，形成了以第三产业为主体，特色经济为带动，商贸服务业为支撑的产业格局，区域经济发展呈现速度快、结构优、效益好的局面，各项经济指标增长均超出了预期的目标。

一 城区经济蓬勃发展

2006年是新越秀成立的第一年，也是"十一五"规划实施的第一年。越秀区充分利用区域调整后的天时地利人和的发展环境，加快了各大商圈的有效整合，经济运行持续保持良好态势，生产总值保持稳步增长。全区生产总值突破1000亿元大关，达到1049.89亿元，占广州全市地区生产总值的1/6，继续居全市各区首位，同比增长12.20%（见图1）；按户籍人口计算，人均生产总值突破

1 万美元，达到 11412 美元，同比增长 11.76%。越秀区经济运行呈现出效益好、结构优和速度快的特点。

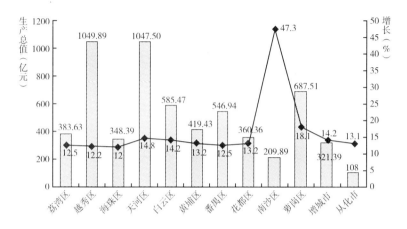

图1　2006 年广州市各区县生产总值及增速

效益好的主要表现是财税收入增势快。2006 年越秀区实现税收收入 272.29 亿元，增长 19.05%，占广州全市税收收入的 1/6，居全市各区首位；其中，国税收入为 134.37 亿元，增长 24.46%；地税收入为 137.92 亿元，增长 14.22%。财政一般预算收入为 21.91 亿元，增长 13.19%。

结构优主要体现在以下三个方面：一是第三产业的支柱作用更加突出，2006 年越秀区实现第三产业增加值 1015.35 亿元，同比增长 12.56%，居全市各区之首，占全市第三产业增加值的近三成，占全区产业比重达到 96.71%；二是第三产业中的现代服务业贡献突出，2006 年实现营业额 1843.40 亿元，占全区总量的 40.48%，成为越秀区经济增长的主要拉动力；三是文化创意产业呈现良好发展势头，全区共有文化产业单位 3400 多家，2006 年实现营业收入 282.24 亿元。

速度快是指越秀区地区生产总值、社会消费品零售总额和商品销售总额这三大指标 2006 年分别增长了 12.20%、12.02% 和 12.71%。

2007 年第一季度，越秀区经济发展实现了良好的开局。地区生产总值、社会消费品零售总额实现稳步增长，分别完成 270.05 亿元和 130.07 亿元，继续居广州市各区首位，同比分别增长 9.7% 和 10.8%。商品销售总额、税收收入、财政收入实现高速增长。实现商品销售收入 773.07 亿元，同比增长 31.97%；实现税收收入 82.15 亿元，同比增长 30.84%，其中地税收入 40.37 亿元，增长

18.36%，国税收入 41.78 亿元，增长 45.70%。商品销售总额和税收收入均继续居全市各区首位。财政一般预算收入 5.95 亿元，增长 19.49%，增幅创下了原越秀区和东山区并区以来的新高。

二 越秀区总部经济特色彰显

经过多年的努力，总部经济已成为推动越秀区经济增长的重要引擎，为越秀区物质文明建设作出了巨大贡献。2005 年 12 月，越秀区被北京市社会科学院中国总部经济研究中心认定为"总部经济发展实践研究基地"，标志着总部经济已经成为越秀区经济发展的一大特色品牌。"十五"期间，越秀区吸引了国内外500 强企业的地区总部或分支机构 100 余家，其中世界 500 强企业的地区总部或分支机构 65 家。环市东国际中央商务区作为企业总部的主要集聚地，有各类企业总部达 107 家，占越秀区企业总部总数的 35.43%。

（一）企业总部规模效应显著，现代服务业与商贸业龙头效应进一步增强

1. 企业总部的规模效应明显，经济贡献巨大

在"广州市 2005 年度纳税百强排行榜"中，越秀区有 23 家企业总部入选；"2006 广东省企业 100 强"排行榜中，越秀区有 21 家企业总部入选，其中前 50强中就占了 14 家。2005 年越秀区亿元以上的规模企业已达 403 家，2006 年认定的企业总部①有 302 家。302 家企业总部中世界和中国 500 强企业地区总部或分支机构就有 106 家。

越秀区 302 家企业总部占全区企业总数的比重不到千分之一，但 2006 年企业总部实现营业额 2678.45 亿元，占全区总量的 58.81%，比 2005 年增长13.10%；实现增加值 484.00 亿元，占全区总量的 46.10%，增长 12.90%，拉动

---

① 越秀区认定的企业总部是指其核心营运机构或分支机构（主要指国内外大企业设立的研发中心、销售中心、采购中心、信息中心或营运机构等）设在本区，税收由越秀区税务部门直接征管，且符合以下任一条件的依法经营的企业：（1）世界、全国 500 强企业的总部或分支机构；（2）具有独立法人资格、投资或授权管理的下属企业 3 个以上、年营业额亿元以上或年纳税额 500 万元以上的总部或区域性总部；（3）年营业额 3 亿元以上的规模企业。

全区经济增长 7.84 个百分点。其中，环市东国际中央商务区 107 家企业总部，2006 年营业额达 755.04 亿元，实现增加值 129.14 亿元，同比分别增长 15% 和 14%。2007 年第一度，302 家企业总部实现营业额 704.55 亿元，同比增长 11.80%，占全区总量的 56.25%，比上年提高 0.9 个百分点；实现增加值 115.04 亿元，增长 11.20%，占全区的 42.60%，比上年提高 0.1 个百分点。

越秀区 302 家企业总部中，2006 年纳税地税 500 万元以上的就有 148 家，其中纳税 1000 万元以上的有 96 家。在总部经济这一经济增长引擎的带动下，全区经济实现了良好发展势头。经济总量继续位居全国各大城区前列，中心城区地位进一步稳固。

2. 现代服务业与商贸业对总部经济发展的主导作用逐渐显现

从越秀区 302 家企业总部 2005 年税收贡献[①]的行业分析可见：金融业、批发和零售业、租赁和商务服务业、文化、体育和娱乐业等行业是越秀区企业总部的主力军。从企业总部世界 500 强及国内 500 强企业的地区总部或分支机构行业税收贡献的分析来看，世界 500 强企业地区总部或分支机构的税收占企业总部税收总量的 21.5%，税收贡献最大的行业主要集中在金融业、批发和零售业、住宿和餐饮业、租赁和商务服务业等 4 个行业；国内 500 强企业税收占企业总部税收总量的 23.4%，税收贡献最大的行业主要集中在金融业、信息传输及计算机服务和软件业、批发和零售业、建筑业、租赁和商务服务业、交通运输及仓储和邮政业等 6 个行业。由此可见，从世界 500 强企业地区总部或分支机构、国内 500 强的企业总部来看，批发和零售业、金融业、租赁和商务服务业等行业的企业总部对经济的贡献最大，也是企业总部比较聚集的行业，由此形成了一定的龙头带动效应。

3. 总部经济的聚集效应不断增强，发展形势喜人

近两年来，越秀区先后吸引了日本精工、韩国三星电子、法国阿尔卡特、日本本田贸易、汇丰银行、渣打银行、俊康力斯贸易、资生堂大昌行、太古运输等一批影响大、实力雄厚的跨国知名企业把其华南运营总部设在辖区内；友谊商店股份公司、广百股份有限公司等百货业的龙头企业总部以及一批新入驻的企业总

---

① 本文分析的税收贡献是指企业在越秀区缴纳的国税与地税的总和，不含企业员工的个人所得税。

部如柏灵顿货运物流公司、广东万宁连锁商业有限公司等均继续呈现出良好的发展势头，经济效益显著，成为企业总部的优秀代表；一大批新兴写字楼宇积极响应越秀区总部经济发展战略，主动申请成为越秀区总部经济发展基地，积极引进培育优质企业，共促总部经济再上新台阶。

（二）总部经济发展措施日益完善与丰富

2006 年以来，越秀区认真贯彻中央、省、市经济工作会议精神，在发展总部经济方面，在修订出台加快发展总部经济若干意见的基础上，做了大量先导性工作和新的探索，努力为"平安和谐新越秀"建设提供丰厚的物质基础。一是探索发展总部经济新措施，对贡献突出的企业总部进行了授匾仪式，评选出广东电网公司等前 50 强的企业总部为"企业总部之星"，鼓励企业壮大发展；为越秀区 133 家企业总部颁发了绿色通道服务卡，开通政府绿色通道服务；认定了电信广场、中华国际中心、越秀城市广场、天伦大厦等一批新地标写字楼宇为区"总部经济发展基地"；建立经济联席会议和区领导联系企业总部、民营企业制度，及时协调解决企业总部在发展中遇到的问题和困难，为企业总部提供高效优质的政府服务。二是大力发展现代服务业，提升传统商贸服务业，依托越秀区现代服务业与商贸业发达的基础，引导产业链的完善与延伸，推进总部经济向纵深发展。三是多渠道招商引资，抓住"三个重点"加强对外招商，即"重点产业、重点客商、重点国家地区"，积极寻找破解难题的对策，主动搭建海内外招商平台，拓宽投资客商来源渠道。2006 年共审批了 476 个项目，其中：新批外商投资企业 185 个，同比增长 25%，在广州全市排名第 1 位；合同利用外资 2.2848 亿美元，同比增长 9%；实际利用外资 2 亿美元，同比增长 82.56%。其中引入的捷成（中国）贸易公司为保时捷汽车全国唯一的经销代理商，引入不到一年，销售额已达 20 多亿元，创税 3 亿多元。

（三）总部经济发展的营商环境日趋优化

环境是生产力，环境是安身立区的最大本钱，打造好发展环境是政府的第一要务。近几年来，越秀区一方面通过抓规划，先后启动了《广州市越秀区商贸服务业第十一个五年专项规划》、《广州市国际中央商务区环市东片区发展规划》、《东风路 CEPA 服务区定位和发展建议》、《北京路国际旅游商贸区发展规划》、《越秀区商业网点布局规划》、《广州市越秀区创意产业发展规划》等，加强资源对接整合，发挥产业规划对经济发展的先导作用和社会力量的引导作用，从而在促进产业结构优化升级和总部经济的聚集度方面发挥了很大的效应。另一方面，加大环境建设投入，年均投入逾10亿元，确保人文教育环境、人居环境、政务环境等均创全市最优；认真落实《越秀区公务员行为规范》、《公务员行政效能监察办法》、《越秀区行政事业单位收支两条线实施办法》等制度，在制度的刚性约束和"勤政为民，廉洁为公"氛围熏陶下，"企业的需求，就是我们的服务"已成为全区公职人员的共同工作理念和准则。经过连续多年的艰苦努力，一个"宜商宜居、政通人和、百业兴旺、环境优美"的中心城区初步呈现。

三 挑战与机遇并存

（一）主要存在问题

一是面临新城区迅速崛起的挑战。随着广州市及周边城市、新城区经济社会的迅速发展，越秀区大企业总部外迁增多，税源流失加大，这些大企业总部的外迁对越秀区经济总量和财政将产生实质性的影响。

二是公共配套设施严重不足。由于越秀区是老城区，区域内各大商圈的交通道路、停车场等硬件配套改造缓慢，交通的通达性、便捷性与新城区相比天生不足，尤其是停车难这一老大难问题一直未能得到有效缓解，削弱了中心城区经济发展的吸引力，一定程度上弱化了越秀区经济竞争力，也增大了企业的经营成本。

三是发展载体面临新旧交替的瓶颈问题。一方面，现有的写字楼、星级酒店、专业市场、商场、酒楼是越秀区发展第三产业的主要载体，但不同程度的存在起点低、设施陈旧、智能化程度低、配套功能差、档次不高、吸引力弱、更新改造资金短缺等一系列问题；另一方面，因区域发展的空间有限，新建、在建或准备建的上规模、上档次的写字楼屈指可数，无法满足市场需求，这与越秀区产业结构优化升级和城区功能转型的要求存在一定的不适应。

四是相关的政策加大了企业进入的难度。近年来，市政府出台的一些相关政策，如《广州市房屋租赁管理规定》，提高了企业市场准入的门槛，增加了企业入驻的审批手续和流程，同时也增大了部分新落成的大厦在招商引资方面的难度，如中华国际中心、合润广场等因相关手续的问题，阻碍了部分企业的进驻。

（二）发展机遇

虽然越秀区在发展总部经济中存在一定的问题，但广州经济社会发展的新形势为越秀区总部经济的新发展带来了良好机遇。越秀区将在经济社会发展保持先发优势的前提下，抓住、抓好一系列难得的发展机遇，增强发展的信心与决心，争创新优势，坚定不移地推进越秀区总部经济的新一轮发展。

1. 经济高速增长及入世后带来的新机遇

近几年来，省、市经济都呈现两位数的高速发展态势，预计 2007 年广州市经济总量将增长 13%。伴随着后 WTO 时代的到来，各行业都将集中迎来大幅度降低关税乃至市场的完全放开，在经济全球化趋势的推动下，加上"泛珠三角"经贸合作的全面启动，可以预见国内资金和外资进入广州市的步伐将进一步加快，将为越秀区总部经济增长提供强大推动力。

2. 发展基础条件优势明显

经过对比纽约、新加坡、香港等公认的"总部经济之都"，有学者总结出城市发展总部经济至少需要 5 个条件，分别是：拥有高素质的人力资源和教育科研资源；拥有良好的区位优势和良好的交通网络设施；便捷的信息环境和信息通道；拥有良好的法律制度环境和多元的文化氛围；为总部经济服务的专业化服务支撑体系。越秀区作为广州中心城区和全国省会城市的经济大区，在这五方面均具有突出优势，其中经济基础、城区管理、文化教育、科技信息、商务配套等因素更是位列全市前列。这些已形成的坚实发展基础，加上总部经济的先发优势与较为成熟的环市东国际中央商务区的载体，形成了越秀区总部经济可持续发展的坚实强大的基础支撑体系。

3. 城市"双中心"经济格局带来新发展

越秀区作为广州市的中心城区，并没有因为以天河为代表的新区的迅速崛起而减慢经济发展的速度。因此，无论从经济总量、经济贡献、大型企业的集聚度等方面，短期内新区还是难以追赶的。随着市委、市政府"中调"战略的提出，老城区未来的可持续发展成为广州市经济社会发展的一个新课题，可以预见，广州将形成双经济中心的发展格局，即以城市新旧两条中轴线为代表所形成的两个经济发展区域。越秀区作为旧城市中轴线的经济中心，将继续承担着未来城市经济中心发展的重要责任，只要处理好协同发展的关系，越秀区将面临更多的新机遇。

4. 市相关政策的支持氛围逐步形成

广州市已将发展总部经济列为重点经济工作之一，对越秀区总部经济发展给予了充分的肯定与支持。继 2005 年出台了《关于进一步优化投资环境、做好招商引资工作的实施意见》，2006 年市政府又陆续出台了鼓励金融、外资、软件和动漫产业、连锁企业总部发展的政策。广州市政府一系列政策措施的出台，加上越秀区政府一贯以来对总部经济发展的大力扶持，形成了前所未有的政策支持氛围，这是越秀区总部经济发展中又一个难得的机遇，有利于越秀区总部经济进一步做大做强。

四 再创总部经济新优势

越秀区发展总部经济，将按照科学发展、率先发展、节约发展、高效发展的总体思路，通过实施"总部带动、文教先导、科技创新、和谐发展"四大战略，结合广州市"调优、调高、调强、调活"的"中调"战略的推进，争创总部经济的新一轮优势。今后，将以总部经济为切入点，以大力发展现代服务业为纽带，做大商务、做强商贸，狠抓经济结构的升级转型和产业的提档升级，促进越秀区第三产业的现代化和国际化，构建以"现代服务业中心"和"中高档消费中心"为特色的产业发展体系，走中心城区特色发展之路。

（一）结合越秀区特点实施产业升级和优化工作，为总部经济的可持续发展奠定基础

在发展总部经济的过程中，既要重视直接的税收贡献，又要重视其产业带动效应。坚持以规划实施为指引，发挥越秀区企业总部在现代服务业与商贸业上的优势，带动相关产业的协调健康发展；以项目推进为基础，功能提升为主线，大力发展新兴都市产业，做大做强各特色商圈，推进"两区、三带、六圈"的协同发展和产业提档升级，提升区域经济发展质量。

（二）抓住"中调"机遇，提升区域硬件，为总部经济发展提供优良载体

继续在提升硬件设施和优化硬环境上下工夫，把握广州市提出的"中调"战略的实施，重点抓好总部经济发展载体的建设。不断推进旧城改造和"城中村"改造，盘活烂尾地、烂尾楼等工作，逐步将越秀区的劣势转化为优势。加快各大商圈的基础配套设施改造，尤其是路网及停车配套改造，优化各大商圈的交通停车组织；加快引导商务楼宇、星级酒店、专业市场等发展经济载体的升级改造，酝酿出台引导鼓励其升级改造的政策措施，采取政府出小头、企业出大头的办法，争取五年内"改造一批，提高一批，成效一批，示范一批"，完善功能配套，提升其对跨国公司和品牌企业总部的培育和吸纳能力。

（三）创新政府服务，为总部经济提供优越的营商软环境

在政府服务方面，创新工作机制，整合行政资源，形成合力，共同促进经济工作的开展。加大治安管理的整治与宣传力度，构筑平安和谐的社会环境，提高企业发展的安全感。丰富和完善经济工作联席会议制度，尽快落实越秀区领导联系重点企业制度。理顺工商管理和财税等方面关系，保持企业总部绿色通道服务的畅通。探索实施优质服务再升级工程，进一步缩短审批时限，构筑政府、职能部门和各街道三级服务网络，同步为企业提供便利服务，全力打造"服务无缝隙"的政务形象。采取多种形式，加大对发展总部经济政策的有效宣传，扩大政策影响力。同时，加强与业界的沟通与联系，及时了解企业对区域发展环境的需求，评估和完善现行政策措施与服务措施。鉴于目前 500 强企业地区总部及分支机构贡献偏小的情况（据统计，只占全部企业总部的四成左右），探索将一批跨国公司设在越秀区的办事处转化为分公司的激励政策，提升其对区域经济增长的贡献度。

（四）加快现代服务业发展，为总部经济提供服务支撑体系

发挥中心城区人才密集、环境优良及聚集辐射能力较强的优势，大力推进适宜在中心城区成长发展的都市型产业，走城区差异化、特色化发展之路。重点发展知识和资本密集的新兴服务业。积极引导推广运用电子信息技术，大力发展

电子商务、网上交易等现代经营方式，提高餐饮、百货等传统服务业的档次和经营水平。大力发展金融、保险、物流、信息等现代服务业，着力培育发展连锁经营、物流配送、电子商务等现代流通业态，加快构筑中心城区服务业发展新优势。发挥行业商会的服务作用，推出特色的企业服务；充分利用知名中介组织的国际影响力进行招商活动，从政府和市场两方面为企业总部构建全方位的服务体系。

（五）挖掘优势资源，加快培育特色行业总部，创总部经济新增长点

充分发挥越秀区在金融、商贸和现代服务业总部聚集的优势，继续扩大其集聚效应，吸引一批相关的知名企业总部；同时加快培育一批特色行业总部，增强越秀区总部经济的特色与可持续发展后劲。利用越秀区知名专业市场聚集的优势，以永福汽车用品与配件市场、矿泉地区钟表市场为试点，通过市场改造升级，吸引知名品牌、代理商的结算中心、企业总部进驻，形成行业总部的集聚。发挥黄花岗园区电子商务、信息服务产业方面的优势和特点，积极打造通信文化产业基地，发展壮大一批电子商务和信息服务业的企业总部。抓住广州电视台"数字移动电视"项目的机遇，结合越秀区文化教育产业优势，积极引导相关媒体、文化教育企业的发展壮大。依托越秀区"广州创意产业园"，加快创意产业发展，重点发展若干个具有国内影响力、制作水平顶尖的动漫原创企业，争取"动漫金龙奖"长久落户越秀区，打造其中国动漫及全球华人动漫第一大奖的地位，培育一批在动漫画界知名的企业群体。建立越秀区健康产业基地，明确其与广州市国家生物医药产业基地的关系，依托"中大创新"等新药临床试验研究中心和重点实验室资源，打造新药研发、检验测试、临床试验等服务平台，促进一批健康产业总部的进驻与发展壮大。

（六）注重借力，市区共同打造具有特色的中心城区总部经济体系

加强与市相关部门的沟通，注重借力，争取市对越秀区发展总部经济的更多支持。一是在城区规划、配套设施改造和交通疏导上，重点争取市相关部门的支持，促进营商环境优化；二是加强与市经济部门沟通，争取更多的发展措施和指引，强化越秀区总部经济的特色，实现与各城区总部经济的协同发展；三是在重

点项目上，争取资金支持和市一级的绿色通道服务，更好地实现新经济增长；四是用足市总部经济相关政策，为区内的企业总部争取更好的政策氛围；五是积极配合、参与市的招商活动，利用市更高的平台、更广的渠道、更多的资源，充分推介越秀区优越的营商环境，吸引更多的知名企业总部进驻。

（七）自觉运用科学发展观分析和研究存在的问题

抓好招商选商工作，实施项目管理，做好跟踪服务，逐步形成越秀区的经济特色，成为吸引投资、留住企业的重要一环。对外迁企业，针对具体个案，及早掌握信息，加强与企业高层的交流和沟通；对有意迁入越秀区的大型企业，要加强引导尽力争取，服务在前，努力为其解决入驻的相关问题。重点加强对写字楼宇的各项政务工作，特别是对刚刚完工并开始招商的商业楼宇遇到的困难，要及时研究，必要时可通过经济联席会议个案解决，主动为其营造良好的营商环境。

深圳市福田区总部经济发展报告

深圳市福田区统计局

深圳市福田区位于深圳经济特区中部，东起红岭路，西至华侨城，北接龙华，南临深圳河，与香港新界、元朗隔水相望，辖区面积78.04平方公里，2006年福田辖区常住人口118.22万人，地区生产总值1123.61亿元，税收210.40亿元，三次产业结构为0.01：29.88：70.11。福田区是深圳市委、市政府所在地，是深圳市新兴的中心城区，CBD所在地，也是深圳市的行政、文化、信息、国际展览和商务中心。

大力发展总部经济，是福田区委、区政府贯彻落实科学发展观、提升辖区经济质量和经济效益、转变经济增长方式的必然选择，是应对福田区土地、资源、人口、环境"四个难以为继"和制造业外迁、投资下降、房地产开发萎缩"三个不可逆转"的重要举措。2006年福田区投资环境进一步优化，总部经济保持快速增长势头，总部经济优势逐渐显现。

一 总部经济发展能力

福田区以良好的区位优势、较强的经济实力、完善的基础设施、优美的生态环境、适宜的人居环境和阳光的政务环境吸引了一批企业总部的驻足，总部经济成为福田区乃至深圳具有独特优势、较强竞争力、较大发展潜力的产业。2006 年福田区总部经济发展能力指数为 115.0%（以上年为 100），总部经济发展环境日趋完善，企业总部发展态势良好，对辖区经济影响逐步扩大（见表 1）。

表 1　2006 年总部经济发展能力统计监测表

主要素	子要素	指　标	计量单位	2006 年数据	比上年增长(%)
A 基础条件	A1 经济发展水平	A11 人均地区生产总值	元	95906	6.5
		A12 地均税收	亿元/平方公里	2.7	12.0
		A13 第三产业占地区生产总值比重	%	70.1	2.5 个百分点
	A2 人民生活	A21 居民家庭年人均可支配收入	元	26356	10.7
		A22 在岗职工年平均工资	元/人	40030	10.3
	A3 教育卫生	A31 每万人拥有中、小学教师数	人	72.5	—
		A32 每万人拥有医生数	人	33.8	5.6
	A4 社会治安	A41 社会治安满意度	%	87.3	0.8 个百分点
		A42 破案率	%	52.9	6.5 个百分点
B 商务研发	B1 商务设施	B11 办公楼、商业营业用房竣工房屋面积	平方米	567253	164.3
		B12 展览总面积	平方米·天	8920000	16.0
		B13 宾馆酒店开房率	%	71.3	0.8 个百分点
	B2 信息技术设施	B21 每百人电话用户数	部	243	9.0
		B22 每万人国际互联网用户数	户	3265	－20.7
	B3 研发能力	B31 区科技三项费用支出占财政支出比重	%	2.0	0.2 个百分点
		B32 高新技术产品产值	亿元	1027	13.3
		B33 具有专业职称技术人员数量	人	123409	5.0
C 公共服务	C1 金融保险	C11 金融业增加值	亿元	203.88	19.0
	C2 政府服务	C21 单位地区生产总值区财政支出	%	3.4	－0.1 个百分点
		C22 文化、教育、卫生占区财政支出比重	%	26.9	3.2 个百分点

主要素	子要素	指　标	计量单位	2006 年数据	比上年增长(%)
D 市 场 开 放	D1 交通运输	D11 货物周转量	亿吨·公里	460.2	26.5
		D12 旅客周转量	亿人·公里	10.8	17.9
	D2 对外开放	D21 入境旅游人数	万人次	32.82	4.7
		D22 外商直接投资额	亿美元	7.35	14.5
		D23 进出口总额	亿美元	550.51	21.8
		D24 总部入驻数量	个	142	2.2
总部经济发展能力综合指数 （以上年同期为100）			%	115.0	15.0 个百分点

注：本表编制参阅赵弘主编的《2006～2007 年：中国总部经济发展报告》。

二　总部经济发展成果

《深圳市福田区"总部经济"统计监测体系》（见附件）监测结果显示，2006 年福田区 142 家企业总部共实现增加值 383.48 亿元，比上年增长了18.9%，占全区地区生产总值的比重为 34.1%（见图 1），上升 2.7 个百分点；实现营业收入 1858.47 亿元，增长 18.5%；实现税收 57.59 亿元，增长 12.2%，占全区总税收的 27%（见图 2），成为辖区经济的一大亮点。

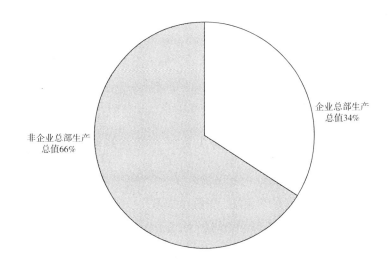

企业总部生产
总值34%

非企业总部生产
总值66%

图 1　福田区地区生产总值构成

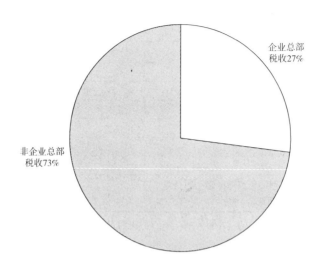

图 2　福田区税收构成

（一）地区型总部占据主导，世界 500 强企业投资集聚

福田区企业总部按区域分为跨国公司中国区域性总部、中国企业总部与地区型总部三大类型，以地区型企业总部集聚最多，占增加值的比重最大。2006 年，地区型企业总部 114 家，实现增加值 286.03 亿元，实现营业收入 1163.83 亿元，分别占企业总部数量、实现增加值、营业收入的 80.3%、74.6% 和 62.6%，地区型企业总部发挥主力军作用；中国企业总部 4 家，实现增加值 14.27 亿元，实现营业收入 18.43 亿元，分别占 2.8%、3.7% 和 1.0%；跨国公司中国区域性总部 24 家，实现增加值 83.19 亿元，实现营业收入 676.21 亿元，分别占 16.9%、21.7% 和 36.4%，其中工业企业总部所占份额最大，实现增加值 75.52 亿元，营业收入 589.96 亿元，分别占跨国公司 500 强投资企业的 90.8% 和 87.2%。

（二）各片区企业总部发展势头良好，特色鲜明

福田区的企业总部重点分布在保税区片区、CBD 片区、天安片区和华强北片区，各片区的企业总部呈专业化、特色化集聚发展格局。保税区片区有企业总部 10 家，主要以工业企业总部、仓储物流企业总部为主，实现增加值 41.43 亿元，营业收入 436.46 亿元，分别增长 10.5% 和 20.0%，增加值占全部企业总部实现增加值的 10.8%；CBD 片区有企业总部 17 家，主要以金融、电信、商务服

务、房地产等行业企业总部和集团总部为主，实现增加值35.35亿元，营业收入69.67亿元，分别增长28.8%和9.5%，增加值占全部企业总部实现增加值的9.2%；天安片区有企业总部10家，主要以工业企业总部、商业企业总部为主，实现增加值32.04亿元，营业收入126.14亿元，分别增长22.8%和4.2%，增加值占全部企业总部实现增加值的8.4%；华强北片区有各类企业总部22家，主要以商贸连锁经营企业总部、企业集团总部为主，2006年实现增加值9.42亿元，营业收入36.69亿元，分别增长11.8%和9.3%，增加值占全部企业总部实现增加值的2.5%。

（三）企业总部对各行业的引领作用进一步增强

金融业高度集聚，贡献突出。招商银行、平安保险、招商证券等本土成长起来的全国性银行、保险机构和证券机构以及农业银行、交通银行、民生银行、光大银行、花旗银行、东亚银行、兴业银行等一批深圳分行抢滩福田区，78.04平方公里的土地上金融业企业总部集聚，成为经济发展的一大亮点。特别是毗邻全球金融中心——香港的区位优势，使金融业显现出强劲的发展前景。金融业企业总部创造增加值160.92亿元，增长18.5%，占福田区GDP的比重为14.3%，占全部企业总部增加值的比重为42.0%。

商业中的连锁经营企业总部发展迅速，占主导地位。天虹公司、岁宝公司和顺电公司等本土商业品牌的不断成长壮大，家乐福公司和麦当劳公司等国外品牌的安家落户，使福田区这一购物天堂焕发出勃勃生机。23家商业企业总部实现营业收入达343.06亿元，创造增加值44.98亿元，增长42.1%，占全部企业总部增加值的比重为11.7%；其中批发零售业实现增加值41.58亿元，增长42.8%。

房地产业的企业总部品牌是增长极。万科、金地和长城地产等一批知名地产企业总部为城市发展做出了较大贡献。在面临土地资源不足等不利影响下，31家房地产企业总部仍保持了良好的效益，创造增加值35.33亿元，增长26.7%，占全部企业总部增加值的比重为9.2%。

通信和文化产业企业总部实力显著。作为深圳CBD的所在地，福田区凭借经济、社会、区位、体制、政策和环境等一系列优势吸引了企业管理机构和投资机构落户，如中国移动、广东移动、中国联通、广东电信等大型通信企业深圳分公司入驻福田区，报业集团、广电集团、会展中心等更是如虎添翼。福田区其他服务业企业总部实现增加值 43.73 亿元，增长 13.3%，占全部企业总部增加值的比重为 11.4%；上缴税金 26.16 亿元，占全部企业总部税收总额的 45.4%。

物流业发展稳健。交通运输仓储和邮政业企业总部实现增加值 14.92 亿元，增长 20.6%，占全部企业总部增加值的比重为 3.9%；税收收入 1.73 亿元，增长 28.1%（见表2）。

表 2   企业总部按行业分组

单位：亿元，%

类　　别	增加值		营业收入		国地税收收入合计	
	2006 年	增长速度	2006 年	增长速度	2006 年	增长速度
金融业(25 家)	160.92	18.5	478.94	17.1	14.64	63.8
批发零售业(19 家)	41.58	42.8	337.15	25.2	4.90	9.1
房地产物业中介(31 家)	35.33	26.7	107.78	-2.4	3.82	-2.1
通信和文化产业(38 家)	43.73	13.3	111.74	25.2	26.16	-2.6
交通运输、仓储和邮政业(8 家)	14.92	20.6	67.82	4.9	1.73	28.1
餐饮业(2 家)	0.79	27.8	2.67	11.9	0.41	-1.9
住宿业(2 家)	2.61	36.4	3.24	4.4	0.23	-5.7
工业(17 家)	83.60	9.7	749.13	20.9	5.70	11.2
合计(142 家)	383.48	18.9	1858.47	18.5	57.59	12.2

注：税收按同口径计算。

工业中的电子与信息产品的企业总部份额最大。在联想信息公司、开发科技公司和三星视界公司等一批大型企业的带动下，工业企业总部占据福田区工业经济的龙头地位。2006 年工业企业总部实现增加值 83.60 亿元，增长 9.7%，占福田区工业增加值的比重为 27.6%，占全部企业总部增加值的比重为 21.8%。

三   总部经济的发展效应

（一）推动福田区经济社会较快发展

总部经济作为一种新的经济发展模式，立足价值链的高端，能够获取较高的利润回报，适应环境紧约束条件下经济发展的需要。总部经济的发展对福田区经济发展具有较大影响，2006 年 142 家企业总部仅占辖区企业数量的 0.4%，但实现营业收入达 1858.47 亿元，实现增加值 383.48 亿元，占全区生产总值的 34.1%，对经济增长的贡献率达 63.2%，拉动福田区生产总值增长 6.6 个百分点，成为福田区经济的重要增长点。

在总部经济快速发展的带动下，第三产业保持了 12.2% 的增长速度，高出本区生产总值增速 1.8 个百分点，更促进了以信息传输、计算机服务和软件业、金融业、商务服务业、科研和技术服务业、物流业（仓储业及货运业）等行业为主的现代服务业的发展。2006 年福田区新增现代服务业企业 2653 家，占全部新增单位的 35.2%。其中，商务服务业、专业技术服务业和软件业企业增加较快，分别增加 934 家、269 家和 246 家。现代服务业实现增加值 463.93 亿元，增长 13.0%，高于福田区生产总值增速 2.6 个百分点，并呈现出高端化发展趋势。

企业总部的集聚，不仅拉动了经济发展，也促进了社会事业的全面进步。2006 年福田区居民收入进一步提高，人均可支配收入达 26356 元，增长 10.7%；人才结构日趋合理，人员素质逐步提高；就业形势稳定，登记失业率为 2.1%，下降了 0.03 个百分点；社会保障增强，社保综合参保率 96.5%，提高 0.5 个百分点；社会治安防控体系不断健全，社会治安满意度上升了 0.8 个百分点。

（二）总部经济辐射效应凸显

总部经济的快速发展带动了相关产业的发展，企业在自身发展壮大的同时扩大了对市场的辐射力，而与企业总部需求相适应的金融、商务、会展、会计、法律、咨询和信息服务等行业增势强劲，其中金融业增速高于地区生产总值增速 8.6 个百分点。如设在福田区的招商银行总行，经过 20 年的发展，已从原来的区域性小银行，发展成为具有一定规模与实力的全国性商业银行，初步形成了立足深圳、辐射全国、面向海外的机构体系和业务网络，在境内 30 多个大中城市和香港都设有分行，网点总数 500 余家，在美国设立了代表处，并与世界 80 多个国家和地区的 1100 多家银行建立了代理行关系，其在深圳地区以外的营业收入是本地的 6.5 倍，开设的网点是本地的 7.9 倍，吸纳的从业人员是本地的 6.3 倍。招商银行现正加快推进经营战略调整和管理国际化进程，成为福田区一个具有很强辐射和带动力的企业总部。

（三）企业总部提升城区知名度，打造福田名片

企业总部具有较好的品牌优势和强大的影响力，无形之中提升了福田区的知名度、影响力和国内、国际地位，让福田区站在了新的发展平台上，是经济发展中宝贵的无形资产。如中国第一个大型国有电子企业集团——深圳市赛格集团有限公司，经过二十年的发展，已成为我国重要的电子元器件生产基地，产业涵盖电子元器件、电子市场和现代物流、房地产和物业管理，2006 年在全国 500 强企业中排第 331 位，全国电子百强企业中排第 26 位，旗下位于深圳市繁华商业中心华强北的赛格电子市场和通信市场，经营面积 6 万平方米，云集国内外知名厂商 3500 多家，以零售、批发、咨询的方式经营数万种各类规格电子元器件、通信器材、电脑配件、计算机网络产品等，享有"亚洲电子第一市"的美誉，公司总部所在的赛格大厦更成为深圳市的地标性建筑。同时，企业总部的发展需求也促进了政府进一步改善营商环境，完善城区基础设施和人居环境，提高服务质量，加速高端人才的培养与引进、逐步形成多元文化的融合与互动。目前，辖区资源正逐步优化，整体竞争力正逐步提升，具有"中国特色、中国风格、中国气派"的国际化中心城区的形象渐露雏形。

四 总部经济发展中存在的主要问题

（一）配套和引导相对滞后

总部经济作为都市经济的一种重要形态，对发展环境要求很高，对城市的空间规划、政策体系、配套服务体系建设以及环境建设等方面都提出了更高的要求。企业总部的发展离不开金融、保险、会计、法律、教育、培训和物流等专业化服务体系的有力支撑。由于政府引导的相对滞后，福田区尚缺乏完善的服务配套、产业配套和环境配套，即便是高起点、高标准和高规格规划建设的 CBD 也存在同样的问题，与城区整体发展存在某种程度的不协调。

（二）现行体制、制度不配套

由于现行的行政体制、财税体制、地区生产总值核算制度、政府绩效考核制度等方面的制约，地区生产总值和税收仍是各级政府追求的主要目标。虽然福田

区正尝试由速度向效益转型，以单位产出取代经济总量，以效益上升取代地区生产总值增长，但还处于起步阶段，尚需一个渐进的过程。不论企业的哪种迁移都会在短期内对企业原来所在地的经济造成一定的影响，因而企业总部和生产基地的分离往往面临一定的阻力。

（三）企业总部外迁需防微杜渐

随着外围环境的变化，出于成本因素、政策因素或者投资管理者个人因素的考虑，企业总部也会迁移到其他地区，这对福田区的经济发展将会带来一定冲击。截至 2006 年底，福田区引进的世界 500 强企业及项目共 70 项，其中超过三成已注销或迁出福田区，还有部分项目只是派驻人员设立办事处，没有任何经济往来，没有营业收入，也没有税收贡献，总部经济发展面临新的困境。吸引总部是总部经济发展的基础，留住总部、提高总部质量则是发展总部经济的根本。

五　对福田区发展总部经济的相关建议

（一）深入推进"环境立区"战略，继续优化总部经济发展环境

"环境立区"战略是福田区委、区政府在科学发展观的指导下提出的，强化"环境就是生产力、环境就是创造力、环境就是竞争力"的理念，举全区之力，全面营造、优化、创新辖区环境，以环境促进经济发展、以环境构建和谐社会、以环境树立福田品牌，推动辖区经济的可持续发展和社会的全面进步。在这一战略的引导下，进一步完善配套支持总部经济发展的政策体系，充分发挥政策杠杆的牵引作用，在机制、体制上下工夫，建立健全总部经济相关的各种法律制度，吸引和培育大量高素质人才，加大政府服务力度，进一步改善总部经济发展的软环境；同时强力打造硬环境，创造企业总部入驻的硬件条件，鼓励和吸引企业总部入驻，催化总部经济的茁壮成长。借鉴国内外成功案例的经验，规划配套的交通、通讯、网络设施，为企业总部的高级员工提供高品质的教育、体育、娱乐设施等生活服务，营造具有国际化特色和包容性文化的开放融合氛围，努力为企业总部的发展提供一个良好的创业环境，吸引企业总部在福田区的集聚和发展壮大。

（二）加强与香港合作，推进总部经济向高端化发展

无论从规模还是从对经济的实际贡献看，香港仍然是中国最成熟的"总部经济"重镇。目前，海外企业及跨国公司在香港设立的地区总部或营销中心近4000家，吸纳的香港员工超过10万人，为巩固香港的国际金融、贸易中心地位发挥了重要作用。福田区要充分利用毗邻香港的优势，与香港建立更深入、更密切的联系，实施无缝对接，朝着深港一体化发展的方向迈进。由制造业合作逐步拓展到服务业领域的合作，抢占新一轮国际高端服务业转移承接的制高点，特别是加快金融、保险、信息、咨询等高端服务业的合作，重点引进能带动经济结构转型、影响力强、对辖区税收贡献度大的企业总部、分支机构等，牢牢占据区域经济发展的前沿和高端，强强联合打造南中国的总部中心。

（三）规划建设总部聚集区

2006 年福田区人均地区生产总值突破 1.2 万美元，经济基础较好，第三产业特别是以金融、商务服务、信息技术、科研为主的现代服务业发达，已占到地区生产总值的41.3%，对企业总部具有较大的吸引力。以红荔路、新洲路、彩田路和滨河路合围而成的深圳中心区，凭借优良的地理位置、完善的基础设施、便捷的交通、高起点的规划，以及政治、经济、文化、商务中心的定位，成为企业总部集聚的良港。因此，要利用这一优势，打造特色总部聚集区。总部经济是"高端经济"，总部聚集区的规划建设应通过聚集"企业总部"这一市场的高端部分，调动政府和企业的积极性，优化企业总部的区域布局，形成高端服务业和高新技术产业总部的聚集基地。要完善总部聚集区发展规划，促进生产要素合理流动，构建以总部高端需求为中心的新型市场关系，形成商贸、金融、法律、咨询、会展等行业相互交织的产业圈，从而建立较为完善的总部经济发展体系。同时，加强重点行业与总部聚集区之间的对接，例如加强金融服务，一是对接商务往来密集、资金流量大的大企业客户资源；二是对接高端人才资源，总部聚集区是企业总部或具有总部职能部门的集中地，其工作人员一般都是典型的金领或白领，个人金融理财的需求量相当大。

（四）突出重点，确立总部经济发展方向

当前，应客观分析面临的形势，福田区经济腹地不足，在空间布局上处于劣势，对外部企业总部的吸引力比不上北京、上海和香港，但福田区有良好的市场经济氛围、高效的政府服务、高新技术产业和金融创新的优势，发挥优势，构建一条"内聚外联"的总部经济发展之路应是当前的明智选择。一方面优化环境加强对世界500强、中国500强和国内行业100强等外部企业总部的吸引力度；另一方面走差异化发展模式，鼓励中小企业设立总部。同时，重点培植本土企业总部发展壮大，立足于自身企业的成长，鼓励和扶持一批发展前景好、潜力大，符合产业发展方向、带动力强的本土企业总部做大做强，促进本土企业总部快速发展，形成具有比较优势和核心竞争力的产业集群，提升其在国际价值链分工体系中的地位，使本土企业真正成为推动城市产业升级和战略转型的强大动力，这将是福田区总部经济发展的新亮点。三星视界、中汽南方、佳能、顺电、联想信息等本土企业总部已成为成功范例；招商银行、平安保险等企业总部产业链不断向国内其他地区延伸，其在内地的经营规模已经达到总营业额的80%以上，对国内外市场具有一定的影响力，是本土企业总部的佼佼者，这一模式应成为福田区发展总部经济的主要方向。

（五）努力落实市、区的有关政策

为进一步促进总部经济上新台阶，深圳市和福田区政府先后出台了相关优惠政策，鼓励国内外大企业、大集团在深圳市、福田区设立总部，鼓励本土优势企业做大做强。2007年3月深圳市政府出台《关于加快总部经济发展的若干意见》，从产业发展资金中每年安排5000万元专项资金支持总部经济发展，位于福田区的深圳中心区（即CBD）已列入总部经济重点发展区域，福田区政府也制定了《深圳市福田区扶持总部经济发展暂行办法》，总部经济发展面临着前所未有的大好机遇，发展前景将更加广阔。我们要努力落实市、区有关政策，进一步细化相关措施，筑巢引凤，抓好细节，完善配套支持总部经济发展的政策体系，形成政策合力。针对处于不同发展阶段的优势企业，通过科学的梯度扶助机制，明确分类扶持政策，拓宽企业融资渠道，加强政府与企业总部的沟通交流，简化行政审批手续和程序，充分发挥政策杠杆的牵引作用，全面优化总部经济发展的软环境，扶持总部经济向更高层次拓展。

附件 深圳市福田区"总部经济" 统计监测体系（摘要）

一 概念

结合实际，福田区"总部经济"定义如下：总部经济是指福田区凭借各种战略资源优势吸引国内外各种经济实体和组织的总部在区内集群布局，集聚各种生产要素和创新要素，通过扩散效应和极化效应，使企业价值链与区域资源实现较优空间耦合，因此对福田区经济发展产生重要影响的一种经济形态。

二 范围

总部的范围包括跨国公司中国总部、中国公司总部或地区型总部及其分支机构和大型企业或上市公司等。跨国公司中国总部是指跨国公司在福田区注册成立的法人企业，经营活动覆盖中国内地或其他国家、地区，如世界 500 强在福田区设立的经济实体；中国公司总部是指在福田区注册成立且经营活动覆盖中国境内外，在国内同行业具有较高知名度或垄断性的企业法人；地区型总部是指在福田区注册成立且有权控制或管理某一区域经营业务的法人企业。

三 特征

（1）具有法人资格（或比照法人），企业总部位于福田辖区内；

（2）单产业法人企业生产经营地与总部分离，且生产经营地在福田辖区外；

（3）多产业法人企业区外营业收入须占总营业收入的30%以上；

（4）负责区域经营决策和组织协调任务，具有管理、融资、投资、服务功能；

（5）在国内外同行业中具有一定规模和影响力；

（6）有收入或经济效益产出。

四　标准

结合福田的实际情况，规定下列划分标准。

1. 工业标准：

具有总部特征且营业收入或资产达到一定标准者，界定为工业公司总部。

2. 批发零售业、餐饮业标准：

具有总部特征且营业收入达到一定标准或为市重点连锁企业者，界定为批发零售业公司总部。

3. 住宿业标准：

具有总部特征且营业收入达到一定标准或达到一定星级者，界定为住宿业公司总部。

4. 房地产业标准：

具有总部特征且具备一定资质等级和资产达到一定标准者，界定为房地产业公司总部。

5. 服务业标准：

具有总部特征且营业收入或资产达到一定标准者，界定为服务业公司总部。

6. 交通运输、仓储和邮政业标准：

具有总部特征且营业收入或资产达到一定标准者，界定为交通运输业公司总部。

7. 金融业的标准：

具有总部特征且营业收入达到一定标准或市级以上分支机构者，界定为金融业公司总部。

8. 上述标准未包括的在福田注册的上市公司。

9. 上述标准未包括的世界 500 强企业、跨国公司或国内大中型企业的集团总部或区域总部及其分支机构。

发展总部经济 做强现代服务业
努力建设武汉江南金融商务中心

中共武昌区委 武昌区人民政府

2003 年 7 月，中共武昌区委、武昌区人民政府把握经济发展中出现的企业总部与生产基地在空间分离的趋势和总部经济的形成规律，在全面分析武昌区位优势、资源禀赋和产业的基础上，提出了"建设公司总部区，发展总部经济"的战略决策。几年来的发展实践，区域资源优势转化为发展竞争优势步伐加快，区域经济特色形成，产业升级和结构优化明显。2006 年，武昌区实现全口径财政收入 31.82 亿元，区级财政收入 9.72 亿元，财税规模连续三年居武汉市中心城区第一。基于武昌发展的现实条件和未来发展趋势，2006 年武昌区委、区政府提出了今后武昌经济社会发展的战略目标是：建设武汉江南金融商务中心和历史文化名城，使服务业特别是现代服务业成为武昌具有区域竞争力的支柱产业。

一 中心城区功能转型催生总部经济发展

（一）武昌发展总部经济符合中心城区经济转型与发展趋势

武昌是全省政治、经济、文化、信息中心，具有科教集聚、文化厚重、生态良好和交通畅达的独特优势。"一五"、"二五"时期，武昌是国家重点投资的传统制造业基地，先后投资建设了武汉重型机床厂、武昌造船厂、武汉江南机车制造厂、武汉锅炉厂、武汉国棉二厂等一批设备制造、轻工纺织企业，初步形成了以机械、造船、纺织等行业为重点的产业格局，形成了以制造业为主体的经济形态。随着城市功能、结构调整，一批大型工业企业已经（或即将）从武汉中心城区外迁至郊区（如武汉重型机床厂、武汉江南机车制造厂、武汉锅炉厂等），城市空间得到拓展。如何选择一条适合武昌区情，最大限度发挥武昌资源禀赋的独特优势，推进城区经济结构转型的发展之路，实现经济又好又快发展，武昌区委、区政府进行了不断的探索和实践。2003 年 7 月，武昌区委、区政府把握经济发展中出现的企业总部与生产基地分离的趋势，提出了"建设武昌公司总部区、发展总部经济"的思路。随之而来的一系列工作措施加速了总部区的建设，促进了总部经济的发展。2003 年 10 月制定了《武昌公司总部区发展规划》，明确产业和区域发展重点；2004 年 8 月在武昌全区抽调精兵强将，成立了总部区工作领导小组和工作专班，全面负责公司总部区建设，为总部区企业提供高效、快捷、周到的服务；2005 年 7 月邀请总部经济专家举办"武昌公司总部区建设与总部经济发展专题报告会"，武昌区委中心学习小组和地区大企业中心学习小组开展"武昌总部经济发展"的联组学习研讨会，进一步统一了思想，不断探索武昌建设公司总部区、发展总部经济的基本思路和对策；2006 年 5 月 30 号，武昌区人民政府、武汉市经济技术协作办公室、湖北日报报业集团联合举办了"发展武昌总部经济招商会暨中部崛起与总部经济发展战略·武昌论坛"，来自湖北省内外的 198 家企业、驻武汉办事机构代表，260 余名客商以及武汉学术界专家、地产名流聚集武昌，畅谈总部经济发展；2005 年、2006 年武昌区委书记张光清两次出席"中国总部经济高层论坛"并在论坛做主题发言，武昌总部经济影响力进一步扩大，知名度进一步提升，武昌成为投资的热点，企业来武昌考察、投资的逐年增多。

（二）武昌比较优势为总部经济发展提供良好基础

武昌地处武汉江南的中心区位，是湖北省的政治、经济、文化、信息中心。省会带来了经济发展的优势：随着湖北"1＋8 城市圈"发展战略的深入实施，武汉的城市综合实力和集聚辐射能力将进一步提升，武汉作为华中地区的特大中心城市的优势将会更加显现。同时，周边城市企业的总部、研发中心、销售中心、售后服务中心与企业的加工制造基地在空间上分离的趋势和大企业总部向中心城市聚集也将进一步加快；中心城市和中小城市在职能分工上也会越来越明确。就武昌而言，作为湖北省行政、信息中心和武汉江南的金融商务中心，有利于吸引湖北省内大公司总部或分支机构在武昌集聚。

一是专业化服务支撑体系优势。人民银行武汉分行、省银监局、省证监局和省保监局齐聚武昌，国家四大金融资产管理公司中有三家在武昌设有区域性机构，湖北省工商银行、湖北省农业银行、华夏银行武汉分行、浦发银行武汉分行、兴业银行武汉分行、新华人寿保险湖北分公司等两百余家金融、证券、保险机构和近两千家投资、咨询、律师、会计事务所等服务企业在武昌汇集，为各类企业来武昌投资和发展提供了必要而完备的配套服务。

二是具有文化产业优势。武昌有中央传媒记者站 72 家，发行报纸 19 种，期刊 117 种，湖北省主要的传媒、出版企业都以武昌为基地。湖北日报报业集团、湖北广电集团、湖北经济电视台、知音杂志社、湖北体育彩票中心、湖北福利彩票中心等机构扎堆武昌，发展迅速。

三是具有企业总部存量优势。从 2003 年起，武昌着力打造公司总部区，华电集团、省电力公司、武汉铁路局等大型国有企业在武昌发展良好，中铁十一局、中建三局、湖北联谊集团、新华人寿保险湖北分公司、上海锦江之星华中分公司、湖北宝业集团等一批有实力的企业先后将总部迁入武昌，法国阿尔斯通、联想集团、香港和记黄埔、香港华润置地、保利集团等一大批国内外知名企业集团也纷纷在武昌设立区域分支机构。

四是科技、教育优势。作为全国著名的三大智力密集区之一，武汉大学、湖北大学等 13 所高等学府，中科院武汉分院、中国舰船研究中心、中南电力设计院、中南建筑设计院、铁道部第四勘测设计院等 48 所高等级科研机构云集武昌；辖区内有 23 位"两院"院士、10 万科教和技术人才，年产科研成果近千项；在电子、信息、软件、生物工程、激光应用、机电设备、新材料、建筑等领域的创新和设计能力已达到国际和国内一流水平，为各类企业在武昌的发展提供全方位、强有力的人才与技术支撑。

五是商贸娱乐业优势。在商业重镇武汉的版图上，武昌始终占据着江南中心的位置。中部崛起战略的实施，武汉将建设成为全国四大交通枢纽中心，这必将进一步提升武汉的区位优势。武昌辖区过百万人口，每年 200 多亿元的社会消费品零售总额，大流量的商务旅游人群，使武昌成为国内外商贸业巨头的必争之地，既有沃尔玛、家乐福、麦德龙、百安居、易初莲花、屈臣氏等国际化商业巨头又有苏宁、华联、武商、中商、中百等本土商业领军企业。

二　总部经济引领武昌现代服务业加速发展

（一）壮大五大优势产业构筑总部经济发展特色

在推进总部经济的发展过程中，武昌始终坚持走差异化的发展道路，紧扣区情，扬长避短，突出优势，顺势而为，形成自我发展特色和竞争优势。通过深入调研、科学分析的基础上，武昌重点选择了体现城市服务功能、具有比较优势的金融产业、高新科技产业、文化传媒产业、中介咨询产业、商贸娱乐产业等五大现代服务业作为总部经济的产业支撑。发展金融业是考虑到人行武汉分行和部分商业银行省、市分行扎堆集聚武昌的优势；发展高新技术产业是考虑到辖区内科研院校、大专院校集中的优势；发展文化传媒行业是考虑到全省文化资源主要集中在武昌的优势；发展中介咨询产业是考虑到近两千家中介咨询服务企业在武昌汇集；发展商贸娱乐产业是考虑到武昌人口密集、消费能力很强的优势。在选定五大产业后，武昌采取以龙头企业领跑、政府规划引导、对外大力宣传、相关政策支撑等举措进行扶持，有力地促进了以五大产业为核心的现代服务业快速发展。2006 年，五大产业贡献的税收占全区税收比例达到 54.2%。

（二）总部经济推动了武昌经济结构的不断优化

建设"武昌公司总部区、发展总部经济"战略实施以来，武昌服务业特别是现代服务业迅速发展，武昌的经济结构不断优化，持续发展势头进一步增强。2004 年第三产业完成 99.97 亿元，比上年增长 12.4%；2005 年第三产业完成 119 亿元，比上年增长 19.04%，占全区地区生产总值 59.39%；2006 年第三产业完成 146.3 亿元，比上年增长 20.33%，占全区地区生产总值 64.19%。2007 年 1~6 月，第三产业完成 84.52 亿元，比上年同期增长 16.48%，占全区生产总值 65.10%。发展总部经济，有效地推进武昌经济结构快速转型，经济形态开始向以服务业尤其是现代服务业为主体的经济形态转变，经济发展进入了持续快速发展的轨道。

三 现代服务业发展促进武汉江南金融商务中心的形成

长江、汉水在武汉交汇，形成汉口、汉阳和武昌三镇。根据特殊的区位条件、城市的总体规划和武昌现有的产业基础，2006 年 9 月召开的武昌区十次党代会进一步将"建设武汉江南金融商务中心和历史文化名城，使服务业特别是现代服务业成为具有区域竞争力的支柱产业"确定为武昌的经济发展战略。这一战略的提出，进一步丰富和深化了"总部经济"的内涵，为武昌总部经济的发展提供了新的、更高的目标。同时武昌总部经济的已有发展为该战略的实施打下了坚实的基础。

（一）完善基础，提升武汉江南金融商务中心的功能

城市基础设施建设在中心城区经济发展中，尤其是在武昌成为武汉江南金融商务中心中具有龙头带动作用。实践证明，城市基础设施建设到那里，经济就发展到那里，繁荣就出现在那里。近两年来，为了发展总部经济，加强城区的功能建设，武昌区把握发展机遇，加快建设速度。2005 年完成基础建设投资 7.68 亿元，2006 年完成投资 10.6 亿元，2007 年 1～5 月已完成投资 6.4 亿元。大量资金的投入，带来城市基础设施条件的改善，先后新建扩建了 10 余条主次干道，完成了 10 余条道路的黑色化和环境综合整治，疏通了交通路网，加大了城区绿化、美化和亮化工程的建设力度，城市功能不断优化，城市环境面貌不断改善，城市整体形象不断提升。以洪山广场为中心，以中南路、中北路为主轴的武昌总部经济核心区环境更美，市容更显繁华。

（二）建设载体，巩固武汉江南金融商务中心的基础

近年来，围绕发展现代服务业，加大总部区地块的储备、策划、开发力度，武昌固定资产投资、重大项目和商务楼宇的建设呈现方兴未艾的良好局面。2005 年完成固定资产投资 38.67 亿元（不含房地产），同比增长 21.75%；2006 年完成固定资产投资 49.78 亿元，同比增长 28.7%；2007 年 1～7 月完成固定资产投资 34.33 亿元，同比增长 15.94%。积极安排落实建设项目。2005 年全区安排重大项目 86 项，完成投资 65.08 亿元。2006 年全区安排重大项目 83 完成

投资 74.93 亿元。今年全区安排重大项目 95 项，计划投资 92.03 亿元，其中实施项目 76 项，年度计划完成投资 91.95 亿元。目前，76 项实施项目中已开工 59 项，累计完成年度投资 57.1 亿元。其中，已完成投资在千万元以上的项目有 49 项，建成和基本建成的项目有现代大厦（北区）、洪广大酒店、武汉大学计算机大楼等 15 个。截至 2007 年 5 月，武昌总部经济核心区内共有商务楼宇 30 栋，建筑面积过 100 万平方米。其中已建成投入使用的商务楼宇 24 栋，总建筑面积约 83 万平方米，楼宇售、租率由 2005 年的 75% 提高到现在的 88%。在建的 6 栋楼宇，建筑面积约 26 万平方米；还有保利文化广场、湖北现代科技创业服务中心和岳家嘴希尔顿酒店等建筑面积约 40 万平方米的 5 栋商务楼宇已批待建。

（三）吸引企业，壮大武汉江南金融商务中心的主体

在基础设施和平台搭建的同时，武昌加大了战略的宣传力度，大力引进企业落户，不断提高招商质量，增加引进资金。2005 年实际利用外资为 3065 万美元，2006 年为 4629 万美元，2007 年上半年为 5849 万美元；2005 年实际引进内资为 42.3 亿元，2006 年为 59.33 亿元，2007 年上半年为 44.95 亿元。两年多内引进投资额在 500~5000 万元的重大项目达 91 项，5000 万以上项目 35 项。截至目前，武昌总部经济核心区已集聚各类规模企业 3300 余家，其中世界 500 强企业区域总部或分支机构 17 家，国内 500 强企业及民营企业 500 强总部或区域总部 25 家。近年来，中铁十一局从襄樊迁至武昌；全国民营企业 500 强之一的联谊集团从孝感迁至武昌；联想集团、神州数码、法国阿尔斯通在此设立华中区总部；美国百安居、沃尔玛、法国家乐富先后开店营业；华夏银行武汉分行、兴业银行武汉分行、浦发银行武汉分行等金融保险知名企业也纷至沓来。2007 年，世界 500 强企业——中国建筑工程总公司的区域机构中建三局，中国出口信用保险公司湖北分公司也先后入驻武昌；新华人寿保险公司湖北分公司、中华联合财产保险公司湖北分公司即将迁入。

经过三年多的建设，武昌区总部经济发展初见成效，为企业总部构建了聚集平台，促进了武昌现代服务业快速发展并为武昌成为武汉江南金融商务中心打好基础，武昌的知名度和影响力也进一步得到提高，总部经济已成为武昌经济发展中最强大的引擎。

南京建邺区：实现总部经济与新城发展的共赢

中共南京市建邺区委员会
南京市建邺区人民政府

随着中国经济的迅猛发展，中心城市在经济战略中的地位日益凸显。跨国公司视中心城市为进入中国市场的"桥头堡"，内资企业视其为拓展国内市场、走向国际市场的"跳板"。20世纪90年代中期以来，逐渐出现了企业总部与生产基地分离的趋势，一些世界著名跨国公司将全球性或地区性总部和研发中心移至我国北京和上海等城市。与此同时，国内企业如海尔、春兰、长虹等企业总部或技术总部也向中心城市如上海集中。据美国《财富》杂志最新调查显示，全球4万多家跨国公司中，92%以上的企业考虑在中国设立地区总部。针对这一新的经济发展形势，立足建设发展中的南京河西新城这一大背景，在全面分析区域资源禀赋和发展优势的基础上，南京市建邺区委、区政府做出了发展总部经济、打造现代服务业集聚区，推动建邺经济转型、实现又好又快发展的战略选择。按照现代化新城的功能定位，经过近年来的努力，一批企业总部、区域总部和研发中心先后在建邺区落户，推动了区域经济发展形态转变和经济结构调整提升，在夯实新城经济基础的过程中，抢占产业发展的"制高点"，区域经济快速发展，也实现了现代化新城与总部经济的和谐共生、互利发展。

一 发展总部经济是大城市中心城区把握机遇，实现经济发展模式转型的重要选择

建邺区是南京市的主城区之一，更是江苏省暨南京市全新规划、集中建设、

处于飞速发展之中的河西（南京外秦淮河以西的主城区域）新城的所在地。2005年第十次全国运动会在此举行，2008年联合国人居署第四届"世界城市论坛"也将在此召开。建邺区历史悠久，公元212年东吴孙权取"建帝王大业"之意，定都"建业"，为南京历史上的"十朝都会"之始。西晋统一后，晋武帝司马炎改"建业"为"建邺"，今日建邺的区名即由此而来。2002年10月，南京河西新城实施区划调整后，建邺区域面积达82平方公里，人口29万人。作为一座完全按规划实施建设的现代化新城，江苏省、南京市始终赋予新河西、新建邺极高的功能定位。江苏省委李源潮书记指出，"现代化新南京看河西"，南京市委罗志军书记强调，南京要建设成为全省现代服务业中心，核心的核心在河西新城。作为现代化的城市新中心，以总部经济为代表的现代服务业的集聚和繁荣是其产业形态的显著特点之一。因此，大力发展现代服务业是河西新城经济发展的题中应有之意。我们致力打造总部及研发基地，积极吸引企业总部入驻新城，正是基于这一战略抉择。具体而言，突出体现在这样几个方面。

一是发展总部经济符合省、市对新城的功能定位和把河西新城打造成为全省最大的现代服务业集聚区的要求。在南京实施"一城三区"和"跨江发展"的城市发展战略中，作为重中之重的"一城"即河西新城占有独特而重要的地位，它是南京主城功能的扩张和提升，《河西新城区总体规划》就将新城定位为以商务、商贸、文体三大功能为主的城市副中心，居住与就业兼顾的中高档居住区和以滨江风貌为特色的主城西部休闲游览地。几年来的建设，使河西新城日益从规划走向现实，为中外客商来南京投资发展现代服务业提供了一片崭新的天地。总部经济完全符合新城发展的定位，其高聚合、高辐射、高效益的特点，符合省、市高起点、高标准规划建设河西新城的意图，总部经济发展水平的高低也是判断河西新城规划建设目标实现程度的重要评价指标。

二是发展总部经济是建邺实现产业结构优化升级和经济增长方式转变的必然选择。发展总部经济，一方面能够有效解决建邺区在新城大举拆迁建设过程中，原有制造业整体外迁后产业替代和产业接续问题，形成和壮大新的经济增长点；另一方面可通过企业总部的聚集，形成强大的生产性服务需求，带动金融、法律、会计、信息等现代服务业的发展，整体提升新城服务业水平，促进建邺区产业结构优化升级。发展总部经济，跳出了过去从产业发展条件角度进行产业选择的思路和模式，转变为从"产业链高端"、"功能链高端"来选择产业发展，可以进一步发挥中心城市的人才、技术、资金、信息等资源优势，进一步增强区域经济辐射力，更好地发挥新城功能，带动南京及周边地区乃至更大范围的区域共同发展。

三是发展总部经济是提升现代化新城形象的重要举措。2005 年，中华人民共和国第十届运动会和首届中国绿化博览会在南京河西新城的成功举办，让河西新城向世人初步展现了一流的规划、现代的设施、优美的环境，其广阔的发展前景，也给来到这里的人们包括中外客商留下了深刻的印象。一座新城的建设和发展，要靠硬件基础、经济支撑、文化内涵，其中产业培育、经济繁荣的程度是检验新城之为"卧城"还是"活力之城"的重要标志，也是建设城市新中心和现代化新南京标志区成败与否的关键。发展总部经济可以充分利用国际国内两个市场、两种资源，有效提升河西新城、建邺区在南京市产业分工中的地位，显著增强建邺区的综合竞争力，在更高层次上参与国际国内和区域竞争，与城市建设同步，构建一个开放、发展、繁荣、和谐的现代化新城。

二 资源禀赋和比较优势的存在，是中心城区围绕总部经济打造发展"名片"的有利条件

作为省会城市和华东地区重要的区域性中心城市，南京是国内总部集聚度较高的一个城市，在 2006 年北京市社会科学院对全国 35 个主要城市进行的总部经济发展能力评价中，南京位居第 6。作为规划建设中的城市新中心，河西新城在发展总部经济方面，具有独特而显著的综合优势。概括起来，突出表现在五大优势。

一是区位优势。建邺区位于南京市主城的西南部，紧邻老城，面向长江，与老城一道共同构成南京市（辖 13 个区县）甚至南京都市圈的内核，交通和地理条件极为优越，特别是具备"南北呼应、东西承接、水陆一体"的地理特征，是南京城市功能辐射和"跨江发展"战略实施的前沿和枢纽，同时，与主城周边的各大开发区、制造业基地易形成产业链延伸和良性互动机制，河西的这些优势正是国内外企业总部谋求发展所关注和需要的。

二是基础设施和配套优势。河西新城以一流的城市规划为先导，经过几年来的持续建设和发展，基础设施日益完善，城市发展框架基本成形，各项公共配套

设施逐步到位。目前，作为新城中心区的河西CBD，已建和在建的16幢标志性建筑拥有241万平方米商务、商业及配套服务设施，并具备完善的交通、硬件设施、网络等条件，南京已建和在建的地铁一号线、二号线在该区域交汇，河西路网按国际化的街区纵横设置、自成体系又全面对接老城，并通过南京长江大桥、三桥和建设中的跨江大桥、过江隧道连接江南江北，形成无与伦比的立体化交通优势，便捷的交通为各类生产要素的聚集、产业功能的辐射提供了便利条件。同时，在建邺区范围内，有承办"十运会"的南京奥体场馆、绿博园、金陵图书馆以及正在建设的南京会展中心等大型场馆设施和各类公共服务设施，有着新城科技园及其创业大厦、科技大厦等众多的优质载体资源，为总部经济发展提供了优越的基础条件。

三是综合环境优势。追求投资创业与生活的和谐统一是现代企业运行和业界人士创业发展的重要目标。建邺区有着良好的自然环境，江心洲"全国农业旅游示范点"、滨江风光带是南京大江风貌的集中展示，CBD区域的中央商务绿轴和中央公园环境优美，充满现代气息。全区绿化率达45%以上，人均公共绿地面积22平方米，呈现出"绿色河西"、"生态建邺"的显著特征。规划中即已明确并在实际发展中始终坚持的拒绝任何污染企业进入的高门槛，使河西形成自然和谐的人居环境与商务活动的优越空间，这是新城发展的一笔不断升值的净资产。在软环境方面，新城有省、市的高度关注和大力支持，有建邺区与南京市河西建设指挥部的全力投入、倾力服务，在政策资源的可获得性、行政支持与政府公共服务的便捷性、社会发展的均衡性和可持续性等方面，均有利于总部经济的进入和发展。

四是市场条件优势。作为中国最具经济活力的"长三角"地区重要的中心城市之一，南京拥有较为雄厚的产业基础和都市圈的广阔腹地，市场门类广、需求总量大，与国际国内市场的交流和交易活动频繁、内容丰富，新城更是一个蓬勃发展的新兴市场。同时，南京市政府深入实施"市场先行"策略，着力抓好金融、房地产、土地、人才、技术产权等要素市场和服务类消费市场的引进，致力于实现各类生产要素的高度聚集与有效配置，以利于总部经济的形成和发展。

五是人才优势。总部经济的聚集发展需要专业人才的有效支撑，新城可以充分依托和利用南京在高等院校、科研院所、各类专业技术人才聚集方面的优势，并通过众多中高档楼盘吸纳城市中等收入以上人群的持续入住，不断改善区域人口构成和人才保有水平，乘势提升总部经济的发展。建邺区还将充分利用已经构建的"南京人才市场河西新城市场"及"南京市人才服务中心河西新城中心"、"金陵（海外）留学人员创业园"等平台，为总部经济发展提供人才方面的全面服务和有力支撑。

三 高端定位与重点突破相结合，有效界定和拓展河西总部经济发展的细分市场

作为规划建设中的南京现代化新城区，又地处以上海为龙头的"长三角"区域，建邺区发展总部经济必须坚持错位发展，实施重点突破的策略。

一是合理定位。依据建邺区的资源优势、产业基础及新城的城市功能定位，按照"有所为、有所不为"的原则，我们考虑发展总部经济的重点是，吸引世界 500 强企业以及具有较大国际影响力的跨国公司驻华地区总部、职能运营中心、地区研发中心、结算中心、分销中心以及采购中心；积极吸引南京具有产业优势的电子信息、生物医药、通讯研发等在行业内有较大影响力的国家级、省市级国内优势企业、上市公司总部；积极吸引国内外金融、保险、证券、会计、法律、信息、咨询、文化传媒等现代服务业企业总部；积极吸引国内外大型企业在河西新城成立研发中心或独立设立技术开发机构等来建邺区发展。

二是科学规划。从企业总部对于城市区位及服务配套的需求出发，合理规划各类总部聚集区。在空间布局上，重点建设河西中央商务区（CBD）、新城科技园、会展中心、滨江文体休闲旅游板块以及南湖商业文化中心、江东商业文化中心等"4 + 2"产业板块。其中 CBD 重点发展金融保险、信息服务等企业总部办公区，新城科技园重点发展研发中心等职能总部，会展中心、滨江文体休闲旅游板块和南湖、江东商业文化中心分别依据各自的会展、文体、休闲、旅游、商贸等产业的地域优势，打造相关产业的总部聚集地。

三是细分层次。产业的集聚发展、相互间的渗透发展和产业的持续发展是当今世界经济发展的大趋势。在新城，我们注意适应和把握经济发展规律和特点，充分利用自身优势和条件，积极促进相关产业发展，以精细化和集群化为导向，切实加强总部研发集聚区与周边地区和制造业基地的功能性合作，形成强有力的

产业依托。如上海在致力于打造国际金融中心，我们则可以省保监局大楼建设和一批保险企业入驻为契机，依托蓬勃的新城乃至南京市场，放眼都市圈，联结海内外，更加侧重保险业这一在经济运行和人们生活中起着"安全阀"作用的产业及各类保险产品在河西的集聚发展，并借助我国金融保险市场正在走向开放的有利时机，在国家保监会和省、市的有力支持下，积极打造全国保险业创新试验区，为各类总部、研发企业提供融资、担保、保险、再保险等支撑，为人们提供各种金融保险产品服务，促进相关产业的发展。同时，河西新城发展总部经济，要着力引导南京及省内外企业总部入驻，并积极向外拓展，加强与国外权威中介机构的合作，设立海外代理招商点，吸引跨国公司、世界 500 强前来建立地区总部，由此，在本省市企业总部→南京都市圈有关企业总部→国内知名企业和上市公司企业总部→世界 500 强企业总部的不同层面上，实施重点突破，分层推进。

四 积极构筑区域发展平台，为总部经济发展提供周到服务和有力保障

当今时代，区域经济发展环境的竞争已逐步从政策的竞争转变为投资创业整体环境的竞争。为此，我们在进一步完善总部经济发展政策的基础上，重点围绕总部经济发展所需的各种要素，积极搭建服务平台，致力于降低企业总部进驻发展的行政成本、要素成本和商务成本，为总部落户河西新城创造最好的条件。

一是大力营造良好的政务环境。近年来，建邺区围绕促进区域经济发展，先后制定出台《关于深入创建"最佳投资创业区"实施意见》、《进一步加快高新技术产业和现代服务业发展的若干意见》、《开放型经济奖励办法》等一系列政策措施，先后成立运行中央商务区和新城科技园两个管委会及办公室，特别是着眼于新入驻的总部机构和企业的需要，专门成立了项目"帮助办"办公室，实行"一站式"全程服务，实现了工作效能的大幅提升。为进一步突出产业发展重点，提升区域经济运行质量，促进发展要素的高效聚合，2007 年又研究出台了《关于对总部型企业的扶持奖励政策》和《建邺区有突出贡献优秀人才奖励办法》等，在对相关企业进行扶持与奖励的基础上，依其贡献程度加大对企业

中高层管理人员的奖励力度，并在购房、子女就学、人才服务等各方面给予帮助支持，为企业总部发展进一步创造良好条件，为企业高管和专业人才更好地解除后顾之忧。

二是不断完善要素支撑保障体系。建邺区继续以区域性要素市场的营建为突破口，优化整合各方资源，发挥聚合与辐射作用，着力培育与总部经济相适应的资本市场、金融市场、产权市场、人才市场、技术和土地高级要素市场，不断提升为总部经济发展提供全方位服务保障的能力。当前，正立足河西 CBD 及其南延，高标准规划和发展河西金融保险集聚区，重点依托相关高档办公楼宇和省保监局大楼等载体，建设金融保险业总部基地，着力构筑国内国际金融业楼群组团，发展银行、保险、证券、担保、基金等金融业和准金融业，为总部经济发展提供强大的金融支持和保障。设施一流、服务内容完善的南京人才市场河西新城市场正在新城科技大厦内建设，2007 年内将投入运营。同时，建邺区还在 CBD 区域选址建设一座包括土地、资本、中介等服务类要素市场的综合大楼，更好地满足企业总部入驻的需求。

三是着力构筑完善的设施环境。着眼于促进总部经济发展，建邺区积极拓展新城建设的内涵和外延，做到设施建设、经济发展、环境改造、亮化美化四位一体的有机结合，努力实现城市建设综合效益的最大化；进一步加强环境建设和环境保护工作，深入实施"绿色河西"、"生态建邺"工程，提升环境品位，使建邺区成为最佳人居的现代化城区；同时，全面深入地实施以数字化为引领的城市模块化管理，有效整合各类城市管理资源，构建完善新区城市管理网络平台，从根本上实现精细长效管理和系统优化管理。积极引导和鼓励区域内写字楼强化智能化建设，在 CBD 各标志性建筑开发建设过程中，超前设计并铺设内部的信息化系统，满足入驻企业需求；以建邺区政府为主导，进一步深化与现代化新城相适应的"数字建邺"建设，重点实施集"数字政务、数字商务、数字社区"为一体的数字建邺综合平台建设，致力于为总部和研发经济发展提供优越的信息化环境。

四是积极造就卓越的文化生活品质。现代经济社会发展的一个显著特点是生产生活方式的创新和内涵的变化引导经济运作模式、经营机制的变化，并决定经济形态、产业和产品的走向。同时，人们在创造文化和生活中享受文化和生活，不断发展出新的需求，培育着新的产业，在此过程中又进一步形成良好的工作和生活环境，进而激发人们的创造性，增强经济发展的动力和活力。可以说，文化和生活的品质是现代城市价值的核心。跨国公司、企业总部在选址上更愿意选择城市文化与企业文化更能有机交融、互为促进的城市区域，职业经理人和各类专业人才更注重工作和生活环境的舒适性。基于此，建邺区在严格按规划建设发展河西新城的同时，高度重视新城文化的塑造和环境品位的提升，为企业总部的运行创造理想的空间；通过发展配套完善的文化、教育、体育和休闲娱乐设施，繁荣新城文化市场和文化活动，为企业总部的经营者和员工提供高品质的生活服务，使之在感受新城中融入新城，共创美好未来。

北京石景山区总部经济发展现状及可行性研究

高洪深　高　晶[*]

高洪深　高　晶[*]

一　石景山区总部经济发展现状

（一）首钢总部经济发展现状

首钢搬迁后，首钢总部留在石景山区，它包括首钢的高端决策机构和技术研发部门、设计院、资本运营部门、销售系统、物流系统、三产服务系统、财务决算部门以及高端产品的加工制造系统，例如，冷轧板、镀锌板的加工制造、机电制造、微电子机电制造业、建筑产业等。

另外，首钢搬迁后，根据北京市的城市规划，已将石景山区定位为"一区三中心"（城市功能拓展区、城市职能中心、综合服务中心、文化娱乐中心），这里的综合服务中心主要指金融、信息、咨询、休闲娱乐、高端商业为主的现代服务业，应该将这样的现代服务业纳入到首钢总部的三产服务系统，构成石景山区总部经济的重要组成部分。

现在，首钢厂区已经成了工业旅游的示范点。停产后，所有设备将保留，首钢应作为北京工业化阶段的历史遗迹加以保护，或者以现有的厂房设施为基础，

---

　　* 作者简介：高洪深，北方工业大学教授，研究方向为区域经济、知识经济；高晶，中国移动通信集团公司。

建设成我国首座冶金博物馆。首钢等一批大型企业记载着北京经济由小到大，由弱到强的历史，随着北京产业结构的调整和城市建设的发展，这些企业即将搬迁或关闭，从经济史、建设史的角度看，这些企业有特色的建筑应纳入历史名城的保护范围。

（二）石景山区总部经济发展现状

石景山区总部经济现状与发展态势应该包括以下三个方面。

第一，首钢总部经济的发展是石景山区总部经济的重要组成部分，上面已经介绍过了，它是石景山区发展总部经济的基础。

第二，石景山区还有像北京北重汽轮电机有限责任公司、北京市客车总厂、巴布科克·威尔北京锅炉厂、北京重型电机厂等这样大型的机电加工制造行业。随着首钢总部聚集区的发展和扩大，吸引国内外大型的机电加工制造业集团公司入驻首钢总部聚集区，构成石景山区总部经济的重要组成部分。

第三，根据石景山区"打造首都休闲娱乐中心区，建设现代、绿色、文明首都新城区"的发展定位，文化娱乐休闲产业将是石景山区又一支柱产业。我们可以吸引国内外这些产业的大型企业集团的总部或区域性总部入驻石景山区，构成石景山区总部经济的另一个重要组成部分。

近两年，石景山区积极发展总部经济，仅2004年一年共引进注册资金1000万元以上企业28家，注册资金8亿元，比上年增长75%；同时盘活原政府办公大楼，引进中铁22局，注册资金3.6亿元；盘活原科委办公楼，整合闲置资源，引进数字娱乐企业26家，吸引投资8000万元，启动建设北京数字娱乐产业示范基地。引进世界三大娱乐品牌之一的环球嘉年华活动，累计接待游客100多万人，实现营业总收入1.38亿元，税费1200多万元，为1500多人提供了就业机会，提高了石景山区的知名度，显示了石景山区举办大型活动的能力和水平，为发展总部经济打下了一定基础和积累了经验。

二 石景山区为什么要发展总部经济

根据总部经济为区域经济发展带来的经济效应和总部经济作为一种新的经济形态所表现出来的各种经济学特征，可以预见，总部经济发展将为石景山区带来诸多综合效益。

总部经济不但对中心城市的经济结构、就业结构、城市发展产生深刻影响，而且对城市的空间规划、政策体系、配套服务体系建设、环境建设等方面提出新的要求。总部经济至少可以为石景山区经济发展带来以下"经济效应"。

1. 税收贡献效应

包括企业税收贡献和总部高级白领个人所得税贡献，还有新增的产业链企业的税收贡献。另外，理解总部经济税收贡献，还要从传统追求企业百分之百的税收在当地上缴，转变为注重城区内 CBD 范围内单位面积的税收产出。因为总部与基地的分离，税收分流一部分是必然的，但城区同样的面积通过建造商务写字楼可以容纳的企业多达原有数量的几十倍，这样，就大大增加了单位面积的税收产出。另外，总部经济的一大特点在于企业总部与生产基地分离，石景山区可利用的土地面积有限，较为适合吸引总部聚集。2005 年，石景山区仅孵化器入孵企业技工贸总收入就达到 8 亿元，累计税收为 3000 万元，石景山区今后若大力发展总部经济，将有效增加全区税收总量，促进全区各项公共事业发展。总部经济的税收贡献是石景山区发展总部经济的重要原因。据有关资料显示，首钢的税收占到北京市财政收入的二十分之一，这个数额的分量是显而易见的；首钢的增值税、个人所得税一部分留在石景山区，占了整个区财政的 60%。根据有关专家估算，首钢搬迁后，发展总部经济的税收贡献，完全可以弥补这个损失。

2. 产业乘数效应

石景山区可以根据本区的产业特点，以首钢总部为基础，积极吸纳国内外大型冶金企业和机电制造业总部的聚集，总部经济的发展将带动信息采集加工、企业咨询、金融保险、会计、审计、评估、法律、教育培训、会议展览、国际商务、现代物流等现代服务业的发展，使石景山区第三产业占国民经济的比重大大提升，从而促进全区产业结构优化和升级。石景山区第三产业地区生产总值从 2000 年的 21.66 亿元增加到 2004 年的 50.09 亿元，占全区 GDP 比重为 27.6%，比 2000 年提高了 7.7 个百分点。按照石景山区功能定位，与企业总部需求相适应的信息、会展、咨询等现代服务业是今后石景山区重点扶持和发展的项目，将成为石景山区服务业的重要组成部分，促进全区产业结构向更高阶段迈进。

3. 消费带动效应

包括总部商务活动、研发活动消费和总部经营带动的各种集团消费、机构消费等都将对石景山的整体消费水平和消费结构的提升产生推动作用。如：总部商务活动中的出行消费、会展消费、娱乐消费，研发活动消费和高级白领个人生活消费中的住宅、交通、子女教育、健身、购物等，能迅速提高石景山区的消费水平和消费总量，通过内需拉动石景山区的 GDP 增长。

4. 就业乘数效应

这是产业乘数效应的必然结果。总部经济首先可以增加知识群体就业岗位，同时带动一般性服务业岗位增加。企业总部一般比较注重对所在地的人才的培养，聘用本地高级人才出任企业高管，加速实现市场本地化、研发本地化和管理本地化，这可以为石景山区吸引和造就大批优秀管理和技术人才，实现人员结构和素质的升级。与总部经济配套的一般性服务业岗位也将随着总部的增加而增加，这样，就能很好地解决首钢搬迁后大量下岗人员的就业问题，就业压力将得到缓解。

5. 社会资本效应

也可以称为社会效应。大批国内外企业总部入驻，有助于提高石景山区的知名度、美誉度，促进区政府提高服务质量、改善商务环境，完善城市基础设施和人居环境，推进多元文化融合与互动，进一步加快城市国际化进程。所以，对石景山区的发展和提升具有非常积极的作用。

总部经济作为一种新的经济形态，表现出若干知识经济和区域经济特征。具体有以下几个方面。

第一，知识密集性。总部经济集中了企业价值链中知识含量最高的区段，如企业的研发、营销、资本运作、战略管理等，知识密集度较高。

第二，经济集约性。按照总部经济模式发展区域经济，最大限度地利用了中心城市服务业发达、智力资源密集的优势，最大限度地利用了生产基地土地、劳动力、能源等要素优势，最大限度地提高了资源的配置效率，体现集约经济的特点。

第三，产业延展性。总部经济形成了第二产业与第三产业之间的经济链条，不但能够实现第二产业向第三产业的延展，而且能够实现知识性服务业向一般性服务业的延展和扩散。

第四，发展辐射性。在总部经济模式下，可以通过"总部－加工基地"链条实现中心城市的经济发展向欠发达地区的强力辐射。

第五，合作共赢性。总部经济模式改变了区域之间对同一产业在企业、项目上"非此即彼"的无序争夺，避免了简单的重复，实现了不同资源优势的区域之间通过价值链不同功能的再分工进行合作，实现共同发展，达到共赢结果。

三 石景山区发展总部经济的基本能力评估

北京市社会科学院中国总部经济研究中心建立的城市总部经济发展能力评价指标体系中，一级指标共有 6 个，包括基础条件、商务设施、研发能力、专业服务、政府服务和开放程度等，石景山区各有优势和不足。下面就以这六项指标分别对石景山区发展总部经济的基本能力进行评估。

（一）基础条件

1. 具有一定的经济实力

2005 年，实现地区生产总值 200 亿元，比 2001 年的 115.06 亿元增长 73.8%，年均增速 13%；社会消费品零售额 133.2 亿元，比 2001 年 52.6 亿元增长 1.5 倍，年均增速 26.1%；全社会固定资产投资额 48.8 亿元，比 2001 年的 32.8 亿元增长 48.8%，年均增速 10.4%；人均可支配收入 16183.2 元，比 2001 年的 8789.2 元增长 84.1%，年均增速 16.5%；财政收入 10.3 亿元，比 2001 年的 7.67 亿元增长 34.3%，年均增速 7.6%。

石景山区第三产业发展相对迅速。以 2004 年为例，第三产业实现地区生产总值 50.1 亿元，占地区生产总值的比重只有 27.6%，但比 2000 年的 21.7 亿元增长 1.3 倍，年平均增速为 23.3%。其中，以信息传输、计算机服务和软件业，金融业，文化体育和娱乐业为代表的现代服务业实现地区生产总值 33.7 亿元，占第三产业增加值的 67.3%，所占比重比 2001 年提高了 12.2 个百分点。

2. 交通条件相对便利

石景山区通过地铁 1 号线及多条公交路线与市中心紧密相连；阜石路、石门路是连接海淀区与门头沟区的重要纽带；西五环、莲石路、八宝山南路等重要路段的建成贯通，较好地解决了交通瓶颈问题。目前已初步形成七横八纵的路网以及辐射周边的公交线路，为综合服务区和总部经济发展所需的交通体系升级提供了基础条件，具有一定的相对交通优势。

3. 环境质量堪忧

据环保部门统计，石景山区 2006 年 5 月份共有二级及以上天气 22 天，比 2005 年 5 月多 4 天，占 5 月份总天数的 71%。全市 5 月份完成二级及以上天气 23 天，比上年同期多 3 天，占 5 月份总天数的 74%。石景山区空气质量一级天气 4 天（比全市多 2 天）；二级 18 天（比全市多 1 天）；三级天气 6 天（比全市多 1 天）。四级天气没有出现（比全市少 1 天）；五级天气 3 天（比全市多 1 天）。首钢涉钢部分搬迁后环境质量将有所提高。

（二）商务设施

石景山区星级以上的饭店有 7 家，写字楼、商业营业用房、信息网络等其他商务设施也相对较为发达。正在招商的位于刘娘府的现代科技产业区、时代购物花园商务区、银河商务区以及苹果园交通枢纽商务区等的建成，将为石景山区的总部经济发展提供更为完善的商务设施。

（三）研发能力

高新技术产业是今后石景山区发展的主导产业。石景山区建立的科技孵化器，其宗旨是通过为企业和创业者提供全方位的服务和优良的孵化环境，扶持和培育具有市场竞争力的高新技术产品和高新技术企业，从而推动高新科技产业和经济发展。截至 2006 年第一季度石景山区共有华海、首特、信安、古城、万商、泽洋等 14 个单位列入孵育计划，孵育面积已达 25 万平方米，共有 400 余家入驻企业，其科技型企业有 300 余家，占入孵企业总数的 75%。入孵企业 2005 年技工贸总收入 8 亿元，累计税收为 3000 万元。

统计资料显示，2005 年石景山区共有专业技术人员 44778 人，占全区在岗职工总数的 24.9%。

2006 年 1~4 月份，石景山区认定技术合同 82 项，成交总额 8109 万元，比上年同期增长近 13 倍；其中技术交易额 8034 万元，同期增长近 13 倍。"四技"合同成交额稳定增长：技术转让合同居首位且增长较快，成交额 6267 万元，占成交总额比重为 77%；技术开发合同居第二位，成交额 1449 万元，占成交总额比重为 17%。

企业自身技术创新能力增强，自主研发技术输出大幅提高，2006 年第一季度石景山区企业输出技术 53 项，成交额 7339 万元，同比增长 19 倍。

北京数字娱乐产业示范基地是石景山区重点打造的高新技术数字娱乐品牌，目前产业链已逐渐形成，产业聚集效应日益体现，八个特色中心建设全面展开。截至 2005 年底，基地已经完成投资 5 亿元，带动周边产业投资 10 亿元。业内颇具影响的 70 多家企业入驻基地，其中，注册资本在 1000 万元以上的企业 15 家。研发生产数字娱乐产品 200 多项，2005 年实现技工贸收入突破 1 亿元。

（四）专业服务

2006 年，石景山区共有各类咨询机构 177 家，其中经济类 51 家、社会类 12 家、工程技术类 17 家，其他专业咨询机构 97 家。石景山区银行、证券、保险业等多种类型金融机构并存，结构相对合理，构成了具有较完备功能的现代金融体系，有一定的专业服务水平。

（五）政府服务

石景山区政府服务绩效、政策公开透明度、工作效率及投资者满意度等水平相对较高。为推进高新技术企业健康快速发展，使数字娱乐产业基地建设顺利展开，区政府成立了基地推进办公室，并制定了一系列优惠政策，通过政策引导和提供综合服务替代大规模投资，以人才为支撑，推动数字娱乐产业的发展。

（六）开放程度

驻区外资企业数量相对较少、规模较小，开放程度较低。

综上所述，石景山区已初步具备了发展总部经济的潜在条件。首钢涉钢产业搬迁后，企业总部留在石景山，成为石景山区今后发展总部经济的重要基础。

四 石景山区发展总部经济的优势

（一）石景山区发展定位的确定

2004 年，北京市城市发展战略发生重大调整，确定了"两轴、两带、多中心"的发展格局。新的发展战略将石景山区划入"西部发展带"，并将石景山区定位为"一区三中心"（城市功能拓展区、城市职能中心、综合服务中心、文化娱乐中心）。在首钢搬迁调整等因素的推动下，石景山区根据北京市的发展战略，与时俱进地提出了"打造首都休闲娱乐中心区，建设现代、绿色、文明首都新城区"的发展定位。未来将以休闲、娱乐为发展主旋律，以营造京西花园式的生态环境和时尚高雅的文化氛围为基础，打造集休闲娱乐、商务会展、科技服务、旅游观光等功能为一体的首都休闲娱乐中心区（CRD-Capital Recreation District）。这样的区域发展定位为石景山区发展总部经济提供了极好的条件。

（二）首钢搬迁及其方案

2005年2月18日，经国务院批准，国家发改委批复了首钢实施搬迁、结构调整和环境治理方案。一是分步压缩北京石景山区钢产量，到2008年压缩至400万吨，2010年底钢铁冶炼、热轧能力全部停产；二是按着循环经济理念，结合首钢搬迁和唐山市钢铁工业调整，在曹妃甸建设一个具有当今国际先进水平的钢铁联合企业，在北京郊区顺义建设冷轧生产线；三是在北京发展首钢总部经济，包括研发体系、优势非钢产业和环保产业等；四是由国家和北京市对首钢搬迁调整和安置富余人员等，给予一定的政策和资金支持。由于到2008年只是停止部分工厂和设备的生产，按着钢铁企业工艺流程和连续生产的特点，停产并不能立刻拆除厂房和设备，仍然停留在石景山区的土地上，这就为石景山区发展总部经济提供了良好的基础设施条件，大大地降低石景山区发展总部经济的建设成本。

（三）首钢搬迁将释放大量产业资源

首钢调整搬迁将释放出大量产业资源，主要包括人力资源、水资源、电力资源、储运能力和旅游资源。在人力资源方面，首钢的高技术、多技能人才较丰富，高级技工占到职工的10%以上；在水资源方面，2004年首钢吨钢耗新水5.45立方米，按年产钢800万吨计算，停产后将节约水4360万立方米；在电力资源方面，首钢每年消耗电能43亿度，首钢搬迁扣除自发电后将释放出一定电力资源；在储运能力方面，首钢2002年末拥有铁道机车63辆，汽车257辆，其中载重汽车105辆，厂内铁路专用线167.9公里；在旅游资源方面，首钢钢铁工业发展遗址、环境治理成果和特有的文物古迹是宝贵的旅游资源。所有这些资源都为石景山区发展总部经济提供了得天独厚的优势。

首钢搬迁工程是一个北京石景山地区产能逐年削减，同时河北唐山地区新厂逐年建设的过程，首钢的旧设备装置和建筑原地不动，这就给我们制定政策留下了足够的空间。首先要认识到首钢搬迁不是"搬家"，而是一种脱胎换骨的新建，是首钢二次改革和发展的一个良机。所以在首钢搬迁后，为了石景山区发展的兴利除弊，首先在政策制定上，要在首钢本身做足文章，以首钢总部为基础，在石景山区打造一个总部基地，吸引国内外大型冶金企业和重型机电制造业的总部入驻石景山区总部基地。这一战略举措对石景山区经济发展和社会稳定具有举足轻重的作用，但是这个政策的制定必须由北京市甚至于中央政府来制定。这个政策的可行性和可操作性极强，打造石景山区总部基地有以下三点得天独厚的优势。

（1）总部包括企业的决策中心、财务会计结算中心、研发中心、销售中心、物流中心、综合服务中心等，集中了企业高端机构，而石景山区总部基地的特点是集中吸引国内外大型和特大型冶金企业和机电制造业的总部入驻，这些企业的高端机构资源需求与供给是相同的或是相似的，可以进行充分的资源共享，从而大大降低企业的交易成本。

（2）在首钢总部和首钢原有的厂房、设备及其相应的基础设施的基础上，构建石景山区总部基地，可以大大降低总部基地的开发建设成本。

（3）建设石景山区总部基地不仅能引进大量的高级专门人才，而且会提供大量的劳动密集型的服务工作岗位。不仅能解决因首钢搬迁所遗留下来的大量下岗工人的就业问题，而且能大大降低人力资源的社会成本，为石景山区的社会稳定和经济发展提供不可替代的社会效益。

五　国内外部分城市及北京市部分区县总部经济发展状况

（一）国内外部分城市总部经济发展状况

纽约：纽约是全球范围发展总部经济的成功范例，集中了美国许多大公司的总部，全球500强企业中就有46家总部设在纽约。纽约各类企业总部云集，并随之形成了配套的新型服务业，有法律服务机构5346个，管理和公关机构4297个，计算机数据加工机构3120个，财会机构1874个，广告服务机构1351个，研究机构 757 个。

北京：北京市经商务部认定的设立地区总部的跨国公司达 16 家。北京朝阳区商务中心区（简称 CBD）、海淀区中关村科技园和西城区的金融街分别形成了以跨国公司地区总部、高科技企业总部和研发中心，及金融机构为特色的总部经济聚集区。

上海：上海市经商务部认定的跨国公司地区总部有 14 家，入驻上海的外商投资性公司和研发中心的数量不断增长，到 2006 年底分别达到 151 家和 196 家。陆家嘴金融贸易区、张江高科技园区等日益成为上海总部经济发展的典型区域。

（二）北京市部分区县总部经济发展状况

自 2003 年以来，北京丰台总部基地、通州区总部小镇，直接冠以"总部"名称的项目越来越多；而北京海淀区的中关村，朝阳区的 CBD，西城区的金融街，亦庄开发区，定位也具有总部经济特性。

1. 丰台总部基地

丰台总部基地总投资额约 45 亿人民币，占地总面积 65 公顷，建筑总面积 120 万平方米。基地配套设施齐全：总面积约 40000 平方米五星级酒店；面积约 40000 平方米商业配套设施；千余套每套面积约 30 平方米的总部小公寓；几十个面积 200 至 500 平方米的风味餐厅；大型地上、地下停车场；绿化比率占总面积约 50%。正在打造的科技总部新区以中关村科技园区丰台园为核心，向外拓展了 30 平方公里，规划形式多样，既有大型商业、高等教育、住宅的规划，又有绿化隔离地区、花卉种植业、绿色休闲业的规划，为总部产业价值链中的各种规划提供了保证。

总部基地已吸引 170 多家企业签约入驻，包括中国航天时代电子公司、正泰集团、长城汽车、建龙钢铁、德龙股份、中牧股份等。这些企业聚集在一起，不仅为丰台区创造了巨大的税收贡献，而且形成了强大的聚集带动效应。以 2004 年为例，总部基地入驻企业在不到丰台 1% 的土地上就为丰台区政府带来了占该区 16% 的税收。预计到 2008 年，整个总部基地两平方公里的土地上将创造产值 1000 亿元，实现税收 30 亿元以上。入驻企业之间的业务合作与战略合作不断产生，如建龙钢铁与正泰集团于 2005 年底建立了战略合作关系，建龙钢铁正式采用正泰集团的照明设备；新融友联为建龙钢铁提供自动化支持；聚智办公成为新融友联的办公用品提供商；40多家入驻企业成为中国铁通北京南区分公司的客户。

2. 通州主推商业物流业带动总部经济发展

入驻通州区的企业包括苏宁电器连锁集团家电物流基地、北京出版发行物流中心、北京烟草物流中心、香港嘉柏环球有限公司的中国区总部、李宁体育用品有限公司总部等一批现代服务业企业的"中心"、"总部"。特别是日前在北京通州物流基地开工的苏宁采购和结算中心，其辐射范围将扩大到华北地区，苏宁在通州物流基地内的流通量将呈几何级数增长。目前苏宁在通州创造的税收每年约1000万元，而2006年6月份华北区采购和结算中心建成后，当年可实现销售收入30亿元，利税超过5000万元。

六 政 策 建 议

从以上的分析和研究，基本上弄清楚了石景山区发展总部经济的优势和劣势，因此对石景山区发展总部经济，我们提出以下政策建议。

（一）发展总部经济和建设新城区互动

建设现代、绿色、文明的首都新城区是石景山区今后的发展方向和奋斗目标，新城区是经济、政治、文化、社会"四位一体"和谐发展的城区。仅就经济发展而言，石景山区正处在重要的战略转型期，北京城市总体规划对石景山区定位、首钢涉钢产业搬迁和石景山高科技园区正式纳入中关村高科技园区，使石景山区具备了发展总部经济的有利条件，总部经济的发展也势必成为新城区建设的助推器。总部经济发展的核心内容是企业总部的集群分布和合理的价值链分工，区域总部着重在于发展高端服务业，使总部经济形成产业集群和产业链，这正与石景山区今后的发展功能定位不谋而合，也符合新城区的发展建设方向。因此，以"新北京、新奥运、新城区"建设为动力，大力发展总部经济，必将进一步扩大石景山区的经济辐射力和影响力，有力推动石景山区经济和社会的健康发展，使建设现代、绿色、文明的首都新城区这一主旋律更加嘹亮。

（二）制定科学的总部经济发展目标

根据上面的分析论证，我们认为在石景山区发展总部经济是可行的，是可以大有作为的。下一步的工作就是要考虑发展总部经济的目标。总部经济发展的目标可以有以下选择：多元化的地区经济中心、成为全国经济发展中心、国际经济发展中心、有特色产业的经济发展中心。显然，充分发挥石景山区的区情特点，以首钢总部基地为基础，大力吸引国内外大型冶金企业总部和现代重型机电制造业总部入驻石景山区，构建和发展石景山区总部经济。这样，石景山区总部经济发展的目标就是有特色产业的经济发展中心，它不同于丰台区总部，也不同于通州区的物流企业总部，更不同于朝阳区的 CBD 商务中心总部。它充分利用石景山区原有的人文环境和企业文化特点，同时这些企业总部的需求和供给都很相似，他们需要的优惠政策也大同小异，这样就可以大大节约建设成本和交易成本；石景山区政府为这样的企业总部提供服务也可以大大节约社会成本。

（三）积极采取措施，改善石景山区环境质量

石景山区发展总部经济存在的最大问题就是环境质量堪忧。石景山区政府应该制定环境质量目标计划（而不是规划），采取切实可行的措施，目标计划可分两步走：第一步，首钢涉钢部分没有完全迁出石景山区之前，石景山区应该采取哪些措施，环境质量达到什么样的目标；第二步，在首钢涉钢部分完全迁出石景山区之后，石景山区的环境质量必须达到什么样的标准。环境质量是企业总部入驻石景山区所要考虑的一个重要条件，石景山区必须给社会、企业一个可信的承诺。

（四）提升商务设施与服务档次

石景山区的商务设施需加快建设并提升档次。石景山区应该建设四星级、五星级高档宾馆、大厦，因为企业总部需要一个完全现代化和高度信息化和自动化的办公条件。同时现代化的金融服务、餐饮业和娱乐业等基础配套设施也要相应跟上。

（五）加强招商引资，拓宽融资渠道

基础设施的建设需要大量的资金，这是摆在石景山区的最大难题。石景山区可以制定相应的引资招商政策，采取多元化投资方案。资金的来源可以是中央政府、北京市政府、大企业集团，也可以是民营资金，特别是目前在我国存在大量

的民间游资，例如，山西民间财团、温州民间财团，如果把这些民间游资吸纳过来，可以大大加快我们总部经济的发展步伐，而且可以稳定这部分资金，避免参加各地的炒房活动，有利于我国的宏观经济发展。

（六）制定石景山总部经济发展相关政策

制定并落实石景山区发展总部经济的专项政策，其中主要有税收优惠政策、财政支持政策、投资（吸引外资和民间资金）政策、人才引进政策、教育培训政策等。这一问题应列专题研究。

（七）充分发挥首钢优势，发展特色总部经济

石景山区要和首钢互动合作，共建石景山区总部经济区，充分发挥首钢总部留在石景山区的优势，和首钢密切合作，求得合作共赢。同时，利用首钢搬迁遗留下的厂址、厂房和冶金设备，建立我国第一座高档次、多功能的冶金工业遗产博物馆，而且将它纳入总部经济建设的重要内容。这又是石景山区发展总部经济的一大特色。

（八）提高政府服务水平优化政策环境

总部经济是一种自然的经济形态，发展总部经济应当把握好"政企分开"、"政资分开"、"利税分开"等三个原则。但是，石景山区政府完全可以通过提高政府服务水平，加大政策引导力度，大力促进石景山区总部经济的快速发展。

总部经济概念的提出，一个十分重要的意义就是能够开拓一种区域间合作的新思路、新模式。"总部经济"理论强调企业经济是有配套成本的，同时也是有外部性的。它的一个理念是通过内聚效应和扩散效应而形成产业链，进而将资源有效整合起来，开创一种新的合作模式，变水平的恶性竞争为垂直价值链不同区段上的友好合作。

附　录
Appendix

一　全国部分城市新近出台鼓励总部经济发展的政策辑要

广州市鼓励外商投资设立总部和地区总部的规定

穗府办〔2006〕34号

第一条　为进一步扩大对外开放，改善投资环境，促进经济发展，根据有关法律、法规，结合本市的实际情况，制定本规定。

第二条　本规定所称的总部是指外国投资者在本市（含从化、增城两县级市，下同）投资设立的，对其在中国境内或以外区域所投资的企业行使经营和管理职能的唯一总机构。

本规定所称的地区总部是指外国投资者在本市投资设立的，对其在中国一定区域内所投资的全部或部分企业行使经营和管理职能的总机构。

总部和地区总部可以投资性公司、管理性公司、研发中心或具有总部性质的生产性企业等形式设立。

第三条　广州市对外贸易经济合作主管部门（以下简称市外经贸主管部门）负责外商投资在本市设立总部和地区总部的认定和组织实施工作，协调有关部门对总部和地区总部实施行政管理。

工商、财税、外事、公安等部门在各自职权范围内，依法对总部和地区总部实施行政管理。

第四条 经商务部批准在本市设立的投资性公司，可以申请认定为总部或地区总部。

以管理性公司、经认定的外商投资研发中心、具有总部性质的生产性企业形式申请设立或认定为总部或地区总部的，必须同时具备以下条件。

（一）母公司资信良好，申请前一年资产总额在 3 亿美元以上。

（二）在中国境内外投资或被授权管理的企业合计 3 个以上，且对其负有管理和服务职能。

（三）在中国境内投资的企业或被授权管理的企业实际缴付的注册资本出资额合计 3000 万美元以上。

（四）注册资本在 200 万美元以上。

（五）具有独立法人资格。

第五条 在本市设立的总部或地区总部除其原有经营范围外，按照法律、法规、规章的规定，还可以从事以下部分或全部经营、管理和服务活动。

（一）在国家允许外商投资的领域内进行投资及经营决策。

（二）市场营销服务。包括代理所管理企业的进出口业务和商品分销业务，或提供售后服务等。

（三）资金运作与财务管理。经外汇管理部门批准并接受其监督，可在其管理的企业之间平衡外汇；经银行业监督管理部门批准，可选择境内银行建立资金总库，统一调配境内所管理关联子公司的自有资金余缺；可以协助其管理的企业寻求贷款及提供担保。

（四）技术支持和研究开发。

（五）员工培训与管理。协助其管理的企业进行人力资源管理。

（六）信息及物流服务。为其管理的企业提供市场信息、投资政策咨询、运输、仓储等综合服务。

（七）承接境外公司的服务外包业务。

（八）法律、法规、规章规定的其他经营、管理和服务活动。

第六条 外国投资者在本市已设立的投资性公司、管理性公司、研发中心或具有总部性质的生产性企业（以下简称已设外商投资企业）申请认定为总部或地区总部的，应当向市外经贸主管部门提出申请，并提交下列材料。

（一）已设外商投资企业法定（授权）代表人签署的申请书。

（二）母公司法定（授权）代表人签署的设立总部或地区总部及履行基本职能的授权文件。

（三）已设外商投资企业的批准证书、营业执照及验资报告（均为复印件）。

（四）母公司的资信证明文件、注册登记文件（复印件）和法定代表人证明文件。

（五）接受总部或地区总部管理和服务的企业名单（附企业批准证书、营业执照复印件和验资报告复印件）。

（六）母公司对拟任总部或地区总部法定代表人的授权文件和拟任总部或地区总部法定代表人相应的身份证明文件。

（七）法律、法规及规章规定的其他材料。

新设立管理性公司、研发中心或具有总部性质的生产性企业，申请认定为总部或地区总部的，除本条上述所列材料外，还须提交下列材料。

（一）拟设立管理性公司、研发中心或具有总部性质的生产性企业的章程及可行性研究报告。

（二）公司场地来源的合法证明（复印件）。

（三）母公司最近 3 年的资产负债表。

（四）母公司委派的董事会成员名单。

（五）法律、法规及规章规定的其他材料。

以上材料未列明提供复印件的，应当提供文件的正本。委托中介机构办理设立申请手续或提供非母公司法定代表人签字文件的，应当出具相关委托授权书。

第七条　市外经贸主管部门应当在收到全部申请材料之日起 15 个工作日内完成认定工作，符合条件的，作出认定决定，发给认定证书。

第八条　经认定为总部的，市政府奖励 500 万元人民币；经认定为地区总部的，市政府奖励 200 万元人民币。

第九条　对在本市新设立机构并被认定为总部或地区总部，其本部购置、自建自用办公用房（不包括附属和配套用房）的，按建筑物办公用途部分的建筑面积计算，给予每平方米 1000 元人民币补贴，补贴在 3 年内分期支付完毕，享受补贴期间办公用房不得对外租售；其本部租赁自用办公用房的，在 3 年内每年按照其国土房管部门公布的当时、当区域、当路段的房屋租赁市场租金参考价的 30% 予以租金补贴，享受补贴期间不得转租，不得改变办公用房的用途。

对本规定实施前已在本市设立机构并被认定为总部或地区总部，因本部业务发展需要新购建或新租赁自用办公用房的，按上述标准的50%给予补贴。

对外商投资总部或地区总部购置、自建自用办公用房和租赁办公用房给予补贴的建筑面积以市国土房屋主管部门核定为准。

总部或地区总部违反上述规定租售、转租办公用房或改变办公用房用途的，应当退还已经领取的补贴并按银行同期贷款利率补交利息。

第十条 对以总分机构形式设置的总部和地区总部，以及对本市经济发展有突出贡献、取得良好经济和社会效益的总部和地区总部，市政府将给予奖励。具体办法由市财政主管部门和市外经贸主管部门制定实施。

对本市经济发展作出突出贡献的总部或地区总部的外籍高级管理人员，市政府将予以表彰。

第十一条 经认定为总部或地区总部的，可享受国家规定的税收优惠政策。

经市政府报省政府批准，总部或地区总部可依照国家有关规定享受免征或减征地方所得税的优惠。

总部或地区总部新建或购置的房产，自新建落成或购置之月起，实行3年免征城市房地产税。

总部或地区总部投资设立研发机构、从事技术转让、技术开发业务和与之相关的技术咨询、技术服务取得的收入，免征营业税。

属于国家鼓励类外商投资产业的总部或地区总部，在投资总额内进口自用设备，除国家规定不予免税进口商品外，免征进口关税和进口环节增值税。

总部或地区总部的外籍员工可以按照有关规定享受住房补贴、探亲费、子女教育补贴等方面的个人所得税优惠政策。

第十二条 经认定为研发中心的总部或地区总部，可享受国家和本市对外商投资研发中心的优惠政策。

总部或地区总部按规定考核确认为外商投资先进技术企业或产品出口企业的，可享受相应的优惠政策。

第十三条 总部或地区总部以来料加工贸易方式保税进口原材料、零部件给境内投资或授权管理的生产企业加工，该生产企业可向其主管征税的税务机关申报办理免征其加工或委托加工货物工缴费的增值税。

第十四条　鼓励和支持总部或地区总部在本市设立跨国采购中心和物流中心。跨国采购中心和物流中心依照国家有关规定，经批准可以取得进出口经营权，出口货物可以享受退税政策。

总部或地区总部可以根据生产需要，申请设立保税仓和保税厂。

第十五条　经市政府报省政府批准，总部或地区总部可享受行政事业性收费限额封顶或缴费比例下浮优惠。

总部或地区总部所需的水、电、气、通信等公共设施，市有关部门应积极支持，统筹安排。

第十六条　鼓励和支持总部或地区总部以参股、收购、兼并、承包、租赁、托管等方式参与本市企业的改革、改造和改组。重组后的企业，达到有关法律、法规规定的外商投资企业标准的，可享受外商投资企业待遇。

第十七条　经外汇管理部门批准，总部或地区总部可以在现行委托贷款的法律框架下，以外汇头寸日内集中方式，在指定银行对境内成员公司的外汇资金进行集中管理。

总部或地区总部设立的财务中心或者资金中心经外汇管理部门批准，可以在境内指定银行开立离岸账户用于集中管理境外成员公司的外汇资金。离岸账户收入范围为境外成员公司汇入的外汇资金和境内成员公司经外汇管理部门批准用于境外放款的外汇资金；支出范围为向境外成员公司汇款。

经外汇管理部门批准，总部或地区总部在开展境外放款业务时，可按国家有关规定办理远期结售汇、人民币与外汇掉期业务。

总部或地区总部符合相关资格条件的，可以向外汇管理部门申请认定地区总部境外放款资格。

经外汇管理部门批准，对现行法规未明确的非贸易售付汇项目的审批权限，金额在等值10万美元（含）以下的非贸易售付汇项目由外汇指定银行审核办理，金额在等值10万美元（不含）以上的，由外汇局审核后到指定银行办理支付手续。

第十八条　对总部或地区总部中国籍人员因商务需要赴香港、澳门、台湾地区或者国外，提供出境便利。

总部或地区总部的外籍高级管理人员和技术人员需要多次临时入境的，可以申请办理6个月至1年多次入境有效的访问签证；需要在本市长期居留的总部或地区总部外籍人员，可以申请办理 1～5 年有效的外国人居留许可；需要临时来本市的总部或地区总部外籍人员，可以按照国家有关规定向公安部门申请口岸签证入境。

第十九条 总部或地区总部的外籍高级管理人员家属出入境、居留、子女入学等，可按规定享受便利。

第二十条 市外经贸主管部门对经认定的总部和地区总部进行监督管理，对不再具备总部和地区总部条件的，取消其认定证书，并终止所享受的相关政策。

第二十一条 在本市设立的总部或地区总部适用本规定，外商投资金融机构的总部和地区总部适用《广州市支持金融业发展意见的若干实施细则》。

第二十二条 香港、澳门、台湾地区的投资者在本市设立总部或地区总部的，参照本规定执行。

第二十三条 本规定所称的高级管理人员，是指在总部或地区总部担任董事长、副董事长、总经理、副总经理和监事长等职务的高级管理人员。

本规定所称"以上"除特别说明外，均包括本数在内。

第二十四条 本规定由市外经贸主管部门负责解释。

第二十五条 法律、法规和规章对总部或地区总部另有规定的，从其规定。

第二十六条 本规定自颁布之日起施行，有效期 5 年。

广州市人民政府

2006 年 10 月 16 日

天津市促进企业总部和金融业发展优惠政策

津财金〔2006〕6 号

第一条 为促进我市经济加快发展，鼓励境内外企业来本市设立总部或地区总部，大力发展金融业，制定本政策。

第二条 本规定所称的总部或地区总部，是指境内外企业在本市设立的以投资或授权形式，对多个区域内的企业、机构行使管理或服务职能的唯一法人机构。

外国跨国公司以独资的投资性公司、管理性公司等企业组织形式，在本市设立地区总部。

在本市设立的地区总部，应符合下列条件：

（一）具有独立法人资格；

（二）母公司的资产总额不低于30亿元人民币；

（三）母公司已在中国投资累计总额不低于2亿元人民币；

（四）在中国境内外投资或者授权管理的企业不少于3个，且对其负有管理和服务职能；

（五）实行统一核算，并汇总缴纳企业所得税。

符合本条规定的外商管理性公司注册资本应不低于2000万元人民币。

第三条 对在本市新设立的总部或地区总部给予一次性资金补助，注册资本10亿元人民币（含10亿元人民币）以上的，补助2000万元人民币；注册资本10亿元人民币以下、5亿元人民币（含5亿元人民币）以上的，补助1500万元人民币；注册资本5亿元人民币以下、1亿元人民币（含1亿元人民币）以上的，补助1000万元人民币。

第四条 总部或地区总部及其在本市投资企业所需的水、电、气、热、通信等公共设施，市有关部门要积极支持，统筹安排，优先保证供应，供应的价格政策和收费政策享受本市企业的同等待遇。

第五条 总部或地区总部引进外省市和出国留学人员及外方高级管理人才，需解决本市常住户口或本市居住证的，可向人事部门提出申请，经审核符合条件的，可予解决本人、配偶及未成年子女的常住户口或本市居住证，其子女入园、入学可享受相应的待遇。

第六条 总部或地区总部按照不超过职工工资总额15%的比例为职工缴存的住房公积金可税前扣除并免征个人所得税。总部或地区总部职工按照不超过其工资总额15%的比例缴存的住房公积金免征个人所得税。

第七条 总部或地区总部聘任的境外、国外高级管理人员，按规定缴纳的个人所得税高于境外、国外的部分，由同级财政部门返还其已缴纳个人所得税地方留成部分。

第八条 对金融企业在本市规划的金融区内新购置办公用房，按每平方米1000元的标准给予一次性补助。

第九条 对在本市新设立的金融企业，自开业年度起的三年内由同级财政部门减半返还营业税；自盈利年度起的三年内由同级财政部门全额返还企业所得税地方分享部分；对新购建的自用办公房产，免征契税，并免征房产税三年。

第十条 在 2010 年底前，金融企业向本市中小企业、个人和农户发放贷款和扩大集合信托规模，年末余额每增加 1 亿元，由市财政资助 15 万元。

第十一条 对金融企业连续聘用 2 年以上的高级管理人员（指符合金融机构高级管理人员任职资格的人员），在本市行政辖区内第一次购买商品房、汽车或参加专业培训的，由同级财政部门按其上一年度所缴个人工薪收入所得税地方留成部分予以奖励，累计最高奖励限额为购买商品房、汽车或参加专业培训实际支付的金额，奖励资金免征个人所得税。奖励期限原则上不超过 5 年。

第十二条 本规定由市财政局、市发改委负责解释。

第十三条 本规定自 2007 年 1 月 1 日起执行。

天津市财政局

2006 年 5 月 8 日

南京市鼓励境内外大型企业设立
总部或地区总部的暂行规定

宁政发 ［2007］46 号

第一条 为鼓励境内外大型企业在南京设立总部或地区总部，促进我市总部经济快速发展，根据有关法律、法规，结合本市实际，制定本规定。

第二条 本规定所称总部是指境内外投资者在本市投资设立的，对其在中国境内外所投资的企业、机构行使经营、管理和服务职能的唯一法人机构。

本规定所称地区总部是指境内外投资者在本市投资设立的，对其在中国境内外一定区域内所投资的全部或部分企业行使经营、管理和服务职能的法人机构。

第三条 在本市范围内设立的境内外大型企业总部或地区总部，适用本规定。

第四条　市发改委负责境内大型企业在本市设立总部或地区总部的认定，协调有关部门落实本规定相关政策。

市外经贸局负责境外跨国公司在本市设立总部或地区总部的认定，协调有关部门落实本规定相关政策。

市财政、税务、公安、工商、人事等部门，应当按照各自的职责协同做好本规定相关政策的落实。

第五条　境内外投资者在南京设立企业总部或地区总部，由市发改委或市外经贸局对下列文件进行审查，并作出认定。

（一）以投资性公司形式设立的企业总部或地区总部

1. 投资性公司法定代表人签署的申请书；

2. 母公司法定代表人签署的企业总部或地区总部基本职能的授权文件；

3. 母公司的注册登记文件（复印件）和法定代表人身份证明文件（复印件）；

4. 投资性公司的批准证书（外资企业提供）、营业执照及验资报告（均为复印件）；

5. 母公司或投资性公司在中国境内所投资企业的批准证书（外资企业提供）、验资报告及营业执照（均为复印件）。

（二）以管理性公司、服务性公司或具有总部性质的生产性企业等形式设立的企业总部或地区总部

1. 由投资者签署的设立管理性公司、服务性公司或具有总部性质的生产性企业等公司的申请报告；

2. 投资者签署的设立企业总部或地区总部基本职能的授权文件；

3. 投资者的注册登记文件（复印件）和法定代表人身份证明文件（复印件）；

4. 投资者在中国境内已投资设立的企业批准证书（外资企业提供）、营业执照和验资报告（均为复印件）。

上述文件注明为复印件的，在申请时应出示原件或在复印件上加盖企业公章，并注明与原件一致。上述文件未注明为复印件的需提供原件。非法定代表人签署文件的，需出具法定代表人授权委托书。委托依法设立的中介机构办理设立申请手续的，需出具由投资者法定代表人签署的授权委托书。

市发改委和市外经贸局应当在收齐上述材料之日起 10 个工作日内完成审查、认定工作。

第六条　在本市设立并经认定的总部或地区总部，具备下列条件的，可以享受本规定的相关政策：

（一）具有独立法人资格；

（二）母公司资产总额不低于 15 亿元人民币；

（三）母公司在中国投资累计总额不低于 2 亿元人民币；

（四）在中国境内外投资或授权管理和服务的企业不少于 3 个，且实际缴付的注册资本金合计不低于 2 亿元人民币；

（五）实行统一核算，并在本市汇总缴纳企业所得税。

国内行业排名前五名企业和成长性、具备发展潜力企业在我市设立总部的认定条件可适当降低。

第七条　对新引进的企业总部和地区总部，在企业营运初期，按照"谁受益、谁负担"原则予以适当补助。

对新引进的企业总部和地区总部，在南京市购买自用办公用房的，按购房房价一次性给予 1.5％ 的补贴；租赁自用办公用房的，三年内按年租金给予 1.5％ 的补贴。所需资金由所在区（县）财政负担。对自建办公用房的给予适当扶持。

第八条　对新引进入驻河西新区 CBD 的金融企业总部或地区总部按照宁政发〔2005〕132 号文件相关规定执行。

（一）对注册资本达到一定规模的给予一次性资金补助：注册资本 10 亿元（含 10 亿元）人民币以上的，补助 1000 万元人民币；注册资本 10 亿元人民币以下、5 亿元（含 5 亿元）人民币以上的，补助 800 万元人民币；注册资本 5 亿元人民币以下、1 亿元（含 1 亿元）人民币以上的，补助 500 万元人民币。

（二）对新引进入驻河西新区 CBD 金融机构总部副职待遇以上、地区总部正职待遇以上高级管理人员在河西新区租房居住的，按每个职位每月 1500 元的标准给予补贴。被入驻河西新区 CBD 的金融总部或地区总部连续聘用 2 年以上的高级管理人员，在河西新区购买商品房的，按其上一年度所缴个人工薪收入所得税地方留成部分的 80％ 予以奖励。

第九条　对在本市设立的具有研究开发功能的企业总部或地区总部，符合税收政策规定的，可以享受《关于鼓励在宁设立科技研发机构若干政策的意见》

（宁政发〔2002〕278 号）及其实施细则等规定的有关优惠政策。

企业总部或地区总部的外籍人员以非现金形式或实报实销形式取得的住房补贴、伙食补贴、搬迁费、洗衣费、出差补贴、探亲费、语言培训费、子女教育费等，由纳税人提供合法有效凭证，经主管税务机关核准后，免征个人所得税。

企业总部或地区总部及职工个人分别在不超过职工本人上一年度月平均工资12% 的幅度内，其实际缴存的住房公积金，允许在个人应纳税所得额中扣除。单位和职工个人缴存住房公积金的月平均工资不得超过南京市上一年度职工月平均工资的 3 倍。单位和个人超过上述规定比例和标准缴付的住房公积金，应将超过部分并入个人当期的工资、薪金收入，计征个人所得税。

第十条　行使投资管理的企业总部或地区总部可以建立统一的内部资金管理体制，对自有资金实行统一管理；涉及外汇资金运作的，按照《国家外汇管理局关于跨国公司外汇资金内部运营管理有关问题的通知》（汇发〔2004〕104号）有关规定执行。

第十一条　支持企业总部或地区总部依法取得外贸进出口权，为其所投资和授权管理的企业进口自用设备、原材料及出口产品。

鼓励企业总部或地区总部在本市设立跨国采购中心和物流中心。跨国采购中心和物流中心依照国家有关规定，经批准取得进出口经营权后，可以享受退税政策。

第十二条　企业总部或地区总部及其在本市的投资企业所需的水、电、气、热、通信等公共设施，市有关部门应当积极支持，统筹安排，优先保证供应。供应的价格政策和收费政策与本市企业享受同等待遇。

第十三条　企业总部或地区总部及其所属的研究开发机构引进的具有大学本科以上学历、确实属于本市紧缺的中方高级专业技术人员和管理人员，经市人事局批准，可以享受下列政策：

（一）办理人才引进手续；

（二）优先晋升高级职称；

（三）解决本人、配偶及其未成年子女的常住户口；

（四）子女入园、入学可享受本市居民待遇。

第十四条　为因商务需要赴香港、澳门、台湾地区或者国外的企业总部或地区总部中中国大陆员工提供出境便利。

（一）赴香港、澳门

对因商务需要赴香港、澳门地区的企业总部或地区总部的中国大陆员工，可以申请办理多次有效的《往来港澳通行证》。

（二）赴台湾

对因商务需要赴台湾地区的企业总部或地区总部的中国大陆员工，如提供入台许可证和国务院台办批件，可凭本市户口簿和身份证优先办理《大陆居民往来台湾通行证》。

（三）出国

对因商务需要出国的企业总部或地区总部的中国大陆员工，可凭本市户口簿和身份证在本市申办护照。

第十五条　对设在本市的外国跨国公司企业总部或地区总部中的外籍人员：

（一）对设在本市的外国跨国公司企业总部中需要多次临时入境的外籍人员，可以申请一年多次入境有效签证；对其中需要多次临时入境的外籍高级管理人员和高科技人才，可按规定申请二至五年多次入境有效签证。

（二）对需在企业总部或地区总部工作并长期居留的外籍法定代表人、总经理、副总经理、财务总监等外籍高级管理人员和高科技人才，可按规定申请办理二至五年有效的外国人居留许可。

（三）对受企业总部或地区总部邀请临时来本市的外籍人员，如因紧急事由未及时在中国驻外使领馆申办签证的，按照国家有关规定可向省公安厅口岸签证部门申请口岸签证（按规定不受理口岸签证的国家公民除外）。

第十六条　本规定自发布之日起施行，有效期五年。

南京市鼓励境内外大型企业设立总部或
地区总部暂行规定的实施细则

第一条　根据《南京市鼓励境内外大型企业设立企业总部或地区总部暂行规定》（以下简称《暂行规定》），制定本实施细则。

第二条　申请认定企业总部或地区总部的机构应已在南京市工商行政管理局登记注册，并具有独立法人资格。

第三条　企业总部或地区总部经营、管理和服务的企业和机构可在本市及本市以外地区登记注册，如其中的企业和机构为非独立法人，应由其总部统一核算，并在我市汇总缴纳所得税。

第四条 申请认定境内企业总部或地区总部的机构向市发改委提交填写完整的《境内（外）企业总部和地区总部认定申请表》（以下简称《申请表》）和《暂行规定》第五条中要求提供的附件材料。申请认定境外企业总部或地区总部的机构向市外经贸局提交填写完整的《申请表》和《暂行规定》第五条中要求提供的附件材料。

第五条 经审查符合认定条件的，市发改委和市外经贸局应向申请单位颁发《企业总部和地区总部认定证书》，同时将认定证书（复印件）和认定申请表（复印件）抄报市政府，并抄送相关部门和所在区县（开发区）。

第六条 经认定的企业总部和地区总部，可向相关部门和所在区县（开发区）提出落实相关政策的申请，市相关部门和所在区县（开发区）应根据《暂行规定》，及时兑现相关政策。

第七条 《暂行规定》施行之日后注册成立并经认定的企业总部和地区总部，可享受《暂行规定》中第七条至第十五条的相关政策；《暂行规定》施行之日前注册成立并经认定的企业总部和地区总部，除可享受第九条至第十五条的相关政策外，因本部业务发展需要新购建或新租赁自用办公用房的，新增部分可享受《暂行规定》中第七条、第八条的扶持政策。

第八条 享受自建、购买办公用房扶持政策的企业总部和地区总部，五年内不得出租或销售其房产。享受租赁办公用房扶持政策的企业总部和地区总部，三年内不得转租其办公用房或改变办公用房的用途。企业总部或地区总部违反上述规定租售、转租办公用房或改变办公用房用途的，应当退还已经领取的补贴并按银行同期贷款利率补交利息。

第九条 经认定的企业总部和地区总部，其自身及其经营、管理和服务范围发生变化，应及时向原认定部门报送变更情况。变更后仍符合企业总部和地区总部资格条件的，可继续享受《暂行规定》中的相关政策，变更后不符合企业总部和地区总部资格条件的，将不再享受相关政策，并由原认定部门收回其《企业总部和地区总部认定书》。

第十条 本操作办法由南京市发展和改革委员会和南京对外贸易经济合作局负责解释，自《暂行规定》发布之日起执行。

关于鼓励国内大企业在浦东新区设立总部的暂行规定

浦府〔2004〕192 号

第一条　（目的和依据）

为支持国内大企业在浦东新区设立总部，进一步发挥浦东新区对内开放、服务全国的辐射效应，根据国家有关法律法规和《上海市人民政府印发修订后的〈关于进一步服务全国扩大对内开放若干政策的意见〉的通知》（沪府发〔2001〕43 号）精神，结合新区实际，制定本规定。

第二条　（适用范围）

在浦东新区范围内设立的国内大企业总部或地区总部，适用本规定。

第三条　（管理部门）

国内大企业总部设立有关工作，由上海市浦东新区人民政府协作办公室（以下简称"新区协作办"）牵头，财政局、计划局、工商分局、投资办参加，实行一门式联合认定。相关职能部门按照各自职责范围，负责相应的行政管理，投资办做好一门式联合认定的协调服务工作。

第四条　（认定条件）

申报企业同时符合以下条件的，可以认定为浦东新区国内大企业总部。

（一）申报企业必须注册在浦东新区，具有独立法人资格，经营期 10 年以上，在浦东新区的自有固定资产投资达到 5000 万元以上，或注册资金（本）达到 1 亿元以上，或连续两年年销售额在 5 亿元以上。

（二）主要投资者为总资产达到 20 亿元或净资产达到 6 亿元以上的市外内资企业，并在申报企业直接投资入股的注册资金（本）中所占比例达到 2/3 以上。

（三）必须具有全国性或区域性行政管理、营销、结算、投资决策等职能。

（四）在管理区域内投资或者授权管理的企业不少于 5 个，其中至少有 1 个是跨省企业。

注册在浦东新区、具备独立法人资格、符合以上第（二）项条件、经认定的市级、国家级技术研发中心，可认定为地区总部。

第五条 （认定程序）

国内大企业总部认定，按下列程序进行：

（一）申报企业向新区协作办提出书面申请。

（二）新区协作办在收齐有关资料后 10 个工作日内会同财政局、计划局、工商分局进行审核。

（三）经审核确认符合条件的企业，由新区协作办在 10 个工作日内给予批复；对不符合条件的企业，新区协作办应当在 5 个工作日内给予明确答复并说明理由。

第六条 （认定材料）

申请认定国内大企业总部，需报送下列材料（1 式 4 份）：

（一）浦东新区国内大企业总部认定申请表。

（二）主要投资者（母公司）出具申报企业为国内大企业总部的书面材料。

（三）申报企业营业执照副本、税务登记证副本、公司章程、验资报告复印件。

（四）申报企业近期（1 年以内）经审计的资产负债表及损益表。

（五）申报企业投资或者授权管理企业的营业执照及验资报告，主要投资者委托申报企业进行授权管理的委托书复印件。

（六）投资者须提供营业执照副本复印件；投资者中如有自然人，须提供身份证复印件。

（七）投资者须提供近期（1 年以内）经审计的资产负债表及损益表。

（八）研发中心申请地区总部须提供认定为市级、国家级技术研发中心的资格证书复印件。

第七条 （财政支持）

对新注册在浦东新区且由新区税务局直接征管的国内大企业总部，自认定之日起，其 2 年内实现的增加值、营业收入、利润总额形成的区地方财力部分，可全额补贴给企业，第三年减半补贴。

第八条 （工商支持）

工商分局为引进大企业总部办理有关手续提供"绿色通道"。在受理企业不涉及前置审批的登记或变更登记手续时，凡材料齐全的，在 3 个工作日内完成登记。

第九条　（设立研发中心）

支持国内大企业总部在浦东新区设立研究中心和技术开发中心。经认定为国家级、市级或区级技术开发中心的，可享受《关于鼓励浦东新区企业技术开发机构发展的若干意见》的有关支持政策。

第十条　（人才引进）

国内大企业总部可按照有关规定引进紧缺急需的专业技术人员、管理人员和高级技术工人，如需解决上海市常住户口或上海市居住证，可向浦东新区人事部门提出申请；经审核符合条件的，可予解决本人、配偶及未成年子女的常住户口或上海市居住证。

第十一条　（子女就学）

对国内大企业总部员工子女需在浦东新区范围内就读幼儿园到初中阶段的，可按照就近入学的原则和《上海市中小学学籍管理办法》安排就读。

第十二条　（劳动保障与培训）

国内大企业总部聘用的本市户籍人员，可以按照有关规定参加小城镇社会保险，缴费基数为上年全市平均工资的60%，缴费比例为25%．企业还可以根据自身经济能力，自主确定补充保险的缴费比例。企业按上海市规定的比例或标准，为全体员工缴纳的社会保险费（补充保险费）可在税前列支。

国内大企业总部招用本市户籍的劳动力，凡参加规定的定向培训补贴项目，职业培训对象为失业、协保人员或农村富余劳动力的，可以享受培训费用的全额补贴；为企业在职职工参加规定的职业培训的，可以享受培训费用50%的补贴。

第十三条　（出入境手续）

浦东新区在规定权限范围内简化大企业总部员工因公出入境审批手续。对确因工作需要，经有出国任务审批权的上级单位同意和委托，大企业总部按规定程序提出申请，经市有关部门批准的，可予办理1年内1次审批、多次出国和半年内多次往返港澳的手续。

第十四条　（政治待遇）

国内大企业总部有权参加本市及浦东新区精神文明创建活动和各项社会活动。可按有关部门规定和程序，选派代表参加市、区有关参政议政活动，并可参加本市、区各类先进、模范的推荐、评选和奖励。

第十五条 （购房优惠）

国内大企业总部购买本市商品房（包括住宅和非住宅）的，减半缴纳交易手续费；一次性购买 1000 平方米以上（含 1000 平方米）商品房的，可享受契税税款 50% 的地方贴费。在同等条件下，对国内大企业总部优先提供总部办公楼建设用地。

第十六条 （支持发挥功能）

浦东新区各相关部门按照国家有关法律、法规，支持国内大企业总部发挥综合管理中心、投资决策中心、内外贸易中心、资金运作中心、财务管理中心等功能，并为其提供优质高效服务。

第十七条 （施行日期）

本规定自发布之日起施行，其中第七条（财政支持）执行至 2010 年 12 月 31 日止。

重庆市渝中区关于培育扶持总部企业
加快总部经济发展的意见

渝中委发［2006］24 号

进一步提升城区集聚辐射能力和综合竞争力，实现渝中经济持续快速发展，经区委、区政府研究决定，现就培育扶持总部企业、加快发展总部经济提出如下意见。

一、充分认识培育扶持总部企业加快发展总部经济的重要意义

1. 总部经济是指通过跨国公司（财团）、大型企业集团的总部或区域性分支机构在城市特定区域的集聚，带动经济发展的一种经济形态，具有强大的产业乘数、税收贡献、消费带动、品牌带动等效应。渝中区作为重庆的商贸、金融、信息、文化中心和对内对外开放的"窗口"，拥有发展总部经济的良好外部条件、现实基础和比较优势。把握机遇，扬长避短，推动总部经济加快发展，是我区深化发展内涵，壮大经济总量，增强区域经济活力，强化综合服务功能和辐射集聚能力的重要举措，对于进一步扩大渝中影响力和知名度、提高整体竞争力有着极其重要的作用。

2. 加快发展总部经济的指导思想：坚持以"三个代表"重要思想为指导，

树立落实科学发展观，立足渝中、服务重庆、面向国内外，强化产业导向和政策导向作用，营造适宜创业发展和生活居住的良好环境，培育扶持一批总部企业做大做强，吸引一批国内外大型企业集团总部或区域性分部来区发展，汇聚形成强大的资金流、信息流、物流和人流，推动我区经济建设再上新台阶，为重庆建设长江上游经济中心作出积极贡献。

二、切实营造总部经济发展的良好环境

3. 着力构建完善完备的设施环境。加快道路建设改造，加强重要节点和路段交通疏导，完善智能停车引导系统，强化科学管理，改善城市交通。建设"数字渝中"，构建多层面信息体系，提供方便、快捷、全面的资讯服务。全力推进解放碑中央商务区建设，不断完善配套服务功能，着力将其建设成为西部第一商务区和最具魅力与品位的现代都市标志。加强对区域内商务楼宇建设的引导，鼓励区域内写字楼和高档宾馆按照国际化标准提升服务水平。同时，强化土地整治储备，提高土地使用效率，为总部企业入驻发展提供空间和载体。

4. 着力打造文明和谐的人文环境。提高城市文化品位，挖掘文化底蕴，抓好一批高档次文化娱乐休闲设施建设，丰富文化娱乐活动。坚持以人为本，重在建设，加强精神文明创建工作，不断提高市民素质和城区文明程度。提高城市现代化管理水平，推进市容市貌综合整治，加强生态、环保建设，营造舒适优美的城市环境。深化"平安渝中"创建工作，强化社会治安综合治理，加大打击力度，创造安全有序的社会治安环境。

5. 着力建设高效开放的政务环境。围绕建设责任政府、"阳光"政府和服务型政府，依法行政，公正司法，不断强化政府服务功能，着力形成行为规范、运转协调、公正透明、廉洁高效的管理体制。进一步明晰政府职能部门分工职责，简化工作程序，减少行政许可和行政审批，提高工作效能。进一步扩大政务公开，完善企业与政府交流、沟通的平台。坚决制止乱摊派、乱收费、乱罚款等现象，进一步清理各项行政事业收费项目，降低企业营运成本。规范市场经济秩序，健全社会信用体系。

三、培育扶持总部企业加快总部经济发展的政策措施

6. 享受扶持政策措施的对象：

（1）工商注册、税务登记在渝中区且集中核算、统一纳税；在渝中区外设有分支机构；所得税在渝中区集中汇缴，非独立核算分支机构按统计法规纳入渝中区统计口径的企业（含房地产企业）。以上三条必须同时具备。

（2）非经营性企业集团总部（含市级行政性控股集团）。

7. 支持总部企业发展的政策：

（1）凡来我区新设立总部企业的，从开办之日起 3 年内，当年入库增值税、营业税、企业所得税全口径收入 100 万元以上（含 100 万元）且年销售 1 亿元以上（含 1 亿元）的企业，按企业入库增值税、营业税、企业所得税区财政贡献的 50% 扶持企业发展，其中，30% 用于奖励班子。

（2）对当年入库增值税、营业税、企业所得税全口径收入达到 300 万元以上（含 300 万元）的企业，每年按企业当年入库增值税、营业税、企业所得税区财政贡献的 3% 奖励该企业经营班子；若该企业当年区财政贡献比上年有所增长，则对增长 10% 以上的部分按 20% 奖励经营班子。

（3）对年销售额达到 5 亿元以上（含 5 亿元）的企业，按销售额 5 亿元则奖励企业经营班子 2 万元；在此基础上每增加销售额 1 亿元，增加奖励 4 千元。

（4）对在我区首次购房总价款 200 万元（含 200 万元）以上，用于企业自用办公或经营的，在购房当年或一年内缴纳契税的企业，区财政一次性安排购该房契税的全额予以扶持发展。

8. 新入驻且对我区产业结构调整、社会经济发展和税收有突出贡献的总部企业可专题研究，给予支持。

9. 开通"总部企业绿色服务通道"，由工商、税务、城建、城管、环保、卫生、教育、公安等部门和街道对总部企业实施"绿色通道服务"，对总部企业经营班子成员的就医及其子女就学按我区有关办法提供服务。（具体办法另行制定）

四、建立完善培育扶持总部企业加快发展总部经济工作服务体系

10. 区改革开放领导小组统筹协调总部经济发展工作，研究解决总部经济发展中的重大问题。设总部经济发展工作办公室（简称"总部办"），办公室设在区财政局，由分管财政的区政府副区长任办公室主任。总部办具体负责协调联络政府各部门，掌握总部企业的入驻及过程追踪等动态信息并实施效果评估；建立总部企业的基本信息、资料档案，加强对总部企业发展的情况分析，提出促进总部经济发展的对策建议；制定和落实发展总部经济的规划部署和政策措施。

11. 成立总部经济发展咨询委员会。聘请高层次、高水平、具有一定影响力的专家、学者、社会知名人士、知名企业家等担任委员，研究指导渝中区总部经济发展。

12. 完善总部企业联系制度。按照区委、区府明确的企业联系服务分工职责，各责任领导和责任部门负责做好政策宣传、协调服务、情况分析、信息反馈工作，与企业建立互信机制，营造总部企业发展的良好氛围，促进政企互动共赢。

13. 本意见从 2007 年 1 月 1 日起开始执行。原渝中委发〔2005〕57 号文废止。

14. 本意见由渝中区财政局负责解释。

中共重庆市渝中区委

重庆市渝中区人民政府

2006 年 9 月 29 日

深圳市福田区扶持总部经济发展暂行办法

第一条 为优化辖区经济结构，转变经济增长模式，发展总部经济，吸引国内外大企业大集团在我区设立总部，鼓励本土优势企业做大做强后继续扎根福田，根据国家有关法律法规，结合福田实际，制定本暂行办法。

第二条 由区"1+3"工作领导小组作为区总部经济工作的领导机构，负责研究制定福田区支持总部经济发展的重大政策，研究和协调发展总部经济工作中的重大问题。下设总部经济工作办公室，牵头协调政府各部门为总部企业提供服务，负责总部企业认定和扶持资金管理等日常工作。办公室设在区贸易工业局。

第三条 凡获深圳市和福田区认定为总部企业并在福田注册及税务登记的企业，可享受本办法所规定的总部企业扶持政策。在深圳市的认定标准和办法未出台前，由区总部经济工作办公室负责辖区总部企业的认定工作。认定标准和实施细则另行制定。

第四条 在区"1+3"发展资金计划中每年安排 3000 万元资金，用于对总部企业的扶持，当年资金缺口部分转入下一年度安排。根据总部企业对区财政的贡献，给予一定的补贴和奖励。总部经济发展资金的管理办法另行制定。

第五条　对新设立或新迁入福田的总部企业及对区财政贡献大的总部企业，区政府给予一定奖励；新设立或新迁入福田的总部企业，在福田新建、新购置或租用自用办公用房的，给予一定的补贴。

第六条　加快产业置换。引导辖区具备条件的工业区改造升级为总部基地或综合科工贸园区，鼓励总部企业入驻；鼓励总部企业集中租赁城中村出租物业作为员工住房。区政府配套完善相关的公共设施，改善交通，加强安全管理、社区服务等。

第七条　凡获认定的总部企业纳入大企业便利直通车服务范围，区各职能部门应按照市有关规定为企业提供相应的便利服务。

第八条　建立区领导挂点总部企业制度。凡获认定的福田总部企业由区领导分工挂点，定期走访，提供直通车服务，帮助企业协调解决发展中的有关问题。具体由区总部经济工作办公室负责协调落实。

第九条　建立总部企业紧急事态应对机制。帮助企业对突发事件处理提供协调应对和救助服务，具体由区总部经济工作办公室负责协调落实。

第十条　建立辖区总部企业与金融机构的联谊沟通平台。发挥辖区金融机构众多的优势，为总部企业拓宽融资渠道，鼓励银企双方通过市场方式和互惠原则进行金融创新和合作，为总部企业发展营造良好融资环境。

第十一条　不定期举办各种形式的政企、企业联谊活动和区域合作活动，搭建交流平台，共同研究促进总部经济发展的对策和建议，具体由区总部经济工作办公室负责。

第十二条　积极推进辖区服务业对外开放。重点鼓励和吸引香港金融、保险、会展、物流、旅游、法律、中介服务的品牌规模企业进驻福田，全面提升福田现代服务业质量，完善辖区总部经济服务保障体系。

第十三条　加大宣传总部经济。每年由区政府牵头策划组织以总部经济为主题的大型推介活动，宣传辖区总部经济的政策和投资优势，通过多种形式对总部经济发展进行广泛深入宣传，在全区形成有利于总部经济发展的良好氛围。

第十四条　本暂行办法自正式颁布之日起实施。

福田区总部企业认定实施细则

第一章　总　则

第一条　根据《福田区扶持总部经济发展暂行办法》（以下简称"办法"）的规定，制定本实施细则。

第二条　本细则所称总部企业是指在福田区依法设立，对一定区域范围内的企业或机构行使管理或服务等总部职能的法人机构。认定总部企业是指按照"办法"及本实施细则的规定向区有关部门申报并获得了认定的总部企业。

第三条　认定总部企业按照公开、公平、公正和公信的原则，实行"企业申报、专家评审、社会公示、政府决策"的管理模式。

第四条　申请登记认证的总部企业应承诺 5 年内不将注册地址迁离福田，不改变其在福田的纳税义务。

第二章　管理部门

第五条　由福田区总部经济工作办公室负责总部企业的认定工作。主要工作包括：受理企业申请、组织专家评审、上报审批及其他认定总部企业需要进行的工作等。同时对已不符合条件的原认定总部企业提请区"1＋3"工作领导小组取消其资格。

第三章　认定条件

第六条　认定总部企业须同时具备以下条件：

（一）工商及税务登记在福田，具有独立法人资格；

（二）负责一定区域的经营决策、组织管理及服务、研发等总部职能，下属控股公司或管理的分支机构不少于 3 家；

（三）依法纳税，年纳税总额达到区政府公布的纳税"百佳"企业纳税标准。

未能同时达到上述 3 个条件，但其本身（或母公司）在国内外具有行业领军优势地位、对区财政或 GDP 贡献大、具有部分总部职能的企业，经区政府同意，可参照执行。

第四章 认定工作程序

第七条 认定程序如下：

（一）企业申报：企业由福田政府在线网站下载申请表格，按要求进行申报，并提供各类有效证明文件。

（二）初步审核：区总部经济工作办公室对企业申报的资料进行初步审核。其中企业报送资料中需要进行核准的，提交税务、工商等有关部门核准。

（三）专家评审：由区总部经济工作办公室组织专家评审团，对申请企业进行现场调研和综合评审，提交评审意见交区"1+3"工作领导小组审核。

（四）领导小组审核：由区"1+3"工作领导小组对专家评审意见进行审核。

（五）社会公示：将通过区"1+3"工作领导小组审核的企业名单在福田政府在线网站上进行 5 个工作日的社会公示，如发生经核查证实的重大否定性投诉，则取消该企业的认定。

（六）认定结果公告：报经区政府批准后，通过福田政府在线正式对外公布并通知企业。

第五章 认定申报材料

第八条 企业申报总部企业认定应提交以下材料：

（一）公司法人代表签署的认定申请书原件；

（二）公司法人代表签署的对本细则第一章第四条的承诺书原件；

（三）盖公司公章的企业营业执照、组织机构代码证、税务登记证复印件（原件查验）；

（四）由工商登记部门认可或出具的该企业下属有 3 个以上控股公司或分支机构的证明文件原件；

（五）符合认定条件、经审计的企业最近年度的财务会计报表原件；

（六）由税务部门认定或出具的企业上年度纳税证明文件原件；

（七）其他相关证明文件。

第六章 监督管理

第九条 提供证明资料、数据及确认的相关职能部门应对有关数据、资料的真实、准确性负责并承担相应的法律责任。

第十条 申报认定的企业应根据要求如实提供材料并承担相应的法律责任。管理部门有权核查提供材料的真实性。如发现弄虚作假行为，经查证属实将取消其资格。

第十一条 经认定的总部企业发生下列情况之一的，取消其资格。

（一）因各种原因，不再符合市区制定的总部企业认定条件的；

（二）以虚假资料申报认定总部企业资格和申请各项资金扶持的；

（三）违反本细则第一章第四条规定的；

（四）有其他违反国家法律法规情节严重的；

被取消资格的企业，其享受的有关优惠政策相应终止。区政府可视情节轻重，采取停止拨付专项资金、追偿资金及依法追究法律责任等措施。

第十二条 认定工作相关工作人员应遵守规定，廉洁自律，不得有营私舞弊和滥用职权行为。

第十三条 区监察部门对认定过程实施全程监督，认定结果由区总部经济工作办公室提交区纪委、监察局备案。当事企业如对操作过程有异议，可向区监察部门投诉。

第七章 附则

第十四条 本实施细则自公布之日起实施。

武汉市武昌区发展总部经济若干政策意见

武昌政字［2005］53 号

为加快武昌公司总部区总部经济的发展，对在武昌公司总部区范围内设立的银行、证券、信托、保险、基金、财务公司等金融服务企业总部及其分支机构；IT、通讯、网络、电子、生物制药等高新科技企业总部及其分支机构；现代物流、现代商贸、制造业等企业总部及其分支机构；设计、咨询、出版、文化、教育培训等知识型企业总部及其分支机构；会计、审计、评估、法律服务、会议展览等组成的中介服务业企业总部及其分支机构，按以下意见由相关部门予以支持。

第一条　在公司总部区内新注册登记的企业总部或分支机构（含已在公司总部区内入驻的企业总部或分支机构，其税收关系原不在武昌而后转入的），对区级财政年度贡献额达 50 万元以上的，可连续 2 年按企业对区级财政年度贡献额的 50% 奖励该企业。同时按第一年度企业对区级财政贡献额的 2% 给予法定代表人一次性奖励。

第二条　新设立或迁入的上市公司总部、市级以上具有集中结算职能的银行、证券、信托、保险、基金、财务公司等金融服务业企业总部，对区级财政年度贡献额达 200 万元以上的，在总部区内购买办公用房的，给予购房款的 8% 的补贴。

第三条　对在公司总部区范围内开发建设面积达 10000 平方米以上商务写字楼的房地产企业，按企业房屋销售所形成区级财政贡献额的 50% 给予奖励；对在公司总部区范围内开发建设四星级以上大酒店的企业，其建设规费区级收取部分全免，从酒店经营之日起 3 年按区级财政贡献额的 50% 给予奖励。

第四条　在公司总部区认定的重点科技楼宇内购买办公用房的企业，对财政年度贡献额达 50 万元以上的，给予购房补贴，补贴资金按企业对区级财政贡献额第一年的 70% 、后两年的 40% 确定。在认定的重点科技楼宇内租用办公用房的企业，对财政年度贡献额达 50 万元以上的，两年内给予企业 200 平方米以内按租金的 30% ~50% 进行补贴。

第五条　经认定的高新技术企业（公司总部区位于国家级开发区——东湖高新技术开发区政策范围内）且在武昌办理税务登记的，可享受国家高新技术开发区高新技术企业的优惠政策。

第六条　给予入驻公司总部区内的公司总部或区域性分公司的公司高管人员子女就读优质学校提供便利。

第七条　为新入驻公司总部区内的公司总部或区域性分支机构提供人事、社保、工商注册、税务登记等证照代办、代理服务。

第八条　实行楼宇物业管理公司与协税挂钩奖励政策。根据楼宇内原税收关系不在武昌而后转入的企业当年对区级财政贡献额，对楼宇物业管理公司管理层给予奖励。

企业符合本意见给予的财政奖励、补贴政策两条以上的，选择较优惠的一条执行。

本意见从发布之日起执行。

珠海市鼓励总部企业发展的若干意见

珠府（2006）81 号

为鼓励国内外大型企业集团在本市设立总部企业，构建现代产业集群，进一步提高全市经济质量，根据有关规定，结合本市的实际情况，制定本意见。

第一条 本意见所称的总部企业，是指国际性、全国性、区域性大型企业（含金融机构）在本市设立的主要体现营运中心、投资中心和结算中心功能，对一定区域内的下属机构和关联企业行使管理和服务职能的总部或分支机构（区域总部、专业总部）。

第二条 在珠海市行政区域范围内设立的企业，经认定为总部企业的，可享受本意见所规定的有关优惠政策。

第三条 成立市总部企业工作领导小组，由市政府主管领导、市经贸局、市外经贸局、市财政局、市科技局、市人事局、市劳动和社会保障局、市教育局、市公安局、市外事局、市法制局、市规划局、市国土资源局、市工商局、市国税局、市地税局等部门领导组成，负责总部企业的认定和协调落实有关对总部企业的鼓励政策。领导小组办公室设在市经济贸易局，负责领导小组的日常工作。

第四条 已在珠海注册及新设的企业申请认定为总部企业，一般应当同时符合以下条件：

1. 符合本意见第一条规定，具有独立法人资格；

2. 上年度主营业务收入不低于 3 亿元，且计税利润额不低于 2000 万元；

3. 企业注册资本金不低于 5000 万元，财务会计制度健全，资产负债率在65% 以下；

4. 上年度上缴本市（或现驻地）税收地方分成收入不低于 2000 万元；

5. 企业在本市境内外投资或管理的企业在 3 个以上，并对这些企业负有管理服务职能，同时负责对其管理服务的企业所得税在珠海汇缴清算。

对于工程咨询（设计、监理等）、会计服务、评估服务、法律服务机构等行业，可视实际情况降低认定标准（各项指标下浮不超过10%）。

国内外知名企业迁入珠海注册和设立分支机构的，符合上述条件，凭申请书和投资计划书直接报市总部企业工作领导小组申请认定。

第五条 符合本意见第四条，申请认定为总部企业的，按下列要求向市总部企业工作领导小组办公室报送材料。

（一）已在珠海注册的企业申请认定为总部企业，提交下列材料：

1. 总部企业认定申请书；

2. 经会计师事务所出具的上年度本企业（合并）审计报告；

3. 本市国税、地税部门开具的公司上年度完税证明或现驻地国税局、地税局开具的公司上年度完税证明；

4. 营业执照（复印件）；

5. 接受总部管理和服务的企业名单（附企业工商、税务注册登记证明复印件、批准证书和营业执照复印件）。

（二）拟在珠海新设的企业申请认定为总部企业，提交下列材料：

1. 工商部门企业预登记名称核准件（复印件）；

2. 公司注册资本金不低于5000万元的承诺书；

3. 公司投资计划书和市场报告书（复印件）；

4. 主要投资方（企业）的营业执照（复印件）；

5. 拟接受总部管理和服务的企业名单（附企业工商、税务注册登记证明复印件、批准证书和营业执照复印件）。

上述文件除注明为复印件的，一律应为正式文件。

第六条 市总部企业工作领导小组办公室收到全部上报材料后及时上报总部企业工作领导小组作审查，决定准予或不准予认定；准予认定的，发给认定证书，不准予认定的，向申请企业作出书面说明。从接到材料起到审查结束作出决定，不得超过15个工作日。

拟在珠海新设立总部的企业，迁入珠海一年后，经复核确认符合认定条件的，即可享受总部企业的优惠政策。

第七条 总部企业应按规定接受市总部企业工作领导小组办公室组织的各部门联合年检。

第八条　土地优惠政策

市政府在城市用地中规划预留用于总部企业建设自用办公场所的专用用地，经认定的总部企业向市政府申请，经批准以出让方式取得土地的使用权。

专用办公用地的土地出让金以高于现行工业用地土地出让金、低于现行办公用地土地出让金为标准，具体由市国土资源局根据用地政策确定。

按照节约、集约用地的原则和实际供地能力，专用办公用地规模一般控制在3000～10000M² 之间。其中申请企业的上年度税收地方分成收入达2000万元人民币以上且主营业务收入在3亿元人民币以上，可给予3000～5000M² 专用办公用地；申请企业的上年度税收地方分成收入达4000万元人民币以上且主营业务收入在6亿元人民币以上，可给予5000～10000M² 专用办公用地。具体按总部企业实际需要在上述控制指标范围内供地。

专用办公用地不得改变办公用途，允许总部企业将不超过其办公楼总建筑面积的1/3用于出租。

总部企业取得土地使用权后应按规定时间进行建设并投入使用。

专用办公用地的转让、抵押应先由市国土资源局核准后报市政府批准，其转让应在市商用土地交易中心公开进行，非总部企业成为受让人的，须按现行办公用地土地出让金标准补交差额。

第九条　其他优惠政策

（一）办公用房补助。对已在本市经营并已认定为总部企业的企业，按下述条件予以优惠：

1. 对总部企业上年度在本市实现税收地方分成收入在2000万元以上（含2000万元）的，市政府对其购买或租赁办公用房给予一次性补助100万元；

2. 对总部企业上年度在本市实现税收地方分成收入在4000万元以上（含4000万元）的，市政府对其购买或租赁办公用房给予一次性补助200万元；

3. 对总部企业上年度在本市实现税收地方分成收入在6000万元（含6000万元）以上的，市政府对其购买或租赁办公用房给予一次性补助300万元。

（二）个人住房补助。总部企业高级管理人员（指企业领导及企业各部门主要负责人）在珠海缴纳个人所得税具备下列情况者，给予相应的住房补助：

1. 上年度其个人所得税累计缴税金额1万元以上（含1万元）5万元以下（不含5万元），按每人1万元的定额标准给予一次性补助；

2. 上年度其个人所得税累计缴税金额 5 万元以上的（含 5 万元），按每人 2 万元的定额标准给予一次性补助；

3. 上年度其个人所得税累计缴税金额 10 万元以上的（含 10 万元），按 100M^2 和 500 元/M^2 的标准给予一次性补助；

4. 上年度其个人所得税累计缴税金额 20 万元以上的（含 20 万元），按 100M^2 和 800 元/M^2 的标准给予一次性补助；

5. 上年度其个人所得税累计缴税金额 50 万元以上的（含 50 万元），按 100M^2 和 1000 元/M^2 的标准给予一次性补助。

（三）总部企业的工作人员可享受以下出入境便利：

1. 外籍管理人员来华可优先办理外国人来华签证通知函（来华后的投资者及高级管理人员可优先办理较长期居留许可通知函）；

2. 中资或中外合资企业总部的中高级职员中的中方人员因公务出访可按规定通过因公渠道申办出国（境）手续。

（四）总部企业可享受以下注册登记便利：

1. 支持外资企业地区总部在本市设立跨国采购中心及面向中国内地的商品批发与零售机构；

2. 支持跨国公司地区总部和国内大型企业集团的地区总部在本市依法设立财务公司，向其投资的企业提供财务支持。

（五）总部企业经由本市人事、劳动等部门正式招聘并办理用工手续的高级人才在子女入学方面给予便利，子女入学享受政策性照顾借读生的有关待遇。即经教育行政部门根据学位情况，安排到居住地就近的学校就读。

（六）总部企业及其在珠海的附属企业，在申请使用技术研究与开发、技术改造等财政资金时将给予优先安排。

第十条　参照现有对内、对外招商有关考核与奖励办法，对促成国内外知名企业总部（包括跨国企业、上市企业、国家名牌企业等）进驻珠海的各区政府进行奖励。

各区可参照本意见制定相应的政策措施。

第十一条　市级财政自 2006 年起预算安排 2000 万元设立扶持总部经济发展专项资金，用于支持本市总部经济发展。

符合条件的总部企业所需的支持资金，根据其地方税收收入归属分别由同级政府财政支付。

第十二条　已认定的总部企业，连续两年因情况变化不再符合认定条件的，经市总部企业工作领导小组确认，并发文通知相关职能部门，停止其享受相关优惠政策。

第十三条　本意见中提到的货币单位均以人民币计算。

第十四条　本意见由市经济贸易局负责解释。

第十五条　本意见自 2006 年 9 月 1 日起施行。

二 2006～2007年中国总部 经济发展大事记[*]

1. 北京市已经将"总部经济"正式写入《北京市国民经济和社会发展第十一个五年规划纲要》，指出要"立足调整经济结构促进发展，注重增强消费拉动作用，充分发挥首都资源优势，做大做强总部经济，逐步形成高端、高效、高辐射力的产业群。""走高端产业发展之路，大力发展总部经济，着重发展技术研发、核心制造、营销服务等产业环节，促进区域产业分工与结构升级。"

与此同时，深圳、成都、南京、武汉、杭州、沈阳、青岛、大连等城市也先后将"总部经济"写入《国民经济和社会发展第十一个五年规划纲要》。

2. 2006年2月，赛得利国际集团（Sateri International）宣布在上海浦东设立管理型地区总部。

3. 2006年3月，英特尔公司全球研发总部落户上海，这是英特尔首次将其主管全球研发业务的总部设在美国以外的地区。

4. 2006年4月2日，四川大学、成都市双流县委县政府共同主办了"总部经济·临空经济（西部）发展论坛"。来自国家发改委、北京市发改委、成都市发改委等政府部门，中国人民大学、四川大学、中国民航学院、中国社科院、北

---

* 本大事记由北京市社会科学院中国总部经济研究中心根据有关资料整理，如有不妥和遗漏敬请提出宝贵意见，并请今后与本中心保持信息沟通。

京市社科院、四川省社科院、成都市社科院等高校科研部门，方正集团、四川航空公司等企业单位的领导、专家学者、企业代表等嘉宾，围绕我国经济发展过程中出现的重要经济现象总部经济和临空经济展开了充分的交流。

5. 2006 年 4 月 4 日，全美最大、全球前三的电子竞技游戏平台——GGL（Global Gaming league——全球游戏联盟）中国区总部正式落户成都。

6. 2006 年 4 月 4 日，继过程自动化业务部门两条产品线——船舶业务、电力电子业务全球总部落户中国以后，ABB 五大业务部门之一的机器人业务部门全球总部落户上海。

7. 2006 年 4 月 20 日，由中国税务学会、北京市国税局、北京市税务学会主办的"总部经济与税收座谈会"在北京市西城区国税局举行。国家税务总局、北京市国税局相关人士，中国石油股份公司、国家邮政局、中谷粮油集团公司、中国网通集团公司、中国工商银行、中国人寿保险股份有限公司等 10 家大型企业集团总部财务负责人出席座谈会，就发展总部经济同税制完善之间关系进行了广泛的讨论。

8. 2006 年 4 月 28 日，上海总部经济促进中心发布上海首张总部经济地图，"圈定"了 16 家将予以重点扶持的总部经济基地，包括浦东新区的陆家嘴金融贸易区和民营企业上海总部基地、静安区的南京西路跨国公司总部楼宇区、卢湾区的淮海路总部楼宇区、徐汇区的徐家汇总部楼宇区等。

9. 2006 年 4 月 30 日，天津市财政局、天津市发展和改革委员会、天津市地方税务局联合发布《天津市促进企业总部和金融业发展优惠政策》。

10. 2006 年 5 月 29 日，"首届武汉总部经济论坛"在武汉隆重举行，本论坛以"总部经济与中部崛起"为主题。与会政府官员、专家学者、企业家们一致认为，发展民营经济，实现中部崛起，武汉不能走东部沿海地区的老路，必须通过发展总部经济，承接东部沿海发达地区产业转移和内地骨干企业"迁都"来实现。

11. 2006 年 6 月 10 日，由山东省发改委主办的"山东省首届总部经济高峰论坛"在山东大厦举行。山东省政府有关部门领导，来自北京、上海以及山东省著名研究机构专家学者、知名企业代表等汇聚一堂，就"经济全球化与区域化发展趋势"、"总部经济发展目标与展望"、"山东企业在总部经济进程中的机会与挑战"等议题展开深入研讨。北京市社会科学院中国总部经济研究中心主任赵弘研究员应邀出席论坛，并做了题为"全国总部经济发展最新趋势与展望"主题演讲。

12. 2006 年 6 月，中共广州市越秀区委、广州市越秀区人民政府制定颁布了《关于进一步加快总部经济发展的若干意见》及《关于进一步加快总部经济发展的若干意见的实施办法》。

13. 2006 年 7 月 7 日，德国宝马（BMW）集团与北京佳程广场的开发商正式了签署租赁协议，将宝马（BMW）中国区总部迁至北京佳程广场。

14. 2006 年 7 月 22 日，珠海市政府专门出台《珠海市鼓励总部企业发展的若干意见》，推出一系列新举措，把积极发展总部经济的目标落到实处。

15. 2006 年 8 月 2 日，由广州市对外贸易经济合作局起草的《广州市鼓励外商投资设立总部和地区总部规定》，经广州市政府常务会议审议，获得原则通过。这是广州市利用外资政策的一项重大突破，它将进一步扩大广州的对外开放，改善广州的投资环境，鼓励更多有条件的境外投资者在广州设立总部和地区总部，促进产业结构优化升级，提升广州市中心城市的地位。

16. 2006 年 9 月 29 日，重庆市渝中区委、区政府发布《关于培育扶持总部企业加快总部经济发展的意见》，制定了一系列培育扶持总部企业加快发展的政策措施。

17. 2006 年 10 月，总部经济作为独立一章内容第一次被写入经济学专业教材《区域经济学》。本书是高等院校经济与管理核心课经典系列教材之一，由中国人民大学区域经济与城市管理研究所孙久文教授主编。总部经济对企业总部在中心城市聚集所形成的总部集群这一区域经济现象，给予了新的理论解释。北京市社会科学院中国总部经济研究中心主任赵弘研究员，在该书"总部经济"一章中，全面阐释了总部经济的概念与特征、形成机理、区域效应及发展总部经济的一般性条件。从一定意义上说，总部经济理论的提出进一步丰富了区域经济学理论。

18. 2006 年 10 月 8 日，由中华工商时报总部经济周刊、北京林业大学经管学院、太原国家高新区管委会联合主办的"总部经济与高新区发展论坛"，在太原高新技术产业开发区召开，来自国家有关部委、研究机构、高新区的专家学者就"总部经济的理论与实务"、"总部经济与高新区创新发展"等议题进行探讨和交流。

19. 2006 年，北美最大的第三方物流公司 Ryder 公司，在上海成立了与亚太区总部并行的中国区总部。

20. 2006 年 10 月 12 日，IBM 公司宣布将其全球采购总部迁至深圳，这是 IBM 公司首次将集团下某一部门的总部迁移到美国以外的国家和地区。这一举动标志着 IBM 加大了在中国市场的投资，继续提升在亚太地区的全球竞争力成为其战略重心所在。

21. 2006 年 11 月 4 日，西门子华东地区总部落户上海，将整合西门子（中国）有限公司上海分公司包括管理、行政、销售、市场、研发、服务和培训等在内的所有职能部门。西门子华东地区业务覆盖上海、江苏、浙江、安徽、江西等省市，拥有 40 多家运营公司、近 20 个地区办事处和 8 个研发中心。

22. 2006 年 12 月 10 日，"2006 浙江省首届总部经济高峰论坛"在温州隆重召开。北京市社会科学院中国总部经济研究中心主任赵弘、济南市社会科学院经济研究所所长王征、温州市著名经济学家周德文、美国哈佛商学院经济学博士朱乐华等出席论坛并发表演讲。论坛围绕总部经济与市场经济的关系，务实地反映当今世界经济格局变化，进一步总结了总部经济的未来发展前景，将对企业二次创业起到实质性的引导作用。

23. 2006 年 12 月 21 日，由北京市社会科学院主办、北京市社会科学院中国总部经济研究中心承办的"第二届中国总部经济高层论坛"在北京隆重举行。论坛以"总部经济：助推城市经济转型"为主题，围绕"总部经济与城市结构升级"、"我国中心城市实施总部经济战略推动城市转型"等议题进行了深入交流与研讨。科技日报社社长、中国高新区协会理事长张景安，北京市人民政府副市长陆昊，北京市委宣传部副部长宋贵伦等领导出席论坛并发表讲话。中心主任赵弘研究员在论坛上发布了"2006～2007 年中国总部经济发展报告"和"全国 35 个主要城市总部经济发展能力评价报告（2006）"。来自北京、上海、广州、深圳、重庆、南京、武汉、青岛、济南等全国 30 多个城市政府部门领导、专家学者及跨国公司和国内知名企业代表等 400 余人出席了论坛。

24. 2007 年 1 月初，深圳市人民政府公布了《深圳市人民政府关于进一步促进深圳港发展的若干意见》，对进驻当地的国际航运、物流企业给予奖励，以吸引国际集装箱班轮公司的地区性总部或操作中心落户深圳，并规划建设"国际集装箱班轮公司总部基地园区"，重点吸引世界前 30 名公司地区性总部进驻。

25. 2007 年 1 月日本理光公司为了降低开发成本，提高在同业中的竞争力，决定把分布在中国各地分公司中的研发团队进行整合，在上海漕河泾地区成立新的研发公司。

26. 2007 年 1 月 11 日，阿尔卡特朗讯在沪正式宣布成立阿尔卡特朗讯集团亚太区总部；阿尔卡特集团亚太区总部于 2000 年 1 月便已迁沪、成为第一家亚太区总部落户上海的跨国公司，而朗讯的亚太区总部则位于新加坡；新总部设立后，朗讯的亚太区总部将被撤销。

27. 2007 年 1 月 18 日，全球最大的半导体芯片制造商英特尔（Intel）中国投资有限公司落户上海。

28. 2007 年 1 月 24 日，国航正式在成都设立西南营销中心，并整合国航在西南地区的成都、昆明、拉萨、九寨、贵阳等营业部。整合后的国航西南营销中心将协助国航总部对西南地区的网络收益、市场调研、产品设计及渠道建设等工作进行对口管理。

29. 2007 年 2 月，南京市人民政府出台了《鼓励境内外大型企业设立总部或地区总部的暂行规定》及其实施细则，对来宁设立总部的企业及其高管，在购房、房租、子女入学、出入境等方面，给予一定优惠和奖励。

30. 2007 年 2 月 6 日，深圳市福田区人民政府出台了《深圳市福田区扶持总部经济发展暂行办法》和配套文件《福田区总部企业认定实施细则》，并出台了鼓励总部经济发展等一系列扶持政策，对企业总部在福田区发展所需的公共设施、协调合作和宣传等方面提供了政策性利好。

31. 2007 年 3 月，比亚迪汽车初步拟定在深圳建设第二个研发中心。深圳研发中心将率先建立国际化的运行体制，重点推进新产品的研发、产品结构的优化调整以及产品的国际化。

32. 2007 年 4 月 23 日，微软公司董事长比尔·盖茨宣布，微软中国研发总部将落户中关村。同时，微软将进一步扩展其在北京、上海、深圳的研发机构，在北京和上海投资建设研发园区。

33. 2007 年 4 月 28 日，由南京市政府主办，南京市发改委、建邺区政府共同承办的"河西新城国际商务周暨南京首届总部经济论坛"在南京隆重举行。南京市副市长陈刚出席论坛并讲话，国务院发展研究中心李佐军博士、北京市社会科学院中国总部经济研究中心主任赵弘等专家以及知名企业代表出席论坛，围绕南京市发展总部经济的战略、模式、前景、规划和河西新城总部经济发展的优势、潜力和现实途径等议题展开深入的探讨。

34. 2007 年 4 月，全球最大的工业包装企业格瑞夫集团签订格瑞夫（上海）包装有限公司项目增资协议，格瑞夫在上海化工奉贤分区的投资额将达到 3000 万美元，格瑞夫亚太总部将搬迁至奉贤。

35. 2007 年 5 月 18 日，Infor 公司宣布上海办公室全新开业。新办公室拥有一个研发中心以及一个客户支持服务中心，将成为大中国区的总部，为当地客户及合作伙伴提供业务专用解决方案和专业技术支持。

36. 2007 年 5 月 23 日，永亨银行已获中国银监会批准，在中国成立法人银行——永亨银行（中国）有限公司，总部设在深圳。这是自外资银行设立中国法人银行以来，首家选址深圳为总部的外资法人银行。

37. 2007 年 7 月 5 日，清华紫光软件总部落户无锡，旨在从竞争激烈的 IT 行业获得新的市场资源，借助江苏发达的经济、科技水平和潜在的 IT 市场为紫光软件的发展搭建新平台。而无锡市则通过引进清华紫光软件总部，加快实现发展软件产业成为无锡市高新技术支柱产业的步伐。

38. 2007 年 7 月 10 日，国际汽车零配件供应商大陆集团旗下的大陆汽车系统宣布在中国上海建立其中国研发中心。研发中心将由两部分组成：一部分将位于上海杨浦区现代服务业总部研发集聚区，包括设计、测试中心以及办公区域；另一部分将位于嘉定工业区，作为大陆汽车系统目前在嘉定区的测试中心的升级，同时还将配备大型台架实验设备。

39. 2007 年 7 月 18 日下午，由湖北日报传媒集团、中共武汉市黄陂区区委、武汉市黄陂区人民政府共同主办的"第二届总部经济论坛"在武汉举行。本次论坛的重点是探讨武汉总部经济发展的思路及经验，研讨"汉口北"和盘龙城新城的战略发展问题。

40. 2007 年 7 月 24 日，智能光网络业务的先驱 Sycamore Networks 公司宣布，该公司中国研究与开发中心正式落户上海漕河泾高科技园区。该研发中心将致力于为现有产品扩展高级功能以及新产品的开发。公司计划在 2008 年中将上海的研发资源拓展一倍以上，并在未来几年内持续投资以期获得重大发展。

后　记

北京市社会科学院中国总部经济研究中心作为我国第一家关于总部经济的专门研究机构，近年来持续开展总部经济理论与实践研究工作。自 2005 年起，中心已经连续编写完成并发布了两部"中国总部经济发展报告"，2007 年又将推出第三部即《2007～2008 年：中国总部经济发展报告》。在本书付梓之际，我们诚挚地对所有关心总部经济理论研究、为本书编写及出版做出努力和贡献的各界人士表示衷心的感谢！

首先，我们要感谢北京市社会科学院领导和院学术委员会对中心开展总部经济研究工作的大力支持。刘牧雨院长及戚本超、袁懋栓、梅松、周航、殷爱平等院领导对本报告的研究与编写工作给予了极大的关心和支持。

在对全国部分城市发展总部经济推动现代服务业进行调研的过程中，我们得到了各级政府部门及相关企业总部的大力支持和热心帮助。特别是北京市海淀区区委、区政府，朝阳区区委、区政府，顺义区区委、区政府，青岛市市南区区委、区政府，南京市鼓楼区区委、区政府，南京市建邺区区委、区政府，广州市越秀区区委、区政府，武汉市武昌区区委、区政府，重庆市解放碑 CBD 建设指挥部等政府部门对课题组的调研活动给予了大力支持和积极配合。

同时，来自高等院校、研究机构、政府部门和企业界的专家、学者作为本书课题组成员参与了深度研究并提供了研究成果。在此，对他们表示由衷的感谢：

中山大学中国第三产业研究中心李江帆教授、北京大学城市与区域规划系贺灿飞副教授、武汉大学经济与管理学院院长陈继勇教授、广东省社会科学院旅游研究所所长庄伟光研究员、北方工业大学高洪深教授、清华大学台湾问题研究所郑胜利副教授、浦东改革发展研究院秘书长杨周彝副研究员、山东省委党校王军副教授、对外经济贸易大学王分棉博士、湖北省社会科学院经济研究所姚莉副研究员等专家学者；四川省工商局章继刚博士、大连市政府发展研究中心开放研究室主任王文清副研究员、北京市朝阳区投资促进局洪继元局长、深圳市福田区统计局、青岛市市南区对外贸易经济合作局、南京市建邺区区委区政府、武汉市武昌公司总部区、重庆市渝中区地方税务局等政府部门领导；浙江传化江南大地发展有限公司副总经理成军等企业界人士。

本书的出版得到了社会科学文献出版社总编辑邹东涛教授、蓝皮书系列项目负责人范广伟先生的大力支持，责任编辑任文武在本书的编辑过程中付出了大量心血，在此一并表示感谢。

本书撰写时间有限，书中如有疏漏与不妥之处，谨请广大读者批评指正。

编　者

2007 年 8 月

·中国总部经济蓝皮书·

2007～2008 年：中国总部经济发展报告

主　　编／赵　弘

出 版 人／谢寿光
总 编 辑／邹东涛
出 版 者／社会科学文献出版社
地　　址／北京市东城区先晓胡同 10 号
邮政编码／100005
网　　址／http：//www. ssap. com. cn
网站支持／(010) 65269967
责任部门／皮书出版中心 (010) 85117872　pishubu@ ssap. cn
责任编辑／任文武
责任校对／王凤兰
责任印制／盖永东
品牌推广／蔡继辉

总 经 销／社会科学文献出版社发行部
　　　　　　(010) 65139961　65139963
经　　销／各地书店
读者服务／市场部 (010) 65285539
排　　版／北京中文天地文化艺术有限公司
印　　刷／北京季蜂印刷有限公司

开　　本／787×1092 毫米　1/16
印　　张／26.25
字　　数／428 千字
版　　次／2007 年 9 月第 1 版
印　　次／2007 年 9 月第 1 次印刷

书　　号／ISBN 978 - 7 - 80230 - 810 - 7/F·182
定　　价／58.00 元（含光盘）

本书如有破损、缺页、装订错误，
请与本社市场部联系更换
 版权所有　翻印必究